U0791479

财政部规划教材

会计学原理

Principles of Accounting

（第5版）

牟小容　王玉蓉　主编

中国财经出版传媒集团
经济科学出版社
Economic Science Press

图书在版编目（CIP）数据

会计学原理/牟小容，王玉蓉主编．—5版．—北京：经济科学出版社，2021.7
财政部规划教材
ISBN 978-7-5218-2710-1

Ⅰ．①会… Ⅱ．①牟…②王… Ⅲ．①会计学-高等学校-教材 Ⅳ．①F230

中国版本图书馆 CIP 数据核字（2021）第 141281 号

责任编辑：杜 鹏 孙倩靖
责任校对：靳玉环
责任印制：王世伟

会计学原理
（第 5 版）
牟小容 王玉蓉 主编
经济科学出版社出版、发行 新华书店经销
社址：北京市海淀区阜成路甲 28 号 邮编：100142
编辑部电话：010-88191441 发行部电话：010-88191522
网址：www.esp.com.cn
电子邮箱：esp_bj@163.com
天猫网店：经济科学出版社旗舰店
网址：http://jjkxcbs.tmall.com
固安华明印刷有限公司印装
787×1092 16 开 22.25 印张 500000 字
2021 年 9 月第 5 版 2021 年 9 月第 1 次印刷
ISBN 978-7-5218-2710-1 定价：49.00 元
（图书出现印装问题，本社负责调换。电话：010-88191510）
（版权所有 侵权必究 打击盗版 举报热线：010-88191661
QQ：2242791300 营销中心电话：010-88191537
电子邮箱：dbts@esp.com.cn）

第 5 版前言

FOREWORD

本教材自 2007 年出版以来，得到了广大读者和同行专家的肯定与支持，现奉献给读者的第 5 版，在保持前四版总体框架结构不变的基础上，主要根据近三年来我国增值税税率调整政策以及 2018 年修订的《企业会计准则第 21 号——租赁》、2019 年修订的《企业会计准则第 7 号——非货币性资产交换》《企业会计准则第 9 号——债务重组》、2020 年修订的《企业会计准则第 25 号——保险合同》等具体会计准则和 2019 年 4 月颁布的《财政部关于修订印发 2019 年度一般企业财务报表格式的通知》等有关法律法规的要求，以及读者反馈的意见和教学中发现的问题，我们对教材的每一章节都进行了全面的修订和完善，力求教材内容的更新与相关法律法规的要求和会计改革的实践同步。希望本次修订能够不辜负广大读者多年来对本教材的厚爱！

修订内容主要体现如下：

1. 第一章修订了有关资产、负债、收入、费用等要素的相关内容。

2. 第二章更新了常用会计科目表，主要新增了合同资产、使用权资产、合同负债、租赁负债、信用减值损失等会计科目。

3. 第三章修订了有关交易性金融资产、财务成果的核算内容以及相关业务的增值税税率。

4. 第四章新增了有关电子发票的相关内容，更新了涉及增值税业务的税率。

5. 第五章对涉及增值税的业务按新税率进行修订。

6. 第六章根据《财政部关于修订印发 2019 年度一般企业财务报表格式的通知》按已执行新金融准则或新收入准则的企业，更新了资产负债表、利润表、所有者权益变动表等列报的相关内容。

7. 第七章主要更新了涉及增值税业务的税率。

8. 第八章根据近三年新发布或修订的相关法律法规要求，对有关政府会计准则、代理记账、会计职业道德等相关内容进行了修订。

此外，我们还依据修订后的教材重新编制了完整的教学课件（PPT）和习题参考答案，提供给选用该教材的老师及有关人员参考。

本次修订仍由牟小容、王玉蓉任主编，董丽、朱静玉任副主编。各章修订工作的具体分工是：第一、二章，牟小容；第三章，朱静玉；第四章，董丽；第五章，王玉蓉；第六章，陈艳艳；第七章，李晓明；第八章，陈晓敏。最后由牟小容负责审核定稿。

本次修订因时间所限，难免有疏漏，衷心欢迎广大读者和专家给予批评与指正，以便再版时更正。

编　者

2021 年 6 月 15 日

第 1 版前言

FOREWORD

2006 年 2 月，财政部发布了新的企业会计准则体系，在会计科目、会计处理方法等方面均发生了重大变化，广大师生和会计实务工作者急需能反映新准则的会计教科书。为此，我们编写了这本全新的《会计学原理》。

作为会计学科的入门教材，《会计学原理》的编写一直是会计教育界和学术界关注的重大问题，也是我们编写组在多年的教学实践中不断思考的问题。我们认为，要想达到深入浅出的效果，应该采取直观的感官教育方式，通过大量的图表、例子和教学实习，消除初学者在入门时对会计学产生的神秘感和抽象感。本书在编写结构和内容上可谓煞费苦心，力争运用最新的会计准则和制度，做到结构合理、体系完整、内容丰富、重点突出，将理论性、实践性和通俗性有效结合，既便于教师教学，又有利于学生自我学习。在第一章总论部分，结合企业的经济活动，勾勒了会计基本理论的概貌。第二章介绍会计的基本方法，并通过第三章的实例运用这些方法，以加深学生对企业经济活动和会计核算的理解。第四章介绍会计核算的基本工具——凭证和账簿，通过丰富的图表和实例，为学生理解手工会计循环打下基础。第五章介绍内部控制与财产清查。第六章介绍财务会计报告的呈报。第七章作为一个总括，介绍了各种账务处理程序和电子化环境中的会计系统。第八章则简要介绍了会计规范体系与会计工作组织。每章结尾处还有本章小结、重要名词概念、思考题、自测题、练习题和案例。

本教材由牟小容、王玉蓉主编。牟小容负责全书的总体框架设计，王玉蓉负责组织编写与讨论修订，最后由主编、副主编修改定稿。各章编写的具体分工是：第一、第二章，牟小容；第三章，朱静玉；第四章，董丽；第五章，王玉蓉；第六章，秦勉；第七章，李晓明；第八章，陆晓晖。参与编写本教材的作者都具有多年大学一线教学经验，在如何传授入门知识上很有心得体会，重点、难点了然于胸，所写内容贴近学生实际，能够尽量满足教学需求。在编写过程中，我们参阅了大量文献，多数已经在参考文献中列出。对于这些文献的作者，我们在此表示衷心的感谢。此外，我们也十分感谢暨南大学出版社的曾鑫华编辑等人在本教材出版编排过程中付出的辛勤劳动。

本教材可作为经济学、管理学和会计学专业的本科生、专科生的教学用书，也可以作为其他相关专业的本科生、研究生和从事财会工作或者有意从事财会工作，以及试图了解会计学基本理论、基本方法和基本技能等人士的学习参考用书。为了便于教学，我们还依据教材编写了完整的教学幻灯片、习题答案和试题库，免费提供给选用该教材的老师及有关人员参考。

本教材编写历时一年多，其间几易其稿，力争奉献给广大读者一本较为完善并使人真正从中获益的会计学入门教材。当然，由于写作时间和作者水平的限制，书中难免有不足之处，诚望各位读者批评指正。

编　者

2007 年 6 月 27 日

目录
CONTENTS

第一章　总　　论

【学习目标】

● 理解会计的含义，了解会计的产生与发展，领会会计的学科体系和会计的职能。

● 理解会计目标的两种学术观点，了解不同会计信息使用者的信息需求。

● 理解会计假设的内涵，熟练掌握权责发生制与收付实现制两种会计基础的运用。

● 了解并领会会计对象，熟练掌握会计要素的含义。

● 理解会计信息的质量要求。

● 熟悉会计的基本程序与方法。

第一节　会计概述

一、会计的含义

会计（accounting）是计量企业经济活动，处理并加工经济信息，并将处理结果与决策者进行交流的信息系统。因此，它又被称“商业语言”。人们对这门语言理解得越好，对企业财务活动的管理也就越成功。会计信息系统的主要产品——财务报表，使得人们拥有信息并理性决策。财务报表（financial statements）是以货币单位报告企业经济活动的文件。

我的企业盈利吗？我是否需要雇用帮手？我的收入是否足够支付租金？对诸如此类问题的明智回答都以会计信息为基础。

总之，会计作为一个信息系统（如图1－1所示），是联结企业和经济决策制定者之间的一个纽带。首先，会计计量和记录企业的经营活动数据；其次，将数据储存起来，并加工处理成为会计信息；最后，通过报表将会计信息传送给经济决策制定者。会计信息系统输入的是企业经营活动数据，输出的则是经济决策制定者所使用的财务信息。

图1－1中，决策制定者包括企业管理人员、投资人、债权人、政府主管机构以及企业的职工等。他们均需要通过会计报表了解企业的财务状况、经营成果和现金流转情况。

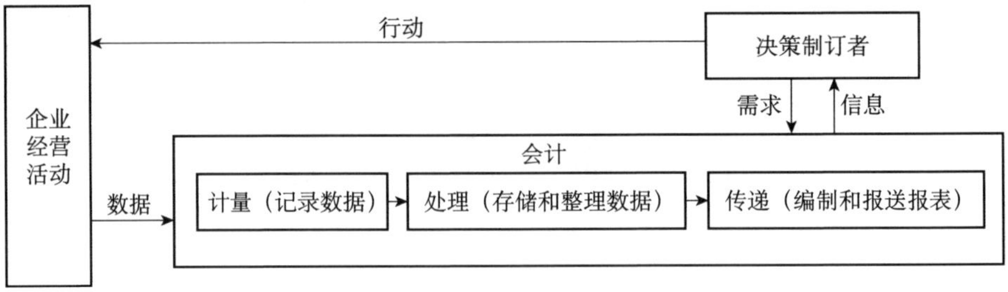

图1-1　会计信息系统

二、会计的产生与发展

（一）会计的产生

会计诞生在何时、发源于何地，至今尚很难确切地加以指明。但是，会计作为人类一项有目的的实践活动和经济现象，其产生应该起源于人类社会的生产性活动。

进一步考察，在任何社会，人们都在不同程度上关心生产和生活资料所耗费的劳动时间。也就是说，即便人类社会早期为了维持自身生存而进行的生产性活动，也需要考虑劳动时间的节约问题，用今天的术语来说，就是如何用最小的投入取得最大的产出问题。而为了管好经济活动，力求减少耗费、提高效益，就必须掌握经济活动的数据和信息。最初，人类生产活动比较简单，规模太小，有关的信息不多，凭人的头脑就足以容下所有的经济情况；随着生产力水平的提高，人类经济活动渐趋复杂，这时候需要借助一定的手段来对经济活动进行必要的记录乃至核算，从对剩余产品的有效保管以防止盗窃或分配不公，发展到比较生产活动中的所费与所得，逐渐形成了处于萌芽时期的会计行为——简单的记录、计量行为。

尽管我们可以从最一般意义上将会计的产生归因于人类生产性劳动，但早期会计行为产生于何时？换言之，是不是人类社会在进行生产性劳动的初期，就已经有了会计行为？回答会计究竟产生于何时、何地这一具体问题，还需要我们更进一步讨论早期会计行为的表现形式，以及早期会计行为产生所必需的基本条件。

对这一问题，学术界有两种不同的观点：一种观点认为，人类有了生产性行为，便有了会计行为；另一种观点认为，会计行为是社会生产发展到一定阶段的产物。

到目前为止，考古学仍然处在发展之中。新的考古发现将人类文明史不断向前推进。按照第一种观点，会计行为产生的上限也将随新的考古发现而不断向前推移。诚然，史前人类的任何“刻木”或“结绳”的记事行为，与他们的生产活动有着不可分割的关系，但如果将早期人类这种简单、原始的记事活动认定为会计行为的早期形态，在夸大了会计发展历史的同时，也抹杀了会计作为一门独立存在的学科所应有的并与其他学科相区别的特征。因此，我们认为第二种观点立论更为充分。

但是，第二种观点也只是一个十分宽泛的说明。因为，在具体界定“一定阶段”时，分歧之大不亚于两种观点之间的争论。我们认为，这“一定阶段”应该包括两个方面：首先，经济活动的发展应该达到相当广泛的程度，社会产品出现大量剩余，使得社会上在劳动阶层之外出现了一些专门的社会阶层，他们当中有专门从事类似于会计的专职人员。否则，所谓的会计行为，只是一种偶然、随意性活动。其次，那时的人们已经有一套相对成熟的文字，并掌握了初等算术。没有相对成熟、完整的语言文字和算术，会计记录、计量、汇总将无法进行。

对照这两个基本条件，我们可以确定，会计产生的上限大致应该在奴隶社会的中后期。当时的社会生产力相对较发达，剩余产品丰富，在劳动阶层之外出现了大量的非劳动阶层（或者说，是提供享乐“产品”如音乐等的阶层），而这一阶层的人类文明也较为成熟，文字和算术在少数识字阶层中的应用相当普及。具体年代，则随各大文明古国繁荣、兴盛的时间的不同而有差异。

（二）会计的发展

会计从产生之日起，就处于不断发展与完善之中。会计发展的历史长河，主要可以分为下列三个发展阶段。

1. 古代会计。会计从其产生到复式簿记应用这段时间，可称为古代会计。在这段时间里，由于生产力水平比较低，商品经济尚不发达，货币关系还未全面展开，因而，会计的发展也很缓慢。起先，会计原是生产职能的附带工作。后来，随着生产力的发展，出现了剩余产品，这就为组织生产、管理产品和进行产品分配提供了物质条件；同时，生产开始了社会化，直接的生产过程一般已经采取共同劳动的协作形式，不再是个体劳动。当这两个条件具备时，会计就作为一项单独的管理职能由脱离生产的人来担任了。马克思在《资本论》中说到的在印度的原始公社发现一个记账员就证明了这一点。然而，尽管会计由脱离生产的人来担任，但那时的会计工作仍然很不成熟，显得非常简单、粗糙。其主要特点是：①古代会计采用的是不科学也不严密的单式簿记，即对所发生的经济业务只记录其中一个方面，并主要侧重于债权、债务和货币资金；②在具体记录过程中，以实物量度为主，并不采用统一的货币量度单位，即使运用到货币，也只是经济活动中真实地发生了货币收支业务。严格来说，这一阶段的会计涵盖的范围比较广，包括统计、业务技术核算等其他经济核算的工具在内。但会计独有的专门方法还远远没有形成，会计也还没有形成一门独立的学科。

2. 近代会计。近代会计是从运用复式簿记开始的。复式记账法在理论上的总结及推广打开了会计由古代阶段迈向近代阶段的大门。近代会计同商品经济的发展有着不可分割的联系。与古代会计相比，近代会计的主要特点是：一方面，商品经济在一些国家发展的结果，使会计有可能充分地应用货币形式作为计量、记录与报告的手段；另一方面，会计的记录采取了复式记账，形成了一个严密的账户体系。这两个方面是相互联系的：不应用货币形式，复式记账就不可能实现；只有应用货币形式，才能产生会计上的综合与平衡概念。

国外有些会计学家认为，会计从古代阶段跃进到近代阶段，是以下面的两个重要事件为标志的（或称为两个重要的里程碑）。

（1）中世纪地中海沿岸的一些城市已成为当时世界贸易的中心。其中，意大利的佛罗伦萨、热那亚、威尼斯等地的商业和金融业特别繁荣。日益发展的商业（以合伙的组织形式为主）和金融业要求不断改进和提高已经流行于这三个城市的复式记账方法（复式记账技术首先来自银行的存款转账业务）。为适应实际需要，1494年11月10日，意大利数学家、会计学家卢卡·帕乔利（Luca Pacilio）在威尼斯出版了他的数学专著《数学大全》（又译为《算术、几何、比及比例概要》）。该书系统地介绍了威尼斯的复式记账法，并给予了理论上的阐述。由于该书的出版，复式簿记方法才在欧洲乃至全世界得到推广，开创了近代会计的历史。实践也证明，只有复式簿记而不是以前的单式簿记，才能对经济活动进行科学、全面的记录；也只有复式簿记，才使会计与统计相区别，并带动了其他会计方法的发展，使会计成为一门科学。正因为如此，复式簿记技术从问世的时候起，就受到人们的重视，被认为是一个划时代的发明和创造。举世闻名的德国诗人歌德对复式簿记曾作过这样的颂扬："它是人类智慧的一种绝妙创造，以致使每一个精明的商人在他的经济事业中都必须应用它。"因此，复式簿记在理论上的总结被认为是近代会计发展史上的第一个里程碑。

（2）15~19世纪，会计理论与方法的发展仍然是比较缓慢的。直到19世纪，英国进行了产业革命，成为当时工业最发达、生产力水平最高的国家。在英国，由于生产力的迅速提高，产生了适应大生产需要的新的企业组织形式——股份公司，于是才对会计提出了新的要求，从而引起了会计内容的变化：①会计服务的对象扩大。过去只服务于单个企业，现在通过职业会计师的活动发展成为所有企业服务，使会计成为一种社会活动。②会计的内容也相应地有所发展。过去会计主要是记账和算账，现在还要编制和审查报表，而为满足编制财务报表的需要，还要求研究资产的估价方法和有关理论等。此外，在记账和算账的基础上，还要求查账。③企业的会计需要接受外界的监督，才能取信于人，因为会计师是以超然的立场出现的。因此，1854年世界上第一个会计师协会——英国的爱丁堡会计师公会的成立，被认为是近代会计发展史上的第二个里程碑。爱丁堡会计师公会的成立，标志着会计师作为一门专门的职业，得到了社会的认可。

在近代会计发展史上，还应当特别提到，第一次世界大战以后，美国取代了英国，无论是生产上还是科学技术的发展上都处于遥遥领先的地位。因此，会计学的发展中心也从英国转移到美国，如早在20世纪20年代和30年代，美国对标准成本会计的研究有了突飞猛进的发展。到这一时期，会计方法已经比较完善，会计学科也已经比较成熟。

3. 现代会计。现代会计是指20世纪50年代以后，当代资本主义会计的新发展。这时，股份公司这一经济组织形式得到很快的发展。股份公司是以资本的所有权和经营管理权相分离为特征的，为满足那些不参与企业经营管理的所有者的需要，实践中，在传统会计的基础上，逐渐形成了以对外提供信息为主、接受"公认会计原则"约束的会计，即财务会计。"公认会计原则"的确立，标志着传统会计发展成为财务会计。其主要特征是：会计信息的加工、处理和最终报告，以满足企业外各利益关系人如股东、债权人的需要；在加工信息过程中，必须遵守一套通用的、与各报告主体相独立的"公认会计原则"的约束；财务报表编制完成后，必须经过独立于报告主体的注册会计师的审计，确保这些报表真实、公允地反映所报告主体的财务状况和经营成果。因此，财务会计也被称为对外会计。

另外，商品经济有了突破性的发展，企业面临着更为剧烈的市场竞争和瞬息万变的外部市场环境。为了在这种多变的市场环境中得以生存并不断地发展壮大，就要求建立科学的管理体制与方法，以便具有灵活反应的适应能力和"高瞻远瞩"的预见能力。为此，管理当局对会计信息提出了新的要求。基于管理当局的这一需要，管理会计逐渐同传统会计相分离，并形成一个与财务会计相对独立的领域。现代管理会计的出现，是近代会计发展成为现代会计的重要标志。

总之，经济的发展，社会的进步，科学技术的日新月异，都促使会计向更广、更深的领域发展。特别是20世纪70年代起，世界市场一体化进程加快，电子计算机等现代化技术的普及和应用，为会计的发展提供了新的动力，会计分支也越来越多，创立了物价变动会计、国际会计、社会责任会计、人力资源会计、电算化会计、作业成本会计、绿色会计等新学科，还有许多更新的尚未开拓的领域等待人们去探索、研究。

本教材所阐述的会计原理，指的是财务会计的基本原理。

三、会计学科体系

会计的产生和发展离不开社会环境因素的影响，尤其是经济因素的推动。经济越发展，会计越重要。会计在发展中逐步成为一门科学，形成了自身的学科体系。会计究竟由哪些分支学科组成？这个问题必须应用分类的方法来解决，而分类又有不同的标准。

（一）按会计主体分类

1. 企业会计。企业会计（business accounting），是指反映与监督企业财务状况和经营成果，帮助提高企业经济效益的会计，是营利组织会计。企业存在不同类型，如按组织形式分为独资企业、合伙企业和公司制企业，按规模可分为大型企业、中型企业、小型企业和微型企业，按行业分为工业、商业、交通运输业等。不同类型企业的经济活动有着自身的特点，具体的会计处理和分析方法也有不同。

2. 政府和非营利组织会计。政府和非营利组织会计（government and non-profit organization accounting），是指反映、监督政府和非营利组织资金来源与运用以及资金使用效果的会计，又称为非企业会计。非营利组织包括学校、医院、科研机构、图书馆和博物馆等。

（二）按研究内容分类

1. 财务会计。财务会计（financial accounting），是在市场经济环境下，建立在企业或其他经营主体范围内的、旨在向企业或其他主体外部提供以财务信息为主的一个经济信息系统。因此，它主要是通过定期编制和提供财务报表，向外界与企业有经济利害关系的各个集团或个人服务。例如，股票持有者关心的是投资的安全程度和盈利的分配，因而，他们需要通过财务报表来了解企业的财务状况和经营成果，以便对其所掌握的股份进行分析和评价；一些可能的投资人、企业的长期和短期债权人、政府的有关部门等也都从不同的角度要求能够提供正确决策所需的财务报告。因此，企业的财务状况和经营成果成为各有关方面共同关心的对象。财务会计正是从他们的利益要求出发，集中研究企业会计中的有关问题，并着重通过各种财务报表来满足有关方面的需要。这种以生成财务报表为中心的会计就称为财务会计。

2. 管理会计。管理会计（management accounting），是从财务会计中分离出来的一个会计分支，它是指为提高会计主体的经济效益和经济效果，在预测、决策、计划和控制等管理活动中发挥职能，向会计主体的管理者进行报告的会计。它不同于以上所说的财务会计，主要表现在：① 它不是为了满足企业外部有关方面的需要，而主要是要适应企业内部管理的需要，即为企业管理部门正确地进行管理决策和有效经营提供有用的资料。如果说，财务会计是以提供财务会计报表为中心的“会计观”，那么，管理会计就是以经营管理为中心的“会计观”。② 财务会计所描述的是已经发生的事实，不强调将来；管理会计不仅重视过去和现在，而且还着眼于将来，亦即还要预测将来可能发生的经济活动及其效果。因此，管理会计既要利用财务报表的资料，又要利用其他一切可能利用的资料，以便完成经济管理的任务。

值得注意的是，成本是经济效益高低的关键因素。因此，以成本核算和成本管理为中心，存在着成本会计（cost accounting），成本核算是财务会计的一部分，而成本管理则是管理会计中的重要组成部分。

3. 税务会计。税务会计（tax accounting），是指根据会计主体的财务会计等资料进行各项税金计算和缴纳的会计。其主要活动是依据税法编制各种纳税申报表。由于计算纳税收益所使用的会计方法，并不需要与企业本身使用的会计方法相同，企业一方面必须小心谨慎避免触犯税法，另一方面又必须充分利用税收减免或优惠等条款，尽可能地减轻税负。由于经济发达国家的税制是相当复杂的，需要税务会计专家和税务律师提供咨询，因而，税务会计已发展成为现代会计的一个重要分支。

4. 审计。审计（auditing），是由专职机构和人员，对被审计单位的财政、财务收支及其经济活动的真实性、合法性和效益性进行审查和评价的独立性监督活动。

在会计学课程体系中，上述内容按层次可以分为初级、中级和高级等课程。如会计学原理（基础会计或初级会计学）、中级财务会计、高级财务会计、管理会计基础、高级管理会计、比较会计学、会计理论和审计等。

会计学属于管理科学，它的职能发挥是经济管理工作中不可或缺的一部分。会计学与其他科学的理论和方法相结合，促进了会计学自身的发展。在会计学中移植或运用某种自然科学的理论和方法，产生了计算机会计、会计数学等；在会计学中移植或运用哲学社会科学的理论和方法，产生了会计心理学、会计行为学、会计发展史和环境会计等。

四、会计职能

会计的职能，指的是它的本质功能，是会计这一客观事物所固有的功能。它是随着会计的发展而发展的，传统的会计职能只包括核算和监督两个基本职能，而现代的会计职能则随着经济的发展，内容不断扩大、发展，具有新的特点。

（一）会计的核算职能

会计是一个经济信息系统，因此，其职能之一就是反映特定经济实体的经济活动。从会计的角度来说，某一经济实体的一切经济活动都必须运用会计的专门方法，通过一定的程序进行加工、分类、整理，最后形成特定形式的会计信息以提供给该经济实体的内外部使用者进行经济决策。

会计核算职能又称为会计反映职能，它是会计最基本的职能，即对特定经济实体已经发生或完成的经济活动情况，运用货币计量形式，通过确认、计量、记录和报告进行连续、系统、全面的反映。会计核算具有以下特点：

（1）会计核算主要以货币为计量单位，从价值量上核算特定经济实体的经济活动情况。例如，资产的增加和减少，负债的发生和偿还，收入金额的记录和成本费用的计算等，会计都是以货币为单位进行价值量方面的核算。也就是说，会计核算只限于那些能够用货币计量的经济活动，凡不能用货币计量的经济活动均不在会计核算范围之内。会计在进行货币度量时，有时也涉及劳动度量和实物度量，其目的是扩大和丰富会计核算提供的数据资料。

（2）会计核算要根据经济业务凭证，对已经发生的经济活动进行连续、系统、全面的反映。这基本上是一种事后反映。经济业务是有轨迹的，那些能够相互印证的经济业务凭证（原始凭证）构成了初始的会计核算资料，可以完整地说明企业经济业务的来龙去脉。而所谓“连续”是指会计必须根据这些业务凭证，按照经济业务发生的时间先后顺序，不间断地进行记录和计算；“系统”是指会计核算要采用专门方法，将初始的、未加工的会计核算资料分类、汇总，使之系统化；“全面”是指凡是应由会计核算的各项经济业务，都必须毫无遗漏地加以记录和计算，不能任意取舍。

(3) 会计核算要提供能够满足信息使用者用以指导其进行未来经济决策的信息，包括能够综合反映经济活动现状的核算指标和会计报表。它体现的是对未来经济活动进行事前和事中控制提供有用的会计信息。

（二）会计的监督职能

会计又是一项管理活动，因此，它在对经济活动进行及时、准确、全面核算的同时，还要对特定经济实体的经济活动进行全面的和经常的监督，以维护国家的财经制度，保护各单位的财产安全，保证经济活动的合法性、合理性和有效性，制止和预防各种违反财经法纪的行为。事实上，会计对经济活动进行会计核算的过程，也是实行会计监督的过程。这也是会计的基本职能。会计监督有以下特点：

(1) 会计监督是对经济活动全过程的监督。会计监督是对经济活动的全过程进行的事前监督、事中监督和事后监督，并把三者相结合的全面的经济监督。事前监督，是指会计部门在参与编制各项计划和费用预算时，依据有关政策、法令和制度，对未来经济活动的可行性、合理性和合法性进行指导和审查。事中监督，是指在日常会计活动中，对已发现的问题提出建议，促使有关部门按照有关目标和制度进行调整和改正。事后监督，是指以事先制定的目标和要求为准绳，通过分析会计资料，对已进行的各项经济活动的正确性、合法性和有无经济效益等情况进行考核和评价。

(2) 会计主要运用价值量进行监督，同时也要进行实物监督。会计一方面要利用资金、成本、利润等价值指标，综合反映经济活动的过程和结果，并利用这些价值指标监督经济活动；另一方面还要进行实物监督，如监督财产物资的安全及数量上的完整准确，检查账实是否相符等。

(3) 会计监督是一种单位内部监督。我国《会计法》中明确规定：各单位的会计机构、会计人员对本单位的经济活动进行监督。因此，会计应该对本单位的经济活动进行完整和连续的监督。会计监督是财政、税务、审计等机构的外部监督所无法代替的。

（三）参与经营决策的职能

会计作为管理活动的一部分，首先要为经济决策提供会计信息。经济决策其实是一个融预测、决策、控制、分析于一体的活动过程，这个过程中的任何一个环节都少不了会计提供的及时、准确、相关的会计信息。在企业中，进行经济预测和决策所需要的经济信息中有大约70%属于会计信息。同时，会计也直接参与经营决策这一活动过程，拥有大量会计信息的高级会计管理人员，如财务总监、会计部门负责人等本身就是企业决策集团的成员或经济预测和决策的直接参与者。

总之，会计职能是客观存在的，随着社会生产的发展和经济管理水平的提高，会计职能不断被人们所认识，更好地为人们所利用。

第二节 会计目标

在会计学科领域，会计目标（accounting objective）被认为是最为基础的观念。会计实务和会计理论都建立在它的基础之上。所谓会计目标，应该是会计信息系统的运行目标。但是，会计信息系统又以财务报表或财务报告的提供为其最终的“产品”，因此，目前会计文献中所说的会计目标一般都是指财务报表或财务报告的目标。

一、关于会计目标的两种学术观点

从国外对会计目标的研究情况来看，20 世纪 70 ~ 80 年代，会计理论界对会计目标已经形成了两种不同的观点：决策有用观和受托责任观。

（一）决策有用观

决策有用观认为，会计的目标是向信息使用者提供对决策有用的信息。如果企业在财务报告中提供的会计信息与使用者的决策无关，没有使用价值，那么财务报告就失去了编制的意义。根据这一目标的要求，财务报告所提供的会计信息应当如实反映企业所拥有或者控制的经济资源、对经济资源的要求权以及经济资源要求权的变化情况，如实反映企业的各项收入、费用、利得和损失的金额及其变动情况，如实反映企业各项经营活动、投资活动和筹资活动等所形成的现金流入和现金流出情况等，从而有助于现在的或潜在的投资者、债权人以及其他使用者正确、合理地评价企业的资产质量、偿债能力、盈利能力和营运效率等，有助于使用者根据相关会计信息做出理性的投资和信贷决策；有助于使用者评估与投资和信贷有关的未来现金流量的金额、时间、风险等。

决策有用观适用的经济环境是所有权与经营权分离，并且资源的分配是通过资本市场进行的。也就是说，委托方与受托方的关系不是直接建立起来的，而是通过资本市场建立的，两者不能直接交流，委托者在资本市场上是以群体出现的，这就导致了委托方与受托方两者关系的模糊。

（二）受托责任观

受托责任观认为，会计的目标是向委托人报告受托责任的履行情况。在现代公司制下，企业所有权和经营权相分离，企业管理层是受委托人之托，经营管理企业及其各项资产，负有受托责任，即企业管理层所经营管理的企业各项资产基本上均为投资者投入的资本（或者留存收益作为再投资）或者从债权人借入的资金所形成的，企业管理层有责任妥善保管并合理、有效地运用这些资产。尤其是企业投资者和债权人等，需要及时或者经常性地了解企业管理层保管、使用资产的情况，以便于评价企业管理层对受托责任的履行情况和业绩情况，并决定是否需要调整投资或者信贷政策，是否需要加强企业内部控制和其他制度建设，是否需要更换管理层等。因此，财务报告应当反映企业管理层受托责任的履行情况，这样有助于评价企业的经营管理责任和资源使用的有效性。

由此可见，受托责任产生的原因在于所有权与经营权的分离，而且必须有明确的委托受托关系存在。委托方与受托方中任何一方的模糊或缺位，都将影响受托责任的履行，因此，要求委托方和受托方处在直接接触的位置上。换言之，受托责任观要求两权分离是直接进行的，所有者与经营者都十分明确，两者直接建立委托受托关系，没有模糊和缺位现象。

我国《企业会计准则——基本准则》规定：企业应当编制财务会计报告。财务会计报告的目标是向其使用者提供与企业财务状况、经营成果和现金流量等有关的会计信息，反映企业管理层对受托责任的履行情况，有助于财务会计报告使用者做出经济决策。由此看来，我国企业的会计目标是决策有用观和受托责任观的融合。

二、会计信息使用者

决策者需要信息。决策越重要，对于真实信息的需求量也就越大。实际上，所有的企业和大多数个人在决策过程中都需要会计信息的帮助。具体而言，会计信息使用者主要包括：

1. 外部使用者。外部使用者是指企业外部的与企业有直接或间接经济利害关系的单位和个人。具体包括：

（1）投资者，包括现在的和潜在的投资者。在经营权和所有权相分离的情况下，作为公司或企业的所有者即投资者并不直接参与企业的经营，那么其投入资金的运作情况如何？这些方面情况的掌握一般要通过企业会计提供的信息。投资者还需要利用会计信息进行相关的决策，如根据企业的财务状况和经营成果决定是否应该对企业投入更多的资金（购入股份）、是否应该转让其在企业中的投资（出售股份）等。与企业投资者的决策关系比较密切的是该企业的经营成果、财务状况、获利能力、偿债能力等方面的信息。这些信息主要由企业的财务会计来提供。

（2）债权人，包括银行、非银行金融机构、企业债券购买人及其他提供贷款的单位和个人。他们主要通过企业的财务报表掌握其贷款的安全性和企业能否如期偿还贷款本金并支付利息，从而决定是否给企业贷款或做出是否贷给企业更多资金的决策。

（3）政府部门。有关政府部门要通过财务会计信息了解企业所承担的义务。例如，税务部门，需要利用财务会计信息了解企业依法应纳多少税，是否依法纳税，未来纳税的前景如何；证券交易管理部门，需要了解企业公开的财务信息是否充分，是否会误导投资者的决策，投资者是否理解公司公开的财务信息等。

(4) 其他外部使用者。例如，企业的客户，由于与企业进行着各种交易活动，存在着利害关系，他们很关心他们的交易对象能否继续生存，财力是否充分，能否保证长期供货，产品的定价是否合理等。

2. 内部使用者。会计信息的内部使用者主要是指企业内部各阶层的管理人员以及企业职工。

(1) 企业内部管理人员。在经营活动中，企业内部管理人员需要依据会计信息做出有关的判断和决策，例如：①筹资决策，包括：需要多少资金，需筹措长期资金还是短期资金，由何处取得资金，付出的成本多高等问题。②投资决策，包括：企业的资源应如何配置，是否应用闲置资金购买短期证券，应投多少资金于机器设备，当存在多种投资方案时，如何择优等问题。③生产决策，包括：应生产何种产品，产量多高，以何种方式生产，成本可否进一步降低，某种零部件是自产好还是外购好等问题。④行销决策，包括：产品的售价应多高，企业在促销方面应花多少钱，如何控制等问题。⑤人事决策，包括：企业可动用多少资金用于增加工资、奖金、津贴，各层次职工的收入应如何拉开档次才能最大限度地调动他们的积极性，应如何控制工资、奖金等的发放才能防止侵吞现金等财产的现象出现等问题。

(2) 企业职工。企业职工关心会计信息主要是考虑：企业的财务状况与获利情况是否能保障企业持续经营并为职工提供稳定的就业，企业的工资福利待遇是否变动、是否与企业的获利情况挂钩等。

第三节 会计假设与会计基础

一、会计假设

会计假设（accounting postulates）或称会计假定（accounting assumptions），是指会计人员为实现会计目标而对所面临的变化不定、错综复杂的会计环境做出的合乎情理的判断。它是会计核算的前提条件，在我国又称为会计核算的基本前提。按照会计学界的观点和《企业会计准则——基本准则》的规定，会计假设包括会计主体、持续经营、会计分期和货币计量四项。

（一）会计主体假设

《企业会计准则——基本准则》第五条指出：“企业应当对其本身发生的交易或者事项进行会计确认、计量和报告。”这是对会计主体假设的描述。换言之，会计反映和监督的内容是一个会计主体范围的经济活动，而不是其他会计主体的经济活动。

会计主体假设（accounting entity postulate），是指会计工作为其服务的特定单位和组织。会计主体典型的是企业，但也可以是企业内部相对独立的经营单位。从法律角度看，企业的组织形式有独资、合伙与公司三种。独资（sole proprietorship）是指个人出资成立的企业；合伙（partnership）则是由两个或两个以上的人共同成立的企业。这两种形式的出资人都必须对企业负连带责任。公司（corporation）则不同，按照《公司法》的规定，我国的公司分为有限责任公司和股份有限公司两类，前者股东以其出资额对公司承担责任，后者股东以其持有的股份承担责任。而且，两者形式的公司皆是企业法人，仅以公司的全部财产作为对公司债务承担责任的界限。

会计主体规定了会计核算内容的空间范围，它要求严格区分不同企业之间、本企业和企业的所有者或投资者之间的界限。任何企业组织，不论是公司、独资还是合伙，会计所要核算的是企业本身的经济活动，而不是其他企业或其他经济主体的经济活动，也不是企业所有者或投资者的经济活动。因此，会计人员对独资或合伙企业业主本人所拥有的资产是不感兴趣的，而只关心业主投入在企业中的资产。他们按照会计主体的假设将这两部分资产严格地予以划分。但从法律角度，这种区分并不被法律承认，企业发生的亏损或负债必须由其业主偿付，必须从业主的资产中偿还企业所发生的负债。只有有限责任公司和股份有限公司的业主（公司股东）和公司资产的划分才为法律所承认，在投入资本之外公司业主不再承担偿债的责任。

会计主体不同于法律主体的概念。一般来说，法律主体必然是会计主体，但会计主体并不一定就是法律主体。也就是说，会计主体可以是独立的企业法人，也可以是非法人（如独资、合伙）；可以是一个企业，也可以是企业内部的某一个单位或企业内部的某一个特定的部分（如企业的分公司、企业设立的事业部）；可以是单一企业，也可以是由几个企业组成的企业集团。

【例1-1】某母公司拥有10家子公司，母、子公司均为不同的法律主体，但母公司对子公司拥有控制权。为了全面反映由母、子公司组成的企业集团整体的财务状况、经营成果和现金流量，就需要将企业集团作为一个会计主体，编制合并会计报表。

【例1-2】某基金管理公司管理了10只证券投资基金。对于该公司而言，一方面，公司本身既是法律主体又是会计主体，需要以公司为主体核算公司的各项经济活动，以反映整个公司的财务状况、经营成果和现金流量；另一方面，各只基金尽管不属于法律主体，但需要单独核算，并向基金持有人定期披露基金的财务状况和经营成果等，因此，每只基金也属于会计主体。

按照会计主体假设，企业的盈利只能来自不同主体之间的交易行为，同一个主体内部各部门之间的交易不产生利润。这样，在编制合并报表时，就需要对原有各成员企业财务报表所报告的利润进行分解，将其中来自各成员企业间的利润予以消除。

会计主体假设的进一步运用还要求：会计所报告的利润必须来自不同主体间可确认的交易。这是指主体内部的任何活动，本身不产生利润；企业所报告的利润，必须有相应的主体间的交易与之对应。这导致现有会计系统无法确认自创商誉。因为，自创商誉主要来自企业长期卓有成效的经营和管理，它主要产生于内部的管理活动，且不与某一项交易活动有关。只有当企业进行兼并、改组等行为时，商誉才能加以确认。

（二）持续经营假设

《企业会计准则——基本准则》第六条指出："企业会计确认、计量和报告应当以持续经营为前提。"这是对持续经营假设的描述。

持续经营假设（going-concern postulate），是指企业或会计主体的经营活动将无限期地经营下去。也就是说，除非存在明显的"反证"，否则，都将假设一个主体的经营活动是连续下去的。而所谓的"反证"，就是那些表明企业经营活动将会终止的证据，如合同规定的经营期限即将到期、企业资不抵债已宣告破产、国家法律明文规定要求停业清算等。这一假设可以理解为两个层面：一是各主体在可能预见的未来不是期望清理或清算的；二是假定各主体能执行现有的经营活动，包括各项合同、各种既定的经济活动等，并无法确定其结束时间。明确这一基本假设，就意味着会计主体将按照既定的用途使用资产，按照既定的合约条件清偿债务，从而使会计人员可以在此基础上选择会计政策和估计方法。

【例1-3】某企业购入一条生产线，预计使用寿命为10年，考虑到该企业将会持续经营下去，因此可以假定企业的固定资产会在持续的生产经营过程中长期发挥作用，并服务于生产经营过程，即不断地为企业生产产品，直至生产线使用寿命结束。为此，该生产线就应当根据历史成本进行记录，并采用折旧的方法，将历史成本分摊到预计使用寿命期间所生产的相关产品的成本当中。

持续经营假设是根据在市场经济条件下作为会计主体的企业间存在着竞争，且经营的持续期间带有不确定性而提出的。会计主体假设为会计的活动规定了空间范围，而持续经营假设则为会计的正常活动做出了时间的规定。在现实经济环境中，尽管企业的经营活动存在着不确定性，但会计信息系统加工、处理、提供会计信息，应当立足于企业持续经营的基础上，否则，一些最基本的会计信息的加工、处理方法都无法确立。如包括历史成本、权责发生制、收入实现、费用配比等原则在内的会计方法，都是以持续经营假设为前提的。

当然，在这个充满竞争的社会，企业破产清算的风险始终存在。一旦企业发生破产清算，所有以持续经营为前提的会计程序与方法都不再适用，而应当采用破产清算的会计程序与方法。

（三）会计分期假设

《企业会计准则——基本准则》第七条指出："企业应当划分会计期间，分期结算账目和编制财务会计报告。会计期间分年度和中期。中期是指短于一个完整的会计年度的报告期间。"这是对会计分期假设的描述。

按照持续经营假设，一个主体的经营活动应当是无限期的，但这又为会计核算带来了难题：什么时候进行会计核算？显然，不可能等到企业最终解散或清算时才来核算，这在逻辑上要求必须为会计信息的提供规定期限。会计分期假设因此而产生了。

会计分期假设（accounting period postulate），是指假设可以将企业连续不断的经营活动分割为若干个较短的时期，据以结算账目和编制报表，从而及时地提供有关财务状况和经营成果的会计信息。会计分期规定了会计核算的时间范围。会计分期作为一项假设，实际上是持续经营假设的补充。持续经营把主体的经营活动看成连续不断的“长河”，会计分期则把这连续的“长河”人为地“隔断”，以测定其流量。而且由于有了会计分期，才产生了本期与非本期的区别、期初与期末的概念，才产生了收付实现制和权责发生制，才使不同类型的会计主体有了记账的基准，进而出现了应收、应付、折旧、摊销等会计处理方法。

企业通常以一年作为划分会计期间的标准，也可以以其他的标准划分会计期间，如以6个月作为一个会计期间。以一年作为一个会计期间的称为会计年度。会计年度可以是公历年度，也可以以某一日开始的365天的期间作为一个会计年度。在我国，是以公历年度作为企业的会计年度，即以公历1月1日起至12月31日止。在年度内，再划分季度和月份等较短的期间。

（四）货币计量假设

《企业会计准则——基本准则》第八条指出：“企业会计报告应当以货币计量。”这是对货币计量假设的描述。

货币计量假设（monetary measurement postulate），是指企业的生产经营活动及其成果可以通过货币予以综合反映。会计上把货币作为计量单位，同时假设货币的内在价值是稳定的，即使有所变动，也应不足以影响会计计量和会计信息的正确性。在通货膨胀的情况下，货币价值的波动给会计计量带来巨大的困难，按照常规方法编制的会计报表会严重失实，从而引起报表使用者的误解，因此，就需要采用通货膨胀会计来解决。

企业的生产经营活动具体表现为商品的购销、各种原材料和劳务的耗费等实物运动。由于商品、各种原材料和劳务的耗费在实物上存在不同的计量单位，无法比较，会计核算客观上需要一种统一的计量单位作为其计量尺度。在商品经济条件下，货币是商品的一般等价物，是衡量商品的共同尺度。因此，会计核算必然选择货币作为计量单位，使企业的生产经营活动统一地表现为货币资金运动，会计人员可以通过它提供企业财务状况和经营成果等会计信息。因此，货币计量假设被认为是最重要的会计假设，如果放弃了这项假设，会计必然会失掉其基本特征。

企业会计核算采用货币作为经济活动的最好计量单位，如果企业的经济业务是多种货币计量并存的情况，就需要确定一种货币作为记账本位币。在我国，会计核算以人民币为记账本位币。业务收支以外币为主的企业，也可以采用某种外币作为记账本位币，但在编制会计报表时应当折算为人民币反映；境外企业向国内有关部门编报会计报表也应当折算为人民币。

二、会计基础

在经济活动过程中，会大量而又频繁地发生各种各样的经济业务，由于在处理时以会计分期和持续经营为前提，因而出现了有些经济业务属于本期、有些经济业务属于上期、有些经济业务属于下期的现象。例如，企业在一定会计期间，为进行生产经营活动而发生的费用和收入，可能在本期已经付出、收到款项，也可能在本期尚未付出、收到款项；本期发生的费用可能与本期收入的取得有关，也可能与本期收入的取得无关。因此，要把收入与费用在时间上加以配合以确定损益，就必须有一个标准，这个标准就是会计基础。

会计基础，也称为记账基础，是指确定一个会计期间的收入与费用，从而确定损益的标准。可供选择的会计基础包括权责发生制和收付实现制。

（一）权责发生制

权责发生制（accrual basis），也称为应收应付制或应计制，是指以收入和费用是否已经发生为标准，按照归属期来确定本期的收入和费用。采用权责发生制为记账基础，凡是当期已经实现的收入或应当负担的费用，不论款项是否收付，都应当作为当期的收入和费用；凡是不属于当期的收入或费用，即使款项已在当期收付，都不应作为当期的收入或费用。

【例1－4】某企业2×21年1月一次预付全年房租12 000元，根据权责发生制原则，该费用应在一年内平均分配，即从2×21年1月开始到2×21年12月为止的12个月内全部分配完毕。因此，1月份只应负担1 000元房租费用。

在权责发生制下，必须考虑预收、预付和应收、应付。由于企业日常的账簿记录不能完全反映本期的收入和费用，需要在会计期末对账簿记录进行调整，使未收到款项的应计收入和未付出款项的应付费用，以及收到款项而不完全属于本期的收入和付出款项而不完全属于本期的费用，归属于相应的会计期间，以便正确地计算本期的经营成果。采用权责发生制核算比较复杂，但反映本期的收入和费用比较合理、真实，所以适用于企业。

（二）收付实现制

收付实现制（accounting on cash basis），也称为现收现付制或现金制，是以款项是否实际收到或付出作为确定本期收入和费用的标准。采用收付实现制为记账基础，凡是本期实际收到的款项，不论其是否属于本期实现的收入，都作为本期的收入处理；凡是本期付出的款项，不论其是否属于本期负担的费用，都作为本期的费用处理。反之，凡本期没有实际收到和付出的款项，即使款项应归属于本期，也不作为本期收入和费用处理。这种处理方法比较符合一般人的生活习惯，核算手续也比较简单，但不能合理计算确定本会计期间的经营成果。

【例1-5】某企业于2×21年4月收到其客户的预付货款10 000元，存入银行。根据收付实现制原则，该款项是在4月收到的，应作为该月的收入。这种做法简单、方便、容易被人接受，但计算出来的本期盈亏不准确亦不合理，所以企业一般不予采用，它主要用于非营利性的行政、事业和团体单位。

综上所述，采用权责发生制，可以正确反映本期收入和费用，正确计算本期损益。因此，我国《企业会计准则——基本准则》第九条指出："企业会计应当以权责发生制为基础进行会计确认、计量和报告。"

第四节　会计对象与会计要素

一、会计对象

会计对象是指会计所核算和监督的内容。在市场经济条件下，企业会计对象可概括为企业的资金运动，或者是能用货币表现的经济活动。从会计的角度看，企业开展经济活动的过程实际上也是其资金运动的过程。因为现代市场经济是经济资本化的经济，企业为了盈利而进行的商品生产和销售等经营活动过程及筹资、投资、利润分配等主要方面所形成的错综复杂的经济关系，均以资金为载体。资金运动贯穿于企业生产经营的全过程，成为各种经济关系的集中体现。由于产品制造业企业的经济活动与资金运动最为综合复杂，因而下面以产品制造业企业为例进行说明。

（一）筹资活动与资金投入企业

企业正常运转需要一定的资金。筹资活动（financing activities）是指导致企业资本及债务规模和构成发生变化的活动，包括吸收投资或发行股票，分配利润或现金股利，取得和偿还银行借款，发行和偿还公司债券等，其主要目的是筹集资金，满足企业对资金的需求。例如，一个企业准备开发一种很有市场前景的新产品，它必须有足够的资金进行研制和生产，还必须有足够的资金开拓市场，为此，它必须筹集到足够的资金。企业的会计信息系统必须对这一系列活动进行反映，并加以分析，为企业的决策提供可靠的依据。

企业筹集资金有不同的方式，一般包括自有资金的筹集和借入资金的筹集。自有资金就是企业所有者的投入资金，一部分来自所有者的直接投入，另一部分来自企业的留存收益。借入资金是企业通过向银行借款、发行债券或凭借商业信用等方式而筹集的资金，是对企业自有资金的补充。借入资金后，企业成为债务人，资金提供方就是企业的债权人。不同方式筹集的资金对企业的影响是不同的，企业应当选择适合自身条件的方式筹集资金，以降低资金成本，求得企业利润的最大化。

（二）投资活动与资金运用

投资活动（investing activities）是指企业长期资产的购建、对外投资及其处置活动，包括实物资产的投资，也包括金融资产的投资，但不包括自购买日起3个月内到期的有价证券（属于现金等价物）的投资。其主要目的是企业使用所筹资金获取所需的各种经济资源，是企业重要的经济活动之一。

企业的投资可分为对内投资和对外投资。对内投资是为维持和扩大企业的经营能力而进行的投资，如购建厂房、设备、仓库，开发专利技术以及研究项目等。对外投资是将企业资金投放到本企业之外的其他经济实体，成为其他经济实体的所有者或债权人，来赚取投资报酬。对外投资的方式可以是向其他经济实体直接投入货币资金、厂房、设备或专利技术等经济资源（称作直接对外投资），也可以通过证券市场获取股票或债券等有价证券，间接对其他经济实体投资（称作对外证券投资）。

（三）经营活动与资金的循环和周转

经营活动（operating activities）是企业利用内部投资进行经营的过程，是企业的重要经济活动之一。企业的日常经济活动大部分由各种相互继起、循环往复的经营环节构成。制造业企业的经营活动环节主要包括供应活动、生产活动和销售活动。

1. 供应活动。企业日常经营需要获取种类繁多的经济资源。具体包括：①人力资源，对人力资源的供应包括职员的招聘、培训等活动；②劳动资料，指在经营活动中被长期使用、逐步消耗的经济资源，如厂房、设备以及专利技术等，这部分资源一般在对内投资活动中获取；③劳动对象，指在经营活动中被不断消耗和更新的经济资源，如生产所需的材料、水电等能源，可以外购或自制获得。

供应活动是对生产活动的准备，企业用持有的货币资金或通过商业信用，取得生产活动中所需的各项生产要素。资金由货币形态转化为实物等储备形态，也即货币资金转化为储备资金。

2. 生产活动。生产活动是制造业企业经营活动的核心，是指企业利用一定的技术和方法，将各生产要素合理组合起来，制造出某种特定的产品。它既是产品的制造过程，也是物化劳动和活劳动的消耗过程。具体而言，生产工人借助机器、设备、工具等劳动手段进行生产活动，通过原材料的消耗、劳动手段的磨损以及人工的耗费等将材料加工为产品。从实物形态看，原材料投入后经过加工成为在产品，再从在产品加工成为产成品，存货的实物形态发生了变化。从价值形态看，原材料的消耗、劳动手段的磨损以及人工的耗费，分别形成了企业的材料费用、折旧费用和工资费用等，统称为生产费用。这些生产费用全部转移到产品之中，构成产成品的成本。经过生产过程，材料资金转化为在产品资金，再转化为产成品资金。

3. 销售活动。在销售活动中，企业出售产成品，并按销售价格与客户办理结算手续，收回货款。企业的资产形态由此发生了变化，即从产成品转化为银行存款等，产成品资金又转回到生产经营出发点的形态——货币资金，完成了一次循环。而其产生的银行存款等又可供下一次经营循环使用。

在实际工作中，产品制造企业的生产经营活动是不间断地进行的。其资产经过供应、生产和销售三个过程，这三个过程是同时并存、相互继起的，从银行存款形态依次变为原材料、在产品、产成品，又回到银行存款。相应地，资金从货币形态开始，依次变为储备资金、在产品资金、产成品资金，最后又回到货币形态，我们将这一过程称为资金循环。只要企业生产不停止，资金的循环过程就将周而复始地继续下去。我们将不断重复的资金循环称为资金周转。

（四）利润的形成和分配与资金退出企业

制造业企业将所生产的产成品出售后，获取了营业收入，需要抵偿其在生产经营过程中所发生的成本、费用。营业收入在补偿成本、费用后的余额，即为利润总额。其中一部分利润，要以所得税的形式向国家交纳，形成国家的财政收入。纳税后的利润，称为税后利润，一部分按国家规定，必须留存于企业，称为法定盈余公积；另一部分以股利或利润的形式分配给企业的所有者。企业根据经营活动的需要，自行提留的一部分税后利润，称为任意盈余公积。法定盈余公积和任意盈余公积均供扩展企业的生产经营之用。税后利润中，除了分配给所有者之外，留存于企业的，合称为留存利润，即包括法定盈余公积、任意盈余公积和未分配利润。

在企业资金周转过程中，有些资金会离开周转过程，退出企业，如用于分配利润、归还借款、减少资本等。这些退出企业资金周转的部分，同时减少了企业的资产和资产的来源，即负债和所有者权益。

资金投入、资金循环和周转及资金的退出，构成了企业资金运动的主要内容。它们与企业的经济活动相辅相成，具体如图1－2所示。

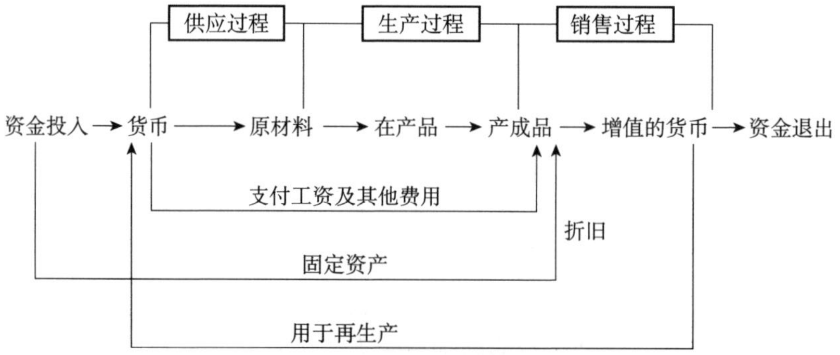

图1－2　企业经营活动与资金运动过程

二、会计要素

会计的对象是资金运动，但是这一概念的涉及面过于广泛，而且又很抽象。在会计实践中，为了进行分类核算，从而提供各种分门别类的会计信息，就必须对会计对象的具体内容进行适当的分类，于是，会计要素这一概念应运而生。

会计要素是对会计对象的具体内容所作的最基本的分类，也是组成财务报表的基本单位。由于各国所处的具体环境不同，对会计对象的分类标准也不尽相同。我国《企业会计准则——基本准则》将会计要素分为六类，即资产、负债、所有者权益、收入、费用和利润。其中，资产、负债和所有者权益都是静态的、存量性质的会计要素，侧重于反映企业的财务状况，是组成资产负债表的基本单位，因此被称为资产负债表要素；收入、费用和利润都是动态的、流量性质的会计要素，侧重于反映企业的经营成果，是组成利润表的基本单位，因此被称为利润表要素。会计要素的界定和分类可以使财务会计系统更加科学严密，为投资者、债权人等财务报告使用者提供更加有用的信息。

（一）资产

1. 资产的定义。资产（asset），是指企业过去的交易或者事项形成的、由企业拥有或者控制的、预期会给企业带来经济利益的资源。根据资产的定义，它具有以下三个方面的特征。

（1）资产预期会给企业带来经济利益。这是指资产具有直接或者间接导致现金或现金等价物流入企业的潜力。这种潜力可以来自企业日常的生产经营活动，也可以来自非日常经营活动；其带来的经济利益可以是现金或者现金等价物，也可以是转化为现金或者现金等价物的其他资产，还可以表现为减少现金或者现金等价物流出。

【例1-6】某企业在2×21年年末盘点存货时，发现存货毁损80万元，企业以该存货管理责任不清为由，将毁损的存货继续挂账，并在资产负债表中将其作为流动资产予以反映。但由于该存货已经毁损，预期不能为企业带来经济利益，不符合资产的定义，不应再在资产负债表中确认为一项资产。

资产预期能为企业带来经济利益是资产的重要特征。如果某一项目预期不能给企业带来经济利益，那么就不能将其确认为企业的资产。前期已经确认为资产的项目，如果不能再为企业带来经济利益，也不能再确认为企业的资产。

（2）资产应为企业拥有或者控制。资产作为一项资源，应当由企业拥有或者控制，具体是指企业享有某项资源的所有权，或者虽然不享有某项资源的所有权，但该资源能够被企业所控制。

企业享有资产的所有权，通常表明企业能够排他性地从资产中获取经济利益。然而，在有些情况下，资产虽然不为企业所拥有，即企业并不享有其所有权，但是企业控制了这些资产，这同样表明企业能够从该资产中获取经济利益，符合会计上对资产的定义。反之，如果企业既不拥有也不控制资产所能带来的经济利益，那么就不能将其作为企业的资产予以确认。

【例1-7】某企业以融资租赁方式租入一项固定资产，尽管企业并不拥有其所有权，但是如果租赁合同规定的租赁期限相当长，接近该资产的使用寿命，则表明企业控制了该资产的使用及其所能带来的经济利益，因此，应当将其作为企业的资产予以确认、计量和报告。

（3）资产是由企业过去的交易或者事项形成的。资产应当由企业过去的交易或者事项形成，过去的交易或者事项包括购买、生产、建造行为或者其他交易或事项，即只有过去发生的交易或者事项才能形成资产，企业预期在未来发生的交易或者事项不形成资产。

【例1-8】甲企业和乙供应商签订了一份购买原材料的合同，合同尚未履行，即购买行为尚未发生，因此该批原材料不符合资产的定义，甲企业不能因此而将其确认为存货资产。

2. 资产的分类。企业的资产按其流动性的不同可以划分为流动资产和非流动资产。

（1）流动资产（circulating assets），是指可以在1年或者超过1年的一个营业周期内变现或者耗用的资产，主要包括库存现金、银行存款、交易性金融资产、应收及预付款项、待摊费用、存货、合同资产等。

库存现金是指企业持有的现款，也称为现金。库存现金主要用于支付日常发生的小额、零星的费用或支出。

银行存款是指企业存入某一银行账户的款项。企业的银行存款主要来自投资者投入资本的款项、债权人借入的款项、销售商品的货款等。

交易性金融资产是指企业为交易目的而持有的股票投资等。

应收及预付款项是指企业在日常生产经营过程中发生的各项债权，包括应收票据、应收账款、其他应收款、预付账款等。

待摊费用是指企业已经支出，但应当由本期和以后各期分别负担的、分摊期限在1年以内（含1年）的各项费用，如低值易耗品的摊销、预付的保险费等。

存货是指企业在日常的生产经营过程中持有以备出售，或者仍然处在生产过程中将要消耗，或者在生产或提供劳务的过程中将要耗用的各种材料或物料，包括库存商品、半成品、在产品以及各类材料等。

合同资产是指企业已向客户转让商品而有权收取对价的权利，且该权利取决于时间流逝之外的其他因素。应收款项是企业无条件收取合同对价的权利，即企业仅仅随着时间的流逝即可收款，仅承担信用风险。而合同资产并不是一项无条件收款权，该权利除了时间流逝之外，还取决于其他条件，如履行合同中的其他履约义务；合同资产除承担信用风险外，还可能承担履约风险等。

（2）非流动资产（non-current assets），是指不能在1年或者超过1年的一个营业周期内变现或者耗用的资产，主要包括长期股权投资、固定资产、使用权资产、无形资产等。

长期股权投资是指持有时间超过1年（不含1年）、不能变现或不准备随时变现的股票和其他投资。企业进行长期股权投资的目的是获得较为稳定的投资收益或者对被投资单位实施控制或影响。

固定资产是指同时具有下列特征的有形资产：①为生产商品、提供劳务、出租或经营管理而持有的；②使用寿命超过一个会计年度。其中，使用寿命是指企业使用固定资产的预计期间，或者该固定资产所能生产产品或提供劳务的数量。固定资产主要包括房屋、建筑物、机器、机械、运输工具以及其他与生产、经营有关的设备、器具、工具等。

使用权资产是指承租人可在租赁期内使用租赁资产的权利。即企业通过租赁取得的资产形成企业的使用权资产。其中，租赁是指在一定期间内出租人将资产的使用权让与承租人以获取对价的合同。租赁的主要特征是转移资产的使用权，而不是所有权。

无形资产是指企业拥有或者控制的没有实物形态的、可辨认的非货币性资产。主要包括专利权、非专利技术、商标权、著作权、土地使用权等。

（二）负债

1. 负债的定义。负债（liability），是指企业过去的交易或者事项形成的、预期会导致经济利益流出企业的现时义务。根据负债的定义，负债具有以下几个方面的特征：

（1）负债是企业承担的现时义务。负债必须是企业承担的现时义务，这是负债的一个基本特征。现时义务，是指企业在现行条件下已承担的义务。未来发生的交易或者事项形成的义务，不属于现时义务，不应当确认为负债。

现时义务可以是法定义务。法定义务是指具有约束力的合同或者法律法规规定的义务，通常在法律意义上需要强制执行。

【例1－9】甲企业购买原材料形成应付账款1 000万元，从银行借入款项形成借款1亿元，按照税法的规定应当交纳税款500万元，这些均属于企业承当的法定义务，需要依法予以偿还。

现时义务也可以是推定义务。推定义务是指企业多年来的习惯做法、公开的承诺或者公开宣布的政策导致企业将承担的责任，这些责任也使有关各方形成了企业将履行义务解脱责任的合理预期。

【例1－10】乙企业多年来制定有一项销售政策，即对于售出商品提供一定期限内的售后保修服务。乙企业预期为售出商品提供的保修服务属于推定义务，应当将其确认为一项负债。

（2）负债的清偿预期会导致经济利益流出企业。只有企业在履行义务时会导致经济利益流出企业，才符合负债的定义。如果不会导致企业经济利益流出企业的，就不会符合负债的定义。在履行现时义务清偿负债时，导致经济利益流出企业的形式多种多样。例如，用现金或实物资产偿还，以提供劳务偿还，以部分转移资产、部分提供劳务偿还，将负债转为资本等。在某些情况下，现时义务也可能以其他方式解除。例如，债权人放弃或者丧失了其要求清偿的权利等。在这种情况下，尽管现时义务的履行最终没有导致经济利益的流出，但是现时义务发生时，仍然应当根据预计将来要清偿的金额将其确认为负债。

（3）负债是由企业过去的交易或者事项形成的。过去的交易或者事项包括购买货物、使用劳务、接受银行贷款等。只有过去的交易或者事项才能形成负债，企业将在未来发生的承诺、签订的合同等交易或者事项，不形成负债。

【例1-11】某企业已经从银行借入款项5 000万元，即属于过去的交易或者事项所形成的负债。企业同时还与银行达成了2个月后借入3 000万元的借款意向书，该交易就不属于过去的交易或者事项，不应形成企业的负债。

2. 负债的分类。负债通常是按照其流动性进行分类的。这样分类的目的在于了解企业流动资产和流动负债的相对比例，大致反映出企业的短期偿债能力，从而向债权人揭示其债权的相对安全程度。负债按其流动性不同，可以分为流动负债和非流动负债。

（1）流动负债（current liabilities），是指将在1年（含1年）或者超过1年的一个营业周期内偿还的债务，包括短期借款、应付及预收款项、合同负债、预提费用等。

短期借款是指企业从银行或其他金融机构借入的期限在1年以下的各种借款。如企业从银行取得的、用来补充流动资金不足的临时性借款。

应付及预收款项是指企业在日常生产经营过程中发生的各项债务，包括应付票据、应付账款、应付职工薪酬、应交税费、应付股利、其他应付款和预收账款等。

合同负债是指企业已收或应收客户对价而应向客户转让商品的义务。

预提费用是指预先提取计入成本、费用，但尚未实际支付的项目所形成的一种负债。

（2）非流动负债（non-current liabilities），是指偿还期超过1年或者超过1年的一个营业周期以上的债务，包括长期借款、应付债券、租赁负债、长期应付款等。

长期借款是指企业从银行或其他金融机构借入的期限在1年以上的各项借款。企业借入长期借款，主要用于长期工程项目。

应付债券是指企业为筹集长期资金而实际发行的长期债券。

租赁负债是指承租人尚未支付的租赁付款额。

长期应付款是指除长期借款和应付债券以外的其他长期应付款项，包括应付引进设备款、具有融资性质的延期付款购买固定资产或无形资产发生的应付款项等。

（三）所有者权益

1. 所有者权益的定义。所有者权益（equity），是指企业资产扣除负债后，由所有者享有的剩余权益。公司的所有者权益又称为股东权益。所有者权益是所有者对企业资产的剩余索取权，是企业资产中扣除债权人权益后应由所有者享有的部分，它既可反映所有者投入资本保值增值情况，又体现了保护债权人权益的理念。

2. 所有者权益的来源构成。所有者权益按其来源主要包括所有者投入的资本、直接计入所有者权益的利得和损失（其他综合收益）、留存收益等，通常由实收资本（或股本）、资本公积（含资本溢价或股本溢价、其他资本公积）、其他综合收益、盈余公积和未分配利润构成。

所有者投入的资本，是指所有者投入企业的资本部分，它既包括构成企业注册资本或者股本部分的金额，也包括投入资本超过注册资本或者股本部分的金额，即资本溢价或者股本溢价。这部分投入资本在我国企业会计准则体系中被计入了资本公积，并在资产负债表中的资本公积项目下反映。

直接计入所有者权益的利得和损失（其他综合收益），是指不应计入当期损益的、会导致所有者权益发生增减变动的、与所有者投入资本或者向所有者分配利润无关的利得或者损失。其中，利得是指由企业非日常活动所形成的、会导致所有者权益增加的、与所有者投入资本无关的经济利益的流入，利得包括直接计入所有者权益的利得和直接计入当期利润的利得；损失是指由企业非日常活动所发生的、会导致所有者权益减少的、与所有者分配利润无关的经济利益的流出，损失包括直接计入所有者权益的损失和直接计入当期利润的损失。直接计入所有者权益的利得和损失主要包括可供出售金融资产的公允价值变动额、现金流量套期中套期工具公允价值变动额（有效套期部分）等。

留存收益，是企业历年实现的净利润留存于企业的部分，主要包括累计计提的盈余公积和未分配利润。

3. 所有者权益与负债的区别。所有者权益和负债虽然同是企业的权益，且体现企业的资金来源，但两者之间却有着本质的不同，具体表现为：

（1）负债是企业对债权人所承担的经济责任，企业负有偿还的义务；而所有者权益则是企业对投资人所承担的经济责任，在一般情况下是不需要归还给投资者的。

（2）债权人只享有按期收回利息和债务本金的权利，而无权参与企业的利润分配和经营管理；投资者则既可以参与企业的利润分配，也可以参与企业的经营管理。

（3）在企业清算时，负债拥有优先求偿权；而所有者权益则只能在清偿了所有的负债以后，才返还给投资者。

（四）收入

1. 收入的定义。收入（revenue），是指企业在日常活动中形成的、会导致所有者权益增加的、与所有者投入资本无关的经济利益的总流入。根据收入的定义，收入具有以下几个方面的特征：

（1）收入应当是企业在日常活动中形成的。其中，日常活动是指企业为完成其经营目标所从事的经常性活动以及与之相关的活动。例如，工业企业制造并销售产品、商业企业销售商品、保险公司签发保单、咨询公司提供咨询服务、软件企业为客户开发软件、安装公司提供安装服务、商业银行对外贷款、租赁公司出租资产等，均属于企业的日常活动。明确界定日常活动是为了将收入与利得相区分，因为企业非日常活动所形成的经济利益的流入不能确认为收入，而应当计入利得。

（2）收入应当导致经济利益的流入，该流入不包括所有者投入的资本。例如，企业销售商品，必须要收到现金或者有权利将收到现金，才表明该交易符合收入的定义。但是，企业经济利益的流入有时是由所有者投入资本的增加所导致的，所有者投入资本的增加不应当确认为收入，应当将其直接确认为所有者权益。因此，与收入相关的经济利益的流入应当将所有者投入的资本排除在外。

（3）收入应当最终导致所有者权益的增加。例如，某企业从银行借入款项1 000万元，尽管该借款导致了企业经济利益的流入，但是该流入并不会导致所有者权益的增加，反而使企业承担了一项现时义务。因此，企业对于借入款项所导致的经济利益的增加，不应将其确认为收入，而应当确认为一项负债。

2. 收入的构成。收入主要包括主营业务收入、其他业务收入和投资收益等。

（1）主营业务收入，也称基本业务收入，是指企业在其经常性的、主营业务活动中所获得的收入，如工商企业的商品销售收入、服务业的劳务收入。

（2）其他业务收入，也称附营业务收入，是指企业非主营业务活动所获得的收入，如工业企业的销售原材料、出租包装物等业务取得的收入。

（3）投资收益，是指企业对外投资所取得的收益减去发生的投资损失后的净额。

需要引起注意的是，上面所说的收入是指狭义的收入，是企业在日常活动中所实现的收入。广义的收入还包括企业在非日常活动中所实现的利得，如非流动资产毁损报废利得、与企业日常活动无关的政府补助、现金盘盈利得、捐赠利得和罚款收入等。我国《企业会计准则——基本准则》中所界定的收入要素是指狭义的收入。

（五）费用

1. 费用的定义。费用（expense），是指企业在日常活动中发生的、会导致所有者权益减少的、与所有者分配利润无关的经济利益的总流出。根据费用的定义，费用具有以下三个方面的特征。

（1）费用应当是企业在日常活动中发生的。这些日常活动的界定与收入定义中涉及的日常活动相一致。日常活动中产生的费用通常包括销售成本、职工薪酬、折旧费、无形资产摊销费等。将费用界定为日常活动中所形成的，是为了将其与损失相区分，因企业非日常活动所形成的经济利益的流出不能确认为费用，应当计入损失。

（2）费用应当导致经济利益的流出，该流出不包括向所有者分配的利润。

其表现形式包括：现金或者现金等价物的流出；存货、固定资产和无形资产等的流出或者消耗等。鉴于企业向所有者分配利润也会导致经济利益的流出，而该经济利益的流出属于所有者权益的抵减项目，因而不应确认为费用，应当将其排除在费用之外。

（3）费用应当最终导致所有者权益的减少。例如，某企业用银行存款500万元购买工程用物资，该购买行为尽管使企业的经济利益流出了500万元，但并不会导致所有者权益的减少，而是使企业增加了另外一项资产。在这种情况下，就不应当将该经济利益的流出确认为费用。又如，某企业用银行存款偿还了一笔短期借款300万元，该偿付行为尽管也导致企业经济利益流出300万元，但是该流出并没有导致企业所有者权益的减少，而是使企业的负债减少了。因此，不应当将该经济利益的流出作为费用予以确认。

2. 费用的内容。费用主要包括营业成本、税金及附加、期间费用、信用减值损失、资产减值损失和所得税费用等。

（1）营业成本，是指企业因销售商品、提供劳务或让渡资产使用权等日常活动而发生的实际成本。例如商业企业的商品销售成本、生产企业的产品销售成本、服务业由于提供劳务发生的劳务成本等。

（2）税金及附加，是指企业日常活动应负担的税金及附加，包括消费税、城市维护建设税、资源税、土地增值税、教育费附加及房产税、土地使用税、车船税、印花税等。

（3）期间费用，具体包括销售费用、管理费用和财务费用。

销售费用，是指企业在销售商品过程中发生的费用，包括企业销售商品过程中发生的运输费、装卸费、包装费、保险费、展览费和广告费，以及为销售本企业商品而专设的销售机构（含销售网点、售后服务网点等）的职工薪酬、业务费、折旧费、固定资产修理费用等经营费用。

管理费用，是指企业为组织和管理企业生产经营所发生的管理费用，包括企业的董事会和行政管理部门在企业的经营管理中发生的，或者应当由企业统一负担的公司经费（包括行政管理部门职工工资及福利费、物料消耗、低值易耗品摊销、办公费和差旅费等）、工会经费、待业保险费、劳动保险费、业务招待费、技术转让费、矿产资源补偿费、无形资产摊销、职工教育经费、研究费用、排污费以及企业生产车间（部门）和行政管理部门等发生的固定资产修理费用等。

财务费用，是指企业为筹集生产经营所需资金等而发生的筹资费用，包括应当作为期间费用的利息支出（减利息收入）、汇兑损失（减汇兑收益）以及相关的手续费、企业发生的现金折扣或收到的现金折扣等。

（4）信用减值损失，是指企业按照《企业会计准则第22号——金融工具确认和计量》（2017年修订）的要求计提的各项金融工具减值准备所形成的预期信用损失。

（5）资产减值损失，是指企业计提除金融工具以外的各项资产减值准备所形成的损失。资产减值准备主要包括存货跌价准备、长期股权投资减值准备、固定资产减值准备、无形资产减值准备等。

（6）所得税费用，是指企业按税法规定向国家缴纳的所得税。

（六）利润

1. 利润的定义。利润（profit），是指企业在一定会计期间的经营成果，所反映的是企业的经营业绩情况。通常情况下，如果企业实现了利润，则表明企业的所有者权益将增加，业绩得到了提升；反之，如果企业发生了亏损（利润为负数），则表明企业的所有者权益将减少，业绩下滑了。利润通常是评价企业管理层业绩的一项重要指标，也是投资者、债权人等做出投资、信贷等决策的重要参考指标。

2. 利润的构成。利润包括收入减去费用后的净额、直接计入当期利润的利得和损失等。其中，收入减去费用后的净额反映的是企业日常活动的业绩，直接计入当期利润的利得和损失反映的是企业非日常活动的业绩。直接计入当期利润的利得和损失，是指应当计入当期损益的、最终会导致所有者权益发生增减变动的、与所有者投入资本或者向所有者分配利润无关的利得或者损失，如非流动资产毁损报废利得和损失。企业应当严格区分收入和利得、费用和损失之间的区别，以更加全面地反映企业的经营业绩。

第五节　会计信息质量要求

会计作为一个经济信息系统和一项管理活动，其主要目的是向企业的利益相关者提供反映受托责任和对投资者决策有用的会计信息。什么样的会计信息才能满足有关使用者的要求，这就要求会计信息达到相应的质量要求。会计信息质量要求也称为会计信息质量特征、会计信息质量标准。根据我国最新颁布的《企业会计准则——基本准则》的规定，会计信息质量要求包括八项：可靠性、相关性、可理解性、可比性、实质重于形式、重要性、谨慎性、及时性。其中，可靠性、相关性、可理解性和可比性是会计信息的首要质量要求，是企业财务报告中所提供会计信息应具备的基本质量特征；实质重于形式、重要性、谨慎性和及时性是会计信息的次级质量要求，是对可靠性、相关性、可理解性和可比性等首要质量要求的补充和完善，尤其是在对某些特殊交易或者事项进行处理时，需要根据这些质量要求来把握其会计处理原则。另外，及时性还是会计信息相关性和可靠性的制约因素，企业需要在相关性和可靠性之间寻求一种平衡，以确定信息及时披露的时间。

一、可靠性

可靠性也称为客观性、真实性，它要求企业应当以实际发生的交易或事项为依据进行确认、计量和报告，如实反映符合确认和计量要求的各项会计要素及其他相关信息，保证会计信息真实可靠，内容完整。因为会计所提供的会计信息是投资者、债权人、政府及有关部门和社会公众的决策依据，如果会计数据不能客观、真实地反映企业经济活动的实际情况，势必无法满足各有关方面了解企业财务状况和经营成果以进行决策的需要，甚至可能导致错误的决策。

为了贯彻可靠性要求，企业应当做到：

（1）以实际发生的交易或者事项为依据进行确认、计量，将符合会计要素定义及其确认条件的资产、负债、所有者权益、收入、费用和利润等如实反映在财务报表中，不得根据虚构的、没有发生的或者尚未发生的交易或者事项进行确认、计量和报告。

（2）在符合重要性和成本效益原则的前提下，保证会计信息的完整性，其中包括应当编报的报表及其附注内容等应当保持完整，不得随意遗漏或者减少应予披露的信息，与使用者决策相关的有用信息都应当充分披露。

在会计实务中，有些数据只能根据会计人员的经验或对未来的预计予以计算。例如，固定资产的折旧年限，对制造费用分配方法的选择等，都会受到一定程度的个人主观意志的影响。不同会计人员对同一经济业务的处理出现不同的计量结果是在所难免的。但是，会计人员应在统一标准的条件下将可能发生的误差降低到最低程度，以保证会计核算提供的会计资料真实可靠。

【例1－12】某公司于2×21年末发现公司销售萎缩，无法实现年初确定的销售收入目标，但考虑到在2×22年春节前后，公司销售可能会出现较大幅度的增长，该公司为此提前预计库存商品销售，在2×21年末制作了若干虚假的存货出库凭证，并确认销售收入实现。该公司的这一会计处理就不是以其实际发生的交易事项为依据的，是公司虚构的交易事项，因此违背了会计信息质量要求中的可靠性原则，也违背了我国会计法的规定。

二、相关性

相关性也称为有用性，它要求企业提供的会计信息应当与财务报告使用者的经济决策需要相关，有助于财务报告使用者对企业过去、现在或者未来的情况做出评价或者预测。

会计信息是否有用，是否有价值，关键是看其与使用者的决策需要是否相关，是否有助于决策或者提高决策水平。相关的会计信息应当有助于使用者评价企业过去的决策，证实或者修正过去的有关预测，因而具有反馈价值。相关的会计信息还应当具有预测价值，有助于使用者根据财务报告所提供的会计信息预测企业未来的财务状况、经营成果和现金流量。例如，区分收入和利得、费用和损失，区分流动资产和非流动资产、流动负债和非流动负债等，都可以提高会计信息的预测价值，进而提升会计信息的相关性。

为了满足会计信息质量的相关性要求，在确认、计量和报告会计信息的过程中，企业应当充分考虑使用者的决策模式和信息需要。当然，对于某些特定目的或者用途的信息，财务报告可能无法完全提供，企业可以通过其他形式予以提供。

三、可理解性

可理解性也称为明晰性，它要求企业提供的会计信息应当清晰明了，便于财务报告使用者理解和使用。

企业编制财务报告、提供会计信息的目的在于使用，而要让使用者有效地使用会计信息，就应当能让其了解会计信息的内涵，弄懂会计信息的内容，这就要求财务报告所提供的会计信息应当清晰明了，易于理解。只有这样，才能提高会计信息的有用性，实现财务报告的目标，满足向使用者提供决策有用信息的要求。

鉴于会计信息是一种专业性较强的信息产品，因此，在强调会计信息的可理解性要求的同时，还应假定使用者具有一定的有关企业生产经营活动和会计核算方面的知识，并且愿意付出努力去研究这些信息。对于某些复杂的信息，例如，交易本身较为复杂或者会计处理较为复杂，但其对使用者的经济决策是相关的，就应当在财务报告中予以披露，企业不能仅仅以该信息会使某些使用者难以理解为由而将其排除在财务报告所应披露的信息之外。

四、可比性

可比性要求企业提供的会计信息应当相互可比。它有两个方面的含义：

第一，同一企业在不同时期的纵向可比。即要求同一企业不同时期发生的相同或者相似的交易或者事项应当采用一致的会计政策，不得随意变更。确需变更的，应当在附注中说明。这一要求也称为一贯性或一致性，目的是使得同一企业的各期会计信息具有可比性，有利于决策，同时防止某些企业或个人利用会计核算方法的变动，人为地操纵成本、利润等指标，要么高估企业的财务状况或经营成果，损害投资者的利益；要么低估企业的财务状况或经营成果，少缴纳所得税，损害国家利益。

第二，不同企业在同一时期的横向可比。即要求不同企业发生的相同或者相似的交易或者事项应当采用规定的会计政策，确保会计信息口径一致、相互可比，由此得到的会计信息才是对决策有用的。例如，两个企业除了对一台同样设备计提折旧的年限不同以外，其他情况都相同，由此两个企业会得到不同的财务状况和经营成果。假定设备的取得成本为100万元，两个企业分别采用5年和10年的全额直线折旧，那么同样的设备前5年的年折旧额分别为20万元和10万元。从财务数据来看，折旧费用为10万元的企业经营成果可能比另一个企业好，而实际上却是相同的。如果折旧费用数额足够大，对决策者的判断产生的影响就很大，决策者仅凭数字进行判断时容易发生偏差。

要做到不同企业会计信息的完全可比是不可能的。因此，在利用会计信息分析时，应先确定信息的可比性，然后对不可比的信息通过调整口径，使之可比。

五、实质重于形式

实质重于形式要求企业应当按照交易或者事项的经济实质进行会计确认、计量和报告，不应仅以交易或者事项的法律形式为依据。如果企业仅仅以交易或者事项的法律形式为依据进行会计确认、计量和报告，就容易导致会计信息失真，无法如实反映经济现实。

在实务中，交易或者事项的法律形式并不总能完全真实地反映其实质内容。所以，会计信息要想反映其所应反映的交易或事项，就必须根据交易或事项的实质和经济现实来进行判断，而不能仅仅根据它们的法律形式。

【例1-13】企业以融资租赁方式租入固定资产，虽然从法律形式来讲，企业并不拥有其所有权，但是，由于租赁合同中规定的租赁期相当长，接近于该资产的使用寿命，且租赁期结束时承租企业有优先购买该资产的选择权，且在租赁期内承租企业有权支配该资产并从中受益等情况，从其经济实质来看，企业能够控制融资租入固定资产所创造的未来经济利益，所以，在进行会计确认、计量和报告时，应当将以融资租赁方式租入的固定资产视为企业的使用权资产，反映在企业的资产负债表上。

【例1-14】企业在销售某商品的同时又与客户签订了售后回购协议。在这种情况下，就需要按照销售的经济实质来判断是否应当确认销售收入。如果企业已将商品所有权上的主要风险和报酬转移给购货方，满足了收入确认的各项条件，则销售实现，应当确认收入；如果企业没有将商品所有权上的主要风险和报酬转移给购货方，没有满足收入确认的各项条件，即使企业已将商品交付给购货方，销售也没有实现，也不应当确认收入。通常应当将该售后回购协议作为融资协议来处理。

六、重要性

重要性要求企业提供的会计信息应当反映与企业财务状况、经营成果和现金流量有关的所有重要交易或者事项。

企业会计信息的省略或者错报会影响使用者据此做出经济决策的，该信息就具有重要性。重要性的应用需要依赖职业判断，企业应当根据其所处环境和实际情况，从项目的性质和金额大小两方面来判断其重要性。

【例1-15】我国要求上市公司对外提供季度财务报告。考虑到季度财务报告披露的时间较短，从成本效益原则的角度来说，季度财务报告没有必要像年度财务报告那样披露详细的附注信息。为此，我国中期财务报告会计准则规定，公司季度财务报告附注应当以年初至本中期末为基础编制，披露自上年度资产负债表日之后发生的有助于理解企业财务状况、经营成果和现金流量变化情况的重要交易或者事项。对于与理解本中期财务状况、经营成果和现金流量有关的重要交易或者事项，也应当在附注中作相应披露。这一附注披露的要求，就体现了会计信息质量的重要性要求。

七、谨慎性

谨慎性又称稳健性，它要求企业对交易或者事项进行会计确认、计量和报告时应当保持应有的谨慎，不应高估资产或者收益、低估负债或者费用。谨慎性是会计人员面对不确定的经济环境所作的一种必然反应。其中心含义是：提前确认可能的费用与损失，推迟确认可能的收入与利得。西方也有学者将其归纳为收入和费用确认上的不对称，即：对费用和损失的确认，时间上要尽可能提前；对收入和利得的确认，时间上要尽可能延迟。这种不对称性还体现在证据及可靠性程度上。只有确实具有可靠证据，才能确认收入和利得；而对费用和损失的确认，只要有相对可靠的证据就可以了。

在市场经济环境下，企业的生产经营活动面临着许多风险和不确定性，如应收款项的可收回性、固定资产的使用寿命、无形资产的使用寿命、售出存货可能发生的退货或者返修等。会计信息质量的谨慎性要求企业在面临不确定性因素的情况下做出职业判断时，应当保持应有的谨慎，充分估计到各种风险和损失，既不高估资产或者收益，也不低估负债或者费用。例如，要求企业对售出商品所提供的产品质量保证确认一项预计负债，就体现了会计信息质量的谨慎性要求。

但是，谨慎性的应用并不允许企业设置秘密准备，如果企业故意低估资产或者收益，或者故意高估负债或者费用，将不符合会计信息的可靠性和相关性要求，以致损害会计信息质量，扭曲企业实际的财务状况和经营成果，从而对使用者的决策产生误导，这是企业会计准则所不允许的。

八、及时性

及时性要求企业对于已经发生的交易或者事项，及时进行会计确认、计量和报告，不得提前或者延后。

会计信息的价值在于帮助使用者作出经济决策，因此具有时效性。即使是可靠、相关的会计信息，如果不及时提供，也就失去了时效性，对于使用者的效用将大大降低，甚至不再具有任何意义。在会计确认、计量和报告过程中贯彻及时性，一是要求及时收集会计信息，即在经济交易或者事项发生后，及时收集整理各种原始单据或者凭证；二是要求及时处理会计信息，即按照企业会计准则的规定，及时对经济交易或者事项进行确认或者计量，并编制出财务报告；三是要求及时传递会计信息，即按照国家规定的有关时限，及时地将编制的财务报告传递给财务报告使用者，便于其及时使用和决策。

在实务中，为了及时提供会计信息，可能需要在有关交易或者事项的信息全部获得之前进行会计处理，这样就满足了会计信息的及时性要求，但可能会影响会计信息的可靠性；反之，如果企业等到与交易或者事项有关的全部信息获得之后再进行会计处理，这样的信息披露可能会由于时效性问题，对于投资者等财务报告使用者决策的有用性大大降低。这就需要在及时性和可靠性之间作相应的权衡，以能否最好地满足投资者等财务报告使用者的经济决策需要作为判断标准。

【例1－16】我国要求上市公司需要按时公开披露定期报告。具体而言，年度报告应当在每个会计年度结束之日起四个月内，中期报告应当在每个会计年度的上半年结束之日起两个月内，季度报告应当在每个会计年度第三个月、第九个月结束后的一个月内编制完成并披露。这就是会计信息及时性的具体体现。

上述八项会计信息的质量要求，在实务中，常常需要在各质量要求之间权衡或取舍。其目的一般是达到质量要求之间的适当平衡，以便实现财务报告的目标。质量要求在不同情况下的相对重要性，属于会计人员的职业判断问题。

第六节 会计的基本程序与方法

为了实现会计的目标，会计这个信息系统在提供信息时，就必须遵照一定的程序，配之以相应的方法与技术。

一、会计的基本程序

会计的基本程序，指的是会计的数据处理与加工信息的程序。随着企业生产经营活动的不断进行，伴随而来的是物质流、能量流和信息流。会计要能从无数的经济数据中辨认出含有会计信息的数据，使之进入会计信息系统，通过加工处理，转换成有助于决策和与之相关的其他信息，再输送给会计信息的使用者。经过人类长期、不断地总结，形成了今天的确认、计量、记录与报告等为主的会计基本程序。

（一）会计确认

会计确认（accounting recognition），是指依据一定的标准，辨认哪些数据能否、何时输入会计信息系统以及如何进行报告的过程，即包括初始确认和再确认两个步骤。从这里可以看出，会计的确认几乎涉及会计整个加工处理程序，但是对能否及何时输入会计信息系统的确认（初始确认）是第一步的工作。

无论是初始确认还是再确认，首先都涉及确认标准的问题。我国《企业会计准则——基本准则》中规定了会计要素的确认标准，主要包括：①符合要素的定义（可定义性）。有关经济业务被确认为一项要素，必须先符合该要素的定义。

例如，企业原来在账面上所登记的一项应收账款，期末时已确证无法收回，由于它已不能为其拥有者（包括控制者）带来任何未来的经济利益，就不应作为资产，因此，应在资产负债表中对其予以剔除。②有关的经济利益很可能流入或流出企业（相关性与可靠性）。首先要求所确认的项目与财务报表的目标应当相关；其次要求那些量化信息如果不太可靠，就需要从财务报表信息中剔除。这里的“很可能”表示经济利益流入或流出的可能性在50%以上。③有关的价值以及流入或流出的经济利益能够可靠地计量（可计量性）。它规定了所要确认的对象，能够按照货币量度单位予以量化，不能量化的则不符合确认标准的要求。例如，企业在经营活动中所涉及的一些重要资源（如合同、有才能的企业家等），由于无法量化，就不能出现在企业的财务报表上。

其次是时间标准的问题，即确认何时能进入会计信息系统。在市场经济条件下，由于各种原因，经济业务发生的时间与相应的现金收支行为的发生时间不一致，往往会发生应收未收、应付未付等经济事项，因而在选择确认的时间基础时，就有以下两种基础可供选择：①收付实现制。一切会计要素的确认，特别是对于收入和费用的确认，均以现金流入和现金流出的时间作为确认标准。②权责发生制。一切会计要素的确认，特别是对于收入和费用的确认，均以权利已经形成或义务（责任）的真正发生为基础。

出于会计信息对决策的有用性这一会计目标，也是为了较准确地考核企业各期间的经营业绩和经济效益，企业的会计确认一般都选择权责发生制作为时间确认的基础。比如，企业签订了一项经济合同，但尚未执行，因而对具体的会计要素未产生影响，就不能输入会计系统；当企业履行该合同，向对方发出一批货物后而货款尚未收到时，就可以确认该项经济业务对会计要素的影响及其金额。

（二）会计计量

会计计量（accounting measurement），是为了将符合确认条件的会计要素登记入账，并列报于财务报表而确定其金额的过程。企业应当按照规定的会计计量属性进行计量，确定相关金额。

1. 会计计量属性及其构成。计量属性，是指所予以计量的某一要素的特性方面。例如，桌子的长度、铁矿的重量、楼房的高度等。从会计的角度来说，计量属性反映的是会计要素金额的确定基础。我国《企业会计准则——基本准则》第四十二条规定，会计计量属性主要包括历史成本、重置成本、可变现净值、现值和公允价值等。

（1）历史成本，又称实际成本或原始成本，是指取得或制造某项财产物资时所实际支付的现金或现金等价物。物价变动时，除国家另有规定者外，不得调整账面价值。因此，在历史成本计量下，资产按照购置时支付的现金或者现金等价物的金额，或者按照购置资产时所付出的对价的公允价值计量；负债按照其因承担现时义务而实际收到的款项或者资产的金额，或者承担现时义务的合同金额，或者日常活动中为偿还负债预期需要支付的现金或者现金等价物的金额计量。

（2）重置成本，又称现行成本，是指按照当前市场条件下，重新取得同样一项资产所需支付的现金或现金等价物金额。因此，在重置成本计量下，资产按照现在购买相同或者相似资产所需支付的现金或者现金等价物的金额计量；负债按照现在偿付该项债务所需支付的现金或者现金等价物的金额计量。在会计实务中，重置成本多应用于盘盈固定资产的计量等。

（3）可变现净值，是指在正常生产经营过程中，以预计售价减去进一步加工成本和预计销售费用以及相关税费后的净值。在可变现净值计量下，资产按照其正常对外销售所能收到的现金或者现金等价物的金额扣减该资产至完工时估计将要发生的成本、销售费用以及相关税金后的金额计量。可变现净值通常应用于存货资产减值情况下的后续计量。

（4）现值，是指未来现金流量以恰当的折现率进行折现后的价值，是考虑货币时间价值的一种计量属性。在现值计量下，资产按照预计从其持续使用和最终处置中所产生的未来净现金流入量的折现金额计量；负债按照预计期限内需要偿还的未来净现金流出量的折现金额计量。现值通常用于非流动资产可收回金额和以摊余成本计量的金融资产价值的确定等。例如，在确定固定资产、无形资产等可收回金额时，通常需要计算资产预计未来现金流量的现值；对于债权投资、贷款等以摊余成本计量的金融资产，通常需要使用实际利率法将这些资产在预期存续期间或适用的更短期间内的未来现金流量折现，再通过相应的调整确定其摊余成本。

（5）公允价值，是指市场参与者在计量日发生的有序交易中，出售一项资产所能收到或者转移一项负债所需支付的价格。因此，在公允价值计量下，资产和负债按照市场参与者在计量日发生的有序交易中，出售资产所能收到或者转移负债所需支付的价格计量。公允价值主要用于交易性金融资产、其他债权投资、交易性金融负债的计量等。

如何更好地理解这些定义？以资产为例，实际上可以这样理解：在某一时点上对资产进行计量时，历史成本是这项资产取得时的公允价值；重置成本是这个时点上取得这项资产的公允价值；可变现净值是这个时点上出售这项资产的公允价值；现值是这个时点上，不重新购买，也不出售，继续持有会带来的经济利益的公允价值；公允价值是在任何时候只要是公平交易中双方愿意收到或支付的价值。

对五种会计计量属性的理解如表1－1所示。

表1－1　　对五种计量属性的理解

计量属性	对资产的计量	对负债的计量
历史成本	按照购置时的金额	按照承担现时义务时的金额
重置成本	按照现在购买时的金额	按照现在偿还时的金额
可变现净值	按照现在销售时的金额	—
现值	按照将来时的金额折现	
公允价值	按照市场参与者在计量日发生的有序交易中，出售资产所能收到或者转移负债所需支付的价格计量	

2. 会计计量属性的应用原则。会计计量属性尽管包括历史成本、重置成本、可变现净值、现值和公允价值等，但是企业在对会计要素进行计量时，应当严格按照规定选择相应的计量属性。一般情况下，对于会计要素的计量，应当采用历史成本计量属性。例如，企业购入存货、建造厂房、生产产品等，应当以所购入资产发生的实际成本作为资产计量的金额。

但是，在某些情况下，如果仅仅以历史成本作为计量属性，可能难以达到会计信息的质量要求，不利于实现财务报告的目标，有时甚至会损害会计信息质量，影响会计信息的有用性。例如，企业持有的衍生金融工具往往没有实际成本，或者即使有实际成本，实际成本也与其价值相去甚远。因此，如果按照历史成本对衍生金融工具进行计量的话，大量的衍生金融工具交易将成为表外事项，与衍生金融工具有关的价值及其风险信息将无法得到充分披露。在这种情况下，为了提高会计信息的有用性，向使用者提供与决策相关的信息，就有必要采用其他计量属性（例如公允价值）进行会计计量，以弥补历史成本计量属性的缺陷。

鉴于应用重置成本、可变现净值、现值和公允价值等其他计量属性，往往需要依赖于估计，为了使所估计的金额在提高会计信息的相关性的同时，又不影响其可靠性，企业会计准则要求企业应当保证根据重置成本、可变现净值、现值和公允价值所确定的会计要素金额能够取得并可靠计量。如果这些金额无法取得或者可靠地计量的，则不允许采用其他计量属性。

（三）会计记录

会计记录（accounting record），是指对资金运动过程中，经过确认可以进入会计信息系统处理的每项数据，运用预先设计的账户（会计要素的再分类与具体化）和有关的文字及金额，按复式记账的要求，在账簿上加以登记。会计记录是会计核算中的一个重要环节，形成会计核算的一个子系统——复式簿记系统。通过会计记录，既对资金的运动进行详细、具体的描述与量化，又起到对数据进行分类、汇总及加工等方面的作用。只有经过这一程序，会计才能生成有助于经济决策的财务信息。

（四）会计报告

会计报告（accounting report），是指把会计所形成的财务信息传递给信息使用者的手段。通过会计记录生成的信息量多又很分散，因此，必须压缩数量，提高质量，使其形成财务指标体系，才能便于信息使用者的使用。

如何传递信息，在目前的条件下，只能利用财务报告的形式，包括财务报表和其他财务报告。报表不是把复式簿记所形成的资料重新罗列一次，而是对账簿资料的再加工。这也就存在着哪些数据应进入报表及如何进入报表的问题，这是另一意义上的确认，有人称之为第二次确认（再确认）。

根据《企业会计准则——基本准则》的规定，经过确认、计量之后，会计要素应该在报表中列示。资产、负债、所有者权益在资产负债表中列示，而收入、费用、利润在利润表中列示。会计要素在报表中列示的条件是：符合要素定义和要素确认条件的项目，才能列示在报表中；仅仅符合要素定义而不符合要素确认条件的项目，不能在报表中列示。

二、会计方法

会计方法（accounting method）是实现会计目标的手段和方式。它是长期会计实践的经验总结，详细地回答了会计工作“怎么做”的问题。随着社会的发展和科技的进步，会计方法的具体运用在手工会计系统和电子数据处理系统下有着明显的不同。本书所讲的方法是在手工数据处理技术条件下采用的会计方法。

一般而言，会计方法由会计核算、会计预测、会计控制、会计分析和会计检查组成，这几种方法各具有相对的独立性，应用的手段也不一样，并且都有各自的研究对象，形成了较为独立的学科。但它们之间又是相互配合、相互联系的，会计核算是会计的基本环节，会计预测、会计控制、会计分析和会计检查都必须建立在会计核算的基础上，都是利用会计核算所提供的信息进行的。学习会计首先要从基础开始，在会计学原理中主要学习会计核算的方法，因此，本书只阐述会计核算的方法，其他方法将在其他相关课程中陆续学习。会计核算方法，就是指会计对所发生的经济业务连续地、系统地、完整地进行记录和计算并提供有用会计信息的方法。它是由设置账户、复式记账、填制和审核凭证、登记账簿、成本计算、财产清查、编制会计报表这七种具体方法构成的。

（一）设置账户

设置账户是分类反映和监督会计对象具体内容的一种方法。企业的经济活动是复杂多样的，会计对象的具体内容（包括资产、负债、所有者权益、收入、费用和利润，即会计六要素）也是复杂多样的。设置账户的目的是要对会计对象的具体内容进行科学的分类，确定规范化的名称，并根据需要规定它们的格式，取得所需要的会计信息。

（二）复式记账

复式记账是对每一项经济业务和事项，都以相等的金额，同时记入相互关联的两个或两个以上的账户中的一种专门的记账方法。这种方法的特点是，对同一项经济业务和事项，要通过金额相等的双重记录，将其反映在不同的账户中。采用这种方法，可以把每项经济业务和事项所引起的资金运动，按其来龙去脉反映得一清二楚。同时，由于对应账户中所记金额相等，保持着平衡关系，通过这种平衡关系，可以检查有关经济业务的记录是否正确。

（三）填制和审核凭证

填制和审核凭证是保证会计资料合理合法、会计记录真实可靠的一种方法。企业的经济业务和事项发生的过程会形成一定的“轨迹”，这些“轨迹”都会通过一些原始的记录单据反映出来，形成经济业务和事项发生过程与结果的重要证据。这些重要证据就叫作原始凭证。会计首先要审核这些原始凭证，同时根据原始凭证进行会计记录的第一步——填制记账凭证。原始凭证和记账凭证都被称作会计凭证，都是用来记录经济业务、明确经济责任的书面证明。只有经过审核无误的会计凭证，才能作为下一步登记账簿的依据。由此可见，填制和审核凭证可以提供真实可靠的数据资料，它是保证核算质量的必要手段，也是会计监督的重要内容。

（四）登记账簿

账簿是用来全面、连续、系统地记录经济业务的簿籍。登记账簿应以审核无误的会计凭证为依据，按照经济业务发生的顺序，分门别类地记入有关账簿，为经济管理提供完整、系统的数据资料。企业日常经营活动中发生的大量经济业务，虽已反映在会计凭证上，但是，在登记账簿之前，这种反映是分散的、不系统的；在登入账簿以后，就能集中反映业务的变化和财务收支及资金结存情况，有利于加强日常管理。同时通过定期对账、结账，使账簿记录和实际情况保持一致，为编制会计报表提供完整而又系统的数据资料。

（五）成本计算

成本计算是按照一定的成本对象（如某种产品），归集和分配生产经营过程中的各项生产费用，确定各种成本对象的总成本和单位成本的一种专门方法。通过成本对象的总成本和单位成本的正确计算，就可以考核企业对原材料和人工的消耗及其他费用支出是否节约，以便采取措施，降低成本。同时，成本计算还可以为编制成本计划和生产计划提供必要的数据资料。

（六）财产清查

财产清查就是盘点财产物资，核对账目，查明资产、负债和所有者权益实有数的一种专门方法。在日常的会计工作中，由于某些主观和客观方面的原因，往往会造成账面记录与实际情况不符。为了如实反映情况，做到账实相符，加强企业财产物资管理，就必须定期或不定期对财产物资、往来账项等进行清查、盘点、核对。如发现账实不符，应查明原因、明确责任，并及时调整账面数，使得账实相符，从而保证会计核算资料的真实性，并加强财产物资管理。财产清查是会计核算必不可少的方法之一。

（七）编制会计报表

会计报表是总括一定时期财务状况、经营成果和现金流量情况的书面文件，是系统提供会计信息的一种专门方法。会计报表以一定的格式，对一定时期内的账簿记录内容进行总括反映，是会计数据加工的最终结果，是企业输出会计信息的主要载体。在日常会计核算中，账簿的内容是连续、系统、全面的，也是分门别类地集中反映各项经济业务和事项的。要对外提供信息，还必须对账簿记录内容定期地加以分类、整理和汇总，以提高质量，并按照会计报表的格式，生成信息使用者所需要的信息。

上述会计核算的七种方法，并不是各自孤立地存在的，而是相互联系、密切配合，构成一个科学的、完整的方法体系。这种专门方法一环扣一环，任何一个环节没有做好，都会影响会计核算工作的质量，影响所提供的会计信息的质量。就一个企业而言，要进行会计核算，先根据其经济活动的特点和经营管理的要求设置账户；对于日常发生的经济业务，要填制和审核凭证，再按复式记账法，登记账簿；对于生产经营过程中发生的各种耗费要进行成本计算，通过财产清查，保证账实相符。最后，对日常核算资料进行综合汇总，编制会计报表。

其中，经济业务发生后，应遵守的一条主线是填制和审核凭证、登记账簿和编制会计报表这三个环节，简称为“证、账、表”，填制和审核凭证是初始环节，登记账簿是中间环节，编制会计报表是最终环节。而“账证相符、账账相符、账实相符、账表相符”这条辅线则表明执行会计核算方法应达到的基本要求。具体如图 1－3 所示。

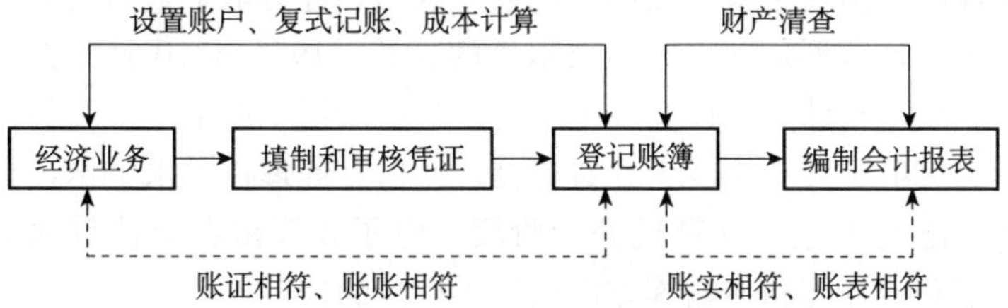

图 1－3　会计核算方法构成

三、会计技术

会计技术，是指信息系统为了生成会计信息，在其基本程序和应用相应的方法时所采用的技术手段。从会计的发展历史来看，会计技术由落后到先进，大致出现了手工操作技术、机械化操作技术和电算化操作技术三种。

（一）手工操作技术

很早以前，人们就开始采用手工操作技术进行会计数据处理。在会计发展史上，手工操作经历了漫长的岁月，它是人类进行会计信息处理的初级手段。直至今天，仍有很多单位采用手工操作进行账务处理。手工操作要求会计人员以眼睛、耳朵等感觉器官作为输入器，用纸和笔把经济业务发生情况记录和存储下来；以算盘、计算器为计算工具，按照会计处理程序并在大脑的指挥下进行分类、计算、记录、分析、检查和编表等一系列数据处理工作。手工操作的速度因受到人们阅读速度、记录速度和运输速度的制约，一般比较慢，而且容易出现错误。如果企业内部控制制度不完备，执行不严格，就容易发生伪造、更改会计数据的现象。

（二）机械化操作技术

机械化操作就是运用各种机械手段来进行会计数据处理。19 世纪末 20 世纪初，科学管理理论的应用和发展，使会计受到重视，出现了相应的改进，对会计数据处理提出了更高的要求。在国外有少数大型企业的会计人员借助穿孔机、卡片分类机、机械式计算机和机械制表机等机械设备代替手工操作进行会计数据处理。采用这种机械化操作技术增强了数据处理的功能，但仍然无法存储程序和大量数据。由于设备庞大、价格昂贵、操作复杂，机械化操作技术没有得到广泛运用。我国几乎没有企业运用机械化操作技术。

（三）电算化操作技术

20 世纪 40 年代以后，资本主义社会竞争日益激烈，单靠垄断已难以维持资本家的高额利润，企业不得不转向加强管理，通过加强管理来增加产量、提高质量、降低成本、提高竞争能力的发展模式。因此，会计又成为加强内部管理的重要手段。会计因此出现了重大变革，对会计数据处理提出了更高的要求。电子计算机的产生为会计数据处理带来了根本性的变革。1954 年 10 月，美国通用电气公司第一次利用电子计算机计算职工工资，从此沿用了近半个世纪的机械化会计处理逐渐消失，电子计算机技术日益普及，使信息处理技术水平迅速提高，会计信息处理技术随之步入了计算机处理阶段，电子计算机在会计数据的搜集、分类、计算、汇总、存储和传输等方面得到了广泛的应用。

电算化操作就是广泛应用现代电子计算机技术来加工处理会计数据的过程，是会计数据处理的高级形式。关于其原理及特点，以后将会在专门的课程中学习。

本章小结

会计，是计量企业经济活动，处理并加工经济信息，并将处理结果与决策者进行交流的信息系统。会计是社会生产发展到一定阶段的产物，经历了古代会计、近代会计、现代会计三个发展阶段。会计学科体系按会计主体可分为企业会计与政府和非营利组织会计，按研究内容可分为财务会计、管理会计、税务会计和审计。会计职能包括核算、监督和参与经营决策。

会计的目标是向企业的利益相关者提供反映受托责任和供投资者决策有用的会计信息。

会计假设是会计核算的前提条件，包括会计主体、持续经营、会计分期和货币计量。可供选择的会计基础包括权责发生制和收付实现制。

在市场经济条件下，企业会计对象可概括为企业的资金运动，或者是能用货币表现的经济活动。会计要素是对会计对象的具体内容所作的最基本的分类，也是组成财务报表的基本单位，一般包括资产、负债、所有者权益、收入、费用和利润。

会计信息质量要求也称为会计信息质量特征、会计信息质量标准，包括可靠性、相关性、可理解性、可比性、实质重于形式、重要性、谨慎性和及时性八项。

会计的基本程序包括会计确认、计量、记录和报告四个环节。会计核算方法包括设置账户、复式记账、填制和审核凭证、登记账簿、成本计算、财产清查、编制会计报表。会计技术经历了手工操作、机械化操作、电算化操作三个技术发展阶段。

重要名词概念

资产	负债	所有者权益	收入	费用
利润	会计主体	持续经营	会计分期	会计年度
货币计量	权责发生制	收付实现制	可靠性	相关性
可理解性	可比性	实质重于形式	重要性	谨慎性
及时性	会计确认	会计计量	会计报告	

思考题

1. 什么是会计？你是如何理解会计的？
2. 如何理解会计是社会生产发展到一定阶段的产物？
3. 会计发展至今大体上可以划分为哪些阶段？会计在各个阶段显示出哪些不同的特点？
4. 复式记账法的出现对会计产生了哪些影响？
5. 会计学科体系的内容是什么？
6. 会计的职能是什么？应如何理解？
7. 会计的目标是什么？如何理解决策有用观和受托责任观？
8. 举例说明有哪些会计信息使用者，他们需要做出哪些经济决策？
9. 会计假设有哪些？如何理解？
10. 如何理解权责发生制与收付实现制两种会计基础的不同含义？
11. 企业的经济活动与资金运动包括哪些内容？

12. 何谓会计对象与会计要素？会计要素包括哪些内容？如何理解其含义？
13. 会计信息质量要求包括哪些内容？举例说明其含义。
14. 会计生成信息有哪些程序？
15. 会计核算方法的内容包括哪些？
16. 会计生成信息经历了哪些技术手段？

自 测 题

一、单项选择题

1. 会计信息系统包括(　　)过程。

A. 输入—处理—输出　　B. 输入—输出

C. 处理—输出　　D. 输入—处理

2. 对会计对象的具体内容所作的最基本的分类是(　　)。

A. 会计科目　　B. 会计要素

C. 会计账户　　D. 会计等式

3. 会计的基本职能是(　　)。

A. 控制与监督　　B. 反映与监督

C. 反映与核算　　D. 反映与决策

4. 关于会计目标主要有两种学术观点，即(　　)。

A. 决策有用观与受托责任观　　B. 决策有用观与信息系统观

C. 信息系统观与管理活动观　　D. 管理活动观与决策有用观

5. 近代会计史中的两个里程碑是(　　)。

A. 生产活动中出现了剩余产品和会计萌芽阶段的产生

B. 会计学基础理论的创立和会计理论与方法的逐渐分化

C. 卢卡・帕乔利复式簿记著作的出版和会计职业的出现

D. 首次出现“会计”两字构词连用和设置“司会”官职

6. 企业所拥有的资产从财产权利归属来看，一部分属于投资者，另一部分属于(　　)。

A. 企业职工　　B. 债权人

C. 债务人　　D. 企业法人

7. 企业的机器设备属于会计要素中的(　　)。

A. 资产　　B. 负债

C. 所有者权益　　D. 权益

8. 制造业企业出租包装物所收取的租金属于(　　)。

A. 主营业务收入　　B. 营业外收入

C. 其他业务收入　　D. 利得

9. 会计主体假设规定了会计核算的(　　)。

A. 时间范围　　B. 空间范围

C. 期间费用范围　　D. 成本开支范围

10. 会计对各单位经济活动进行核算时，选作统一计量标准的是(　　)。

A. 劳动量度　　B. 货币量度

C. 实物量度　　D. 时间量度

11. 将融资租入固定资产作为自有资产核算，依据的会计信息质量要求是(　　)。

A. 谨慎性　　B. 实质重于形式

C. 重要性　　D. 相关性

12. 某企业 2×21 年 12 月 20 日销售预收货款的商品一批，价款 20 万元（已预收 5 万元），2×22 年 2 月 20 日收到剩余销售款。针对此业务，该企业如果采用权责发生制进行核算，则 2×21 年度和 2×22 年度应确认的收入金额分别为(　　)万元和(　　)万元；如果采用现金制核算，则 2×21 年度和 2×22 年度应确认的收入金额分别为(　　)万元和(　　)万元。

A. 0，20，5，15　　B. 5，15，0，20

C. 15，5，20，0　　D. 20，0，5，15

13. 资产和负债按照市场参与者在计量日发生的有序交易中，出售资产所能收到或者转移负债所需支付的价格计量，这里采用的会计计量属性是(　　)。

A. 现值　　B. 重置成本

C. 可变现净值　　D. 公允价值

14. 资产按照购置时支付的现金或者现金等价物的金额，或者按照购置资产时所付出的对价的公允价值计量；负债按照其因承担现时义务而实际收到的款项或者资产的金额，或者承担现时义务的合同金额，或者日常活动中为偿还负债预期需要支付的现金或者现金等价物的金额计量。这里采用的会计计量属性是(　　)。

A. 历史成本　　B. 重置成本

C. 可变现净值　　D. 公允价值

15. 资产按照其正常对外销售所能收到现金或者现金等价物的金额扣减该资产至完工时估计将要发生的成本、估计的销售费用以及相关税金后的金额计量。这里采用的会计计量属性是(　　)。

A. 现值　　B. 重置成本

C. 可变现净值　　D. 公允价值

16. 资产按照现在购买相同或者相似资产所需支付的现金或者现金等价物的金额计量；负债按照现在偿付该项债务所需支付的现金或者现金等价物的金额计量。这里采用的会计计量属性是(　　)。

A. 现值　　B. 重置成本

C. 可变现净值　　D. 公允价值

17. 资产按照预计从其持续使用和最终处置中所产生的未来净现金流入量的折现金额计量；负债按照预计期限内需要偿还的未来净现金流出量的折现金额计

量。这里采用的会计计量属性是(　　)。

A. 现值　　B. 重置成本

C. 可变现净值　　D. 公允价值

18. 下列各项中，不属于所有者权益的是(　　)。

A. 资本溢价　　B. 计提的盈余公积

C. 投资者投入的资本　　D. 应付高管人员的基本薪酬

19. 下列各项会计信息质量要求中，对相关性和可靠性起着制约作用的是(　　)。

A. 及时性　　B. 谨慎性

C. 重要性　　D. 实质重于形式

20. 我国要求上市公司需要按时公开披露定期报告。具体而言，年度报告应当在每个会计年度结束之日起(　　)个月内，中期报告应当在每个会计年度的上半年结束之日起(　　)个月内，季度报告应当在每个会计年度第三个月、第九个月结束后的(　　)个月内编制完成并披露。

A. 1，1，1　　B. 4，2，2

C. 3，2，1　　D. 4，2，1

二、多项选择题

1. 下列内容属于非流动资产的有(　　)。

A. 存放在仓库的材料　　B. 厂房和机器

C. 专利权　　D. 企业的办公用品

E. 企业的办公楼

2. 根据资产的定义，其具有的特征包括(　　)。

A. 预期会给企业带来经济利益　　B. 应为企业拥有或者控制

C. 一定为企业所拥有　　D. 由企业过去的交易或者事项形成

E. 由企业现在的交易或者事项形成

3. 所有者权益按其来源主要包括(　　)。

A. 所有者投入的资本　　B. 直接计入所有者权益的利得和损失

C. 盈余公积　　D. 直接计入当期利润的利得和损失

E. 未分配利润

4. 期间费用包括(　　)。

A. 制造费用　　B. 管理费用

C. 财务费用　　D. 预提费用

E. 销售费用

5. 会计假设主要包括(　　)。

A. 会计主体　　B. 法律主体

C. 持续经营　　D. 会计分期

E. 货币计量

6. 会计核算方法主要包括(　　)。

A. 设置账户与复式记账　　B. 填制和审核凭证
C. 成本计算　　D. 登记账簿与财产清查
E. 编制会计报表

7. 经营资金在循环周转中要顺序经过(　　)。

A. 筹资活动　　B. 供应过程
C. 生产过程　　D. 投资活动
E. 销售过程

8. 下列属于会计信息质量要求的有(　　)。

A. 可靠性与相关性　　B. 可理解性与可比性
C. 实质重于形式　　D. 谨慎性
E. 重要性与及时性

9. 我国《企业会计准则——基本准则》规定会计计量属性主要包括(　　)。

A. 历史成本　　B. 重置成本
C. 可变现净值　　D. 现值
E. 公允价值

10. 会计学科体系按会计主体分类可分为(　　)。

A. 企业会计　　B. 财务会计
C. 政府和非营利组织会计　　D. 管理会计
E. 审计

11. 在存在不确定因素的情况下，进行合理判断时，下列做法中符合谨慎性要求的有(　　)。

A. 合理估计可能发生的损失和费用
B. 设置秘密准备，以备亏损年度转回
C. 充分估计可能取得的收益和利润
D. 不要高估资产和预计收益
E. 尽可能低估负债和费用

12. 下列有关利得、损失的表述中，正确的有(　　)。

A. 直接计入当期所有者权益的利得和损失是指由企业非日常活动所形成的、会导致所有者权益增加的、与所有者投入资本无关的经济利益的流入
B. 直接计入当期所有者权益的损失是指由企业非日常活动所形成的、会导致所有者权益减少的、与所有者分配利润无关的经济利益的流出
C. 直接计入当期利润的利得，是指应当计入当期损益、最终会导致所有者权益增加的、与所有者投入资本无关的经济利益的流入
D. 直接计入当期利润的损失，是指应当计入当期损益、最终会导致所有者权益减少的、与所有者分配利润无关的经济利益的流出

E. 利得、损失既有可能直接计入当期所有者权益，也有可能直接计入当期利润

13. 以下符合负债定义的有(　　)。

A. 负债是过去的交易或事项形式的现时义务

B. 负债是现时的交易或事项形式的义务

C. 负债义务可以是法定义务，也可以是推定义务

D. 只能以现金方式履行负债义务

E. 履行负债义务预期会导致经济利益流出企业

14. 利润是企业在一定会计期间的经营成果，以下能够影响企业利润的有(　　)。

A. 日常经营活动中所形成的经济利益的总流入

B. 日常经营活动中所发生的经济利益的总流出

C. 投资收益

D. 利得

E. 损失

15. 会计确认需要有一定的标准，下列各项中，构成会计确认标准的有(　　)。

A. 可定义性　　B. 可计量性

C. 谨慎性　　D. 可靠性

E. 相关性

练 习 题

练习一

一、目的：熟悉会计要素的定义和特征。

二、资料：大华公司因举办会议需要从租赁公司租入10部汽车，租赁期为3天。租赁期满后，公司将汽车归还，并支付租赁费6 000元。

三、要求：租入的汽车是不是大华公司的一项资产？说明理由。如果汽车是从外部购入，可否作为资产？

练习二

一、目的：熟悉资产、负债、所有者权益的内容。

二、资料：南新公司2×21年5月1日的有关资料如下。

（1）机器设备、办公楼共计240 000元。

（2）库存各种原材料48 000元。

（3）各种机动车辆60 000元。

（4）从信托投资公司借入款项220 000元。

（5）国家投入的资本240 000元。

（6）应收购货单位货款16 600元。

（7）D公司投入的资本160 000元。

（8）应付供货单位 C 公司货款 85 000 元。
（9）银行存款 262 500 元。
（10）库存现金 2 500 元。
（11）资本公积 29 000 元。
（12）购买原材料的暂欠款 71 000 元。
（13）各种库存商品 175 400 元。
三、要求：确定哪些属于资产，哪些属于负债，哪些属于所有者权益。

练习三

一、目的：练习在权责发生制和收付实现制下收入和费用的确定。
二、资料：某企业 7 月发生下列经济业务。
（1）销售产品 60 000 元，货款存入银行。
（2）销售产品 15 000 元，货款尚未收到。
（3）预付 7～12 月保险费 12 000 元。
（4）本月应计提短期借款利息 3 200 元。
（5）收回上月销货款 18 000 元。
（6）预收销货款 8 200 元，两个月后交货。
三、要求：根据以上资料，按权责发生制原则和收付实现制原则分别计算该企业 7 月的收入和费用，并在下表中有关项目内填列。

业务号	权责发生制		收付实现制	
(1)	收入	费用	收入	费用
(2)				
(3)				
(4)				
(5)				
(6)				
合 计				

练习四

一、目的：练习在权责发生制和收付实现制下收入和费用的确定。
二、资料：甲企业 2×21 年 7 月发生如下经济业务。
（1）以银行存款支付 6 月水电费 2 500 元。
（2）以银行存款预付下半年报刊费 400 元。
（3）预提本月份借款利息 300 元。
（4）计算本月折旧费 600 元。
（5）预收 8 月货款 20 000 元。
（6）收回 6 月货款 10 000 元。
（7）本月销售产品货款 5 000 元，已通过银行收回。
（8）本月销售产品货款 6 000 元尚未收回。

三、要求：根据以上资料，按权责发生制原则和收付实现制原则分别计算甲企业2×21年7月的收入和费用，并在下表中有关项目内填列。

业务号	权责发生制		收付实现制	
	收入	费用	收入	费用
(1)				
(2)				
(3)				
(4)				
(5)				
(6)				
(7)				
(8)				
合　计				

案　例

某会计师事务所是由苏新、李叶合伙创建的，6月发生了下列经济业务，并由会计作了相应的处理：

1. 10日，苏新从事务所出纳处拿了400元现金给自己的孩子购买玩具，会计将400元记为事务所的办公费支出，理由是苏新是事务所的合伙人，事务所的钱也有苏新的一份。

2. 15日，会计将6月1～15日的收入、费用汇总后计算出半个月的利润，并编制了对外财务报表。

3. 20日，事务所收到某外资企业支付的业务咨询费2 000美元，会计没有将其折算为人民币反映，而是直接记到美元账户中。

4. 30日，计提固定资产折旧，采用年数总和法，而本月前计提折旧均采用直线法。

5. 30日，事务所购买了一台电脑，价值11 000元，为了少计利润，少缴税，将11 000元一次性全部计入当期管理费用。

6. 30日，收到达成公司的预付审计费5 000元，会计将其作为6月的收入处理。

7. 30日，预付下季度报刊费300元，会计将其作为6月的管理费用处理。

要求：根据上述资料，分析该事务所的会计在处理这些业务时是否完全正确。若有错误，主要是违背了哪项会计假设或会计信息质量要求？

第二章　账户与复式记账

【学习目标】

- 理解并掌握会计等式及其理论意义。
- 了解账户与会计科目的含义与区别，领会账户的基本结构与分类。
- 了解复式记账原理，熟练掌握借贷记账法的原理和应用。

第一节　会计等式

会计等式也称为会计方程式或会计平衡式，是指利用数学等式对会计要素之间的内在经济联系所作的概括和科学表达。

一、两个基本会计等式

（一）资产、负债和所有者权益之间的数量关系

任何企业要从事生产经营活动，都必须拥有或控制一定的资产，如银行存款、存货、房屋、机器设备等。这些资产均有其来源。为企业提供资金来源者对企业的资产就具有求索权，在会计上称这种求索权为权益（equity）。

资产与权益反映了同一经济资源的两个不同的侧面。资产表明了企业拥有哪些经济资源，以及拥有多少；权益则表示资产的来源，即资产由谁提供，归谁所有。从数量方面来观察，一个企业有多少资产，就必定有多少权益；反之，有多少权益，也就必然有多少资产。从任何一个时点来观察，一个企业的资产总额必然等于权益总额。资产和权益之间的这种数量关系可以用等式表示如下：

资产 = 权益

资产最初进入企业的渠道不外乎两种：一是由债权人提供；二是由投资人提供。既然企业的债权人和投资人为企业提供了这些资产，就应该对企业的这些资产享有权益。其中属于债权人的部分称为债权人权益，通常又称为负债；属于投资人的部分称为投资人权益，又称为所有者权益。因此，资产和权益之间的数量关系又可以表示为：

资产 = 负债 + 所有者权益

上述等式在会计上通常称为“会计恒等式”，它反映了资产、负债和所有者权益三个会计要素之间的联系和数量关系。这种数量关系表明了企业在一定时点上的财务状况，因此，这一等式被称为静态会计等式。它是设置会计账户、进行复式记账和设计编制资产负债表的理论依据。

（二）反映收入、费用和利润之间的数量关系

企业的资产投入营运后，随着企业经济活动的进行，企业一方面会取得收入，另一方面又会发生各种各样的费用。合理地比较一定期间的收入与费用，便可确定企业在该期间所实现的经营成果。收入大于费用的差额称为利润；反之，收入小于费用时，其差额为亏损。收入、费用和利润三个会计要素之间的数量关系可以用等式表示如下：

收入 - 费用 = 利润

上述等式反映了收入、费用和利润三个会计要素之间的联系和数量关系。这种数量关系表明了企业在一定会计期间的经营成果，因此，这一等式又称为动态会计等式。它是企业计算确定经营成果、设计和编制利润表的理论依据。

二、两个基本会计等式之间的密切关系

上述两个基本会计等式之间有着密切的联系，具体说来就是：在生产经营过程中，企业一方面取得收入，并因此而增加资产或减少负债；另一方面，企业发生各种费用，并因此减少资产或增加负债。因此，在会计期间内，结账之前，原来的会计等式就扩展为：

资产 = 负债 + 所有者权益 + （收入 - 费用）

或：资产 = 负债 + 所有者权益 + 利润或亏损

这一等式表明会计主体的财务状况与经营成果之间的相互联系。财务状况表现企业一定日期资产的来源与占用情况，反映一定日期资产的存量情况。经营成果则表现企业一定期间净资产增加（或减少）情况，反映一定期间资产的增量（或减量）。企业的经营成果这一增量最终要影响到企业的财务状况这一存量。企业实现利润，将使企业资产存量增加，或负债减少；企业亏损，将使企业资产存量的减少，或负债增加。在会计期末，利润（亏损）归入所有者权益之后，会计等式就恢复为：

资产 = 负债 + 所有者权益

可见，在会计期间内，“资产 = 负债 + 所有者权益”会计等式的平衡关系不但没有受到破坏，而且把企业的财务状况和经营成果联系起来了，说明了企业经营成果对资产、负债和所有者权益产生的影响，反映了会计六要素之间的有机联系。

三、经济业务对会计等式的影响

会计的对象是资金运动，资金运动的具体过程总是表现为各种各样为数众多的经济业务。在会计核算中，凡应记账的每项经济活动，统称为“经济业务”或简称为“业务”。这些业务若涉及本主体与其他主体之间的经济关系，可称为“交易”（transactions）；若只涉及本主体内部各单位的经济关系，则称为“事项”（events）。不过，“经济业务”有时也称为“会计事项”。本书对这些术语将不加区别地使用。

在生产经营过程中，企业不断发生各种经济业务，如购入原材料、支付工资、收回欠款、销售商品等，这些经济业务的发生必然引起资产和权益的增减变化。那么，这种变化会不会破坏会计等式的平衡关系？当然不会。这是因为，企业的经济业务虽然种类繁多、错综复杂，但是，从它们对资产和权益引起的变化来看，归纳起来不外乎四种类型（见图2－1），其中任何一种类型经济业务的发生，无论引起怎样的变化，都不会破坏会计等式的平衡关系。

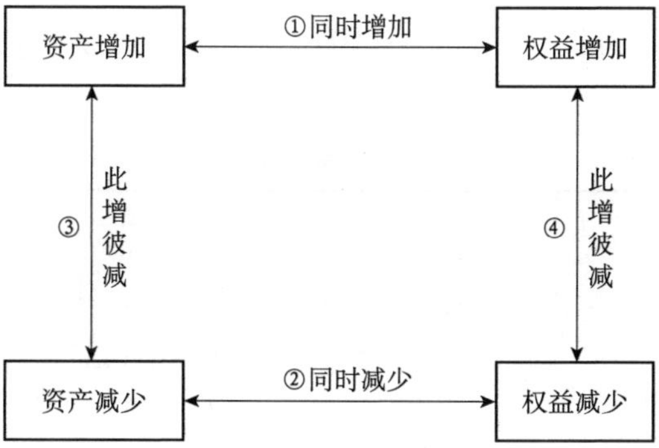

图2－1　经济业务的类型

在图2－1中，经济业务类型是按照“资产＝权益”的会计等式进行分类，可表述如下：

（1）资产和权益项目之间同时增加，增加的金额相等。资产和权益同时等额增加，虽然双方总额发生变动，但资产和权益两者仍保持平衡关系。

（2）资产和权益项目之间同时减少，减少的金额相等。资产和权益同时等额减少，虽然双方总额发生变动，但资产和权益两者仍保持平衡关系。

（3）资产项目之间此增彼减，增减金额相等。资产项目之间一增一减，只表明资产形态的变化，而不会引起资产总额的变动，更不涉及负债和所有者权益项目。因此，不会破坏资产和权益之间的平衡关系。

（4）权益项目之间此增彼减，增减金额相等。权益项目之间一增一减，只表明资金来源渠道的转化，而不会引起权益总额的变动，更不涉及资产项目。因此，不会破坏资产和权益之间的平衡关系。

另外，如果经济业务类型按照“资产＝负债＋所有者权益”的会计等式进行分类，则上述四种类型业务就可以分解为九种情况，如表2－1所示。

表2－1　　各种经济业务对会计等式的影响

经济业务		资产　＝	负债　＋	所有者权益
类型1	1	增加	增加	
	2	增加		增加
类型2	3	减少	减少	
	4	减少		减少
类型3	5	增加、减少		
类型4	6		增加、减少	
	7			增加、减少
	8		增加	减少
	9		减少	增加

兹举例说明如下：

【例2－1】设某企业2×21年7月1日成立，成立时拥有房屋设备等固定资产1 500 000元，银行存款3 000 000元。其中，甲投资者投入1 500 000元，乙投资者投入2 000 000元，向银行借款1 000 000元。它体现在资产负债表上，如表2－2所示。

表2－2　　资产负债表

资　产		负　债	
银行存款	3 000 000	银行借款	1 000 000
固定资产	1 500 000		
		所有者权益	
		实收资本	3 500 000
合　计	4 500 000	合　计	4 500 000

此后发生以下业务：

（1）该企业购入材料一批，价款50 000元尚未支付。

这项经济业务使企业资产方面的材料增加50 000元，同时使负债方面的应付账款也增加了50 000元。会计等式的两边同时增加50 000元，双方总额仍保持平衡。它体现在资产负债表上，如表2－3所示。

表2－3　　资产负债表

资　产		负　债	
银行存款	3 000 000	银行借款	1 000 000
原材料	50 000	应付账款	50 000
固定资产	1 500 000		
		所有者权益	
		实收资本	3 500 000
合　计	4 550 000	合　计	4 550 000

（2）收到丙投资者投入全新设备一台，价值48 000元。

这项经济业务使企业资产方面的设备增加48 000元，同时使所有者权益方面的投入资本增加48 000元。会计等式的两边同时增加48 000元，双方总额仍保持平衡。它体现在资产负债表上，如表2-4所示。

表2-4　　资产负债表

资　产		负　债	
银行存款	3 000 000	银行借款	1 000 000
原材料	50 000	应付账款	50 000
固定资产	1 548 000		
		所有者权益	
		实收资本	3 548 000
合　计	4 598 000	合　计	4 598 000

（3）以银行存款偿还货款20 000元。

这项经济业务使企业资产方面的银行存款减少20 000元，同时使负债方面的应付账款减少20 000元。会计等式的两边同时减少20 000元，双方总额仍保持平衡。它体现在资产负债表上，如表2-5所示。

表2-5　　资产负债表

资　产		负　债	
银行存款	2 980 000	银行借款	1 000 000
原材料	50 000	应付账款	30 000
固定资产	1 548 000		
		所有者权益	
		实收资本	3 548 000
合　计	4 578 000	合　计	4 578 000

（4）按法定程序批准，以银行存款16 500元退还乙投资者的投资款。

这项经济业务引起企业资产方面的银行存款和所有者权益方面的投入资本金同时减少16 500元。会计等式的两边同时减少16 500元，双方总额仍保持平衡。它体现在资产负债表上，如表2-6所示。

表2-6　　资产负债表

资　产		负　债	
银行存款	2 963 500	银行借款	1 000 000
原材料	50 000	应付账款	30 000
固定资产	1 548 000		
		所有者权益	
		实收资本	3 531 500
合　计	4 561 500	合　计	4 561 500

（5）从银行提取现金1 000元。

这项经济业务一方面使企业资产方面的银行存款减少1 000元，另一方面使资产方面的库存现金增加1 000元。会计等式的一边有增有减，另一边不受任何影响，双方总额依然保持平衡。它体现在资产负债表上，如表2－7所示。

表2－7　资产负债表

资　产		负　债	
库存现金	1 000		
银行存款	2 962 500	银行借款	1 000 000
原材料	50 000	应付账款	30 000
固定资产	1 548 000		
		所有者权益	
		实收资本	3 531 500
合　计	4 561 500	合　计	4 561 500

（6）以银行借款偿还货款30 000元。

这项经济业务使负债方面的银行借款增加30 000元，同时使负债方面的应付账款减少30 000元。会计等式的一边有增有减，另一边不受任何影响。双方总额仍然保持平衡。它体现在资产负债表上，如表2－8所示。

表2－8　资产负债表

资　产		负　债	
库存现金	1 000		
银行存款	2 962 500	银行借款	1 030 000
原材料	50 000		
固定资产	1 548 000		
		所有者权益	
		实收资本	3 531 500
合　计	4 561 500	合　计	4 561 500

（7）甲投资者将其对该企业的投资100 000元转让给丙投资者。

这项经济业务使所有者权益方面的“实收资本——丙”增加100 000元，同时使所有者权益方面的“实收资本——甲”减少100 000元。会计等式的一边有增有减，另一边不受任何影响，双方总额仍然保持平衡。它体现在资产负债表上，如表2－9所示。

表2－9　资产负债表

资　产		负　债	
库存现金	1 000		
银行存款	2 962 500	银行借款	1 030 000
原材料	50 000		
固定资产	1 548 000		
		所有者权益	
		实收资本	3 531 500
合　计	4 561 500	合　计	4 561 500

（8）乙投资者要求企业代为偿还所欠货款40 000元，作为其投资的减少。

这项经济业务使负债方面的应付账款增加40 000元，同时使所有者权益方面的实收资本减少40 000元。会计等式的一边有增有减，另一边不受任何影响，双方总额仍然保持平衡。它体现在资产负债表上，如表2－10所示。

表2－10　　资产负债表

资　产		负　债	
库存现金	1 000		
银行存款	2 962 500	银行借款	1 030 000
原材料	50 000	应付账款	40 000
固定资产	1 548 000		
		所有者权益	
		实收资本	3 491 500
合　计	4 561 500	合　计	4 561 500

（9）丙投资者代为偿还银行借款100 000元，作为对该企业投资的增加。

这项经济业务使负债方面的银行借款减少100 000元，同时使所有者权益方面的实收资本增加100 000元。会计等式的一边有增有减，另一边不受任何影响，双方总额仍然保持平衡。它体现在资产负债表上，如表2－11所示。

表2－11　　资产负债表

资　产		负　债	
库存现金	1 000		
银行存款	2 962 500	银行借款	930 000
原材料	50 000	应付账款	40 000
固定资产	1 548 000		
		所有者权益	
		实收资本	3 591 500
合　计	4 561 500	合　计	4 561 500

通过对上述几项经济业务的分析，我们可以发现，任何一项经济业务的发生都会引起资产、负债和所有者权益项目的增减变动，但无论如何都不会破坏会计等式“资产＝负债＋所有者权益”的平衡关系。这一会计等式揭示了会计要素之间的规律性联系，从而成为设置账户、复式记账和编制会计报表的理论基础。

第二节　账　　户

一、账户的设置

上一节阐述了任何一笔经济业务的发生都会引起会计要素有关项目的增减变动。为了分门别类地核算和监督各项经济业务的发生，以及由此引起的会计要素的增减变动，以便提供经济管理所需的核算指标，就必须设置账户。因为会计要素这种分类主要提供概括性的资料，它难以满足信息使用者对更详细信息的要求，为此还必须将六项会计要素加以分类并进一步具体化，以便更完整、更合理地反映企业经济活动。

所谓账户，就是对会计要素进行分类核算的工具。它具有一定的格式和结构，能分类反映会计要素增减变动的情况及结果。利用账户，就可以对经济活动进行连续、系统、全面地记录和翻印，从而能最终提供对信息使用者更为有用的信息。

设置账户，是对会计要素的具体内容进行科学分类的一种专门方法。例如，在企业拥有或控制的资产中，有现金、原材料、固定资产等具体项目，就必须相应地设置“库存现金”“原材料”“固定资产”等资产类账户；在企业的负债中，有短期借款和长期借款等具体项目，就必须相应地设置“短期借款”“长期借款”等负债类账户；在企业的所有者权益中，有实收资本、盈余公积等具体项目，就必须相应地设置“实收资本”“盈余公积”等所有者权益类账户。

总体来看，账户的设置应当考虑以下三个问题。

1. 应对会计要素进行科学的再分类。从本质上看，账户就是对会计要素的再分类。在再分类过程中，首先要考虑的是保证分类的科学、合理。例如，对资产要素的再分类，就应当考虑资产的性质和主要特征，以及不同企业持有资产的不同目的等。具体地说，将资产按照其在经营活动过程中的作用及变现或耗用时间长短的不同，可分为流动资产（如原材料）和非流动资产（如固定资产）等。但认为固定资产都是金额较大的资产、流动资产都是金额较小的资产，这种再分类就是错误的。

2. 应能全面反映企业各项经济业务。为了能够全面、准确地反映企业的财务状况、经营成果和现金流量，会计应能接收企业全部经济业务所发出的数据，全面反映企业各项经济业务的影响，因此，要求针对不同类型、不同规模的企业，在账户设置上应有所区别。例如，对一个规模小、业务简单的企业，所设置的账户就要少一些；而对一个规模大、业务繁杂的企业，当然要多设置一些账户，否则，将难以全面反映各项经济业务。

3. 能满足信息使用者的需要。会计的主要目标就是向信息使用者提供他们所需要的信息。会计的一切方法，都以此为中心而展开，账户设置也是如此。例如，对一个固定资产种类多、金额大的企业，其股东一般会关注固定资产的构成及其变动情况。为了提供这方面的信息，对固定资产可以按种类分别设置账户，如“建筑物”“生产设备”“运输设备”等。

广义地说，管理当局也是信息使用者之一。服务于管理当局需要的管理会计信息系统，其数据的主要来源，也是通过账户收集、登记的（当然，那些用于专门的预测、决策项目的信息，要借助于专门的渠道收集）。这样，账户的设置还要考虑科学管理对信息的需要。例如，对一个原材料种类繁多的企业，它在账户设置上就可以考虑材料管理的需要，而将材料分为若干类别，对每一类别分别设置账户。

二、会计科目

会计科目是对会计要素的具体内容进行分类核算的项目。会计科目与账户之间既有联系又有区别。共同点在于：它们都分门别类地反映某项经济内容，即两者所反映的经济内容相同。主要区别是：会计科目通常由国家统一规定，是各企业设置账户、处理账务所必须遵循的依据，而账户则由各会计主体自行设置，是会计核算的一个重要工具；会计科目只表明某项经济内容，而账户不仅表明相同的经济内容，而且还具有一定的结构、格式，并通过其结构、格式反映某项经济内容的增减变动情况，即会计科目是对会计要素具体内容进行分类的项目名称，而账户还具有一定的结构、格式。由于账户是根据会计科目设置的，并按照会计科目命名，也就是说，会计科目是账户的名称，两者的称谓及核算内容完全一致，因而在实际工作中会计科目与账户常被作为同义语来理解，互相通用，不加区别。

会计科目作为复式记账、编制记账凭证和会计报表的基础，在会计核算中具有重要意义，在其设置过程中，主要应遵循以下原则：

1. 统一性和灵活性相结合。设置会计科目既要符合国家有关会计制度的统一规定，又要结合会计主体的具体情况和特点。会计科目的繁简程度应根据会计主体规模的大小和业务与管理的需要而定。在不影响会计核算要求和会计报表指标汇总以及对外提供统一的会计报表的前提下，可以根据实际情况对一些会计科目作适当的增补、减少或归并。例如，企业会计准则统一规定的会计科目，未设置“待摊费用”和“预提费用”两个科目，如果企业需要单独核算预付费用和应计费用，则可以增设“待摊费用”和“预提费用”账户。

2. 内外兼顾。设置会计科目应兼顾对外报告信息和对内加强管理的需要，这样才能提供与决策相关的会计信息。为此，可将会计科目按其所提供信息的详略程度，划分为总分类科目和明细分类科目。总分类科目提供的是总括性信息，基本能满足对外报告的需要，如“应收账款”“固定资产”“实收资本”等；而明细分类科目是对总分类科目的进一步分类，主要提供更详细、更具体的信息，以满足企业内部经营管理的需要，如在“应收账款”总分类科目下按照客户名称设置的明细分类科目，就能反映具体的收款对象。所以，除会计制度、会计准则已有规定者外，企业可以在不违反统一会计核算要求的前提下，根据需要自行确定明细科目的设置。

3. 简明实用。设置会计科目应当严格界定每一科目的核算内容，力求做到简明扼要、通俗易懂，以利于记清账目，正确反映会计主体的生产经营活动。

在实务中，为了便于会计处理，尤其是为了适应会计电算化的需要，应该对会计科目按照一定的标准编号。按照我国新颁布的《企业会计准则》的规定，会计科目的编号为四位数字，其中，第一位数字代表该科目的类别，如“1”代表资产类科目、“2”代表负债类科目、“3”代表共同类科目（主要适用于金融企业）、“4”代表所有者权益类科目、“5”代表成本类科目、“6”代表损益类科目。列有企业所有会计科目及其编号的表格，即为会计科目表。制造业企业的常用会计科目如表2－12所示。

表2-12　常用会计科目

编号	会计科目	编号	会计科目
	1. 资产类	2241	其他应付款
1001	库存现金		合同负债
1002	银行存款	2411	预提费用
1101	交易性金融资产	2501	长期借款
1121	应收票据	2502	应付债券
1122	应收账款		租赁负债
1123	预付账款	2701	长期应付款
1131	应收股利	2801	预计负债
1132	应收利息		3. 共同类
1221	其他应收款	3001	清算资金往来
1231	坏账准备	3002	货币兑换
	合同资产	3101	衍生工具
1401	材料采购	3201	套期工具
1402	在途物资	3202	被套期项目
1403	原材料		4. 所有者权益类
1404	材料成本差异	4001	实收资本
1405	库存商品	4002	资本公积
1412	包装物	4004	其他综合收益
1413	低值易耗品	4101	盈余公积
1471	存货跌价准备	4103	本年利润
1481	待摊费用	4104	利润分配
1501	债权投资		5. 成本类
1502	债权投资减值准备	5001	生产成本
1511	长期股权投资	5101	制造费用
1512	长期股权投资减值准备	5201	劳务成本
1521	投资性房地产	5301	研发支出
1601	固定资产		6. 损益类
1602	累计折旧	6001	主营业务收入
1603	固定资产减值准备	6051	其他业务收入
1604	在建工程	6071	其他收益
1606	固定资产清理	6101	公允价值变动损益
	使用权资产	6111	投资收益
1701	无形资产	6121	资产处置损益
1702	累计摊销	6301	营业外收入
1703	无形资产减值准备	6401	主营业务成本
1801	长期待摊费用	6402	其他业务成本
1901	待处理财产损溢	6403	税金及附加
	2. 负债类	6601	销售费用
2001	短期借款	6602	管理费用
2201	应付票据	6603	财务费用
2202	应付账款	6701	资产减值损失
2203	预收账款	6702	信用减值损失
2211	应付职工薪酬	6711	营业外支出
2221	应交税费	6801	所得税费用
2231	应付利息	6901	以前年度损益调整
2232	应付股利		

注：表中“合同资产”“合同负债”“使用权资产”“租赁负债”为2018年新增会计科目，企业会计准则未对其确定统一科目编号。

三、账户的基本结构

为了正确地在账户中记录和反映经济业务，账户不仅要有科学的名称，以明确规定其记录的经济内容，而且要有合理的结构，以正确反映会计要素的增减变动。

企业的各项经济业务所引起的会计要素的变化错综复杂，但从数量上看只有增、减两种情况。因此，账户通常分为左、右两个基本部分，分别记录增加额、减少额。在借贷记账法下，账户的左方称为“借方”，右方称为“贷方”。任何账户都必须分为借方、贷方两个基本部位，这就是账户的基本结构。账户的基本结构，可用“T”字形表示，如图2－2所示。

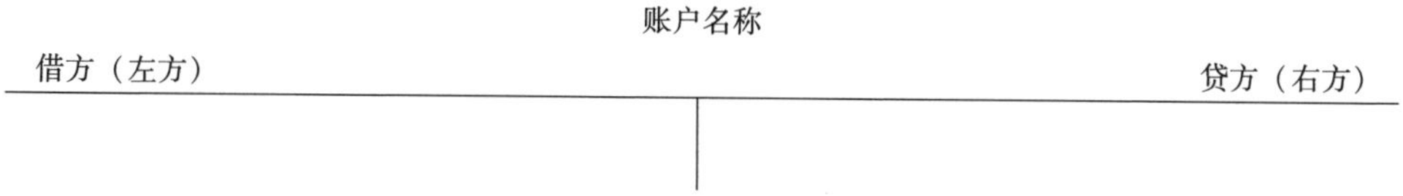

图2－2　“T”字形账户基本结构

账户分为借、贷两方，一方记录增加额，另一方记录减少额。究竟哪一方记录增加额，哪一方记录减少额，应根据账户反映的经济内容以及与此相联系的账户的性质来确定。

在实际工作中，账户的格式并非如此简单，而是根据实际需要来设计账户的具体格式。账户除了有“借方”“贷方”两个基本部分外，还应分别列出“日期”“凭证”“摘要”“余额”等部分。我国实际工作中常用的账户基本格式如表2－13所示。

表2－13　　账户基本格式

账户名称

年		凭证号数	摘　要	借　方	贷　方	借/贷	余　额
月	日						

因此，一个完整的账户结构应包括：

（1）账户名称，即会计科目；

（2）经济业务发生的日期；

（3）凭证号数，即表明账户记录的依据；

（4）摘要，即经济业务的简要说明；

（5）金额，即增加额、减少额和余额。

每个账户一般有个金额要素，即期初余额、本期增加发生额、本期减少发生额和期末余额。账户如有期初余额，首先应当在记录增加额的那一方登记，经济业务发生后，要将增减内容记录在相应的栏内。一定期间记录到账户增加方的数额合计，称为本期增加发生额；一定期间记录到账户减少方的数额合计，称为本期减少发生额。在正常情况下，账户四个数额之间的关系如下：

账户期末余额 = 账户期初余额 + 本期增加发生额 − 本期减少发生额

账户本期的期末余额转入下期，即为下期的期初余额。每个账户的本期发生额反映的是该类经济内容在本期内变动的情况，而期末余额则反映变动的结果。例如，某企业在某一期间“银行存款”账户的记录如图 2 − 3 所示。

银行存款

借方（左方）		贷方（右方）	
期初余额	10 000		
本期增加额	80 000	本期减少额	35 000
本期发生额合计	80 000	本期发生额合计	35 000
期末余额	55 000		

图 2 − 3

根据上述账户的记录，可知企业期初在银行的存款为 10 000 元，本期增加了 80 000 元，本期减少了 35 000 元，到期末企业还有 55 000 元。

四、账户的分类

科学地进行账户分类有助于对账户进行科学管理。按不同的标准对账户分类，可以从不同的角度认识账户，并把全部账户划分为各种类别。其分类标准一般有按经济内容分类、按提供信息的详细程度分类、按账户与报表的关系分类、按账户期末是否存在余额分类、按账户的用途和结构分类等。下面分别予以说明。

（一）按经济内容分类

按经济内容分类是最基本的账户分类。账户的经济内容是账户所要核算和监督的会计对象的内容。因此，账户按照经济内容分类，也就是按照会计要素进行的分类，可分为资产、负债、所有者权益、收入、费用、利润六大类。

需要说明的是，由于企业在一定期间所取得的收入和发生的费用最终都体现在当期损益的计算中，因此，收入、费用账户可归为一类，称作损益类账户。同时，以工业企业为例，由于企业必须进行产品成本的计算，需要专门设置产品成本账户，因此，账户按经济内容分为资产、负债、所有者权益、成本、损益五大类。

1. 资产类账户。资产类账户是用来反映企业的资产要素增减变动及其结存数额的账户，包括库存现金、银行存款、交易性金融资产、应收账款、其他应收款、原材料、长期股权投资、持有至到期投资、固定资产、无形资产等。

2. 负债类账户。负债类账户是用来反映企业负债增减变动及其结存数额的账户。包括短期借款、应付账款、应付职工薪酬、应交税费、长期借款、长期应付款等。

3. 所有者权益类账户。所有者权益类账户是用来反映企业所有者权益增减变动及其结存数额的账户，包括实收资本、盈余公积、资本公积、本年利润、利润分配等。

4. 成本类账户。成本类账户是用来反映制造企业为生产产品、提供劳务而耗用的企业经济资源的情况，包括生产成本、制造费用、劳务成本等。

5. 损益类账户。损益类账户是用来反映企业在一个会计期间通过生产经营活动和非生产经营活动等所形成的所有损益的内容，包括主营业务收入、其他业务收入、投资收益、营业外收入、销售费用、财务费用、管理费用等。

（二）按提供信息的详细程度分类

会计账户按提供信息的详细程度可分为总分类账户和明细分类账户。

1. 总分类账户。总分类账户又称一级账户，仅以货币计量单位进行登记，是按照总分类科目设置的、用来提供总括核算信息的账户。总分类账户不能提供各种经营过程进行情况的详细资料，因而不能满足企业内部管理上的具体需要。例如，会计上对企业购销业务形成的债权债务进行总分类核算时只涉及“应收账款”这一反映债权关系的账户和“应付账款”这一反映债务关系的账户，通过这两个总分类账户，无法确切地得知与本企业形成债权债务关系的具体单位和各单位的具体金额。又如，“原材料”等总分类账户没有实物指标，不可能提供企业原材料的具体类别、品名、规格及价格。因此，在设置总分类账户的同时，还必须设置明细分类账户。

2. 明细分类账户。明细分类账户，是按照明细分类科目设置，用来提供详细核算信息的账户。例如，为了具体掌握企业与各往来单位之间的货款结算情况，就应在“应付账款”总分类账户下按各债权单位的名称分别设置明细分类账户。又如，为了具体了解各种材料的收、发、存情况，就有必要在“原材料”总分类账户下按照材料的品种分别设置明细分类账户。在明细分类账户中，除了以货币计量单位进行金额核算外，必要时还要运用实物计量单位进行数量核算，以便通过提供数量方面的资料，对总分类账户进行必要的补充。

除了总分类账户和明细分类账户以外，各会计主体还可根据实际需要设置二级账户。二级账户是介于总分类账户和明细分类账户之间的一种账户，它提供的资料比总分类账户详细、具体，但比明细分类账户概括、综合。例如，“原材料”总分类账户下，可以先按原料及主要材料、辅助材料、燃料等材料类别设置若干二级账户，其下再按材料的品种等设置明细分类账户。设置二级账户后，总分类账户可以把它作为中间环节来控制所属明细分类账户，这对于加强经营管理有一定的作用，但也会增加核算工作量。因此，二级账户一般不宜多设，必要时也可不设。在不设置二级账户的情况下，所需数据可根据有关明细分类账户的记录汇总求得。

总分类账户和明细分类账户之间具有控制与被控制、统驭与被统驭的关系。一级账户控制二级账户，二级账户控制明细账户；如无二级账户，一级账户直接控制明细账户。总分类账户与明细分类账户之间的关系如表2-14所示。

表2-14　　总分类账户与明细分类账户之间的关系

总分类账户	明细分类账户	
	二级账户	明细账户
生产成本	第一车间	A产品
	第二车间	B产品
原材料	原料及主要材料	甲材料
	原料及主要材料	乙材料
应收账款	华东地区	甲公司
	华南地区	A公司

当然，也不是所有总分类账户都要设置明细分类账户，如“库存现金”“银行存款”等总分类账户就可以不设置明细分类账户。

（三）按账户与报表的关系分类

账户按其与报表的关系可分为资产负债表账户和利润表账户。

1. 资产负债表账户。资产负债表账户是指所提供的资料是编制资产负债表的依据的账户。资产类账户、负债类账户、所有者权益类账户和成本类账户的余额，可随时表示各项资产、负债、所有者权益的实有数额。期末要根据这些账户的余额编制资产负债表。资产负债表账户在期末结账后，仍有余额，并转入下一期的同一账户。

2. 利润表账户。利润表账户是指所提供的资料是编制利润表依据的账户。收入类、费用类账户的发生额，可用来表示企业在一定会计期间的损益形成情况，期末要根据这些账户的发生额编制利润表。利润表账户的余额，在期末结账时要被转到资产负债表所有者权益账户中去，结转后，这些账户无余额。按照账户期末是否存在余额来划分，我们把期末结账后仍有余额的资产负债表账户叫做实账户，或永久性账户；把期末结账后不再有余额的利润表账户叫做虚账户，或暂时性账户。

（四）按账户的期末是否存在余额分类

账户按其期末是否存在余额可分为实账户或永久性账户和虚账户或暂时性账户。

1. 实账户或永久性账户。实账户或永久性账户，是指期末结账后仍有余额的资产负债表账户，包括资产类、负债类、所有者权益类账户，也包括成本类账户。这些账户不仅记录资产、负债和所有者权益的变化情况，而且在会计期末通过期末余额反映资产、负债和所有者权益的结余存量情况。这些账户的期末余额会结转至下一个会计期间相应账户的期初余额，从而使得各个会计期间经济业务的影响能够在这些账户中被永久地逐期累积记录。

2. 虚账户或暂时性账户。虚账户或暂时性账户，是指期末结账后不再有余额的利润表账户，即损益类账户。这些损益类账户只记录和累积某一会计期间（通常指会计年度）收入和费用的发生额，在会计期末时，再将当期所记录的全部收入和全部费用进行结转，结转后不存在期末余额，到下一个会计期间的期初，这些账户没有上一会计期间结转来的期初余额。随着下一会计期间经济业务的发生，这些损益类账户又记录着只属于下一会计期间的收入和费用的发生额。

（五）按账户的用途和结构分类

账户按其用途结构分类，一般划分为盘存账户、资本账户、结算账户、集合汇转账户、成本计算账户、跨期摊配账户、财务成果账户、计价对比账户、调整账户和暂记账户十类。

1. 盘存账户。盘存账户是用来核算和监督各项财产物资、货币资金增减变动及其实有数额的账户。这类账户的借方反映各项财产物资和货币资金的增加，贷方反映各项财产物资和货币资金的减少，余额在借方，反映各项财产物资和货币资金的结存。盘存账户的结构如图 2－4 所示。

借方　　　　　　　　盘存账户　　　　　　　　贷方

期初余额：期初财产物资或货币资金结存额	
发生额：本期财产物资或货币资金的增加额	发生额：本期财产物资或货币资金的减少额
期末余额：期末财产物资或货币资金的结存额	

图 2－4　盘存账户的结构

属于盘存账户的有“原材料”“库存现金”“银行存款”“固定资产”等。这类账户均可以通过财产清查的方法，检查实存的财产物资及其在经营管理上存在的问题。这类账户除了货币资金账户外，其实物明细账均可提供实物和货币两种指标。

2. 资本账户。资本账户是指用来核算和监督企业从所有者处取得的投资、增收的资本以及从内部形成的积累的增减变化及其实有数的账户。这类账户的借方反映各项投资和积累的减少，贷方反映各项投资和积累的增加，余额在贷方，反映各项投资和积累的结存。资本账户的结构如图 2－5 所示。

借方 资本账户	贷方
	期初余额：期初资本和公积金实有额
发生额：本期资本和公积金的减少额	发生额：本期资本和公积金的增加额
	期末余额：期末资本和公积金实有额

图2－5　资本账户的结构

属于资本账户的有“实收资本”“资本公积”“盈余公积”等。这类账户的总分类账户及其明细分类账户只能提供货币指标。

3. 结算账户。结算账户是用来反映和监督企业与其他单位或个人之间债权（应收款项或预付款项）、债务（应付款项或预收款项）结算情况的账户。由于结算业务的性质不同，决定了不同结算账户具有不同的用途和结构。因此，结算账户按其用途和结构的不同，又可以分为债权结算账户、债务结算账户和债权债务结算账户三类。

（1）债权结算账户，又称资产结算账户，是用来核算和监督企业与各单位或个人之间的债权结算业务的账户。这类账户的结构是：借方登记债权的增加数，贷方登记债权的减少数，期末余额一般是在借方，表示期末尚未收回债权的实有数。债权结算账户的结构如图2－6所示。

借方 债权结算账户	贷方
期初余额：期初尚未收回的应收款项及未结算的预付款	
发生额：本期应收款项的增加额及预付款项的增加额	发生额：本期应收款项的减少额或预付款项的减少额
期末余额：期末尚未收到的应收款及未结算的预付款	

图2－6　债权结算账户的结构

属于资产结算账户的有“应收账款”“预付账款”“其他应收款”等。

（2）债务结算账户，又称负债结算账户，是用来核算和监督企业与其他单位或个人之间的债务结算业务的账户。这类账户的结构是：贷方登记债务的增加数，借方登记债务的减少数，期末余额一般在贷方，表示期末尚未偿还的债务的实有数。债务结算账户的结构如图2－7所示。

借方 债务结算账户	贷方
	期初余额：期初尚未支付的应付款及未结算的预收款
发生额：本期应付款项的减少额及预收款项的减少额	发生额：本期应付款项的增加额或预收款项的增加额
	期末余额：期末尚未支付的应付款及未结算的预收款

图2－7　债务结算账户的结构

属于负债结算账户的有“短期借款”“应付账款”“预收账款”“其他应付款”“应交税费”“应付股利”“应付职工薪酬”等。

（3）债权债务结算账户，又称资产负债结算账户或往来结算账户。顾名思义，这类账户既反映债权结算业务，又反映债务结算业务，是双重性质的结算账户。这类账户的结构是：借方登记债权（应收款项和预付款项）的增加额和债务（应付款项和预收款项）的减少额；贷方登记债务的增加额和债权的减少额。期末账户余额可能在借方，也可能在贷方。如在借方，则表示尚未收回的债权净额，即尚未收回的债权大于尚未偿付的债务的差额；如在贷方，则表示尚未偿付的债务净额，即尚未偿付的债务大于尚未收回的债权的差额。该账户所属明细账的借方余额之和与贷方余额之和的差额，应当与总账的余额相等。债权债务结算账户的结构如图 2-8 所示。

借方　　　　债权债务结算账户	贷方
期初余额：期初债权大于债务的差额	期初余额：期初债务大于债权的差额
发生额：（1）本期债权增加额 （2）本期债务减少额	发生额：（1）本期债务增加额 （2）本期债权减少额
期末余额：期末债权大于债务的差额	期末余额：期末债务大于债权的余额

图 2-8　债权债务结算账户的结构

如果企业预收款项的业务不多，可以不单设“预收账款”账户，而用“应收账款”账户同时反映企业应收款项和预收款项的增减变动及其变动结果，此时的“应收账款”账户就是一个债权债务结算账户；如果企业预付款的业务不多，可以不单设“预付账款”账户，而用“应付账款”账户同时反映企业应付款项和预付款项，此时的“应付账款”账户就是一个债权债务结算账户。这样做固然可以集中反映企业与某一个单位的债权债务结算情况，但是，当企业用“应收账款”账户反映预收款项业务时，就会出现账户名称与其反映的业务内容不一致的情况，从而不便于对账户理解和运用。因此，在设置和运用这类账户时应指明其双重性质的特点。类似情况的还有将“其他应收款”账户和“其他应付款”账户合并设置的“其他往来”账户。

4. 集合汇转账户。集合汇转账户是用来汇集企业在一定期间内某种收入或支出，并如期结转该项收入或支出的账户。该类账户按照其归集的性质和经济内容，又可以划分为收入集合汇转账户和费用（支出）集合汇转账户两类。

（1）收入集合汇转账户。它是用来汇集和分配结转企业在经营过程中从事某种经济活动或其他活动所取得的收入的账户。这类账户的贷方反映某种收入的汇集，借方反映该项收入的减少或转销，汇集的收入经转销后，账户无余额。收入集合汇转账户的结构如图 2-9 所示。

借方 收入集合汇转账户 贷方	
发生额：结转到“本年利润”账户的数额	发生额：归集本期内各项收入的发生数
	期末：一般无余额

图2-9　收入集合汇转账户的结构

属于收入集合汇转账户的有“主营业务收入”“其他业务收入”“投资收益”“营业外收入”等。

（2）费用（支出）集合汇转账户。它是用来汇集和分配结转企业在经营过程中从事某种经济活动或其他活动所发生的某种费用或支出，以反映该项费用的发生及其分配情况的账户。这类账户的借方反映某种费用或支出汇集，贷方反映该项费用的分配结转，汇集的费用（支出）经分配结转后，账户无余额。费用（支出）集合汇转账户的结构如图2-10所示。

借方 费用（支出）集合汇转账户 贷方	
发生额：归集本期内各项费用（支出）的发生数	发生额：结转到“本年利润”账户的数额
期末：一般无余额	

图2-10　费用（支出）集合汇转账户的结构

属于费用（支出）集合汇转账户的有“制造费用”“销售费用”“主营业务成本”“财务费用”“管理费用”等。

集合汇转账户一般没有余额，其账户的一方归集本期发生的收入或费用数额，另一方将本期归集的数额全部转出。这类账户具有明显的过渡性质。

5. 成本计算账户。成本计算账户是用来核算和监督企业在生产经营过程中某一经营阶段所发生的全部费用，并借以确定该过程各成本计算对象实际成本的账户。这类账户的借方登记应计入某成本对象的全部费用，表示费用的发生；贷方登记已完成的某阶段经营活动的成本。余额在借方，反映尚未结束的某经营阶段的实际成本。成本计算账户的结构如图2-11所示。

借方 成本计算账户 贷方	
期初余额：期初尚未完成某个经营阶段的成本计算对象的实际成本	
发生额：归集经营过程某个阶段发生的全部费用	发生额：结转已完成某个经营阶段的成本计算对象的实际成本
期末余额：尚未完成该阶段的成本计算对象的实际成本	

图2-11　成本计算账户的结构

属于成本计算账户的有“在途物资”“在建工程”“生产成本”等。这类账户除设置总分类账户核算外，还应按各个成本计算对象分别设置明细分类账户进行明细核算，提供有关成本计算对象的货币指标和实物指标。

6. 跨期摊配账户。跨期摊配账户是用来核算和监督应由几个会计期间共同负担的费用，并将这些费用在各个会计期间进行分摊或预提的账户。该类账户主要包括“待摊费用”和“预提费用”账户，虽然这两个账户的经济性质不同——“待摊费用”账户属于资产类账户，“预提费用”账户属于负债类账户，但它们却有着相同的用途和结构——它们都是为了划清各个会计期间的费用界限而设置的，借方都是用来登记费用的实际发生数或支付数，贷方都是用来登记应由某个会计期间负担的费用摊配数或预提数。期末如为借方余额，表示已支付而尚未摊配的待摊费用；如为贷方余额，则表示已预提而尚未支用的预提费用。此外，“长期待摊费用”账户也属于此类账户。跨期摊配账户的结构如图 2－12 所示。

借方　　　　跨期摊配账户	贷方
期初余额：期初已支付但尚未摊销的待摊费用数	期初余额：期初已预提而尚未支付的预提费用数
发生额：本期费用的实际发生数或支付数	发生额：本期费用的摊销或预提数
期末余额：已支付而尚未摊销的待摊费用	期末余额：已预提而尚未支付的预提费用

图 2－12　跨期摊配账户的结构

以上说明的是跨期摊配账户的基本结构，具体到“待摊费用”和“预提费用”这两个账户，在结构上还有一些差别：待摊费用是先发生后摊配，因而是先登记借方后登记贷方，余额在借方，而不可能发生贷方余额；预提费用则是先预提后支用，因而是先登记贷方后登记借方，期末余额可能在贷方，也可能在借方。贷方余额为预提费用，借方余额实际上就是待摊费用。“预提费用”账户的这一特点，说明它实际上是资产负债账户，即双重性质的账户。

7. 财务成果账户。财务成果账户是用来计算和反映一定期间企业全部经营活动的最终成果并确定企业利润或亏损数的账户。这类账户的借方登记汇总各项经营业务活动的费用和损失，贷方登记汇总各项经营业务活动的收入。期末如为借方余额，表示费用大于收入的差额，为企业发生的亏损总额；期末如为贷方余额，表示收入大于费用的差额，为企业实现的利润总额。财务成果账户的结构如图 2－13 所示。

借方　　　　财务成果账户	贷方
发生额：转入的各项费用	发生额：转入的各项收入
期末余额：本期发生的亏损总额	期末余额：本期实现的利润总额

图 2－13　财务成果账户的结构

属于财务成果账户的主要是“本年利润”。这类账户只反映企业一年财务成果的形成，平时的余额为本年的累计利润总额或亏损总额，年终结转后无余额。

8. 计价对比账户。计价对比账户是对核算经营过程中某一阶段某项经济业务按照两种不同的计价标准进行对比，借以确定其业务成果的账户。按计划成本进行材料日常核算的企业所设置的“材料采购”账户，就属于计价对比账户。该账户的借方登记材料的实际成本，贷方登记按照计划价格核算的材料的计划成本，通过借贷双方两种计价对比，可以确定材料采购业务成果。计价对比账户的结构（以“材料采购”账户为例）如图2－14所示。

借方　　　　　　　　材料采购	贷方
期初余额：未入库材料的实际成本	
发生额：本期未入库材料的实际成本及转入“材料成本差异”账户贷方的实际成本小于计划成本的节约差	发生额：入库材料的计划成本及转入“材料成本差异”账户借方的实际成本大于计划成本的超支差
期末余额：在途材料的实际成本	

图2－14

这类账户的特点是借贷两方的计价标准不一致。期末确定业务成果转出后，该账户的借方余额是剔除了计价差异后的按借方计价方式计价的资产价格。例如“材料采购”账户的借方余额表示按实际成本计价的在途材料实际成本。

9. 调整账户。调整账户是用于调整某个账户（被调整账户）的余额，用以表明被调整账户的实际余额而设置的账户。调整账户按调整的方式可分为备抵账户、附加账户和抵减附加账户。

（1）备抵账户，也称抵减账户。它是用来抵减被调整账户的余额，以求得被调整账户实际余额的账户。其调整方式，可用下列计算公式表示：

被调整账户余额－调整账户余额＝被调整账户实际余额

备抵账户的余额一定与被调整账户的余额方向相反，如果被调整账户的余额在借方，那么抵减账户的余额就一定在贷方。备抵账户按照被调整账户的性质，又可分为资产备抵账户和权益备抵账户两类。

1）资产备抵账户。它是用来抵减某一资产账户（被调整账户）余额，以求得该资产账户实际余额的账户。例如“累计折旧”账户是“固定资产”这个资产账户的备抵账户，两个账户之间的关系可用图2－15表示。

被调整账户

借方　　　　固定资产	贷方
期初余额　500 000	

备抵账户

借方　　　　累计折旧	贷方
	期初余额　150 000

图2－15

在图2－15中，“固定资产”账户和“累计折旧”账户余额的关系如下：

固定资产原始价值	500 000
减：累计折旧额	150 000
固定资产净值	350 000

在企业的生产经营活动中，从管理上要求提供固定资产的原始价值、已磨损价值和净值等几个方面的相关数据，设置“累计折旧”这一固定资产的抵减账

户就可以满足这一要求。

属于资产备抵账户的还有“存货跌价准备”“坏账准备”“长期股权投资减值准备”“无形资产减值准备”账户，它们分别是“存货”“应收账款”“长期股权投资”“无形资产”账户的备抵账户。

2）权益备抵账户。它是用来抵减某一权益账户（被调整账户）的余额，以求得该权益账户实际余额的账户。例如，“利润分配”账户就是“本年利润”账户的备抵账户。“本年利润”账户的期末贷方余额，反映本期已实现利润数；“利润分配”账户的借方余额，反映本期已分配的利润数。用“本年利润”账户的贷方余额减去“利润分配”账户的借方余额，其差额表示企业期末尚未分配的利润数。“本年利润”账户与“利润分配”账户的关系，可用图2－16表示。

被调整账户

借方	本年利润	贷方
		期末余额 600 000

备抵账户

借方	利润分配	贷方
期末余额 400 000		

图2－16

在图2－16中，“本年利润”和“利润分配”账户余额的关系如下：

本期已实现的利润额	600 000
减：本期已分配的利润额	400 000
期末未分配的利润额	200 000

（2）附加账户。它是用来增加被调整账户的余额，以求得被调整账户实际余额的账户。其调整方式可用下列计算公式表示：

被调整账户余额＋附加账户余额＝被调整账户实际余额

附加账户的余额一定要与被调整账户的余额方向一致，上述公式才能成立。如果被调整账户的余额在借方，附加账户的余额也一定在借方；如果被调整账户的余额在贷方，附加账户的余额也一定在贷方。下面举例说明附加账户相对于被调整账户的调整关系和过程：

例如，假设某企业以溢价发行债券，这时应在“应付债券”总账下分别设置“面值”和“利息调整”两个明细分类账户，此时“面值”明细分类账户为被调整账户，而“利息调整”明细分类账户为“面值”明细分类账户的附加账户，如图2－17所示。

被调整账户

借方	应付债券——面值	贷方
		期末余额 500 000

附加账户

借方	应付债券——利息调整	贷方
		期末余额 5 000

图2－17

在图2－17中，“面值”和“利息调整”这两个明细分类账户余额的关系如下：

面值	500 000
加：利息调整	5 000
债券发行实际价格	505 000

从上例中可以看出，通过“面值”和“利息调整”这两个明细账户，能全面反映债券发行业务中关于债券价值几个方面的指标。

在实际的会计工作中，纯粹的附加账户很少使用。

（3）抵减附加账户。它既可以抵减又可以增加被调整账户的余额。这是依据调整账户的余额方向不同，用来抵减被调整账户的余额，或者用来附加被调整账户余额，以求得被调整账户实际余额的账户。当调整账户的余额与被调整账户的余额方向相反时，该类账户起抵减账户的作用，其调整方式与抵减账户相同；当调整账户的余额与被调整账户的余额方向一致时，该类账户起附加账户的作用，其调整方式与附加账户相同。制造业企业采用计划成本进行材料的日常核算时，所设置的“材料成本差异”账户就属于备抵附加账户，其相应的被调整账户有“原材料”“包装物”“低值易耗品”等。下面以“材料成本差异”账户与“原材料”账户的调整关系和过程为例进行说明。

当企业采用计划成本对原材料进行日常收发核算时，“原材料”账户用来核算原材料的计划成本，而原材料的实际采购成本与计划成本之间的差异则通过“材料成本差异”账户来核算。

原材料实际成本小于计划成本，如图2－18所示。

被调整账户

借方	原材料	贷方
期末余额：计划成本200 000		

备抵账户

借方	材料成本差异	贷方
		期末余额：实际成本小于计划成本2 000

图2－18

在图2－18中，此时的“材料成本差异”账户是“原材料”账户的备抵账户，它们之间的关系如下：

原材料借方余额－材料成本差异贷方余额＝原材料实际采购成本

即：
$$200\ 000-2\ 000=198\ 000\text{（元）}$$

原材料实际成本大于计划成本，如图2－19所示。

被调整账户

借方	原材料	贷方
期末余额：计划成本200 000		

附加账户

借方	材料成本差异	贷方
期末余额：实际成本大于计划成本2 000		

图2－19

在图2－19中，此时的“材料成本差异”账户是“原材料”账户的附加账户，它们之间的关系如下：

原材料借方余额＋材料成本差异借方余额＝原材料实际采购成本

即：　　　　　　　　　200 000 + 2 000 = 202 000（元）

10. 暂记账户。暂记账户是用来核算和监督某些一时难以确定其应借或应贷的经济业务的账户。显然，暂记账户是一种过渡性账户，一旦确定其应借或应贷账户时，即应进行转账。例如，在期末清查财产物资时发现的溢余额或盘亏额，在查明原因或批准处理之前，暂时记入“待处理财产损溢”账户；查明原因并经批准处理后，才能将此账户转销。暂记账户的结构（以“待处理财产损溢”账户为例）如图 2－20 所示。

借方	待处理财产损溢　　　　贷方
期初余额：期初尚未批准转账的财产物资盘亏、毁损数减去盘盈数的净损耗	期初余额：期初尚未批准转账的财产物资盘盈数减去盘亏、毁损数的净溢余
发生额：本期发生财产物资的盘亏、毁损数，报经批准转账的财产物资盘盈数	发生额：本期发生财产物资的盘盈数；报经批准转账的财产物资盘亏、毁损数
期末余额：期末尚未批准转账的财产物资盘亏、毁损数减去盘盈数的净损耗	期末余额：期末尚未批准转账的财产物资盘盈数减去盘亏、毁损数的净溢余

图 2－20

第三节　复式记账法

一、记账方法的概念和种类

设置账户，仅仅是对会计要素做出了进一步分类，为会计信息的加工处理提供了必要的“场所”。但如何运用账户来“描述”经济业务及其所引起的会计要素各有关项目数量增减变动情况，就必须运用科学的记账方法。

所谓记账方法，就是根据一定的原理、记账符号、记账规则，采用一定的计量单位，通过文字和数字在账户中登记各项经济业务的方法。记账方法主要有单式记账法和复式记账法两种。

（一）单式记账法

单式记账法，是指除了对应收、应付的库存现金和银行存款收付业务在两个或两个以上有关账户中进行登记外，对于其他业务，则只在一个账户中登记或不予登记的记账方法。单式记账法一般只要求设置库存现金、银行存款、人欠（应收账款）、欠人（应付账款）这四个账户。只要在这四个方面不出差错，其他的财产物资均处于本企业的管理中，就不再一一记录了。

【例 2－2】用银行存款 1 000 元支付财产保险费。

用单式记账法来登记这笔业务，只在“银行存款”账户中登记减少 1 000 元，费用账户不作登记。

【例 2－3】企业从甲工厂购买材料 3 000 元，材料已验收入库，货款暂欠。

用单式记账法来登记这笔业务，只在“应付账款”账户中登记增加了3 000元，原材料不作登记。

【例2-4】以银行存款3 000元，偿还以前所欠甲工厂的材料款。

用单式记账法来登记这笔业务，在“银行存款”和“应付账款”两个账户中分别记录减少3 000元，但并不注重其业务与这两个账户的内在联系。

单式记账法手续简便，但存在严重不足：

（1）不能全面、系统地反映企业经济业务的来龙去脉。由于单式记账法体系不完整，且对经济业务发生之后所产生会计要素的增减变动一般只在一个账户中进行记录，账户之间的记录不要求相互对应，这就不能反映企业经济活动的全貌。

（2）不便于检查账户记录的正确性。采用单式记账法记账，账户之间的记录没有直接的联系，也没有相互平衡的关系，即使记录发生错误也无法进行检查。

由于单式记账法的这些“致命”弱点，目前这种方法已经没有“生命力”了。

（二）复式记账法

1. 复式记账法的含义及种类。复式记账法，是相对于单式记账法而言的。它是指对每一项经济业务都要以相等的金额，同时在相互对应的两个或两个以上的账户中进行登记的一种记账方法。

【例2-5】用银行存款1 000元支付财产保险费。

采用复式记账法记账时，一方面要在“管理费用”账户中登记增加1 000元，另一方面要在“银行存款”账户中登记减少1 000元。

【例2-6】企业从甲工厂购买材料3 000元，材料已验收入库，货款暂欠。

采用复式记账法记账时，一方面要在“原材料”账户中登记增加3 000元，另一方面要在“应付账款”账户中登记增加3 000元。

【例2-7】以银行存款3 000元偿还以前所欠甲工厂的材料款。

采用复式记账法记账时，一方面要在“银行存款”账户中登记减少3 000元，另一方面要在“应付账款”账户中登记减少3 000元。

与单式记账法相比，复式记账法有两个显著的特点：

（1）可以全面、系统地了解每一项经济业务的来龙去脉以及经济活动的过程和结果。复式记账法具有完整的账簿体系，并且对每项经济业务都要在相互联系的两个或两个以上的账户中作记录，根据记录的结果，就能够看出经济业务和经济活动的全貌，能获得完整的会计信息资料，使得账户的对应关系较清晰。

（2）便于检查账户记录的正确性。复式记账要求以相等的金额在两个或两个以上有联系的账户中同时记账，可以对账户记录的结果进行试算平衡，以检查账户记录的正确性。

复式记账法由于具备上述特点，因而被世界各国公认为是一种科学的记账方法而被广泛采用。

在我国会计史上，曾经出现收付记账法、借贷记账法、增减记账法三大复式记账法。目前，我国行政、企事业单位都采用借贷记账法。这是因为借贷记账法经过数百年的实践，已为全世界的会计工作者所普遍接受，是一种比较成熟、完善的记账方法。另外，从实务角度看，各企业记账方法不统一，会给企业间横向经济联系和国际经济交往带来诸多不便；不同行业、企业记账方法不统一，也必然会加大跨行业的公司和企业集团会计工作的难度，使经营活动信息和经营成果不能及时得到反映。因此，统一全国各个行业、企业和行政事业单位的记账方法，对规范会计核算工作和更好地发挥会计的作用具有重要意义。

2. 复式记账法的基本原理。前已述及，企业经济活动中发生的各项经济业务会引起资产、负债、所有者权益、收入、费用和利润等会计要素项目的增减变化。这些变化已在本章第一节总结为九种情况，并得出了不论经济业务如何发生，都不可能破坏会计恒等式的结论。复式记账法的理论依据就是“资产 = 负债 + 所有者权益”这个会计恒等式所表现出来的数量上的平衡关系。它以记账内容之间所表现出来的数量上的平衡关系作为记账技术方法的基础。

任何一项经济业务，必然在会计等式中导致双重影响，同时，任何经济业务的发生都不会改变会计等式的恒等特征。在会计等式中，只要有一个会计要素项目发生增减变化，则必然伴随着其他一项或几项会计要素项目相同数额的增减变化。因此，只有在记账时将经济业务引起的会计要素项目变动数额相互联系地记录下来，并保持数额相等，才能既全面地反映出经济业务的内容，又迎合会计等式的这种规律性。为此，必须对两个或两个以上账户同时作相互联系的双重记录，才不会破坏会计等式所反映的客观存在的资金平衡关系。这就是复式记账法的基本原理。

二、借贷记账法

（一）借贷记账法的产生与演进

借贷记账法是当今世界各国普遍采用的一种复式记账方法，也是世界上最早产生的一种复式记账方法。据史料记载，这种记账方法大约起源于 13 世纪的意大利。当时，意大利沿海城市的金融业和商品经济特别是海上贸易已有很大发展，在商品交换过程中，为了适应借贷资本和商业资本经营者管理的需要，逐步形成了这种记账方法。

“借”“贷”两字的含义，最初是从借贷资本家的角度来解释的。借贷资本家以经营货币资金为主要业务，对于收进来的存款，记在贷主（creditor）的名下，表示自身的债务即欠人的增加；对于付出去的放款，则记在借主（debtor）的名下，表示自身的债权即人欠的增加。这样，“借”“贷”两字分别表示借贷资本家的债权（人欠）、债务（欠人）及其增减变化。

随着商品经济的发展，经济活动的内容日趋复杂，会计所记录的经济业务也不再仅限于货币资金的借贷，而逐渐扩展到财产物资、经营损益和经营资本等的增减变化。这时，为了求得账簿记录的统一，对于非货币资金的借贷活动，也利用“借”“贷”两字来说明经济业务的变化情况。这样，“借”“贷”两字逐渐失去了原来的字面含义，演变为一对单纯的记账符号，成为会计上的专门术语。到15世纪，借贷记账法已逐渐完备，被用来反映资本的存在形态和所有者权益的增减变化。与此同时，西方国家的会计学者提出了借贷记账法的理论依据，即所谓“资产=负债+所有者权益”的平衡公式（亦称会计方程式），并根据这个理论确立了借贷的记账规则，从而使借贷记账法日臻完善，为世界各国所普遍采用。

（二）借贷记账法的基本内容

借贷记账法是按照复式记账法的原理，以资产与权益的平衡关系为理论基础，以“借”“贷”两字为记账符号，以“有借必有贷，借贷必相等”为记账规则来登记经济业务的一种记账方法。借贷记账法的基本内容包括记账符号、账户结构、记账规则和试算平衡四项。

1. 记账符号。记账符号，是会计核算中采用的一种抽象标记，表示经济业务的增减变动和记账方向。如前所述，借贷记账法以“借”和“贷”作为记账符号，“借”（英文简写为Dr）表示记入账户的借方；“贷”（英文简写为Cr）表示记入账户的贷方。

在借贷记账法下，“借”“贷”两个符号对会计等式两边的会计要素规定了相反的含义。抽象地看，无论是“借”还是“贷”，都既表示增加又表示减少。具体地看，“借”对会计等式左边的账户，即资产、成本、费用类账户表示增加，对会计等式右边的账户，即负债、所有者权益、收入类账户则表示减少；“贷”对会计等式左边的账户，即资产、成本、费用类账户表示减少，对会计等式右边的账户，即负债、所有者权益、收入类账户则表示增加。

2. 账户结构。在本章第二节中已经说明了账户的基本结构和基本内容，并指出在不同的记账方法下，账户的具体结构有所不同。在借贷记账法下，账户的基本结构是：左方为借方，右方为贷方。但究竟哪一方登记金额的增加，哪一方登记金额的减少，则应根据账户所反映的经济内容以及与此相联系的性质而定。在借贷记账法下，应按照账户反映的经济内容设置账户，账户应分为资产类、负债类、所有者权益类、成本类、收入类、费用类这六大类。除此之外，还可以设置双重性质账户。

（1）资产类账户的结构。资产类账户结构的借方记录资产的增加额，贷方记录资产的减少额，账户若有余额，一般为借方余额，表示期末资产的余额。每一会计期间借方记录的金额合计称为本期借方发生额，贷方记录的金额合计称为本期贷方发生额。资产类账户的期末余额可根据下列公式计算：

资产类账户期末余额 = 期初余额 + 本期借方发生额 − 本期贷方发生额
　　　　（借方）　　　（借方）

资产类账户结构如图2－21所示。

资产类账户名称（会计科目）

借方		贷方	
期初余额	××××		
本期增加	××××	本期减少	××××
	××××		××××
	××××		××××
本期发生额合计	××××	本期发生额合计	××××
期末余额	××××		

图 2－21 资产类账户的一般结构

（2）负债类账户的结构。负债类账户的贷方记录负债的增加额，借方记录负债的减少额，账户若有期末余额，一般为贷方余额，表示期末负债的余额。负债类账户的期末余额可根据下列公式计算：

负债类账户期末余额（贷方）= 期初余额（贷方）+ 本期贷方发生额 − 本期借方发生额

负债类账户结构如图 2－22 所示。

负债类账户名称（会计科目）

借方		贷方	
		期初余额	××××
本期减少	××××	本期增加	××××
	××××		××××
	××××		××××
本期发生额合计	××××	本期发生额合计	××××
		期末余额	××××

图 2－22 负债类账户的一般结构

（3）所有者权益类账户的结构。所有者权益类账户与负债类账户的结构相同，即贷方记录所有者权益的增加额，借方记录所有者权益的减少额，账户若有期末余额，一般为贷方余额，表示期末所有者权益的余额。所有者权益类账户的期末余额计算与负债类账户相同。

所有者权益类账户结构如图 2－23 所示。

所有者权益类账户名称（会计科目）

借方		贷方	
		期初余额	××××
本期减少	××××	本期增加	××××
	××××		××××
	××××		××××
本期发生额合计	××××	本期发生额合计	××××
		期末余额	××××

图 2－23 所有者权益类账户的一般结构

（4）成本类账户的结构。成本类账户是反映产品生产成本或劳务成本形成情况的账户，主要有生产成本、制造费用、劳务成本三类。成本类账户结构的借方记录成本的增加额，贷方记录成本的结转额，账户若有余额，一般为借方余额，表示期末尚未转出成本的余额。成本类账户的期末余额的算法与资产类账户相同。

成本类账户结构如图2-24所示。

成本类账户名称（会计科目）

借方		贷方	
期初余额	××××		
本期增加	××××	本期转出	××××
	××××		××××
	××××		××××
本期发生额合计	××××	本期发生额合计	××××
期末余额	××××		

图2-24　成本类账户的一般结构

（5）收入类账户的结构。收入类账户反映会计主体在某一会计期间内取得的各项收入的情况。收入的取得会使所有者权益增加，因此，收入类账户记账方向与所有者权益类账户类似，收入的增加记录在贷方，收入若减少或结转记录在借方。收入的结转指的是在会计期末，本期收入的增加额减去减少额的差额，应转入有关所有者权益账户，结转后收入类账户没有余额。

收入类账户的结构如图2-25所示。

收入类账户名称（会计科目）

借方		贷方	
本期减少或转出额	××××	本期增加额	××××
	××××		××××
	××××		××××
本期发生额合计	××××	本期发生额合计	××××

图2-25　收入类账户的一般结构

（6）费用类账户的结构。费用类账户反映会计主体某一会计期间内为取得各项收入而消耗的各项费用的发生情况。费用的发生会使所有者权益减少，因此费用账户记账方向与所有者权益账户相反，费用的发生记录在借方，费用若减少或结转记录在贷方。费用的结转指的是在会计期末，本期费用的发生额减去减少额后的差额，应转入相关所有者权益类账户，结转后费用类账户没有余额。

费用类账户结构如图2-26所示。

费用类账户名称（会计科目）

借方		贷方	
本期增加额	××××	本期减少额或转出额	××××
	××××		××××
	××××		××××
本期发生额合计	××××	本期发生额合计	××××

图2-26　费用类账户的一般结构

综合以上（1）至（6）对各类账户结构的说明，将全部借方和贷方所记录的经济内容加以归纳，如表2-15所示。

表2-15　　借贷记账法下各类账户结构

账户类别	借方	贷方	余额方向
资产类	增加	减少	余额在借方
负债类	减少	增加	余额在贷方
所有者权益类	减少	增加	余额在贷方
成本类	增加	减少（转出）	余额在借方
收入类	减少（转销）	增加	一般无余额
费用类	增加	减少（转销）	一般无余额

由此可见，在借贷记账法下，各类账户的期末余额都记录在增加额的一方，即资产类账户的期末余额在借方，负债及所有者权益类账户的期末余额在贷方。基于此，我们可以得出一个结论：根据账户余额所在的方向，也可判断账户的性质，即账户若是借方余额，则为资产、成本（包括有余额的费用）类账户；账户若是贷方余额，则为负债或所有者权益（包括有余额的收入）类账户。借贷记账法的这一特点，决定了它可以设置双重性质账户。

（7）双重性质账户的结构。在借贷记账法下，还可以根据需要设置双重性质的账户。双重性质账户是指既可以用来核算资产、费用又可以用来核算负债、所有者权益和收入的账户。这类账户或者只有借方余额，或者只有贷方余额，但不可能同时出现借方余额和贷方余额。根据共同性质账户期末余额的方向，可以确定账户的性质。如果余额在借方，就是资产类账户；如果余额在贷方，就是负债类账户。例如，可设置“其他往来”账户核算一个与本企业既有债权关系又有债务关系企业的经济业务。当该账户期末余额在贷方时，表明本企业承担了债务，是一种“应付”的性质，属于负债；当该账户期末余额在借方时，表明本企业对对方的债权，是一种“应收”的性质，属于资产。此外，在会计中，还有一些账户如“待处理财产损溢”“投资收益”等其实都是双重性质账户。由于任何一个双重性质账户都是把原来的两个有关账户合并在一起，并具有合并前两个账户的功能，因此，设置双重性质账户可以减少账户数量，使账务处理简便灵活。

3. 记账规则。按照复式记账原理，对发生的每一笔经济业务都以相等的金额、相反的方向，同时在两个或两个以上相互联系的账户中进行登记。那么，在借贷记账法下，如何记录经济业务呢？下面通过几笔简单的业务实例，说明借贷记账法的具体运用，进而总结出借贷记账法的记账规则。

【例2-8】某企业会计期间发生以下经济业务。

（1）收到投资者甲投入资本800 000元，已存入银行。

分析：这项经济业务一方面使企业的资产——银行存款增加，应记入“银行存款”账户的借方；另一方面使企业的所有者权益——实收资本增加，应记入“实收资本”账户的贷方。其登账结果如图2－27所示。

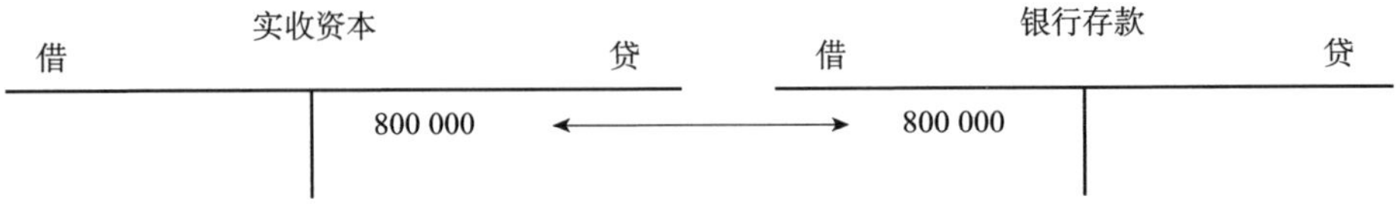

图2－27

（2）从A公司购买原材料50 000元，货款尚未支付，材料已验收入库。（不考虑增值税）

分析：这项经济业务一方面使企业的资产——原材料增加，应记入“原材料”账户的借方；另一方面使企业的负债——应付账款增加，应记入“应付账款”的贷方。其登账结果如图2－28所示。

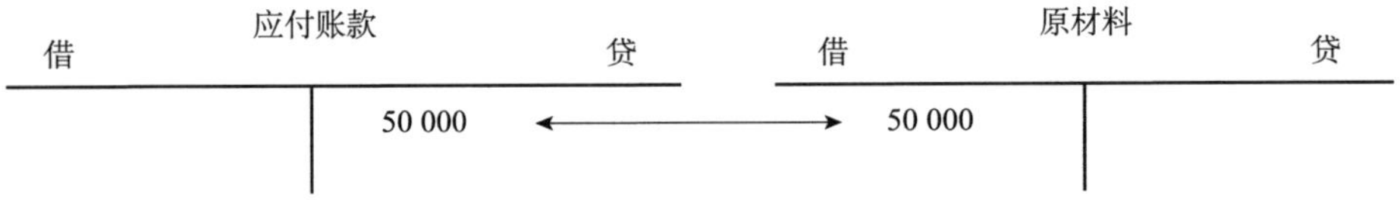

图2－28

（3）购买一台生产用设备300 000元，款项已用银行存款支付。（不考虑增值税）

分析：这项经济业务一方面使企业的资产——固定资产增加，应记入“固定资产”账户的借方；另一方面使企业的资产——银行存款减少，应记入“银行存款”账户的贷方。其登账结果如图2－29所示。

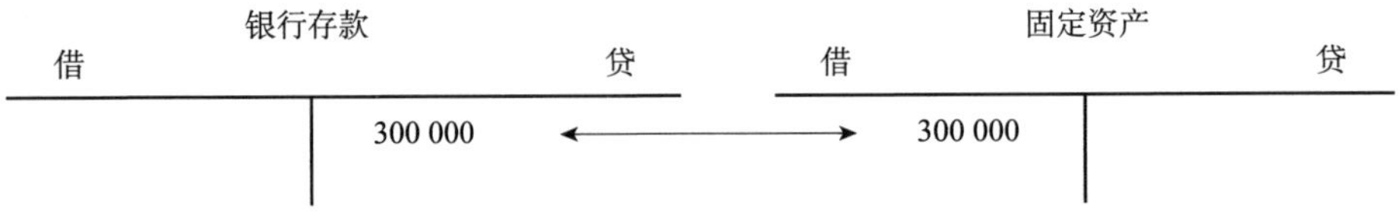

图2－29

（4）收到投资者乙投入资本200 000元，其中银行存款100 000元，已存入企业存款户，价值100 000元设备一台已收妥。（不考虑增值税）

分析：这项经济业务涉及三个账户，首先，收到的投资使得企业的所有者权益——实收资本增加了200 000元；其次，由于增加的资本由两种不同的资产构成——100 000元的银行存款增加额和100 000元的固定资产增加额。因此，对该项业务所作的记录如图2－30所示。

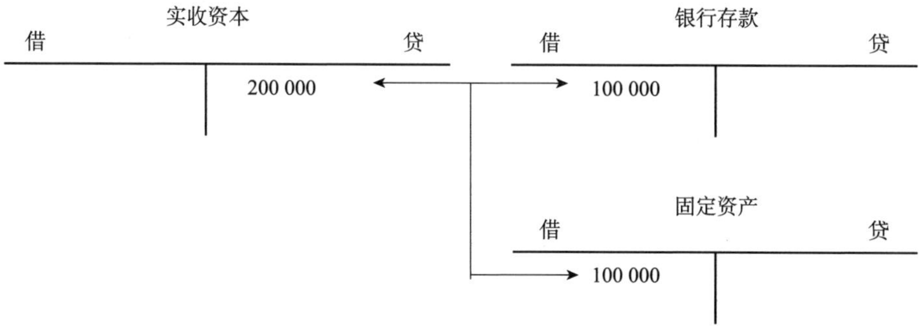

图 2－30

（5）用 50 000 元偿还 A 公司的货款。

分析：企业偿还货款的过程一方面使企业原有的负债——应付账款减少，应记入“应付账款”账户的借方；另一方面使企业的资产——银行存款减少，应记入“银行存款”账户的贷方。其登账结果如图 2－31 所示。

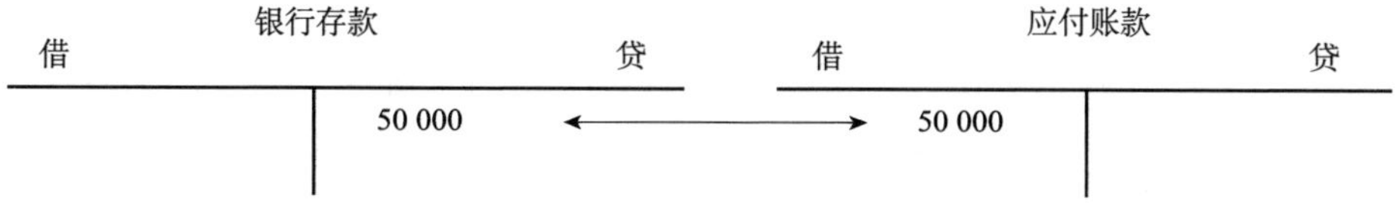

图 2－31

（6）向 B 公司售出本企业产品 1 000 件，单价 120 元，销货款尚未收到。(不考虑增值税)

分析：企业对外销售本企业产品形成主营业务收入，使得收入增加，应记入“主营业务收入”账户的贷方；但由于该笔业务暂时未能收到销货款，又同时形成了本企业的一项债权——应收账款（资产）的增加，应记入“应收账款”账户的借方。其登账结果如图 2－32 所示。

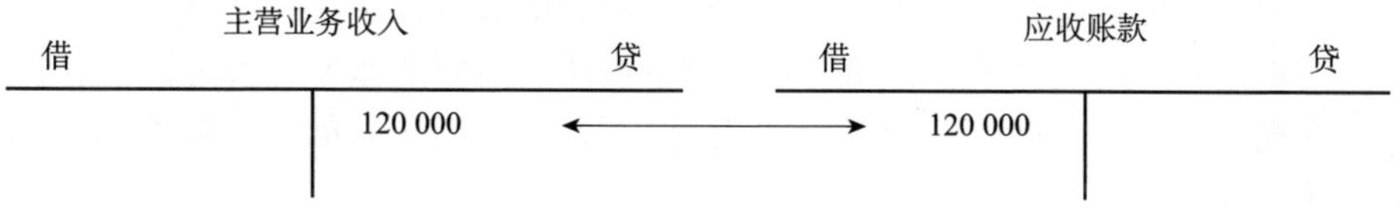

图 2－32

（7）从 C 公司购入原材料 60 000 元，其中，20 000 元用银行存款支付，余款暂欠。材料已验收入库。(不考虑增值税)

分析：这项经济业务涉及三个账户，首先是因为购入使得企业的资产——原材料增加；其次，由于购入的过程中只支付了部分货款，支付的部分使企业银行存款减少，但尚未支付的部分构成了企业对 C 公司的一项负债，使得负债增加，应记录在“应付账款”账户的贷方。因此，对该项业务所作的记录如图 2－33 所示。

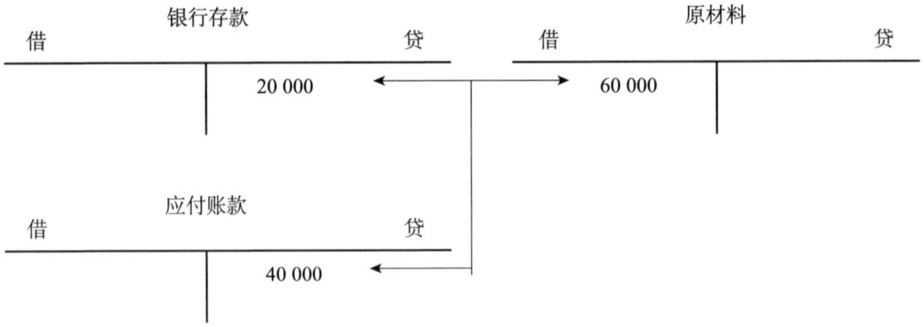

图 2－33

（8）收到B公司还来货款120 000元。

分析：第（6）笔业务中销售形成的本企业的债权120 000元因B公司的归还而收回，此时银行存款增加，同时应收账款减少，所作记录如图2－34所示。

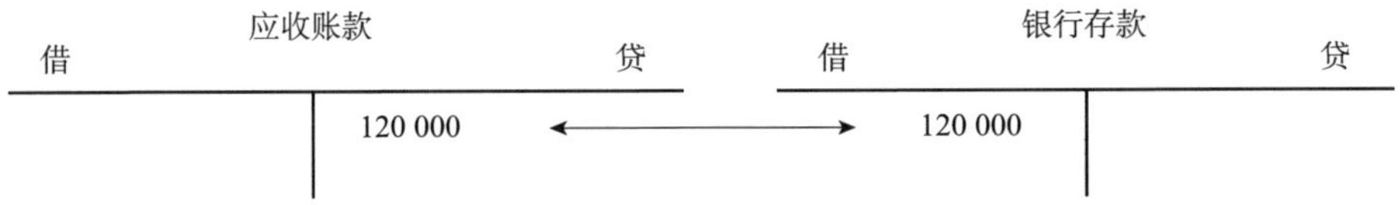

图 2－34

通过上面的实例可以得出，采用借贷记账法进行任何一次经济业务的记录时，在将业务发生的金额记入一个账户借方的同时，必然要记入另一个（或几个）账户的贷方；反之，将业务发生的金额记入一个账户贷方的同时，必然要记入另一个（或几个）账户的借方，记入借方和记入贷方的金额必然相等。我们可以将上述要点总结为“有借必有贷，借贷必相等”，这就是借贷记账法的记账规则。采用该方法进行经济业务的记录，必须时刻遵循这一记账规则。

4. 试算平衡。试算平衡是根据资产与权益的平衡关系，按照记账规则的要求对本期账户记录进行汇总和比较，以检查和验证账户记录正确性的一种专门方法。借贷记账法的试算平衡有发生额试算平衡法和余额试算平衡法两种。前者是以记账规则为直接依据，而后者是以会计恒等式“资产＝负债＋所有者权益”为直接依据。

（1）发生额试算平衡法。在借贷记账法下，根据“有借必有贷，借贷必相等”的记账规则，每一项经济业务都要以相等的金额分别记入两个或两个以上的账户的借方和贷方，借贷双方的发生额必然相等。那么，将一定时期内全部经济业务的会计分录记入有关账户后，所有账户本期的借方发生额合计与所有账户本期的贷方发生额合计是相等的，可用公式表示如下：

所有账户本期的借方发生额合计＝所有账户本期的贷方发生额合计

借贷记账法正是利用上述公式，通过编制“总分类账户本期发生额试算平衡表”（见表2－16），对总分类账户发生额进行试算平衡。

表2-16　　总分类账户本期发生额试算平衡表

账户名称	借方发生额	贷方发生额
合　计		

（2）余额试算平衡法。在借贷记账法下，由于资产余额表现为账户的借方余额，负债和所有者权益的余额都表现为账户的贷方余额，根据资产与权益平衡原理可知，各项资产余额的总和必然等于各项权益余额的总和。因此，所有账户借方余额合计与所有账户贷方余额合计必然相等，可用公式表示如下：

全部账户期初借方余额合计＝全部账户期初贷方余额合计

全部账户期末借方余额合计＝全部账户期末贷方余额合计

借贷记账法正是利用上述公式，通过编制“总分类账户余额试算平衡表”（见表2-17），对总分类账户余额进行试算平衡。

表2-17　　总分类账户余额试算平衡表

账户名称	期初余额		期末余额	
	借　方	贷　方	借　方	贷　方
合　计				

在实际工作中，人们往往将上述两表合一，编制“总分类账户本期发生额及余额试算平衡表”（见表2-18）。这样，在一张表上既可以进行总分类账户借贷方发生额平衡试算又可以进行总分类账户借贷方余额平衡试算。

表2-18　　总分类账户本期发生额及余额试算平衡表

总账科目	期初余额		本期发生额		期末余额	
	借　方	贷　方	借　方	贷　方	借　方	贷　方
合　计						

应当指出，试算平衡只是通过借贷金额是否平衡来检查账户记录是否正确。如果借贷不平衡，可以肯定账户的记录或计算有错误，应进一步查明原因，予以更正，直到实现平衡为止；如果借贷平衡，一般来说，记账正确，但不能肯定记账绝对没有错误。因为有些记账错误并不影响借贷双方的平衡关系。例如，某一项经济业务在记账时被漏记、重记、记账方向相反，错记账户或借贷双方发生同等金额的错误等，诸如此类的错误都无法通过试算平衡来发现。因此，为了纠正

账簿记录的错误，需要对所有的会计记录进行日常或定期的复核，以保证账户记录的正确性。

三、借贷记账法的运用

（一）账户的对应关系

账户的对应关系，是指运用复式记账法登记经济业务时，在有关账户之间形成的一种相互对立而又相互依存的关系。存在对应关系的账户叫做对应账户。账户的对应关系清楚地反映了会计要素各有关项目增减变动的来龙去脉。通过账户的对应关系，就可以知道每一笔经济业务的内容。这正是借贷复式记账法科学、合理、严密的重要体现。

对应账户只是相对而言的，例如，从银行提取现金 2 000 元，应分别记入“库存现金”账户的借方和“银行存款”账户的贷方。此时，“库存现金”账户和“银行存款”账户之间就形成了账户的对应关系。“库存现金”账户是“银行存款”账户的对应账户，同时，“银行存款”账户又是“库存现金”账户的对应账户。

（二）会计分录

企业发生的经济业务十分频繁而且复杂，相应地在会计上需要设置许多账户系统予以登记反映。为了准确地反映账户的对应关系，防止记账出现差错，在将每一项经济业务记入账户之前，必须先根据审核无误的原始凭证，编制会计分录（在会计实务中，会计分录的全部内容都体现在所填制的记账凭证上），用规范、简练的会计语言对经济业务事项进行描述，将经济信息初步转换成会计信息，再经过审核无误后，据此登记入账。

1. 会计分录的概念及书写要求。所谓会计分录，是对每一项经济业务按照复式记账的要求，分别标明其应记入的账户名称（会计科目）、记账方向和记账金额的一种记录形式。

会计分录的书写格式一般有如下要求：（1）先借后贷，借贷分行写，且相错一格或两格；（2）同行文字与金额的数字应适当错开位置；（3）复合会计分录的借方或贷方的文字和金额数字必须分别对齐；（4）金额采用阿拉伯数字书写，数字后面不写货币单位（元）。具体而言，会计分录的格式如下：

借：账户名称　　　　　　　　××××（经济业务发生额）

　贷：账户名称　　　　　　　　　　　　　　××××

2. 会计分录的种类。会计分录按其反映的经济业务复杂程度，可分为简单会计分录和复合会计分录两种。

（1）简单会计分录，是指由两个对应账户所组成的会计分录，即一借一贷形式。

（2）复合会计分录，又称复杂会计分录，是指由三个或三个以上账户相对应组成的会计分录，分为一借多贷、多借一贷和多借多贷三种形式。其中，“多借多贷”分录只有在账户对应关系清晰的情况下才可以编制。换言之，一般不编制“多借多贷”的会计分录，这是因为“多借多贷”的会计分录容易使账户之间的对应关系模糊不清，难以据此分析经济业务的实际情况。

一个复合会计分录可分解为几个简单会计分录。在账户对应关系清晰的情况下，几个简单会计分录也可以合并为一个复合会计分录，但不能将几项内容不相干的经济业务硬性地合并为一个复合会计分录。编制复合会计分录可以集中反映经济业务的全貌，简化记录工作，提高记账工作效率。

3. 编制会计分录的步骤及示例。编制会计分录是编制记账凭证的核心工作，所以在实务中，根据已经审核的原始凭证编制会计分录指的就是填制记账凭证。记账凭证是登记账簿的依据，会计分录的正确与否，直接影响到会计账户记录的正确性，乃至影响到会计信息的质量。因此，会计分录应如实反映经济业务的内容，正确确定应借应贷的账户及其金额。

运用借贷记账法编制会计分录，通常按以下步骤进行：

（1）分析经济的内容，确定所涉及的账户名称及其类别、性质。

（2）判明账户应记金额是增还是减，进一步确定各应记账户的方向，是应借还是应贷。

（3）按一定书写格式表明经济业务的借贷方向、会计科目及其金额。

（4）检查会计分录借贷是否平衡，有无错误。

【例2-9】仍以〖例2-8〗的经济业务为例，按照以上四个思维步骤说明会计分录的编制方法：

（1）借：银行存款	800 000	
贷：实收资本		800 000
（2）借：原材料	50 000	
贷：应付账款		50 000
（3）借：固定资产	300 000	
贷：银行存款		300 000
（4）借：银行存款	100 000	
固定资产	100 000	
贷：实收资本		200 000
（5）借：应付账款	50 000	
贷：银行存款		50 000
（6）借：应收账款	120 000	
贷：主营业务收入		120 000
（7）借：原材料	60 000	
贷：银行存款		20 000
应付账款		40 000

（8）借：银行存款　　120 000
　　贷：应收账款　　120 000

（三）借贷记账法运用举例：会计分录、过账与试算平衡

【例2-10】 某企业2×21年1月初有关账户余额如表2-19所示。

表2-19　　单位：元

账户名称	借方余额	贷方余额
库存现金	2 500	
银行存款	9 400	
应收账款	8 100	
原材料	52 100	
库存商品	63 000	
固定资产	104 000	
短期借款		16 000
应付账款		6 700
应付职工薪酬		10 800
应交税费		5 600
实收资本		200 000
合计	239 100	239 100

该企业2×21年1月发生的部分经济业务如下：

（1）购入原材料一批，价值5 300元，货款尚未支付。材料已验收入库（不考虑增值税）。

（2）投资者投入设备一台，价值3 800元。

（3）收回上月销货款2 900元，存入银行。

（4）所有者投入20 000元，存入银行。

（5）从银行提取现金10 800元，发放职工工资。

（6）将现金1 000元存入银行。

（7）用银行存款支付上月欠缴税金5 600元。

（8）用银行存款支付所欠购材料款5 300元。

（9）收回应收账款5 000元，存入银行。

（10）用银行存款偿还短期借款3 000元。

首先，根据本期发生的经济业务编制会计分录。

（1）借：原材料　　5 300
　　贷：应付账款　　5 300

（2）借：固定资产　　3 800
　　贷：实收资本　　3 800

（3）借：银行存款　　2 900
　　贷：应收账款　　2 900

(4) 借：银行存款 20 000
贷：实收资本 20 000
(5) 借：库存现金 10 800
贷：银行存款 10 800
借：应付职工薪酬 10 800
贷：库存现金 10 800
(6) 借：银行存款 1 000
贷：库存现金 1 000
(7) 借：应交税费 5 600
贷：银行存款 5 600
(8) 借：应付账款 5 300
贷：银行存款 5 300
(9) 借：银行存款 5 000
贷：应收账款 5 000
(10) 借：短期借款 3 000
贷：银行存款 3 000

其次，过账、结账（如图2-35至图2-45所示）。

库存现金

期初余额		2 500			
本期增加额：	(5) a	10 800	本期减少额：	(5) b	10 800
				(6)	1 000
本期借方发生额合计：		10 800	本期贷方发生额合计：		11 800
期末余额：		1 500			

图2-35

银行存款

期初余额		9 400			
本期增加额：	(3)	2 900	本期减少额：	(5) a	10 800
	(4)	20 000		(7)	5 600
	(6)	1 000		(8)	5 300
	(9)	5 000		(10)	3 000
本期借方发生额合计：		28 900	本期贷方发生额合计：		24 700
期末余额：		13 600			

图2-36

应收账款

期初余额		8 100			
本期增加额：			本期减少额：	(3)	2 900
				(9)	5 000
本期借方发生额合计：			本期贷方发生额合计：		7 900
期末余额合计：		200			

图2-37

原材料

期初余额		52 100	
本期增加额：	（1）	5 300	本期减少额：
本期借方发生额合计：		5 300	本期贷方发生额合计：
期末余额：		57 400	

图 2-38

库存商品

期初余额	63 000	
本期增加额：		本期减少额：
本期借方发生额合计：		本期贷方发生额合计：
期末余额：	63 000	

图 2-39

固定资产

期初余额		104 000	
本期增加额：	（2）	3 800	本期减少额：
本期借方发生额合计：		3 800	本期贷方发生额合计：
期末余额：		107 800	

图 2-40

短期借款

			期初余额	16 000
本期减少额：	（10）	3 000	本期增加额：	
本期借方发生额合计：		3 000	本期贷方发生额合计：	
			期末余额：	13 000

图 2-41

应付账款

			期初余额		6 700
本期减少额：	（8）	5 300	本期增加额：	（1）	5 300
本期借方发生额合计：		5 300	本期贷方发生额合计：		5 300
			期末余额：		6 700

图 2-42

应付职工薪酬

			期初余额	10 800
本期减少额：	（5）b	10 800	本期增加额：	
本期借方发生额合计：		10 800	本期贷方发生额合计：	
			期末余额：	0

图 2-43

应交税费

			期初余额	5 600
本期减少额：	（7）	5 600	本期增加额：	
本期借方发生额合计：		5 600	本期贷方发生额合计：	
			期末余额	0

图 2-44

实收资本

	期初余额		200 000
本期减少额：	本期增加额：	(2)	3 800
		(4)	20 000
本期借方发生额合计：	本期贷方发生额合计：		23 800
	期末余额合计：		223 800

图 2-45

最后，进行试算平衡（如表 2-20 所示）。

表 2-20　　总分类账户本期发生额及余额试算平衡表

2×21 年 1 月　　单位：元

总账科目	期初余额		本期发生额		期末余额	
	借方	贷方	借方	贷方	借方	贷方
库存现金	2 500		10 800	11 800	1 500	
银行存款	9 400		28 900	24 700	13 600	
应收账款	8 100			7 900	200	
原材料	52 100		5 300		57 400	
库存商品	63 000				63 000	
固定资产	104 000		3 800		107 800	
短期借款		16 000	3 000			13 000
应付账款		6 700	5 300	5 300		6 700
应付职工薪酬		10 800	10 800			
应交税费		5 600	5 600			
实收资本		200 000		23 800		223 800
合　计	239 100	239 100	73 500	73 500	243 500	243 500

本 章 小 结

会计等式是会计学理论的一个最基本的模型，是会计设置账户、复式记账、编制会计报表的基础。其两个基本的会计等式为：资产 = 负债 + 所有者权益；收入 - 费用 = 利润。这两个基本会计等式之间有着密切的联系，即在企业生产经营过程中，企业一方面取得收入，并因此而增加资产或减少负债；另一方面，企业发生各种费用，并因此而减少资产或增加负债。不论发生什么类型的经济业务，会计等式始终成立。

账户是根据会计科目设置的，是对会计要素进行分类核算的工具。账户的基本结构应正确反映各会计要素的增减变动，其简略的结构一般由借方和贷方组成，形成一个“T”形账户。按不同的标准对账户分类，可以从不同的角度认识账户，并把全部账户划分为各种类别。其分类标准一般有按经济内容分类、按提供信息的详细程度分类、按账户与报表的关系分类、按账户期末是否存在余额分类、按账户的用途和结构分类等。

复式记账法是相对于单式记账法而言的。它是指对每一项经济业务都要以相等的金额，同时在相互对应的两个或两个以上的账户中进行登记的一种记账方法。它具有两个显著的特点：一是能全面、系统地反映经济活动的过程与结果；二是可以试算平衡。

借贷记账法是按照复式记账法的原理，以资产与权益的平衡关系为理论基础，以“借”“贷”两字为记账符号，以“有借必有贷，借贷必相等”为记账规则来登记经济业务的一种记账方法。借贷记账法的基本内容包括记账符号、账户结构、记账规则和试算平衡四项。

账户的对应关系是指运用复式记账登记经济业务时，在有关账户之间形成的一种相互对立而又相互依存的关系。存在对应关系的账户叫作对应账户。会计分录，是对每一项经济业务按照复式记账的要求，分别标明其应记入的账户名称(会计科目)、记账方向和记账金额的一种记录形式。会计分录按其反映经济业务的复杂程度，可分为简单会计分录和复合会计分录两种。

重要名词概念

经济业务　账户　会计科目　总分类账户　明细分类账户
复式记账法　借贷记账法　试算平衡　账户的对应关系　对应账户
会计分录

思 考 题

1. 什么是会计等式？会计等式的意义何在？
2. 何谓经济业务？经济业务一般有哪几种类型？
3. 经济业务的发生对会计等式的影响如何？
4. 何谓账户？为什么要设置账户？账户的基本结构如何？
5. 账户与会计科目之间有何联系和区别？
6. 账户根据不同的分类标准可以作哪些分类？
7. 总分类账户与明细分类账户的联系和区别是什么？
8. 调整账户的作用是什么？
9. 什么是复式记账法？复式记账的理论依据是什么？有何特点？
10. 什么叫借贷记账法？借贷记账法有哪些特点？
11. 账户的结构应包括哪些要素？在借贷记账法下，账户的具体结构如何？
12. 如何理解“有借必有贷，借贷必相等”这一记账规则？
13. 如何进行试算平衡？试算平衡能否保证账户记录绝对正确？为什么？
14. 在借贷记账法下，如何编制会计分录？

自 测 题

一、单项选择题

1. 账户的基本结构是指(　　)。

A. 账户的具体格式　　B. 账户登记的经济内容

C. 账户登记的日期　　D. 账户中登记增减金额的栏次

2. 会计科目是对(　　)进行分类核算的项目。

A. 会计对象　　B. 会计要素

C. 会计方法　　D. 会计账户

3. 会计账户的设置依据是(　　)。

A. 会计对象　　B. 会计要素

C. 会计方法　　D. 会计科目

4. 进行复式记账时，对任何一项经济业务登记的账户数量应是(　　)。

A. 一个　　B. 两个

C. 三个　　D. 两个或两个以上

5. 存在对应关系的账户称为(　　)。

A. 一级账户　　B. 对应账户

C. 总分类账户　　D. 明细分类账户

6. 借贷记账法试算平衡的依据是(　　)。

A. 资金运动变化规律　　B. 会计等式平衡原理

C. 会计账户基本结构　　D. 平行登记基本原理

7. 借贷记账法的余额试算平衡公式是(　　)。

A. 每个账户的借方发生额 = 每个账户的贷方发生额

B. 全部账户本期借方发生额合计 = 全部账户本期贷方发生额合计

C. 全部账户期末借方余额合计 = 全部账户期末贷方余额合计

D. 全部账户期末借方余额合计 = 部分账户期末贷方余额合计

8. 下列记账错误可以通过试算平衡发现的是(　　)。

A. 漏记经济业务　　B. 借贷金额不等

C. 重记经济业务　　D. 借贷方向颠倒

9. 账户余额一般与(　　)在同一方向。

A. 增加额　　B. 减少额

C. 借方发生额　　D. 贷方发生额

10. 总分类账户对明细分类账户起(　　)作用。

A. 统驭和控制　　B. 补充和说明

C. 指导　　D. 辅助

二、多项选择题

1. 账户的借方表示(　　)。

A. 资产增加　　B. 收入减少

C. 费用增加
D. 负债减少
E. 所有者权益增加

2. 账户的贷方表示(　　)。
A. 收入增加
B. 收入减少
C. 费用减少
D. 负债增加
E. 所有者权益增加

3. 下列各项中，通过试算平衡无法发现的错误有(　　)。
A. 漏记或重记某项经济业务
B. 方向正确但金额写少
C. 借贷记账方向彼此颠倒
D. 方向正确但记错账户
E. 账户正确但记错方向

4. 明细分类账户(　　)。
A. 也称一级账户
B. 是进行明细分类核算的依据
C. 是进行总分类核算的依据
D. 提供更加详细具体的指标
E. 是对总分类账户核算内容详细分类的账户

5. 下列账户中，用贷方登记增加数的账户有(　　)。
A. 应付账款
B. 应付职工薪酬
C. 累计折旧
D. 预付账款
E. 管理费用

6. 经济业务的发生会引起资产和收入增减变动的情况有(　　)。
A. 资产增加，收入减少
B. 资产减少，收入增加
C. 资产和收入同时增加
D. 资产和收入同时减少
E. 收入增加，资产不变

7. 属于资产要素内部项目增减变化的有(　　)。
A. 收到某单位还来的欠款 5 000 元
B. 以银行存款 8 000 元购买电脑一台
C. 从银行提取现金 7 000 元
D. 从银行借入短期借款 100 000 元
E. 收到某投资者投入的银行存款 180 000 元

8. 属于资产和所有者权益同时增加的经济业务有(　　)。
A. 向某企业投资汽车一辆，价值 15 万元
B. 接受某企业投入的货币资金 100 万元
C. 接受国家投资，价值 1 000 万元
D. 向银行借款 8 万元直接偿还欠款
E. 接受外商捐赠设备一台，价值 50 万元

9. 下列账户属于成本类账户的有(　　)。
A. 生产成本
B. 主营业务成本

C. 制造费用　　　　　　　　D. 管理费用

E. 待摊费用

10. 下列账户中属于所有者权益要素的有(　　)。

A. 利润分配　　　　　　　　B. 盈余公积

C. 实收资本　　　　　　　　D. 投资收益

E. 资本公积

11. 借贷记账法的试算平衡公式包括(　　)。

A. 每个账户的借方发生额 = 每个账户的贷方发生额

B. 全部账户本期借方发生额合计 = 全部账户本期贷方发生额合计

C. 全部账户期末借方余额合计 = 全部账户期末贷方余额合计

D. 全部账户期末借方余额合计 = 全部账户本期贷方发生额合计

E. 全部账户期初借方余额合计 = 全部账户期初贷方余额合计

练 习 题

练习一

一、目的：熟悉会计等式。

二、资料：华夏公司 2×21 年 7 月 31 日和 8 月 31 日的资产负债表如下所示。

	2×21 年 7 月 31 日	2×21 年 8 月 31 日
资产总额	250 000 元	295 000 元
负债总额	209 000 元	231 000 元

三、要求：请针对以下情况，分别计算该公司 2×21 年 8 月实现的利润或发生的亏损。

（1）所有者 8 月追加投资 25 000 元。

（2）所有者 8 月没有追加投资而是抽回投资 15 000 元。

（3）所有者 8 月追加投资 45 000 元，而后又抽回投资 8 000 元。

（4）所有者既未追加投资，也未抽回投资。

练习二

一、目的：明确经济业务的类型。

二、资料：新华公司 2×21 年 4 月发生如下经济业务。

（1）3 日，收到强大公司投资 100 000 元，存入银行。

（2）9 日，购入原材料 80 000 元，已验收入库，货款用银行存款支付。

（3）11 日，采购原材料 15 000 元，已验收入库，款项尚未支付。

（4）13 日，用银行存款支付购买原材料暂欠款 55 000 元。

（5）17 日，公司开出一张面额为 50 000 元、3 个月到期的票据偿还所欠货款。

（6）18 日，大华公司将新华公司尚未支付的剩余购货款 60 000 元转作对新华公司的投资并办理了相关手续。

（7）19 日，张三因某种原因做出撤资要求，以银行存款支付 120 000 元。

（8）25 日，将资本公积 300 000 转作资本。

（9）27 日，新华公司决定将公司的未分配利润 30 000 元分配给出资人，但尚未支付款项。

（10）30 日，将现金 4 000 元存入银行。

三、要求：分析上述经济业务的类型。

练习三

一、目的：熟悉经济业务对会计等式的影响。

二、资料：假定大华公司 2×21 年 12 月 31 日的资产、权益构成情况是：拥有 1 000 000 元的资产，其中库存现金 2 000 元，银行存款 398 000 元，应收账款 200 000 元，存货 200 000 元，固定资产 200 000 元；拥有 1 000 000 元的权益，其中公司投资者投入资本 600 000 元，从银行借入款项 200 000 元，应付账款 150 000 元，资本公积 50 000 元。

大华公司 2×22 年 1 月发生如下经济业务：

（1）1 日，用银行存款购进原材料 50 000 元。

（2）5 日，从银行借入短期借款 100 000 元，偿还以前欠 B 公司 100 000 元的货款。

（3）8 日，大华公司按法定程序办理有关手续后，将资本公积 30 000 元转增资本。

（4）20 日，大华公司收到 S 公司捐赠设备一台，价值 200 000 元。

（5）30 日，大华公司与投资各方协商，同意××公司退回原来投入的资本，经办理相关手续后，公司开出转账支票 50 000 元交××公司。

三、要求：

（1）根据上述经济业务分析它们对会计等式的影响情况。

（2）计算 1 月末大华公司的资产总额、负债总额和所有者权益总额。

练习四

一、目的：进一步熟悉经济业务对会计等式的影响。

二、资料：光明公司 2×21 年 3 月 1 日的资产负债情况为：资产总额为 150 万元，其中银行存款 50 万元，库存现金 10 万元，固定资产 90 万元；权益总额为 150 万元，其中负债为 50 万元，具体包括：应付账款 25 万元，应付职工薪酬 10 万元，应付票据 8 万元，短期借款 7 万元；实收资本为 100 万元。

光明公司 2×21 年 3 月发生如下经济业务：

（1）从银行取得短期借款 20 万元，存入开户银行。

（2）用银行存款归还以前欠某公司货款 15 万元。

（3）以应付票据抵付应付账款 5 万元。

（4）以现金支付工人工资 8 万元。

三、要求：

（1）根据上述经济业务分析它们对会计等式的影响情况。

（2）计算3月末光明公司的资产总额、负债总额和所有者权益总额。

练习五

一、目的：练习开设账户及余额的计算。

二、资料：强兴公司2×21年6月1日“银行存款”账户的期初余额为33 460元，6月该公司发生的部分经济业务如下。

（1）5日，将40 000元现金存入银行。

（2）8日，用银行存款支付采购材料款30 000元。

（3）10日，提取现金22 000元，以备发放工资。

（4）17日，销售A产品收入35 000元存入银行。

（5）20日，银行计付第二季度存款利息55元转入存款户。

（6）28日，以存款4 800元支付水电费。

（7）30日，用银行存款归还供应单位部分货款12 000元。

三、要求：

（1）开设“银行存款”“T”形账户。

（2）根据资料计算“银行存款”账户的期末余额。

练习六

一、目的：练习账户的分类。

二、资料：某公司2×21年度开设的部分账户如下：

（1）长期借款　（2）盈余公积　（3）应交税费

（4）预付账款　（5）固定资产　（6）利润分配

（7）长期股权投资　（8）生产成本　（9）主营业务成本

（10）待摊费用　（11）营业外收入　（12）投资收益

（13）预提费用　（14）销售费用　（15）累计折旧

（16）本年利润　（17）应付债券　（18）制造费用

（19）预收账款　（20）实收资本

三、要求：使用上述账户的编号填空。

A. 资产类________________________________

B. 负债类________________________________

C. 所有者权益类____________________________

D. 成本类________________________________

E. 收入类________________________________

F. 费用类________________________________

G. 虚账户________________________________

H. 调整类________________________________

I. 结算类________________________________

J. 盘存类________________________________

练习七

一、目的：练习借贷记账法下各类账户的结构。

二、资料：某公司2×21年12月的部分账户资料如下表所示。

账户名称	期初余额		本期发生额		期末余额	
	借方	贷方	借方	贷方	借方	贷方
库存现金	5 000		4 500	（　）	5 500	
实收资本		（　）		20 000		70 000
应收账款	16 000		（　）	15 000	14 000	
应付账款		（　）	50 000	7 400		13 400
短期借款		200 000	30 000	（　）		400 000
固定资产	600 000		80 000	175 000	（　）	
累计折旧		50 000	3 000	6 500		（　）
库存商品	61 000		34 000	（　）	42 000	

三、要求：根据各类账户的结构，计算每一账户金额并填写在上表的括号内。

练习八

一、目的：熟悉账户的对应关系。

二、资料：某公司2×21年5月经济业务已经登账，“T”形账户的内容如下图所示。

库存现金

期初余额	500	（11）	50 000
（4）	50 000	（7）	180

应收账款

期初余额	27 000	（3）	15 000
（6）	62 000		

银行存款

期初余额	12 000	（4）	50 000
（1）	75 000	（8）	47 820
（3）	15 000	（9）	24 800
（6）	128 000	（10）	15 000

库存商品

期初余额	53 000		
（2）	27 000		

固定资产

期初余额	106 000		
（10）	55 000		

应付账款

		期初余额	18 500
（9）	24 800	（2）	27 000
		（10）	40 000

销售费用

（5）	50 000		
（7）	180		
（8）	47 820		

应付职工薪酬

		期初余额	0
（11）	50 000	（5）	50 000

主营业务收入

		（6）	190 000

实收资本

		期初余额	180 000
		（1）	75 000

三、要求：

（1）通过账户对应关系，补编会计分录，并说明经济业务内容。

（2）结计出各个账户的本期发生额和期末余额。

（3）编制发生额试算平衡表。

练习九

一、目的：练习借贷记账法下会计分录的编制。(不考虑增值税)

二、资料：某轧钢厂2×21年1月发生下列经济业务：

（1）投资人张三投入设备一套，价值400 000元。

（2）从银行借入流动资金50 000元存入银行存款账户。

（3）从本市长兴公司购入原材料1 000件，12元/件，货款以银行存款支付，材料已验收入库。

（4）生产车间领用原材料8 000元，投入生产过程，用于产品生产。

（5）以银行存款归还前欠大华公司材料款40 000元。

（6）投资人李四增加投资60 000元，该款项已存入企业银行账户。

（7）采购员王一出差，预借差旅费1 000元，用现金支付。

（8）从外地兴化公司购入原材料一批，计45 000元，货款尚未支付，材料已验收入库。

（9）用银行存款购入新卡车一辆，价款160 000元。

（10）车间购买办公用品100元，以现金支付。

（11）收到业务单位前欠货款6 600元，其中支票6 000元存入银行，另外600元为现金。

（12）采购员王一出差回来，报销差旅费980元，交回现金20元。

（13）从银行提取现金22 000元，备发工资。

三、要求：根据上述经济业务编制会计分录。

练习十

一、目的：练习借贷记账法并编制试算平衡表。(不考虑增值税)

二、资料：某企业本月初有关总分类账户的余额如下表所示。

账　户	金　额	账　户	金　额
库存现金	300	短期借款	10 000
银行存款	200 000	应付账款	50 000
原材料	4 700	实收资本	320 000
生产成本	15 000		
固定资产	160 000		
合　计	380 000	合　计	380 000

该企业本月发生如下经济业务：

（1）收到投资者投入的货币资金投资200 000元，已存入银行。

（2）用银行存款40 000元购入不需要安装的设备一台。

（3）购入材料一批，买价和运费计15 000元，已验收入库，货款尚未支付。

（4）从银行提取现金2 000元。

（5）借入短期借款20 000元，已存入银行。

（6）用银行存款35 000元偿还应付账款。

（7）生产产品领用材料一批，价值12 000元。

（8）用银行存款30 000元偿还短期借款。

三、要求：

（1）根据所给经济业务编制会计分录。

（2）根据给出余额资料的账户开设并登记有关总分类账户（开设“T”形账户即可）。

（3）根据账户的登记结果编制试算平衡表。

案　例

现有五位投资人决定合股投资500万元开一家商店，主要经营服装、家用电器和日化用品；另外，再开一个快餐店。他们已租入四层楼房一幢：一楼经营家用电器，二楼经营服装，三楼经营日化用品，四楼经营快餐。现已办妥一切开业手续，有关资料如下：

（1）除五位合股投资人外，还准备向银行贷款和吸收他人投资，但他人投资不作为股份，只作为长期应付款，按高于同期银行存款利率的15%付息。

（2）商场和快餐店均需要重新装修才能营业。

（3）需要购入货架、柜台、音像设备、桌椅、收银机等设备，还需要购入运输汽车一辆。

（4）房屋按月交租金。

（5）快餐店的收入作为其他业务处理。

（6）在商场购销活动中，库存商品按售价记账，可以赊购赊销。

（7）公司要求管理费用等共同费用应在商场和快餐店之间进行分摊。

（8）雇用店员若干人，每月按计时工资计发报酬，奖金根据销售情况而定。

（9）公司按规定交纳所得税和增值税（其他税种从略），税率按国家规定执行。

（10）利润按商场和快餐店分别计算，税后利润按规定提取盈余公积金。

（11）公司已在银行开立账户。

（12）将购进商品的包装物卖给废品公司。

（13）本公司名称为鼓浪有限责任公司。

要求：根据以上资料对该公司进行会计科目设计，并对会计科目使用作出说明。

第三章　制造业企业经济活动的会计核算

【学习目标】

- 理解并掌握筹资活动的核算。
- 理解并掌握固定资产投资的核算，了解交易性金融资产的核算。
- 理解并掌握供应过程的核算。
- 理解并掌握生产过程的核算。
- 理解并掌握销售过程的核算。
- 理解并掌握财务成果的核算。

在第二章我们已经概括地阐述了账户和借贷记账法的基本原理。为全面、系统地掌握账户和借贷记账法，进一步熟悉企业会计核算的具体内容，本章将以制造业企业的主要经济业务为例，系统地说明如何建立一套完整的账户体系，运用借贷记账法进行账务处理。之所以以制造业企业的主要经济业务为例，是因为制造业企业的经营性经济业务比较全面（如费用的归集与分配、成本的计算与结转、营业收入的确认与计量、利润的确定与分配等），服务性企业和流通性企业则相对比较简单。

第一节　制造业企业经济活动概述

制造业企业的经济活动包括筹资活动、投资活动、经营活动三大活动。其经营活动是以产品生产为主要经济活动的生产资料购置、产品生产和产品销售过程的统一。

为了独立地进行生产经营活动，企业必须做到：第一，通过一定渠道筹集相应的资金以满足生产经营的需要。第二，将筹集的资金投入一定的用途中，如购买机器设备、建造厂房，为生产经营活动创造必要的条件。第三，购入原材料进行生产。在生产过程中，一方面工人借助机器设备等劳动资料，对劳动对象进行加工，制造出满足社会和市场需要的产品；另一方面发生各种费用，包括材料的耗费、固定资产折旧、工资支付等。将这些费用中可以对象化的费用，按照产品对象进行归集和分配，从而确定产品总的生产成本和单位成本。第四，在销售过程中，企业出售产品、收回资金、产生债权、发生销售费用，同时根据有关规定缴纳税金，对实现的利润（或发生的亏损）进行分配（或弥补）。第五，在整个存续过程中，企业出于不同的目的还可能对外投资，如购买各种债券和股票等有价证券。

在上述企业经济活动过程中，筹资活动、投资活动、经营活动和资金回收或退出企业的过程是首尾相接的，构成了制造业企业的主要经济业务。下面将以江南家具制造公司的经济业务为例，说明制造业企业主要经济活动的过程和结果，以及企业如何根据各项经济业务的具体内容和管理要求相应地设置各种账户，并运用借贷记账法对发生的各项经济业务进行账务处理，以提供各种管理所需的会计信息。

江南家具制造公司成立于2×21年，主要生产办公桌和椅子两种产品。该公司是一个集供、产、销于一体的制造业企业，其生产经营活动可划分为供应、生产、销售三个过程。在这三个过程中，企业的主要经济活动如下。

（1）供应过程：根据订单确定产品品种和数量，并据此决定原材料的需求量；原材料入库存储；购货款、采购费用的结算及采购成本的计算。

（2）生产过程：对原材料进行加工、组装；支付生产工人、管理人员工资；发生日常管理费用和其他费用开支；固定资产的维护和使用；产品完工入库；生产费用的归集、分配和产品成本的计算。

（3）销售过程：产成品发出销售；销售货款结算；销售成本的分配。

第二节　筹资活动的核算

筹资活动是指导致企业资本及债务规模和构成发生变化的活动，包括吸收投资、发行股票、分配利润、借款等，主要目的是筹集资金，满足企业对资金的需求。资金筹集是企业生产经营活动的前提，为了保证生产经营的正常进行，任何一个企业都必须持有一定数量的资金。有时由于季节性生产和临时性生产，或扩大生产经营规模，企业更需要筹集资金。为此，企业必须通过一定的方式获得其所需要的资金。

在实际经济活动中，筹资活动复杂多样，按照投入资金主体的不同，企业筹集资金的渠道分为两大类：一是企业所有者投入，形成企业的永久性资本，并承担企业经营过程中可能存在的风险，当然也享受经营收益。这部分就是所有者权益。二是企业向债权人借入，这部分资本具有明确的还本付息期限，并受法律保护，通常称为负债。下面简要说明企业主要筹资业务的核算。

一、投入资本的核算

按照我国有关法律的规定，投资者设立企业必须先投入资本。实收资本是投资者投入资本形成法定资本的价值。所有者向企业投入的资本，在一般情况下无须偿还，可以长期周转使用。

国务院《注册资本登记制度改革方案》规定，企业实行注册资本认缴登记制，即公司股东认缴的出资总额或者发起人认购的股本总额（即公司注册资本）应当在工商行政管理机关登记。

初建有限责任公司时，各投资者按照合同、协议或章程投入企业的资本，应构成实收资本。在企业增资时，如有投资者加入，新加入的投资者缴纳的出资额大于按约定比例计算的其在注册资本中所占的份额部分，不计入实收资本，而是作为资本公积。

《公司法》规定，股东可以用货币出资，也可以用实物、知识产权、土地使用权等可以用货币估价并可以依法转让的非货币财产作价出资；但是，法律、行政法规规定不得作为出资的财产除外。

（一）所有者投入资本核算的账户设置

企业实际收到投资者投入的资本，通过“实收资本”账户来反映。该账户属于所有者权益类账户，贷方登记所有者投入的资本额。由于所有者的投资是一种永久性资本，借方一般没有发生额。如果企业按法律程序抽回投资，需要通过借方反映。期末余额在贷方，表示期末所有者投资的实有额。该账户可按投资者设置明细账，进行明细分类核算。账户结构如图 3－1 所示。

借方　　　　　实收资本	贷方
所有者投入资本的减少	收到投资者投入的资本 资本公积、盈余公积转增的注册资本
	余额：期末所有者投资的实有额

图 3－1

（二）所有者投入资本核算举例

江南家具制造公司 2×21 年 1 月成立时，发生了以下投入资本的业务。

【例 3－1】收到国家投入的货币资金 100 000 元，款项存入银行。

公司收到国家投入资本，国家资本金增加，应记入“实收资本”账户的贷方；同时，收到的资金已存入银行，银行存款增加，应记入“银行存款”账户的借方。该业务应编制会计分录如下：

借：银行存款　　　　100 000

　贷：实收资本　　　　100 000

【例 3－2】收到甲公司投入设备两台，投出单位账面原价每台 32 000 元，双方协议价为每台 30 000 元，设备已投入使用。（暂不考虑增值税）

公司接受其他单位投入资本，法人资本金增加，应记入“实收资本”账户的贷方；同时收到设备，使公司的固定资产增加，应记入“固定资产”账户的借方。根据《企业会计准则第 4 号——固定资产》的规定，投资者投入固定资产的成本，应当按照投资合同或协议约定的价值确定，但合同或协议约定价值不公允的除外。这里以协议约定的价值作为固定资产的入账价值。该业务应编制会计分录如下：

借：固定资产　　60 000

　贷：实收资本　　60 000

【例3－3】收到乙公司投资转入的原材料一批和专利权一项，双方协议确认的原材料价值为80 000元（实际成本），专利权价值为50 000元。（暂不考虑增值税）

公司接受其他单位投入资本，法人资本金增加，应记入“实收资本”账户的贷方；同时收到原材料和无形资产，使公司的原材料和无形资产增加，应记入“原材料”和“无形资产”账户的借方。根据《企业会计准则第1号——存货》和《企业会计准则第6号——无形资产》的规定，投资者投入的存货和无形资产的成本确定与固定资产相同，也是按照投资合同或协议约定的价值确定，但合同或协议约定价值不公允的除外。这里以协议约定的价值作为原材料和无形资产的入账价值。该业务应编制会计分录如下：

借：原材料　　80 000

　　无形资产　　50 000

　贷：实收资本　　130 000

二、借入资本的核算

除了上述的所有者投资以外，企业筹资来源还包括借入资本。企业的借入资本主要是通过发行债券、银行借款等方式形成的，这部分资金构成企业的负债。向企业投入债务资金的这些组织或个人称为债权人。债务资金到期要归还资本金和利息。企业的债务按偿还期的长短可以分为流动负债和非流动负债。

（一）借入资本核算的账户设置

1. “短期借款”账户。它属于负债类账户，用以核算企业从银行或其他金融机构借入的期限在一年以下（含一年）的借款及其变动情况。贷方登记借入资金的实际金额，借方登记偿还的实际金额，期末贷方余额表示尚未归还的借款金额。该账户可按债权人设置明细账，并按借款种类进行明细核算，或用备查簿予以记录。账户结构如图3－2所示。

借方　　短期借款	贷方
偿还短期借款	借入短期借款
	余额：期末尚未偿还的短期借款

图3－2

2. “长期借款”账户。它属于负债类账户，用以核算企业从银行或其他金融机构借入的期限在一年以上（不含一年）的各项借款。贷方登记借入资金的实际金额，借方登记偿还的实际金额，期末贷方余额表示尚未归还的借款金额。该账户可按债权人设置明细账，并按借款种类进行明细核算，或用备查簿予以记录。账户结构如图 3－3 所示。

借方	长期借款　　　　贷方
偿还长期借款	借入长期借款
	余额：期末尚未偿还的长期借款

图 3－3

3. “应付债券”账户。它属于负债类账户，用以核算企业为筹集长期资金而发行债券的本金和利息。贷方登记发行债券而形成的债务金额，借方登记债券的兑付金额，期末贷方余额表示企业尚未兑付的应付债券。账户结构如图 3－4 所示。

借方	应付债券　　　　贷方
债券兑付	发行债券 计提债券利息形成的应付利息
	余额：期末尚未兑付的应付债券

图 3－4

（二）借入资本核算举例

【例 3－4】江南家具制造公司从银行借入期限 3 个月的生产周转借款 50 000 元，款项存入银行。

公司向银行借入流动资金，使银行存款增加，应记入“银行存款”账户的借方，同时短期借款增加，应记入“短期借款”账户的贷方。该业务应编制会计分录如下：

借：银行存款　　　　50 000

　贷：短期借款　　　　50 000

【例 3－5】江南家具制造公司从银行借入期限两年的长期借款 200 000 元，用于购买新设备，款项存入银行。

公司的借款存入银行，使银行存款增加，应记入“银行存款”账户的借方，同时长期借款增加，应记入“长期借款”账户的贷方。该业务应编制会计分录如下：

借：银行存款　　　　200 000

　贷：长期借款　　　　200 000

【例 3－6】江南家具制造公司经批准，以面值向社会发行 3 年期债券 1 000 000元，到期一次还本付息，全部款项已收存银行。

公司对外发行债券，款项已收存银行，使银行存款增加，应记入“银行存款”账户的借方，同时应付债券增加，应记入“应付债券”账户的贷方。该业务应编制会计分录如下：

借：银行存款　　1 000 000

　贷：应付债券——面值　　1 000 000

【例3-7】月末计提本月债券利息3 000元。

公司计提债券利息，使利息费用增加，应记入“财务费用”账户的借方，同时应付债券利息增加，应记入“应付债券”账户的贷方。该业务应编制会计分录如下：

借：财务费用　　3 000

　贷：应付债券——应计利息　　3 000

【例3-8】承〖例3-4〗3个月后该短期借款到期，偿付本金和利息合计50 750元。

公司到期归还短期借款本金，使短期借款减少，应记入“短期借款”账户的借方，归还的短期借款利息直接作为财务费用，记入“财务费用”账户的借方，同时企业的银行存款减少，应记入“银行存款”账户的贷方。该业务应编制会计分录如下：

借：短期借款　　50 000

　　财务费用　　750

　贷：银行存款　　50 750

第三节　投资活动的核算

投资活动是指企业长期资产的购建、对外投资及其处置活动，包括实物投资，也包括金融资产投资，但不包括自购买日起3个月内到期的债券（属于现金等价物）。投资活动可以分为两类：一类是对内投资，如购置固定资产、无形资产等；另一类是对外投资，包括交易性金融资产、债权投资、其他债权投资、其他权益工具投资和长期股权投资等。

需要注意的是，投资活动与投资是两个不同的概念。购建固定资产是投资活动，但它却不形成一项投资（资产的一种）；购买自购买之日起3个月内到期的债券形成一项投资，但它却不是投资活动。

一、对内投资的核算

为了生产的进行，企业不仅需要原材料，还必须建造厂房、建筑物，购置机器设备，配备必要的流动资金；为了应对激烈的市场竞争，提升企业的竞争力，企业必须不断研发新产品，开发专利和创立商标等。这些活动就构成了企业的固定资产投资和无形资产投资。这些主要考虑在厂房、设备、仓库、配套的流动资金和无形资产方面的投资就是对内投资。本节以固定资产为例来介绍对内投资的核算。

固定资产，是指同时具有以下两个特征的有形资产：①为生产商品、提供劳务、出租或经营管理而持有的；②使用寿命超过一个会计期间。上述两个特征表明，会计上将某一有形资产作为固定资产，其持有目的一定是企业为了生产商品、提供劳务、出租或经营管理。其中，“出租”不包括作为投资性房地产的以经营租赁方式租出的建筑物，同时，必须具有一定的耐用性，其使用寿命一定要超过一个会计期间。固定资产的使用寿命，是指企业使用固定资产的预计期间，或者该固定资产所能生产产品或提供劳务的数量。

固定资产应当按照取得时的成本入账。外购固定资产的成本，包括购买价款、相关税费、使固定资产达到预定可使用状态前所发生的可归属于该项资产的运输费、装卸费、安装费和专业人员服务费等。

（一）固定资产投资核算的账户设置

1. “固定资产”账户。它属于资产类账户，用以核算企业现有固定资产的原始价值及其变动情况。其借方登记固定资产增加的原始价值，贷方登记因出售、报废、毁损而减少的固定资产的原始价值，期末借方余额表示期末结存的固定资产的原始价值。该账户可按固定资产类别等设置明细账，进行明细核算。账户结构如图 3 - 5 所示。

借方　　　　固定资产　　　　贷方

借方	贷方
因购置等而增加的固定资产原始价值	因出售、报废、毁损等而减少的固定资产原始价值
余额：期末结存固定资产的原始价值	

图 3 - 5

2. “在建工程”账户。它属于资产类账户，用以核算企业建造或购入需安装固定资产的价值及安装成本。其借方登记企业建造、修理和购入需安装固定资产的价值及安装成本，贷方登记建造或安装完毕结转的固定资产原始价值，期末借方余额反映尚未达到预定可使用状态的在建工程的成本。该账户可按固定资产类别等设置明细账，进行明细核算。账户结构如图 3 - 6 所示。

借方　　　　在建工程　　　　贷方

借方	贷方
建造固定资产的实际成本 购入需安装固定资产的价值及安装成本	建造或安装完毕结转的固定资产原始价值
余额：期末尚未达到预定可使用状态的工程的成本	

图 3 - 6

3. “固定资产清理”账户。它属于资产类账户，用以核算企业因未划归为持有待售类别而出售、转让以及因报废毁损等原因终止确认而转入清理的固定资产价值及其在清理过程中所发生的清理费用和清理收入等。其借方登记转入清理的固定资产净值、发生的清理费用以及结转固定资产清理后的净收益；贷方登记收回出售固定资产的价款、残料价值和变价收入以及结转固定资产清理后的净损失等。若会计期末固定资产清理尚未结束，则期末借方余额反映尚未清理完毕的固定资产清理净损失；若会计期末固定资产清理结束，并将固定资产清理后的净损益转入“资产处置损益”或“营业外支出”账户后，该账户应无余额。该账户可按固定资产项目设置明细账，进行明细核算。账户结构如图3－7所示。

借方　　　　　　固定资产清理	贷方
转入清理的固定资产净值 发生的清理费用 转入“资产处置损益”账户的清理净收益	取得的清理收入 转入“资产处置损益”或“营业外支出”账户的清理净损失
余额：期末尚未清理完毕的固定资产清理净损失	

图3－7

4. “应交税费——应交增值税”账户。它属于负债类账户，用以核算企业应交和实交增值税的情况。增值税是以商品劳务交易活动中新增价值额为征税对象的一种税。增值税的计算采用抵扣的方式，即“应纳增值税额＝当期销项税额－当期进项税额”。该账户的借方反映企业购进货物或接受应税劳务支付的进项税额和实际已交纳的增值税；贷方反映销售货物或提供应税劳务应交纳的增值税额、出口货物退税、转出已支付或分担的增值税；期末借方余额，反映企业多交或尚未抵扣的增值税；期末贷方余额，反映企业尚未交纳的增值税。该账户应分设进项税额、已交税金、销项税额、出口退税、进项税额转出等专栏进行明细核算。“应交税费——应交增值税”账户的示范格式如图3－8所示。

应交税费——应交增值税

略	借方			贷方				借或贷	余额
	合计	进项税额	已交税金	合计	销项税额	出口退税	进项税额转出		

图3－8

（二）固定资产投资核算举例

【例3－9】江南家具制造公司购入不需要安装的机器一台，买价100 000元，增值税税率为13%，运杂费1 000元，全部款项已用银行存款支付。

这项业务中，一方面机器的买价和运杂费应计入固定资产的成本，使固定资产增加了101 000元，应记入“固定资产”账户的借方，购入机器时支付的增值税进项税额13 000元，不构成机器的采购成本，应记入“应交税费——应交增值税”账户的借方，表示可供当期抵扣的进项税额；另一方面使银行存款减少了114 000元，应记入“银行存款”账户的贷方。该业务应编制会计分录如下：

借：固定资产　　101 000
　　应交税费——应交增值税（进项税额）　　13 000
　贷：银行存款　　114 000

【**例3-10**】江南家具制造公司购入需要安装的设备一台，买价200 000元，增值税税率为13%，运杂费2 000元，全部款项已用银行存款支付。在安装过程中，耗用原材料3 000元，发生人工费2 000元，安装完毕，验收合格后交付使用。

这个例子包括两项经济业务：

第一项是购入设备及其安装工程。这项业务一方面使公司的在建工程支出增加了207 000元，购入设备时支付的增值税进项税额26 000元不构成设备的采购成本，应记入“应交税费——应交增值税”账户的借方，表示可供当期抵扣的进项税额；另一方面使银行存款减少了228 000元，原材料减少了3 000元，应付职工薪酬增加了2 000元。因此，这项业务涉及的账户有“在建工程”“应交税费——应交增值税（进项税额）”“银行存款”“原材料”“应付职工薪酬”共五个账户。在建工程的支出，包括购入设备成本、安装过程中原材料的消耗和应付职工薪酬的发生。这些支出的增加是工程成本的增加，应该记入“在建工程”账户的借方，增值税进项税额不构成设备的采购成本，应记入“应交税费——应交增值税”账户的借方，银行存款和原材料的减少应记入“银行存款”和“原材料”账户的贷方，应付职工薪酬的增加是负债的增加，应记入“应付职工薪酬”账户的贷方。该业务应编制会计分录如下：

借：在建工程　　207 000
　　应交税费——应交增值税（进项税额）　　26 000
　贷：银行存款　　228 000
　　　原材料　　3 000
　　　应付职工薪酬　　2 000

这笔分录是“多借多贷”的复合分录，但是借、贷金额仍然相等。

第二项业务是安装完毕，经过验收合格后交付使用，应按该项工程的实际成本，也就是固定资产的原始价值，借记“固定资产”账户，贷记“在建工程”账户。该业务应编制会计分录如下：

借：固定资产　　207 000
　贷：在建工程　　207 000

【**例3-11**】江南家具制造公司出售报废的机器一台，原价100 000元，已提折旧85 000元。出售取得收入10 000元，款项存入银行。出售过程中应交税费1 300元，用现金支付相关费用500元。

这个例子包括四项经济业务：

第一项是将出售的固定资产转入清理。这项经济业务的发生，表明固定资产处于处置的状态中，应注销固定资产的账面原值和已提折旧。固定资产注销（减少）应记入“固定资产”账户的贷方，已提折旧注销（减少）应记入“累计折旧”账户的借方，其差额应记入“固定资产清理”账户的借方。该业务应编制会计分录如下：

借：固定资产清理　　15 000
　　累计折旧　　85 000
　贷：固定资产　　100 000

第二项是支付相关费用和计算应缴纳的税金。这项业务使固定资产清理的相关费用增加了1 800元，应记入“固定资产清理”账户的借方；现金减少500元，记入“库存现金”账户的贷方；同时产生1 300元的应交税费，应交税费的增加是负债的增加，应记入“应交税费”账户的贷方。该业务应编制会计分录如下：

借：固定资产清理　　1 800
　贷：库存现金　　500
　　　应交税费　　1 300

第三项是收到出售机器的收入。这项业务中，收到清理收入是利得的增加，应记入“固定资产清理”账户的贷方，银行存款增加记入“银行存款”账户的借方。该业务应编制会计分录如下：

借：银行存款　　10 000
　贷：固定资产清理　　10 000

第四项是结转出售机器的净损益，该业务在例子中未直接体现。这里需要说明的是，但凡固定资产出售、报废、毁损等处置业务，清理完毕，定会涉及一项结转固定资产清理净收益或净损失的业务。固定资产清理所发生的净收益或净损失，属于正常出售、转让所产生的利得或损失，借记或贷记“资产处置损益”账户，贷记或借记“固定资产清理”账户；属于报废、毁损等产生的损失，借记“营业外支出”账户，贷记“固定资产清理”账户。

在此例中，出售机器损失为6 800元（15 000＋500＋1 300－10 000）。应编制会计分录如下：

借：营业外支出　　6 800
　贷：固定资产清理　　6 800

二、对外投资的核算

对外投资按照投资目的和反映的经济实质不同，可以分为金融资产投资和长期股权投资。其中，对金融资产的投资，企业应当根据其管理金融资产的业务模式和金融资产的合同现金流量特征，划分为以下三类：（1）以摊余成本计量的金融资产；（2）以公允价值计量且其变动计入其他综合收益的金融资产；（3）以公允价值计量且其变动计入当期损益的金融资产。上述分类一经确定，不得随意变更。

以摊余成本计量的金融资产，应当同时符合两个条件：（1）企业管理该金融资产的业务模式是以收取合同现金流量为目标；（2）该金融资产的合同条款规定，在特定日期产生的现金流量，仅为对本金和以未偿付本金金额为基础的利息的支付。例如，企业的债券投资，在没有其他特殊安排的情况下，债券的合同现金流量一般情况下可能符合仅为对本金和以未偿付本金金额为基础的利息的支付的要求；如果企业管理该债券的业务模式是以收取合同现金流量为目标，则该债券应当分类为“以摊余成本计量的金融资产”。企业对“以摊余成本计量的金融资产”进行的投资，一般应当设置“债权投资”账户予以核算。

以公允价值计量且其变动计入其他综合收益的金融资产，一般应当同时符合两个条件：（1）企业管理该金融资产的业务模式，既以收取合同现金流量为目标又以出售该金融资产为目标；（2）该金融资产的合同条款规定，在特定日期产生的现金流量，仅为对本金和以未偿付本金金额为基础的利息的支付。例如，企业持有的普通债券的合同现金流量是到期收回本金及按约定利率在合同期间按时收取固定或浮动利息的权利。在没有其他特殊安排的情况下，普通债券的合同现金流量一般情况下可能符合仅为对本金和以未偿付本金金额为基础的利息的支付的要求。如果企业管理该债券的业务模式，既以收取合同现金流量为目标又以出售该金融资产为目标，则该债券应当分类为“以公允价值计量且其变动计入其他综合收益的金融资产”。企业对“以公允价值计量且其变动计入其他综合收益的金融资产”进行的投资，一般应当设置“其他债权投资”账户予以核算。

以公允价值计量且其变动计入当期损益的金融资产，是指除按照上述条件分类为“以摊余成本计量的金融资产”和“以公允价值计量且其变动计入其他综合收益的金融资产”之外的金融资产。例如，企业持有的普通股股票的合同现金流量是收取被投资企业未来股利分配以及其清算时获得剩余权益的权利。由于股利及获得剩余权益的权利均不符合本金和利息的定义，因此，企业持有的普通股股票应当分类为“以公允价值计量且其变动计入当期损益的金融资产”。企业对“以公允价值计量且其变动计入当期损益的金融资产”进行的投资，一般应当设置“交易性金融资产”账户予以核算。

综上所述，权益工具投资的合同现金流量评估一般不符合基本借贷安排，因此，只能分类为“以公允价值计量且其变动计入当期损益的金融资产”。然而，在初始确认时，企业可以将非交易性权益工具投资指定为“以公允价值计量且其变动计入其他综合收益的金融资产”，并按规定确认股利收入。该指定一经做出，不得撤销，且在处置时不得将原计入其他综合收益的累计公允价值变动额结转计入当期损益。企业投资其他上市公司股票或者非上市公司股权的，都可能属于这种情形。企业对直接指定为“以公允价值计量且其变动计入其他综合收益的金融资产”的非交易性权益工具投资，一般应当设置“其他权益工具投资”账户予以核算。

下面以交易性金融资产为例来介绍对外投资的核算。交易性金融资产的核算包括交易性金融资产的取得、交易性金融资产持有期间取得股利或利息的处理、交易性金融资产的期末计价和交易性金融资产的处置等方面的内容。

（一）交易性金融资产核算的账户设置

1. “交易性金融资产”账户。它属于资产类账户，用以核算企业为实现交易目的而持有的债券投资、股票投资、基金投资等交易性金融资产的公允价值。企业持有的直接指定为以公允价值计量且其变动计入当期损益的金融资产也在“交易性金融资产”账户核算。其借方登记购入股票、债券和基金等交易性金融资产时的取得成本、资产负债表日其公允价值高于账面余额的差额等；贷方登记资产负债表日其公允价值低于账面余额的差额，以及企业出售交易性金融资产转出的成本和公允价值变动损益等；期末余额在借方，反映企业交易性金融资产的公允价值。该账户可按交易性金融资产的类别和品种，分别“成本”“公允价值变动”等进行明细核算。账户结构如图3－9所示。

借方　　　　交易性金融资产	贷方
购入交易性金融资产时的取得成本 资产负债表日其公允价值高于账面余额的差额	资产负债表日其公允价值低于账面余额的差额 出售交易性金融资产转出的成本和公允价值变动损益等
余额：期末交易性金融资产的公允价值	

图3－9

2. “投资收益”账户。它属于损益类账户，用以核算企业确认的投资收益和投资损失。其贷方登记取得的投资收益，借方登记发生的投资损失。期末余额可能在贷方，也可能在借方，反映投资收益或投资损失的净额。期末，应将本账户的余额转入“本年利润”账户，结转后无余额。本账户可按投资项目设置明细账，进行明细核算。账户结构如图3－10所示。

借方　　　　投资收益	贷方
发生的投资损失 期末转入“本年利润”账户的本期投资收益	取得的投资收益 期末转入“本年利润”账户的本期投资损失

图3－10

3. “应收股利”账户。它属于资产类账户，用以核算企业因股权投资应收取的现金股利（或利润）。其借方登记被投资单位宣告发放但尚未领取的现金股利（或利润）；贷方登记收到的现金股利（或利润）。期末借方余额，反映企业尚未收回的现金股利（或利润）。账户结构如图3－11所示。

借方　　　　应收股利	贷方
被投资单位宣告发放但尚未领取的现金股利（或利润）	收到发放的现金股利（或利润）
余额：期末尚未收回的现金股利（或利润）	

图3－11

4. “应收利息”账户。它属于资产类账户，用以核算企业交易性金融资产、债权投资、其他债权投资等应收取的利息。其借方登记已到期但尚未领取的利息；贷方登记收到的利息。期末借方余额，反映企业尚未收取的利息。账户结构如图 3 - 12 所示。

借方　　　应收利息	贷方
已到期但尚未领取的利息	收到的利息
余额：期末尚未收取的利息	

图 3 - 12

5. “公允价值变动损益”账户。它属于损益类账户，用以核算企业交易性金融资产等公允价值变动而形成的应计入当期损益的利得或损失。其贷方登记资产负债表日企业持有的交易性金融资产等的公允价值高于账面余额的差额；借方登记资产负债表日企业持有的交易性金融资产等的公允价值低于账面余额的差额。期末，应将本账户的余额转入“本年利润”账户，结转后应无余额。账户结构如图 3 - 13 所示。

借方　　　公允价值变动损益	贷方
资产负债表日企业持有的交易性金融资产等的公允价值低于账面余额的差额	资产负债表日企业持有的交易性金融资产等的公允价值高于账面余额的差额

图 3 - 13

（二）交易性金融资产核算举例

1. 交易性金融资产的取得。企业购买的划分为以公允价值计量且其变动计入当期损益的金融资产，应当按照取得时的公允价值作为初始确认金额，相关的交易费用在发生时计入当期损益。在取得以公允价值计量且其变动计入当期损益的金融资产所支付的价款中，包含已宣告发放的现金股利或债券利息，都应作为应收款项，单独列示。

【例 3 - 12】 2×21 年 3 月 5 日，江南家具制造公司以银行存款购入甲公司已宣告但尚未分派现金股利的股票 10 000 股，作为交易性投资，每股成交价 10.2 元，其中 0.2 元为已宣告但尚未分派的现金股利，股权登记日为 3 月 10 日；另支付相关税费等交易费用 2 000 元。

企业取得这项交易性金融资产时，应按其公允价值 100 000 元（不含已宣告但尚未分派的现金股利 2 000 元），记入“交易性金融资产——成本”账户的借方，发生的交易费用 2 000 元作为当期损益，记入“投资收益”账户的借方，已宣告但尚未分派的现金股利 2 000 元作为应收款项，记入“应收股利”的借方。该业务应编制会计分录如下：

借：交易性金融资产——成本　　100 000
　　投资收益　　2 000
　　应收股利　　2 000
　贷：银行存款　　　104 000

【例3-13】承〖例3-12〗，2×21年4月10日，该家具制造公司收到甲公司发放的现金股利2 000元。

收到现金股利，应记入“应收股利”的贷方；同时使企业的银行存款增加，应记入“银行存款”账户的借方。该业务应编制会计分录如下：

借：银行存款　　2 000

　贷：应收股利　　2 000

2. 交易性金融资产持有期间取得的现金股利或利息。企业持有交易性金融资产期间，对于被投资单位宣告发放的现金股利或企业在资产负债表日根据按期付息、一次还本债券投资的票面利率计算的利息收入，应当确认为应收项目，记入“应收股利”或“应收利息”账户的借方，同时确认投资收益，记入“投资收益”账户的贷方。

【例3-14】2×21年12月31日，江南家具制造公司持有乙公司发行的5年期债券，面值100 000元，票面利率为4%（按年付息，本金在最后一次支付），将其划分为交易性金融资产。其公允价值与账面余额相等。2×22年1月8日，收到该公司债券的利息4 000元。

这个例子中，包含两项经济业务。第一项是在2×21年12月31日，应确认为利息收入，记入“应收利息”账户的借方；作为投资收益，记入“投资收益”账户的贷方。

借：应收利息　　4 000

　贷：投资收益　　4 000

第二项是2×22年1月8日收到利息，应收利息减少，应记入“应收利息”账户的贷方；同时使企业的银行存款增加，应记入“银行存款”账户的借方。该业务应编制会计分录如下：

借：银行存款　　4 000

　贷：应收利息　　4 000

3. 交易性金融资产的期末计量。资产负债表日，交易性金融资产的公允价值高于其账面余额的差额，记入“交易性金融资产——公允价值变动”账户的借方，同时记入“公允价值变动损益”账户的贷方。公允价值低于其账面余额的差额，作相反的会计分录。

【例3-15】承〖例3-12〗，江南家具制造公司每年6月30日和12月31日对持有的交易性金融资产按公允价值进行后续计量，确认公允价值变动损益。2×21年6月30日前所购入的甲公司股票的公允价值为115 000元。

这个例子中，企业于2×21年6月30日确认所购入甲公司股票的公允价值变动损益。交易性金融资产的公允价值为115 000元，账面余额为100 000元，公允价值高于其账面余额的差额15 000元，应记入“交易性金融资产——公允价值变动”账户的借方，同时记入“公允价值变动损益”账户的贷方。该业务应编制会计分录如下：

借：交易性金融资产——公允价值变动　　15 000

　贷：公允价值变动损益　　15 000

4. 交易性金融资产的处置。企业处置交易性金融资产时，将处置时的该交易性金融资产的公允价值与其账面余额之间的差额确认为投资收益。

企业出售交易性金融资产时，应按实际收到金额，借记“银行存款”账户，按该金融资产的账面余额，贷记“交易性金融资产”账户，按其差额，贷记或借记“投资收益”账户。

【例3－16】 承〖例3－12〗，2×21年8月10日将购入的甲公司股票10 000股全部出售，出售价格为120 000元。

企业出售甲公司股票时，实际收到金额120 000元，使银行存款增加，应记入“银行存款”账户的借方，同时交易性金融资产减少，应按该项交易性金融资产的成本100 000元，贷记“交易性金融资产——成本”账户；按该项交易性金融资产的公允价值变动15 000元，贷记“交易性金融资产——公允价值变动”账户；按其差额5 000元［120 000－（100 000＋15 000）］，贷记“投资收益”账户。

借：银行存款　　120 000
　贷：交易性金融资产——成本　　100 000
　　　　——公允价值变动　　15 000
　　投资收益　　5 000

第四节　供应过程的核算

对制造业企业来说，产品的生产要有充足的材料储备，如原材料、燃料、包装物和低值易耗品等。供应过程又称为采购过程，指的是从采购物资开始，直到物资验收入库为止的全过程。它的主要任务是组织物资采购，作为生产储备，以保证生产经营的需要。在采购过程中，企业要与供应单位或其他有关单位办理款项的结算，以支付采购物资的货款和运输费、装卸费、保险费等各种采购费用，这些费用形成材料的采购成本。材料的采购成本即在采购过程中发生的支出，包括买价、各项采购费用和与其直接有关的税金。具体包括下列组成部分：①买价；②运杂费（包括运输费、装卸费、保险费、包装费、仓储费等）；③运输途中的合理损耗；④入库前的整理挑选费用；⑤购入材料负担的进口关税和其他费用。

物资货款的结算、采购费用的支付、物资的验收入库、物资采购成本的计算等，构成了供应过程核算的主要内容。

一、供应过程核算的账户设置

1. “在途物资”账户。它属于资产类账户，用以核算企业采用实际成本进行材料等物资的日常核算以及货款已付尚未验收入库的在途物资的采购成本。借方登记购入材料的买价和采购费用，贷方登记已完成采购手续、验收入库材料的物资采购成本（转入原材料账户），期末借方余额表示尚未到达或已经到达但尚未验收入库的在途材料。为了确定每一种材料的采购成本，该账户可按材料的品种、规格设置明细账户，并按采购成本项目分设专栏进行明细核算。账户结构如图3－14所示。

借方	在途物资　　　　贷方
材料的买价 材料的采购费用	验收入库，转入原材料的实际成本
余额：期末在途物资的实际成本	

图3－14

2. “原材料”账户。它属于资产类账户，用以核算企业库存各种材料的收入、发出和结存情况。借方登记已验收入库材料的成本，贷方登记库存材料发出的成本，期末借方余额表示期末库存材料的成本。该账户可按材料的品种、规格分别设置明细账进行明细核算，以便反映每一种材料的收、发、结存情况。账户结构如图3－15所示。

借方	原材料　　　　贷方
验收入库的材料成本	发出材料的成本
余额：期末库存材料的成本	

图3－15

3. “应付账款”账户。它属于负债类账户，用以核算企业购买材料、物资和接受劳务供应应付给供应单位的款项。贷方登记应支付但尚未支付的款项，借方登记偿还的账款，期末贷方余额表示尚未偿还的账款。该账户可按供应单位设置明细账，进行明细核算。账户结构如图3－16所示。

借方	应付账款　　　　贷方
偿还账款	应支付但尚未支付的款项
	余额：期末尚未偿还的款项

图3－16

4. “应付票据”账户。它属于负债类账户，用以核算企业对外发生债务时所开出、承兑的商业汇票。商业汇票是出票人签发的，委托付款人在指定日期无条件支付确定的金额给收款人或者持票人的票据。按其承兑人的不同，商业汇票又可分为商业承兑汇票和银行承兑汇票。该账户的贷方登记企业开出、承兑的商业汇票，借方登记汇票到期支付的款项或转作应付账款或短期借款的款项。期末贷方余额表示尚未偿付的商业汇票。账户结构如图3－17所示。

借方	应付票据　　　　贷方
商业汇票到期支付 到期无力支付转作应付账款或短期借款	企业开出、承兑的商业汇票
	余额：期末尚未偿付的商业汇票

图3－17

为加强对应付票据的管理，企业应设置“应付票据备查簿”，详细登记每一应付票据的种类、号数、签发日期、到期日、票面金额、合同交易号、收款人姓名或单位名称，以及付款日期和金额等资料。

二、供应过程核算举例

江南家具制造公司生产产品需要耗用木材、油漆和石膏三种材料，其中木材为构成家具的主要材料。该公司于2×21年12月发生的有关材料采购的经济业务及其会计分录说明如下。

【例3-17】12月2日，从红星林场购入木材10立方米，单价5 958元，货款59 580元，应交增值税税率为13%。货款尚未支付，材料尚未运到。

这笔采购业务，一方面要登记购入木材的买价，因材料尚未运到，应记入“在途物资”账户的借方，购入木材时支付的进项增值税额，不构成木材的采购成本，应记入“应交税费——应交增值税”账户的借方，表示可供当期抵扣的进项税额；另一方面，货款尚未支付，应记入“应付账款”账户的贷方。该业务应编制会计分录如下：

借：在途物资——木材　　59 580
　　应交税费——应交增值税（进项税额）　　7 745.40
　贷：应付账款　　67 325.40

【例3-18】12月8日，以银行存款支付购入木材的运杂费900元。

材料的运杂费是材料采购成本的组成部分，应先在“在途物资”账户的借方予以归集，以便计算确定所购材料的全部采购成本。为此，应编制如下会计分录：

借：在途物资——木材　　900
　贷：银行存款　　900

【例3-19】12月10日，上述材料均已收到，并验收入库。上述材料的采购成本已全部发生，结转成本至“原材料”账户。

在“在途物资”账户借方发生额中，木材买价59 580元，加上运杂费900元，合计60 480元，即为该木材的全部采购成本，应转入“原材料”账户的借方，以反映材料的入库情况。该业务应编制会计分录如下：

借：原材料——木材　　60 480
　贷：在途物资——木材　　60 480

【例3-20】12月12日，从星河商店购入油漆200千克，单价24元；石膏150千克，单价3.6元；货款共计5 340元，应交增值税税率为13%，计694.20元。材料尚未验收入库，货款已用银行存款付讫。

这笔采购业务，一方面，要登记购入油漆和石膏的买价，因材料尚未运到，应记入“在途物资”账户的借方，购入油漆和石膏时支付的进项增值税额，不构成油漆和石膏的采购成本，应记入“应交税费——应交增值税”账户的借方，表示可供当期抵扣的进项税额；另一方面，要反映货款已支付，应记入“银行存款”账户的贷方。该业务应编制会计分录如下：

借：在途物资——油漆　　4 800
　　　　　　——石膏　　540
　　应交税费——应交增值税（进项税额）　　694.20
　贷：银行存款　　6 034.20

【例3-21】以上购入的油漆和石膏两种材料的运杂费105元，12月13日已用现金付讫。

企业一批同时购入两种或两种以上材料时所发生的采购费用，应在该批购入的各种材料间按适当的标准进行分配，以便正确计算各种材料的实际采购成本。分配共同采购费用的标准一般有重量、体积、件数、长度和价值等。这里假设油漆和石膏是按重量支付运杂费的，则它们各自所分摊的运杂费可计算如下：

分配率 = 105/（200 + 150） = 0.30

油漆应分摊的运杂费 = 200 × 0.30 = 60（元）

石膏应分摊的运杂费 = 150 × 0.30 = 45（元）

对这一经济业务可编制如下会计分录：

借：在途物资——油漆　　60
　　　　　　——石膏　　45
　贷：库存现金　　105

【例3-22】12月15日，油漆和石膏已运抵企业并验收入库。油漆和石膏这两种材料的采购成本已全部发生，结转成本至“原材料”账户。

购入的油漆和石膏两种材料，买价分别为4 800元、540元，加上各自的运杂费60元、45元，应从“在途物资”账户转入“原材料”账户的借方，以反映材料已验收入库。该业务应编制会计分录如下：

借：原材料——油漆　　4 860
　　　　　——石膏　　585
　贷：在途物资——油漆　　4 860
　　　　　　　——石膏　　585

【例3-23】12月20日，以银行存款支付供货单位的购入材料货款30 000元。该业务应编制会计分录如下：

借：应付账款　　30 000
　贷：银行存款　　30 000

第五节　生产过程的核算

一、生产费用的种类与账户设置

材料购入后，企业的生产部门要根据生产计划，从仓库领用材料，加工和制造产品。在生产过程中，要发生各种耗费，主要包括各种材料的耗费、支付给职工的工资及计提的福利费、固定资产的折旧费等。生产过程中所发生的各种耗费，称为生产费用。生产费用是因生产产品而发生的，应由所生产的各种产品负担，所以生产费用应按产品分别归集和计算。因生产某种产品而发生的生产费用，称为产品的制造成本，也称为生产成本。

因生产某种产品而直接耗费的材料，称为直接材料；因生产某种产品而直接耗费的人工，称为直接人工，包括生产工人的工资和按规定比例计提的职工福利费、住房公积金、工会经费、职工教育经费等；除了这两项耗费之外的其他各种生产费用，统称为制造费用。这三项耗费构成了生产费用的主要内容，简称料、工、费。同时，这三项耗费也是产品制造成本的三个成本项目。以下生产费用的归集和产品制造成本的计算，分为三个项目加以阐述。

还必须指出，产品制造企业除发生生产费用之外，在组织和管理生产经营活动以及销售产品过程中，其行政管理部门、销售部门还会发生管理费用和销售费用，这些费用不属于生产过程中所发生的耗费，不能计入产品的制造成本，而应列为期间费用，直接计入当期损益。

为了反映生产过程中所发生的各种费用，计算产品成本，产品制造企业应设置以下账户。

1. “生产成本”账户。它属于成本类账户，用来归集产品生产过程中所发生的应计入产品成本的直接材料、直接人工和制造费用，并据以确定产品的实际生产成本。其借方登记当期发生的、应计入产品成本的生产费用，贷方登记期末结转的完工产品的实际生产成本；借方余额表示月末尚未完工产品的生产成本。由于企业产品成本核算最终要具体到每一种产品，因此，该账户可按成本核算对象进行明细核算，必要时可以设置“基本生产成本”和“辅助生产成本”两个二级账户。账户结构如图 3 −18 所示。

借方　　　　生产成本	贷方
为生产产品发生的各种生产费用	完工入库产品的实际成本
余额：期末在产品的成本	

图 3 − 18

2. “制造费用”账户。它也属于成本类账户，用于归集和分配企业在车间范围内为生产产品和提供劳务而发生的、应计入产品成本的各项间接费用，包括制造部门的管理人员的工资及福利费、机器设备等生产用固定资产折旧费及水电费等不能直接计入产品生产成本的费用。其借方登记月份内发生的各种制造费用，贷方登记月末按一定标准分配结转给各种产品负担的制造费用，月末一般无余额。该账户可按不同车间和费用项目设置明细账，以考核和控制不同车间的共同性生产费用。账户结构如图 3 − 19 所示。

借方　　　　制造费用　　　　贷方

借方	贷方
本期发生的各种制造费用	转入“生产成本”账户，分配计入各种产品负担的制造费用

图 3－19

3. “应付职工薪酬”账户。它属于负债类账户。该账户核算企业根据有关规定应付给职工的各种薪酬。其贷方登记企业发生的应付职工薪酬，借方登记企业发放的职工薪酬。期末余额在贷方，反映企业应付未付的职工薪酬。账户结构如图 3－20 所示。

借方　　　　应付职工薪酬　　　　贷方

借方	贷方
发放的职工薪酬	应付职工薪酬
	余额：期末应付未付的职工薪酬

图 3－20

4. “待摊费用”账户。它属于资产类账户，用以核算企业已经支出，但应由本期和以后各期分别负担的分摊期在一年以内的各项费用。其借方登记已经支付或发生的各项待摊费用，贷方登记分期摊销的各项预付费用，期末借方余额表示已经支付或发生尚未摊销的待摊费用。该账户可按费用种类设置明细账，进行明细核算。账户结构如图 3－21所示。

借方　　　　待摊费用　　　　贷方

借方	贷方
已经支付或发生的各项待摊费用	分期摊销的各项预付费用
余额：期末已经支付或发生尚未摊销的待摊费用	

图 3－21

5. “应付利息”账户。它属于负债类账户，用以核算企业按照合同约定应支付的利息。其贷方登记计算确定的利息费用，借方登记实际支付的利息，期末贷方余额反映企业应付未付的利息。该账户可按存款人或债权人设置明细账，进行明细核算。账户结构如图 3－22 所示。

借方　　　　应付利息　　　　贷方

借方	贷方
实际支付的利息	应支付的利息
	余额：期末应付未付的利息

图 3－22

6. “累计折旧”账户。它属于资产类的备抵账户，用以核算企业固定资产的累计损耗价值。其贷方登记企业按月计提的固定资产折旧额，借方登记出售、报废和毁损固定资产的已提折旧。期末贷方余额反映企业现有固定资产的累计折旧额，即提取的累计折旧结余数。账户结构如图 3－23 所示。

借方　　　　　　累计折旧　　　　　　贷方	
固定资产累计折旧的减少或注销	固定资产累计折旧的增加
	余额：期末现有固定资产的累计折旧

图 3－23

7. “管理费用”账户。它属于损益类账户，用以核算企业为组织和管理企业生产经营所发生的管理费用，包括企业在筹建期间发生的开办费，董事会和行政管理部门在企业经营管理中发生的或者应由企业统一负担的公司经费（行政管理部门职工工资及福利费、物料消耗、低值易耗品摊销、办公费和差旅费等）、工会经费、董事会费（董事会成员津贴、会议费和差旅费等）、聘请中介机构费、咨询费（含顾问费）、诉讼费、业务招待费、技术转让费、矿产资源补偿费、研究费用、排污费以及企业生产车间和行政管理部门等发生的固定资产修理费用等。其借方登记发生的各种管理费用，贷方登记期末结转到“本年利润”账户的管理费用，结转后该账户期末无余额。该账户可按费用项目设置明细账，进行明细核算。账户结构如图 3－24 所示。

借方　　　　　　管理费用　　　　　　贷方	
本期发生的各种管理费用	转入“本年利润”账户的管理费用

图 3－24

8. “财务费用”账户。它属于损益类账户，用以核算企业为筹集生产经营所需资金而发生的筹资费用，包括利息支出（减利息收入）、汇兑损益以及相关的手续费等。其借方登记发生的各种财务费用，贷方登记期末结转到“本年利润”账户的财务费用，结转后该账户期末无余额。该账户可按费用项目设置明细账，进行明细核算。账户结构如图 3－25 所示。

借方　　　　　　财务费用　　　　　　贷方	
本期发生的财务费用	转入“本年利润”账户的财务费用

图 3－25

9. “库存商品”账户。它属于资产类账户，用以核算企业已经完工并验收入库的处于可销售状态的产成品的收、发、存的有关情况。其借方登记已经完工并验收入库的各种产成品的实际成本，贷方登记发出的各种产成品的实际成本；期末借方余额，表示期末库存的产成品的实际成本。该账户按可产成品的品种、规格设置明细账，进行明细核算。账户结构如图 3－26 所示。

借方　　　　　　库存商品　　　　　　贷方	
完工入库产成品的实际成本	出库产成品的实际成本
余额：期末库存产成品的实际成本	

图 3－26

二、产品生产成本的计算

产品生产成本一般包括直接材料、直接人工和制造费用。以下分别从直接材料费用、直接人工费用和制造费用三个方面，简要说明产品生产过程中费用归集的基本方法，以及产品成本计算的基本原理。

（一）直接材料费用的归集

生产部门要根据生产计划以及实际的投料情况，向仓库领用材料。领料时，要填制领料凭证，即领料单。仓库凭生产部门填制的符合要求的领料单发放材料，并作必要的记录，然后定期将领料单递交会计部门。会计部门在对领料凭证进行复核和计价后，编制必要的会计分录。

在永续盘存制下，材料发出时，要根据领料凭证登记有关材料明细分类账户的发出栏，表示库存材料的减少。由于各批材料的购入成本不尽相同，发出的材料要根据材料明细账中的资料选用一定的方法进行计价，包括个别计价法、先进先出法、加权平均法等，本章的例子假设发出的材料按加权平均法于月末一次结转。发出的材料成本，要从“原材料”账户的贷方转入“生产成本”账户的借方。材料成本的结转，可以在发出材料时随时结转，也可以在月末一次结转（定期结转）。结转材料成本后，以明细分类账中各种材料的期初结存和本月收入材料的数量和成本，减去发出材料的数量和成本，即为期末结存材料的数量和成本。

继续以江南家具制造公司为例，说明直接材料费用的归集。

【例3-24】 2×21年12月领用材料的用途、数量、单价和金额的原始资料如表3-1所示。

表3-1　　江南家具制造公司领料单

2×21年		领料单号数	领用材料名称	用　途	数　量	单价	金额
月	日						
12	9	601	木材	制造办公桌	6立方米	5 940	35 640
	12	602	木材	制造椅子	2立方米	5 940	11 880
	14	603	油漆	制造办公桌	100千克	24	2 400
	14	604	油漆	制造椅子	40千克	24	960
	14	605	石膏	制造办公桌	250千克	3.8	950
	18	606	木材	车间一般耗用	0.5立方米	5 940	2 970
	19	607	油漆	制造办公桌	150千克	24	3 600
	20	608	石膏	制造椅子	100千克	3.8	380

会计部门需要汇总上述原始材料，并编制12月的“材料耗用汇总表”，据以将本月发生的材料费用按其用途分别记入各有关账户，如表3-2所示。

表 3－2 材料耗用汇总表

用 途	木材		油漆		石膏		材料耗费
	数量	金额	数量	金额	数量	金额	合 计
制造产品用：							
制造办公桌用	6	35 640	250	6 000	250	950	42 590
制造椅子用	2	11 880	40	960	100	380	13 220
小 计	8	47 520	290	6 960	350	1 330	55 810
车间一般耗用	0.5	2 970					2 970
合 计	8.5	50 490	290	6 960	350	1 330	58 780

从表 3－2 中可以看出，该公司 12 月的材料耗费分为两部分。一部分直接耗用于产品制造，办公桌和椅子分别耗用 42 590 元和 13 220 元，合计 55 810 元，应直接记入“生产成本”账户；另一部分为车间一般耗用，计 2 970 元，这部分材料的耗用，不能直接归集到办公桌和椅子两种产品，因而属于制造费用，应先记入“制造费用”账户的借方，以后再归集到具体的产品。材料的领用使库存额减少，应记入“原材料”账户的贷方。其会计分录如下：

借：生产成本——办公桌 42 590
　　　　　　——椅子 13 220
　　制造费用 2 970
　贷：原材料——木材 50 490
　　　　　　——油漆 6 960
　　　　　　——石膏 1 330

（二）直接人工费用的归集

企业聘用生产工人、技术人员、管理人员，需要按期向他们支付薪酬。职工薪酬是职工劳动的报酬，同时又是企业的耗费，是生产费用的组成部分之一。职工薪酬包括短期薪酬、离职后福利、辞退福利和其他长期职工福利。企业提供给职工配偶、子女、受赡养人、已故员工遗属及其他受益人等的福利，也属于职工薪酬。其中短期薪酬是指企业职工提供相关服务的年度报告期结束后 12 个月内需要全部予以支付的职工薪酬，因解除与职工的劳动关系给予的补偿除外。短期职工薪酬具体包括：职工工资、奖金、津贴和补贴，职工福利费，医疗保险费、工伤保险费和生育保险费等社会保险费，住房公积金，工会经费和职工教育经费，短期带薪缺勤，短期利润分享计划，非货币性福利以及其他短期薪酬。

计提应付职工薪酬时，国家规定了计提基础和计提比例的，应当按照国家规定的标准计提，如应向社会保险经办机构等缴纳的医疗保险费、养老保险费、失业保险费、工伤保险费、生育保险费等社会保险费，应向住房公积金管理机构缴存的住房公积金，以及工会经费和职工教育经费等。国家没有规定计提基础和计提比例的，企业应当根据历史经验数据和实际情况，合理预计当期应付职工薪酬。当期实际发生额大于预计金额的，应当补提应付职工薪酬；当期实际发生额小于预计金额的，应当冲回多提的应付职工薪酬。

对于在职工提供服务的会计期末以后一年以上到期的应付职工薪酬，企业应当选择恰当的折现率，以应付职工薪酬折现后的金额计入相关资产成本或当期损益；应付职工薪酬金额与其折现后金额相差不大的，也可按照未折现金额计入相关资产成本或当期损益。

下面以江南家具制造公司为例说明直接人工费用的归集。

【例3-25】该公司2×21年12月根据考勤记录和工时凭证计算的职工工资如下：

生产工人工资：	
制造办公桌的生产工人工资	10 260
制造椅子的生产工人工资	14 364
小　计	24 624
车间其他人员工资	1 710
厂部行政管理人员工资	2 850
合　计	29 184

在生产经营活动中所发生的人工费用增加，应按工资的性质进行分配。直接从事产品制造的生产工人工资，属于直接费用，可以直接按生产成本归集，在发生时记入“生产成本”账户的借方。车间范围内的其他生产人员，如技术人员、管理人员、服务人员等的工资，在生产多种产品时，一般不能直接分清由哪一种产品负担，属于间接费用，发生时先记入“制造费用”账户的借方，然后按适当标准分配到各种产品中。至于厂部行政管理人员的工资，属于管理费用，不是产品生产成本的组成部分，发生时应记入“管理费用”账户的借方。在分配工资时应付职工薪酬增加，应记入“应付职工薪酬”账户的贷方。该业务应编制会计分录如下：

借：生产成本——办公桌	10 260	
——椅子	14 364	
制造费用	1 710	
管理费用	2 850	
贷：应付职工薪酬		29 184

【例3-26】开出现金支票，从银行提取现金29 184元，以备发放工资。

为发放工资提取现金，使银行存款减少，应记入“银行存款”账户的贷方，同时库存现金增加，应记入“库存现金”账户的借方。该业务应编制会计分录如下：

借：库存现金	29 184	
贷：银行存款		29 184

【例3-27】以现金发放本月职工工资29 184元。

以现金发放本月工资，应付职工薪酬减少，应记入“应付职工薪酬”账户的借方，同时，库存现金减少，应记入“库存现金”账户的贷方。该业务应编制会计分录如下：

借：应付职工薪酬　　29 184

　贷：库存现金　　29 184

（三）制造费用的归集和分配

1. 制造费用的归集。制造费用是产品制造企业为生产产品而发生的各种间接费用。它主要是企业生产部门（生产车间）为组织、管理生产和为生产服务而发生的办公费、水电费、劳动保护费等。某些因生产产品而发生的，但不能直接归集到生产成本，如生产用固定资产的折旧费、燃料和动力费、消耗性材料费等，也包括在制造费用内。若企业生产多种产品，应设置“制造费用”账户，按期归集上述各项费用，然后选用适当的分配标准，分配给各种产品，以计算出各种产品的制造成本。若企业只生产一种产品，则不需要单独设置“制造费用”账户，可在这些费用发生时，直接记入“生产成本”账户借方的“制造费用”栏。

继续以江南家具制造公司为例说明制造费用的归集。

【例3-28】12月发生车间水电费320元，直接用银行存款支付。

车间水电费增加，应记入“制造费用”的借方，同时银行存款减少，应记入“银行存款”账户的贷方。该业务应编制会计分录如下：

借：制造费用　　320

　贷：银行存款　　320

【例3-29】以现金购入办公用品160元，其中车间办公用品60元，公司行政管理部门办公用品100元。

车间办公用品费增加，应记入“制造费用”账户的借方，公司行政管理部门办公用品费增加，应记入“管理费用”账户的借方，同时库存现金减少，应记入“库存现金”账户的贷方。该业务应编制会计分录如下：

借：制造费用　　60

　　管理费用　　100

　贷：库存现金　　160

【例3-30】12月应由车间负担动力费980元，已用银行存款支付。

车间动力费增加，应记入“制造费用”账户的借方，同时银行存款减少，应记入“银行存款”账户的贷方。该业务应编制会计分录如下：

借：制造费用　　980

　贷：银行存款　　980

【例3-31】月末，用银行存款预付下年度财产保险费6 000元。

在公司发生的各项支出中，有的只与一个会计期间有关，如前面所举材料费用、薪酬费用等，这些费用发生后全部计入当期产品成本或期间费用。但有的支出却与几个会计期间有关，如预付保险费、预付租金、预付报刊订阅费等。这些支出虽然本期已经支付，但不能全部计入本期费用，因为它们使若干会计期间受益，按照权责发生制，应由各受益期共同负担。因此，支付时列作待摊费用，再在各受益期摊销计入。

公司以银行存款预付了应由下年度12个月共同负担的财产保险费，使待摊费用增加，应记入“待摊费用”账户的借方。同时，银行存款减少，应记入“银行存款”账户的贷方。该业务应编制会计分录如下：

借：待摊费用　　6 000

　贷：银行存款　　6 000

【例3-32】月末，摊销应由本月负担的财产保险费450元。

财产保险费的摊销，应记入“管理费用”账户的借方，同时待摊费用的减少，应记入“待摊费用”账户的贷方，该业务应编制会计分录如下：

借：管理费用　　450

　贷：待摊费用　　450

【例3-33】按计划预提应由本月负担的短期借款利息250元。

向银行融通资金是企业的一项财务活动，所发生的利息费用与一般的行政管理费用有所区别，应另设“财务费用”账户反映，直接计入当期损益。同时，应付而未付的利息费用增加，应记入“应付利息”账户的贷方。该业务应编制会计分录如下：

借：财务费用　　250

　贷：应付利息　　250

【例3-34】以银行存款支付本季度短期借款利息750元。

以银行存款支付本季度利息费用时，应付利息减少，应记入“应付利息”账户的借方，同时，银行存款减少，应记入“银行存款”账户的贷方。该业务应编制会计分录如下：

借：应付利息　　750

　贷：银行存款　　750

【例3-35】本月份应计提固定资产折旧费3 870元，其中生产部门的固定资产折旧费用为2 600元，行政管理部门的固定资产折旧费用为1 270元。月末，将本月计提的固定资产折旧费用记入有关的费用账户。该业务应编制会计分录如下：

借：制造费用　　2 600

　　管理费用　　1 270

　贷：累计折旧　　3 870

2. 制造费用的分配与结转。继续以江南家具制造公司为例。该厂采用生产工人薪酬作为制造费用的分配标准。2×21年12月有关产品的生产工人薪酬如下：

制造办公桌的生产工人薪酬	10 260
制造椅子的生产工人薪酬	14 364
合　计	24 624

根据前面内容，可算出12月发生的制造费用总额为8 640元，然后计算制造费用分配率，即制造费用总额与生产工人薪酬的比例，最后将这一比率分别乘以办公桌和椅子两种产品的生产工人薪酬额，即为各产品应承担的制造费用数额。具体计算如下：

制造费用分配率 = 8 640/24 624 = 0.350 9（或35.09%）

办公桌应负担的制造费用 = 10 260 × 35.09% = 3 600（元）

椅子应负担的制造费用 = 14 364 × 35.09% = 5 040（元）

【例3-36】结转本月制造费用。

根据上述计算结果，从"制造费用"账户的贷方转入"生产成本"账户的借方。该业务应编制会计分录如下：

借：生产成本——办公桌　　3 600
　　　　　　——椅子　　5 040
　贷：制造费用　　8 640

"制造费用"账户的作用在于将本期发生的制造费用归集在这一账户的借方，然后按受益比例分配到各种产品。经过分配结转后，"制造费用"账户应已结平，没有余额。

（四）完工产品制造成本的计算与结转

原材料投入生产，经过加工，制造完成并检验合格，即成为可供销售的产成品。处在生产过程之中尚未完工的产品，称为在产品。企业所发生的生产费用应在产成品和在产品之间进行分配，或者说需要计算产成品的制造成本，然后将其从"生产成本"账户转入"库存商品"账户，以反映本期验收入库的产成品成本。

在直接材料和直接人工发生时直接记入"生产成本"账户，制造费用经分配转入"生产成本"账户之后，"生产成本"账户的借方已归集了本期所发生的全部生产费用。在没有期末在产品时，归集到某一产品上的生产费用，即为该产品的本月完工产品的制造成本。若存在期末在产品，归集到某一产品的全部生产费用还包括月初在产品，须在本月完工产品和月末在产品之间进行分摊，以计算出本月完工产品的成本。计算公式如下：

月初在产品成本 + 本月生产费用 = 本月完工产品成本 + 月末在产品成本

其中，本月完工产品成本和月末在产品成本，通常要根据成本记录中的资料分别计算，这要求企业要有完整的成本记录。若企业的成本记录并不完整，则需将已归集的生产费用在本月完工产品和在产品之间进行分摊。比较简便的分摊办法是，先将月末在产品计价，确定月末在产品成本，然后从全部生产费用中减去月末在产品成本，即为当月完工产品成本。计算公式如下：

本月完工产品成本 = 月初在产品成本 + 本月生产费用 − 月末在产品成本

对月末在产品计价，必须首先确定在产品的数量、完工程度以及在生产过程中投入材料的时间。在没有在产品动态记录的情况下，月末在产品数量可以通过实地盘点来确定。

继续以江南家具制造公司为例。该公司2×21年12月的月末在产品经盘点，共计有办公桌100张、椅子120把。每张办公桌和每把椅子的在产品按表3-3标准计价。

表3-3　　在产品计价表　　单位：元

在产品名称	直接材料	直接人工	制造费用
办公桌	289.80	67.20	11.50
椅子	32.50	29.83	8.53

按这些标准计价，月末在产品成本和本月完工产品成本的计算如表3-4和表3-5所示。

表3-4　　成本计算表　　单位：元

在产品名称	数量	直接材料	直接人工	制造费用	合计
办公桌	100（张）	28 980	6 720	1 150	36 850
椅子	120（把）	3 900	3 580	1 024	8 504
合计		32 880	10 300	2 174	45 354

表3-5　　成本计算表　　单位：元

产品名称	月初在产品成本	本月生产费用	生产费用合计	月末在产品成本	本月完工产品制造成本
办公桌	38 600	56 450	95 050	36 850	58 200
椅子	15 720	32 624	48 344	8 504	39 840
合计	54 320	89 074	143 394	45 354	98 040

【例3-37】按照计算结果，结转本月完工产品成本。

制造完成的产品，使库存商品增加，同时反映生产过程中产成品的减少，须将本月完工产品制造成本从“生产成本”账户的贷方转入“库存商品”账户的借方。成本结转的会计分录如下：

借：库存商品——办公桌　　58 200
　　　　　　——椅子　　39 840
　贷：生产成本——办公桌　　58 200
　　　　　　——椅子　　39 840

第六节　销售过程的核算

销售过程是产品制造企业经营周期的最后阶段，也是营业收入的实现过程。在这一过程中，制造企业从事对外销售产品或提供劳务等主营业务，按照购销双方约定的价格向购货单位办理价款结算，并确认主营业务收入，同时交付相应的产品或劳务，并结转相关产品或劳务的成本；企业在取得主营业务收入时，应按国家税法的规定计算并结转税金及附加，如消费税、资源税、城市维护建设税、教育费附加等。此外，企业还可能发生除产品销售以外的其他销售业务，如材料销售、包装物出售、无形资产使用权转让等。其他销售业务所获得的收入和所发生的成本支出分别称为其他业务收入和其他业务成本。在销售活动中发生的运输费、装卸费、包装费、广告费等销售费用，与管理费用、财务费用一起共同构成期间费用，应计入当期损益。

综上所述，销售过程核算的主要内容是：①确认营业收入的实现；②计算和结转营业成本；③计算和缴纳税金及附加；④支付销售费用；⑤确定营业利润。

一、营业收入的确认

收入，是指企业在日常活动中形成的、会导致所有者权益增加的、与所有者投入资本无关的经济利益的总流入。这里的“日常活动”是指企业为完成其经营目标所从事的经常性活动及与之相关的活动。例如，制造业企业销售产品，商品流通企业销售商品，商业银行对外贷款，租赁公司出租资产等。

通常，我们把那些由企业日常活动形成的收益，称为收入；而源于日常活动以外的活动所形成的收益，称为利得。

收入可以有不同的分类。按收入的业务性质，可以分为销售商品收入、提供劳务收入和让渡资产使用权收入。按企业经营业务的主次，可分为主营业务收入和其他业务收入。不同行业的主营业务收入所包括的内容不同。例如，制造业企业的主营业务收入主要包括销售产成品、自制半产品、提供工业性劳务等取得的收入；商品流通企业的主营业务收入主要包括销售商品所取得的收入。主营业务收入一般占企业收入的比重较大，对企业的经济效益产生较大的影响。其他业务收入所占的比重较小，主要包括包装物出租收入等。

进行这些收入的核算，一个最重要的问题是收入的确认，即解决收入何时入账、按多少金额入账的问题。以商品销售收入为例，《企业会计准则第 14 号——收入》（2017 年修订）规定，企业应当在履行了与客户所订合同中的履约义务，即在客户取得相关商品控制权时确认收入。其中，取得相关商品控制权，是指能够主导该商品的使用并从中获得几乎全部的经济利益。具体来说，当企业与客户之间的合同同时满足下列条件时，企业应当在客户取得相关商品控制权时确认收入：

（1）合同各方已批准该合同并承诺将履行各自义务；

（2）该合同明确了合同各方与所转让商品或提供劳务（以下简称“转让商品”）相关的权利和义务；

（3）该合同有明确的与所转让商品相关的支付条款；

（4）该合同具有商业实质，即履行该合同将改变企业未来现金流量的风险、时间分布或金额；

（5）企业因向客户转让商品而有权取得的对价很可能收回。

二、销售过程核算的账户设置

1. “主营业务收入”账户。它属于损益类账户，用以核算企业销售商品、提供劳务和让渡资产使用权等日常活动中产生的收入。其贷方登记实现的主营业务收入，借方登记销售退回、折让以及期末转入“本年利润”账户的主营业务收入，结转后该账户期末无余额。该账户可按主营业务的种类设置明细账，进行明细核算。账户结构如图3－27所示。

主营业务收入

借方	贷方
销售退回和折让冲减的主营业务收入 期末转入“本年利润”账户的主营业务收入	本期日常活动产生的主营业务收入

图3－27

2. “主营业务成本”账户。它属于损益类账户，用以核算企业销售商品、提供劳务和让渡资产使用权等日常活动而发生的实际成本。其借方登记已经销售商品、提供劳务等主营业务的实际成本，贷方登记期末转入“本年利润”账户的主营业务成本，结转后该账户期末无余额。该账户可按主营业务的种类设置明细账，进行明细核算。账户结构如图3－28所示。

主营业务成本

借方	贷方
本期销售商品、提供劳务等的实际成本	期末转入“本年利润”账户的主营业务成本

图3－28

3. “税金及附加”账户。它属于损益类账户，用以核算企业日常经营活动应负担的税金及附加，包括消费税、城市维护建设税、教育费附加、资源税、土地增值税、房产税、城镇土地使用税、车船税、印花税等。其借方登记按规定计算应由经营活动负担的税金及附加，贷方登记期末转入“本年利润”账户的税金及附加，结转后该账户期末无余额。账户结构如图3－29所示。

税金及附加

借方	贷方
本期经营活动应负担的税金及附加	期末转入“本年利润”账户的税金及附加

图3－29

4. “其他业务收入”账户。它属于损益类账户，用以核算企业除主营业务活动以外的其他经营活动实现的收入，如材料销售、代购代销、包装物出租等收入。其贷方登记实现的其他业务收入，借方登记期末转入“本年利润”账户的其他业务收入，结转后该账户期末无余额。账户结构如图3－30所示。

其他业务收入

借方	贷方
期末转入“本年利润”账户的其他业务收入	本期实现的其他业务收入

图3－30

5. “其他业务成本”账户。它属于损益类账户，用以核算企业除主营业务活动以外的其他经营活动所发生的成本，包括销售材料的成本、出租包装物的成本或摊销额等。其借方登记发生的其他业务成本数额，贷方登记期末转入“本年利润”账户的其他业务成本，结转后该账户期末无余额。账户结构如图 3－31 所示。

借方	其他业务成本　　　　贷方
本期发生的其他业务成本	期末转入“本年利润”账户的其他业务成本

图 3－31

6. “销售费用”账户。它属于损益类账户，用以核算企业在销售商品和材料，提供劳务的过程中发生的各种费用，包括企业在销售过程中发生的保险费、包装费、展览费和广告费、商品维修费、装卸费等，以及为销售本企业商品而专设的销售机构（含销售网点、售后服务点等）的职工薪酬、业务费、折旧费、固定资产修理费用等费用。其借方登记发生的各种销售费用，贷方登记期末转入“本年利润”账户的销售费用，结转后该账户期末无余额。该账户可按费用项目设置明细账，进行明细核算。账户结构如图 3－32 所示。

借方	销售费用　　　　贷方
本期发生的各种销售费用	期末转入“本年利润”账户的本期销售费用

图 3－32

7. “应收账款”账户。它属于资产类账户，用以核算企业因销售商品、提供劳务等业务，应向购货单位或接受劳务单位收取的款项。不单独设置“预收账款”账户的企业，预收的账款也可在本账户中核算。其借方登记发生的应收款项，贷方登记收回应收款项、转作商业汇票结算的应收款项和已发生坏账损失注销的应收款项。期末借方余额表示尚未收回的应收款项。该账户可按不同购货单位或接受劳务单位设置明细账，进行明细核算。账户结构如图 3－33 所示。

借方	应收账款　　　　贷方
发生的应收款项	收回应收款项 转作商业汇票结算的应收款项 发生坏账损失注销的应收款项
余额：期末尚未收回的应收款项	

图 3－33

8. “应收票据”账户。它属于资产类账户，用以核算企业因销售商品、提供劳务而收到的商业汇票，包括商业承兑汇票和银行承兑汇票。其借方登记应收票据的增加，贷方登记应收票据的减少。期末借方余额表示企业持有的商业汇票的票面金额。该账户可按开出、承兑商业汇票的单位设置明细账，进行明细核算。账户结构如图 3－34 所示。

借方	应收票据 贷方
本期增加的应收票据	本期减少的应收票据
余额：期末尚未收回的应收票据款	

图3－34

9. “预收账款”账户。它属于负债类账户，用以核算企业按照合同规定向购货单位预收的货款。其贷方登记向购货单位预收的货款；借方登记销售实现时的销售收入和应交增值税销项税额，以及退回购货单位多付的货款。期末如为贷方余额，表示尚未实现收入的预收货款；期末如为借方余额，表示应由购货单位补付给企业的款项。该账户可按购货单位设置明细账，进行明细核算。账户结构如图3－35所示。

借方	预收账款 贷方
用商品或劳务偿付的预收账款	向购货单位预收的货款
	余额：期末尚未偿付的预收款项

图3－35

10. “应交税费”账户。它属于负债类账户，用以核算企业按照税法等规定计算应缴纳的各种税费，包括增值税、消费税、所得税、资源税、土地增值税、城市维护建设税、房产税、城镇土地使用税、车船税、教育费附加、矿产资源补偿费和企业代扣代缴的个人所得税等，贷方登记应缴纳的税费，借方登记实际缴纳的税费。期末贷方余额表示企业尚未缴纳的税费，期末借方余额表示企业多交或尚未抵扣的税费。该账户可按应交的税费项目设置明细账，进行明细核算。账户结构如图3－36所示。

借方	应交税费 贷方
实际缴纳的各项税费	应缴纳的各项税费
余额：期末多交或尚未抵扣的税费	余额：期末尚未缴纳的税费

图3－36

三、销售过程核算举例

江南家具制造公司2×21年12月在销售过程中发生下列经济业务。

【例3－38】 销售给宏达公司办公桌100张，每张500元；椅子300把，每把100元。两项共计货款80 000元，增值税税率为13%。款项已收到并存入银行。

公司销售产品，价款已经收到，实现销售收入，应记入“主营业务收入”账户的贷方；销售产品时，与价款一并向购货企业收取的增值税属于企业应交增值税（销项税额），使公司应交税费增加，应记入“应交税费——应交增值税”账户的贷方；款项收到存入银行，使银行存款增加，应记入“银行存款”账户的借方。该业务应编制会计分录如下：

借：银行存款　　90 400
　贷：主营业务收入　　80 000
　　　应交税费——应交增值税（销项税额）　　10 400

【例3-39】销售给科华公司办公桌50张，货款计25 000元，增值税税率为13%。尚未收到款项。

公司销售产品，价款尚未收到，使公司应收账款增加，应记入“应收账款”账户的借方；货款虽未收到，但销售已经实现，使销售收入增加，应记入“主营业务收入”账户的贷方。该业务应编制会计分录如下：

借：应收账款　　28 250
　贷：主营业务收入　　25 000
　　　应交税费——应交增值税（销项税额）　　3 250

【例3-40】销售给久力公司椅子180把，货款计18 000元，增值税税率为13%。已收到对方开出的延期为三个月的商业汇票。

公司销售产品收到延期付款的商业汇票金额，应记入“应收票据”账户的借方，该业务应编制会计分录如下：

借：应收票据　　20 340
　贷：主营业务收入　　18 000
　　　应交税费——应交增值税（销项税额）　　2 340

【例3-41】从科华公司收到销货款28 250元，已存入银行。

公司收到销货款，使应收账款减少，应记入“应收账款”账户的贷方，同时银行存款增加，应记入“银行存款”账户的借方。该业务应编制会计分录如下：

借：银行存款　　28 250
　贷：应收账款　　28 250

【例3-42】以银行存款支付12月广告费1 000元。

广告费应作为销售费用，记入“销售费用”账户的借方，同时银行存款减少，应记入“银行存款”账户的贷方。该业务应编制会计分录如下：

借：销售费用　　1 000
　贷：银行存款　　1 000

【例3-43】以银行存款支付应由企业负担的销售产品的运杂费240元。

销售产品的运杂费应作为销售费用，记入“销售费用”账户的贷方，同时银行存款减少，应记入“银行存款”账户的贷方。该业务应编制会计分录如下：

借：销售费用　　240
　贷：银行存款　　240

【例3-44】企业对外出售原材料油漆一批，取得收入4 000元，增值税税率为13%，款项存入银行。

制造业企业销售原材料，应作为其他业务收入，记入“其他业务收入”账户的贷方；销售原材料时，与价款一并向购货企业收取的增值税属于企业应交增值税（销项税额），使公司应交税费增加，应记入“应交税费——应交增值税”账户的贷方；款项收到存入银行，使银行存款增加，应记入“银行存款”账户的借方。该业务应编制会计分录如下：

借：银行存款　　4 520

　贷：其他业务收入　　4 000

　　　应交税费——应交增值税（销项税额）　　520

【例3-45】月末，结转本月已售办公桌150张的销售成本58 200元，椅子480把的销售成本39 840元（假设本月初没有库存办公桌和椅子，本月生产出的150张办公桌和480把椅子全部销售出去）。

结转已售产品的成本，使主营业务成本增加，应记入“主营业务成本”账户的借方，同时使库存商品减少，应记入“库存商品”账户的贷方。该业务应编制会计分录如下：

借：主营业务成本　　98 040

　贷：库存商品——办公桌　　58 200

　　　　　　　——椅子　　39 840

【例3-46】月末，结转本月已售原材料油漆的成本3 000元。

结转已销原材料的成本，使其他业务成本增加，应记入“其他业务成本”账户的借方，同时使原材料减少，应记入“原材料”账户的贷方。该业务应编制会计分录如下：

借：其他业务成本　　3 000

　贷：原材料——油漆　　3 000

【例3-47】当月计算应交城市维护建设税910元。

计算应交的城市维护建设税，应记入“税金及附加”账户的借方，同时使应交税费增加，应记入“应交税费”账户的贷方。该业务应编制会计分录如下：

借：税金及附加　　910

　贷：应交税费——应交城市维护建设税　　910

【例3-48】以银行存款缴纳城市维护建设税910元。

实际缴纳税金使公司负债减少，应记入“应交税费”账户的借方，同时银行存款减少，应记入“银行存款”账户的贷方。该业务应编制会计分录如下：

借：应交税费——应交城市维护建设税　　910

　贷：银行存款　　910

第七节　财务成果的核算

一、财务成果的构成

财务成果又称利润，是指企业在一定会计期间的经营成果，包括收入减去费用后的净额、直接计入当期利润的利得和损失等。

利得是指企业非日常活动所形成的、会导致所有者权益增加的、与所有者投入资本无关的经济利益的流入。损失是指企业非日常活动所形成的、会导致所有者权益减少的、与所有者投入资本无关的经济利益的流出。

对利润进行核算，可以及时反映企业在一定会计期间的经营业绩和获利能力，有助于企业投资者和债权人据此进行盈利预测，评价企业经营绩效，以便做出正确的决策。

企业的利润由两部分构成。收入减去费用后的净额反映的是企业日常活动的业绩，主要通过生产经营活动和投资活动而获得，通常称为营业利润；直接计入当期利润的利得和损失反映的是企业非日常活动的业绩，通常由营业外收支构成。营业利润加上营业外收入，减去营业外支出后的数额称为利润总额；利润总额减去所得税费用后的数额即为企业的净利润。计算公式如下：

利润总额 = 营业利润 + 营业外收入 − 营业外支出

净利润 = 利润总额 − 所得税费用

（一）营业利润

营业利润是营业收入减去营业成本、税金及附加、销售费用、管理费用（扣除研发费用金额）、研发费用、财务费用、资产减值损失和信用减值损失，加上其他收益、投资收益、公允价值变动损益和资产处置损益后的净额。其计算公式如下：

营业利润 = 营业收入 − 营业成本 − 税金及附加 − 销售费用 − 管理费用 − 研发费用 − 财务费用 + 其他收益 + 投资收益 + 公允价值变动损益 − 信用减值损失 − 资产减值损失 + 资产处置损益

其中：

营业收入 = 主营业务收入 + 其他业务收入

营业成本 = 主营业务成本 + 其他业务成本

1. 研发费用。营业利润计算公式中的研发费用，是指企业进行研究与开发过程中发生的费用化支出，以及计入管理费用的自行开发无形资产的摊销，不包括企业进行研究与开发过程中发生的资本化支出。该项目金额取自“管理费用”账户下的“研发费用”明细账户的发生额，以及“管理费用”账户下的“无形资产摊销”明细账户的发生额。

2. 其他收益。其他收益，是指与企业日常活动相关的且按经济业务实质计入其他收益的政府补助，以及其他与日常活动相关且计入其他收益的项目。如企业作为个人所得税的扣缴义务人，根据《中华人民共和国个人所得税法》收到的扣缴税款手续费，应作为其他与日常活动相关的收益且计入其他收益的项目。该项目金额取自“其他收益”账户的发生额。

3. 投资收益。投资收益，是指企业对外投资取得的收益或发生的投资损失。

4. 公允价值变动损益。公允价值变动损益，是指企业交易性金融资产、交易性金融负债，以及采用公允价值计量模式计量的投资性房地产、衍生工具、套期保值业务等公允价值变动形成的应计入当期损益的利得或损失，指定为以公允价值计量且其变动计入当期损益的金融资产或金融负债公允价值变动形成的应计入当期损益的利得或损失等。

企业发生的公允价值变动损益，应设置“公允价值变动损益”账户进行核算，并在“公允价值变动损益”账户中按交易性金融资产、交易性金融负债、投资性房地产等进行明细核算。期末应将“公允价值变动损益”账户余额转入“本年利润”账户，结转后应无余额。

5. 信用减值损失。信用减值损失，是指企业根据《企业会计准则第22号——金融工具确认和计量》（2017年修订）的要求计提的各项金融工具减值准备所形成的预期信用损失。该项目金额取自“信用减值损失”账户的发生额。

6. 资产减值损失。资产减值损失，是指企业根据《企业会计准则第8号——资产减值》等准则计提除金融工具以外的各项资产减值准备所形成的损失。资产减值准备具体包括存货跌价准备、长期股权投资减值准备、固定资产减值准备、在建工程减值准备、工程物资减值准备、无形资产减值准备、商誉减值准备等。

企业发生的除金融工具以外的资产减值损失，应设置“资产减值损失”账户核算，该账户属于损益类账户，其借方登记各项资产发生的减值损失，贷方登记在原已计提的减值准备金额内恢复增加的金额和期末转入“本年利润”账户的“资产减值损失”账户余额。期末结转后该账户应无余额。该账户可按资产减值损失的具体项目设置明细账，进行明细核算。

7. 资产处置损益。资产处置损益，是指企业出售划分为持有待售的非流动资产（金融工具、长期股权投资和投资性房地产除外）或处置组（子公司和业务除外）时确认的处置利得或损失，以及处置未划分为持有待售的固定资产、在建工程、生产性生物资产及无形资产而产生的处置利得或损失。债务重组中因处置非流动资产（金融工具、长期股权投资和投资性房地产除外）产生的利得或损失和非货币性资产交换中换出非流动资产（金融工具、长期股权投资和投资性房地产除外）产生的利得或损失也包括在本项目内。该项目金额取自“资产处置损益”账户的净发生额。

（二）营业外收入和营业外支出

营业外收入是指企业发生的除营业利润以外的收益，包括非流动资产毁损报废利得、与企业日常活动无关的政府补助、现金盘盈利得、捐赠利得（企业接受股东或股东的子公司直接或间接捐赠，经济实质属于股东对企业的资本性投入的除外）等。其中，非流动资产毁损报废利得是指因自然灾害等发生毁损、已丧失使用功能而报废非流动资产所产生的清理收益。

营业外支出是指企业发生的除营业利润以外的支出，包括公益性捐赠支出、非常损失、盘亏损失、非流动资产毁损报废损失等。其中，非流动资产毁损报废损失，是指因自然灾害等发生毁损、已丧失使用功能而报废非流动资产所产生的清理损失。

（三）所得税费用

所得税费用是指企业应计入当期损益的所得税费用。

二、利润分配

企业取得的年度净利润，应当按规定进行分配。利润的分配过程和结果不仅关系到所有者的合法权益是否得到保护，而且还关系到企业能否长期稳定地发展。

按照我国有关法律的规定，企业每期实现的净利润，应按照以下顺序分配：

（1）弥补以前年度亏损。

（2）提取10%法定公积金。法定公积金累计额达到注册资本50%以后，可以不再提取。企业提取的法定盈余公积主要用于弥补亏损和转增资本。

（3）提取任意公积金。任意公积金提取比例由投资者决议。

（4）向投资者分配利润。企业以前年度未分配的利润，并入本年度利润，在充分考虑现金流量状况后，向投资者分配。属于各级人民政府及其部门、机构出资的企业，应当将应付国有利润上缴财政。

三、财务成果核算的账户设置

1. “资产处置损益”账户。它属于损益类账户，核算的具体内容如前所述。其贷方登记取得的资产处置收益和转入“本年利润”账户的资产处置净损失，借方登记发生的资产处置损失和转入“本年利润”账户的资产处置净收益，结转后该账户期末无余额。该账户可按资产处置项目设置明细账，进行明细核算。账户结构如图3－37所示。

借方　　　　资产处置损益	贷方
发生的资产处置损失	取得的资产处置收益
转入“本年利润”账户的资产处置净收益	转入“本年利润”账户的资产处置净损失

图3－37

2. “营业外收入”账户。它属于损益类账户，用以核算企业发生的除营业利润以外的收益，包括与企业日常活动无关的政府补助、盘盈利得、捐赠利得

(企业接受股东或股东的子公司直接或间接的捐赠，经济实质属于股东对企业的资本性投入的除外）等。其贷方登记取得的营业外收入，借方登记期末转入“本年利润”账户的数额，结转后该账户期末无余额。该账户可按收入项目设置明细账，进行明细核算。账户结构如图3－38所示。

借方　　　　营业外收入	贷方
期末转入“本年利润”账户的营业外收入	发生的各项营业外收入

图3－38

3．“营业外支出”账户。它属于损益类账户，用以核算企业发生的除营业利润以外的支出，包括公益性捐赠支出、非常损失、盘亏损失、非流动资产毁损报废损失等。其借方登记发生的营业外支出数额，贷方登记期末转入“本年利润”账户的数额，结转后该账户期末无余额。该账户可按支出项目设置明细账，进行明细核算。账户结构如图3－39所示。

借方　　　　营业外支出	贷方
发生的各项营业外支出	期末转入“本年利润”账户的营业外支出

图3－39

4．“所得税费用”账户。它属于损益类账户，用以核算企业确认的应从当期利润总额中扣除的所得税费用。其借方登记发生的所得税费用数额，贷方登记期末转入“本年利润”账户的数额，结转后该账户期末无余额。账户结构如图3－40所示。

借方　　　　所得税费用	贷方
本年所得税费用总额	期末转入“本年利润”账户的所得税费用

图3－40

5．“本年利润”账户。它属于所有者权益类账户，用以核算企业当期实现的净利润（或发生的净亏损）。其贷方登记转入的“主营业务收入”“其他业务收入”“其他收益”“营业外收入”账户的期（月）末余额，借方登记转入的“主营业务成本”“其他业务成本”“税金及附加”“销售费用”“管理费用”“财务费用”“信用价值损失”“资产价值损失”“营业外支出”“所得税费用”账户的期（月）末余额。此外，“公允价值变动损益”账户，如公允价价值变动为净收益，转入本账户贷方；如公允价值变动为净损失，转入本账户借方。“投资收益”账户，如为投资净收益，转入本账户贷方；如为投资净损失，转入本账户借方。“资产处置损益”账户，如资产处置为净收益，转入本账户贷方；如资产处置为净损失，转入本账户借方。年度终了，应将本年收入和支出相抵后结出本年实现的净利润（或发生的净亏损），转入“利润分配”账户，年终结转后该账户期末无余额。账户结构如图3－41所示。

本年利润

借方	贷方
（1）从各费用、支出账户转入的 主营业务成本 其他业务成本 税金及附加 销售费用 管理费用 财务费用 信用减值损失 资产减值损失 营业外支出 所得税费用 公允价值变动损失 投资损失 资产处置损失 （2）转入“利润分配”账户贷方的净利润	（1）从各收入账户转入的 主营业务收入 其他业务收入 营业外收入 公允价值变动收益 投资收益 资产处置收益 （2）转入“利润分配”账户借方的净亏损

图 3 - 41

6. “利润分配”账户。它属于所有者权益类账户，用以核算企业利润的分配（或亏损的弥补）和历年分配（或弥补）后的余额。其借方登记利润的分配数和年度终了时由“本年利润”账户转入的净亏损数，贷方登记年度终了时由“本年利润”账户转入的净利润数或弥补亏损数。它的贷方余额为历年积存的尚未分配的利润，若为借方余额则表示尚未弥补的亏损。账户结构如图 3 - 42 所示。

利润分配

借方	贷方
提取盈余公积 分配给投资者的利润 期末从“本年利润”账户转入的本期净亏损数	弥补亏损数 期末从“本年利润”账户转入的本期净收益
余额：期末尚未弥补的亏损	余额：期末尚未分配的利润

图 3 - 42

为了反映利润分配的详细情况，“利润分配”账户需设置“提取法定盈余公积”“提取任意盈余公积”“应付现金股利或利润”“转作股本的股利”“盈余公积补亏”“未分配利润”等明细账户，进行明细核算。年度终了时，应将“利润分配”账户所属其他明细账户的余额转入本账户的“未分配利润”明细账户。结转后，本账户除“未分配利润”明细账户外，其他明细账户应无余额。

7. “盈余公积”账户。它属于所有者权益类账户，用以核算企业从净利润中提取的盈余公积。其贷方登记提取的盈余公积，借方登记用盈余公积弥补亏损数或转增资本数，期末贷方余额反映企业的盈余公积。账户结构如图 3 - 43 所示。

盈余公积

借方	贷方
用盈余公积弥补亏损数 用盈余公积转增资本数	提取盈余公积数
	余额：期末盈余公积数

图 3 - 43

8. “应付股利”账户。它属于负债类账户。该账户核算企业分配的现金股利或利润。其贷方登记应支付的现金股利或利润，借方登记实际支付的现金股利或利润。期末余额在贷方，反映企业应付未付的现金股利或利润。账户结构如图3－44所示。

借方	应付股利 贷方
实际支付的现金股利或利润	应支付的现金股利或利润
	余额：期末应付未付的现金股利或利润

图3－44

四、财务成果核算举例

江南家具制造公司2×21年12月发生下列收支业务及财务成果的核算业务。

【例3－49】公司从子公司分得投资利润10 000元。

从子公司分得投资利润，使银行存款增加，应记入“银行存款”账户的借方；实现的投资收益，应记入“投资收益”账户的贷方。该业务应编制会计分录如下：

借：银行存款　　10 000
　贷：投资收益　　10 000

【例3－50】出售专有技术一项，取得收入50 000元存入银行，该专有技术账面价值44 500元，申报应交各种税金3 000元。

公司取得专有技术出售收入，使银行存款增加，应记入“银行存款”账户的借方；无形资产减少44 500元，应记入“无形资产”账户的贷方，申报应交各种税金3 000元，应记入“应交税费”账户的贷方，同时，实现的无形资产转让净收益，记入“资产处置损益”账户的贷方。该业务应编制会计分录如下：

借：银行存款　　50 000
　贷：无形资产　　44 500
　　应交税费　　3 000
　　资产处置损益　　2 500

【例3－51】收到大华公司（非关联方）的现金捐赠5 000元。

公司收到的非关联方捐赠的现金，使现金增加，应记入“库存现金”账户的借方；因接受非关联方的捐赠利得属于营业外收入，应记入“营业外收入”账户的贷方。该业务应编制会计分录如下：

借：库存现金　　5 000
　贷：营业外收入　　5 000

【例3－52】公司在销售过程中因未履行合同而应向购货单位支付赔偿金850元，以银行存款付讫。

因未履行合同支付的赔偿金属于公司营业外支出，应记入“营业外支出”

账户的借方；以银行存款支付赔偿金，银行存款减少，应记入“银行存款”账户的贷方。该业务应编制会计分录如下：

借：营业外支出　　850
　贷：银行存款　　850

月末，假设公司全部收入和费用账户的余额如表3－6所示。

表3－6　　收入和费用账户余额

账户名称	借方余额	贷方余额
主营业务收入		123 000
其他业务收入		4 000
投资收益		10 000
资产处置损益		2 500
营业外收入		5 000
主营业务成本	98 040	
其他业务成本	3 000	
税金及附加	910	
销售费用	1 240	
管理费用	4 670	
财务费用	250	
营业外支出	850	
总计	108 960	144 500

【例3－53】月末，将收入账户的贷方余额从借方转入“本年利润”账户的贷方。该业务应编制会计分录如下：

借：主营业务收入　　123 000
　　其他业务收入　　4 000
　　投资收益　　10 000
　　资产处置损益　　2 500
　　营业外收入　　5 000
　贷：本年利润　　144 500

【例3－54】月末，将费用账户的贷方余额从贷方转入“本年利润”账户的借方。该业务应编制会计分录如下：

借：本年利润　　108 960
　贷：主营业务成本　　98 040
　　　其他业务成本　　3 000
　　　税金及附加　　910
　　　销售费用　　1 240
　　　管理费用　　4 670
　　　财务费用　　250
　　　营业外支出　　850

以上两个会计分录，将本月所有收入与费用都结转到“本年利润”账户。“本年利润”账户的贷方发生额（本期收入合计）减去其借方本期发生额（本月费用合计）后的差额为35 540元，即为本月实现的利润总额。

【例3-55】根据本月实现利润总额的25%计算应交所得税。

应交所得税税额=35 540×25% = 8 885（元）

企业应向国家缴纳所得税而尚未缴纳，所得税费用增加，应记入“所得税费用”账户的借方；同时引起应交税费增加，应记入“应交税费”账户的贷方。该业务应编制会计分录如下：

借：所得税费用　　8 885

　贷：应交费用——应交所得税　　8 885

【例3-56】将“所得税费用”账户的借方余额8 885元，转入“本年利润”账户。

将“所得税费用”账户的借方余额转入“本年利润”账户的借方，是为了从利润总额中扣除所得税费用，以便确定本月的净利润。该业务应编制会计分录如下：

借：本年利润　　8 885

　贷：所得税费用　　8 885

【例3-57】按本年净利润的10%提取法定盈余公积金。假设1～11月累计实现净利润405 325元。

本年净利润总额为431 980元（405 325+35 540-8 885），应提取法定盈余公积金43 198元（431 980×10%）。

提取法定盈余公积金是对实现利润的分配，使利润分配额增加，应记入“利润分配”账户的借方；同时由于使盈余公积增加，应记入“盈余公积”账户的贷方。该业务应编制会计分录如下：

借：利润分配——提取法定盈余公积　　43 198

　贷：盈余公积——法定盈余公积　　43 198

【例3-58】根据协议，向投资者分配利润50 000元，并已由银行存款支付。

该经济业务包括两方面内容，一是向投资者分配利润，使利润分配数额和应付利润数额增加，应记入“利润分配”账户的借方和“应付股利”账户的贷方；二是应付给投资者的利润已由银行存款支付，应记入“应付股利”账户的借方和“银行存款”账户的贷方。这两项业务应编制会计分录如下：

①向投资者分配利润。

借：利润分配——应付现金股利或利润　　50 000

　贷：应付股利　　50 000

②以银行存款支付。

借：应付股利　　50 000

　贷：银行存款　　50 000

【例3-59】月末，结转全年净利润431 980元。

公司全年实现的净利润表现为“本年利润”账户年末贷方余额，结转时，应将其从借方转出，才能将“本年利润”账户结平。同时，净利润是企业可供分配的利润，应转入“利润分配”账户的明细账户“未分配利润”账户的贷方。该业务应编制会计分录如下：

借：本年利润　　431 980

　贷：利润分配——未分配利润　　431 980

【例3-60】月末，结转全年已分配利润。

公司全年已分配的利润表现为“利润分配”账户所属“提取法定盈余公积”“应付现金股利或利润”等明细账户的年末借方余额，结转时，应从其贷方转出，同时转入“未分配利润”明细账户的借方，才能将各已分配利润的明细账户结平，从而计算出年末未分配利润。该业务应编制会计分录如下：

借：利润分配——未分配利润　　93 198

　贷：利润分配——提取法定盈余公积　　43 198

　　　　　　——应付现金股利或利润　　50 000

本章小结

一般来说，企业的主要经济活动包括筹资活动、投资活动和经营活动。制造业企业的经营活动由供应、生产和销售三个过程构成。

企业筹措资金有两大渠道：一是所有者投入，形成投入资本；二是向债权人借入，形成负债。为此，需设置“实收资本”“短期借款”“长期借款”等账户进行投入资本、借入资本的会计核算。

在材料采购过程中，主要经济业务是用货币资金购买原材料、辅助材料，支付采购费用，计算采购成本。同理，需设置“在途物资”“原材料”等账户进行核算。

在生产过程中，要发生各种耗费，即为生产费用。其中，为生产某种产品而直接耗费的材料，称为直接材料；为生产某种产品而直接耗费的人工，称为直接人工，包括生产工人的工资和按规定比例计提的福利费；除了这两项耗费之外的其他各种生产费用，统称为制造费用。这三项耗费构成了生产费用的主要内容，简称料、工、费。为此，需设置“生产成本”“制造费用”等账户进行直接材料、直接人工和制造费用的归集和分配，以及产品成本的计算。

销售过程是产品制造业企业的最后阶段。在销售过程中企业要将产品销售给购买单位取得销售收入，同时发生各种销售费用，另外还涉及已销产品的成本结转问题。为此，需设置“主营业务收入”“销售费用”“主营业务成本”等账户进行核算。

利润总额由营业利润加上营业外收入减去营业外支出构成。营业利润是企业经营成果的主要组成部分，是企业从事其主体性的业务活动所取得的盈余。营业外收入是企业发生的除营业利润以外的收益。营业外支出是企业发生的除营业利润以外的支出。企业缴纳所得税后的利润，要按规定的顺序进行分配。

重要名词概念

投入资本	实收资本	借入资本	材料采购
生产费用	生产成本	制造费用	管理费用
销售费用	累计折旧	营业利润	主营业务收入
主营业务成本	财务成果	税后利润	净利润
利润分配			

思 考 题

1. 产品制造业企业的经营活动可分为哪几个过程？有何特点？
2. 企业筹措资金有哪几种渠道？如何反映？
3. 反映材料采购过程需设置哪些账户？如何计算材料采购成本？
4. 什么是生产费用和产品制造成本？生产费用由哪些部分构成？试分别加以说明。
5. 试说明产品制造成本按产品归集和计算的方法。
6. 销售过程一般要设置哪些账户来反映？
7. 试说明销售商品收入确认的五项条件。
8. 营业利润是怎样计算的？由哪些要素构成？
9. 试列举产品制造业企业成本结算的主要内容，并概括说明进行各项成本结转的原因。
10. 税后利润应怎样计算？如何理解所得税的性质？
11. 税后利润是如何分配的？分配应遵循什么样的顺序？

自 测 题

一、单项选择题

1. 预提短期借款利息支出时，应贷记的账户是(　　)。

A. 短期借款　　B. 财务费用

C. 应付利息　　D. 银行存款

2. 购买的原材料，当其验收入库后，其实际成本在(　　)账户核算。

A. 材料采购　　B. 原材料

C. 库存商品　　D. 在途物资

3. 企业设置“固定资产”账户是用来反映固定资产的(　　)。

A. 磨损价值　　B. 累计折旧

C. 原始价值　　D. 净值

4. 常与“主营业务成本”账户的借方相对应的账户是(　　)。

A. “材料采购”账户　　B. “库存商品”账户

C. “原材料”账户　　D. “主营业务收入”账户

5. 某制造业企业为增值税一般纳税人。本期外购原材料一批，发票注明买价 20 000 元，增值税税额为 2 600 元，入库前发生的挑选整理费用为 1 000 元，该批原材料的入账价值为(　　)元。

A. 20 000　　B. 22 600

C. 23 600　　D. 21 000

6. 下列项目中，不属于管理费用的有（　　）。

A. 车间管理人员工资　　B. 厂部管理人员工资

C. 厂部耗用材料　　D. 厂部办公用房的租金

7. 通过银行收到销货款 65 000 元，其中属于上月应收 15 000 元，本月应收 30 000 元，预收下月 20 000 元。在权责发生制下，本月的收入应为(　　)元。

A. 50 000　　B. 65 000

C. 30 000　　D. 45 000

8. 本期已经支付，但应由本期和以后各期负担的费用是(　　)。

A. 预提费用　　B. 待摊费用

C. 管理费用　　D. 应付费用

9. 下列费用中，不构成产品成本，而应直接计入当期损益的是(　　)。

A. 直接材料费　　B. 直接人工费

C. 期间费用　　D. 制造费用

10. 下列内容中属于制造业企业其他业务收入的是(　　)。

A. 存款利息收入　　B. 清理固定资产净收益

C. 销售产品收入　　D. 出售材料收入

二、多项选择题

1. 制造业企业的生产经营活动包括(　　)。

A. 资金筹集业务　　B. 供应过程业务

C. 产品生产业务　　D. 产品销售业务

E. 财务成果业务

2. 下列能引起资产和所有者权益同时增加的业务有(　　)。

A. 收到国家投资存入银行　　B. 提取盈余公积

C. 收到外商投入设备一台　　D. 将资本公积金转增资本

E. 收到外单位投入专有技术一项

3. 企业购入材料的采购成本包括(　　)。

A. 材料买价　　B. 增值税进项税额

C. 采购费用　　D. 采购人员差旅费

E. 销售机构经费

4. 下列项目应在“管理费用”账户中核算的有(　　)。

A. 工会经费　　B. 诉讼费

C. 业务招待费　　D. 车间管理人员的工资

E. 广告费

5. “生产成本”账户的借方登记(　　)。

A. 管理费用　　B. 直接人工费用

C. 分配计入的制造费用　　D. 直接材料费用

E. 间接材料耗费

6. “生产成本”账户的对应账户可能有(　　)。

A. “原材料”账户　　B. “实收资本”账户

C. “应付职工薪酬”账户　　D. “制造费用”账户

E. “库存商品”账户

7. 下列费用中，属于生产过程中发生的费用有(　　)。

A. 车间机器设备折旧费　　B. 材料采购费用

C. 生产工人工资　　D. 生产产品耗用的材料

E. 车间照明用电费

8. (　　)是企业销售过程中所使用的账户。

A. 主营业务收入　　B. 税金及附加

C. 应收账款　　D. 主营业务成本

E. 销售费用

9. (　　)属于“利润分配”账户核算的内容。

A. 提取法定盈余公积　　B. 提取任意盈余公积

C. 分配给投资者利润　　D. 计提所得税

E. 转增资本

10. 期间费用一般包括(　　)。

A. 财务费用　　B. 管理费用

C. 销售费用　　D. 制造费用

E. 待摊费用

练 习 题

练习一

一、目的：练习企业资金筹措业务的核算。

二、资料：2×21 年 1 月 1 日，某制造业企业成立时，发生下列资金筹措业务。

(1) 侨胞投入的货币资金 3 000 000 元，存入银行；某单位投入全新运输汽车一辆和原材料一批，双方协议，确认的汽车价值为 200 000 元，原材料价值为 100 000 元；张明投入专利权一项，价值为 56 000 元。(不考虑增值税)

（2）向银行申请取得半年期的生产周转借款 150 000 元，款项存入银行。

（3）因购置生产设备 100 000 元，支付应交增值税 13 000 元，需要从银行借入 113 000 元，借款期限为 3 年。

（4）以银行存款偿还短期借款 50 000 元，长期借款 100 000 元。

三、要求：根据上述经济业务编制会计分录。

练习二

一、目的：练习材料采购业务的核算和材料采购成本的计算。

二、资料：某制造企业 2×21 年 4 月发生以下有关材料采购的经济业务。

（1）从大华公司购入 A 材料 2 000 千克，每千克 5 元，价款共计 10 000 元，增值税税率为 13%，价税款已由银行存款支付，A 材料尚未运到企业。

（2）上述 A 材料运达企业，验收入库。同时，采购部门交来该批材料的运输费单据 500 元，当即以现金支付。

（3）向南京公司购入 B 材料 500 千克，每千克 10 元；C 材料 1 000 千克，每千克 20 元，共计 25 000 元，增值税税率为 13%，计 3 250 元。已开出商业承兑汇票一张。

（4）以银行存款支付上述 B 材料和 C 材料的运输费、装卸费等 6 000 元。

（5）B 材料、C 材料已验收入库，结转 B、C 材料采购成本。

（6）以银行存款支付 B、C 材料款及增值税款。

三、要求：

（1）根据上列材料采购的经济业务，编制会计分录。

（2）计算 A、B、C 三种材料的采购成本。

练习三

一、目的：练习制造业企业生产过程中生产费用的归集。

二、资料：某制造业企业 2×21 年 4 月发生以下各项经济业务。

（1）本月仓库发出材料汇总如下表所示。

项　目	A 材料			B 材料			C 材料			合 计
	数量	单价	金额	数量	单价	金额	数量	单价	金额	
甲产品耗用	800	5.25	4 200	200	14	2 800	400	24	9 600	16 600
乙产品耗用	900	5.25	4 725	150	14	2 100	250	24	6 000	12 825
车间一般耗用	120	5.25	630				100	24	2 400	3 030
管理部门领用				80	14	1 120				1 120
合　计	1 820	—	9 555	430	—	6 020	750	—	18 000	33 575

（2）结算本月应付职工工资 15 000 元。其中，甲产品生产工人工资 5 000 元，乙产品生产工人工资 4 000 元，车间管理人员工资 3 000 元，厂部管理人员工资3 000元。

（3）从银行存款中提取现金 15 000 元，并发放职工工资。

（4）车间报销办公费及其他零星开支400元，以现金支付。

（5）行政管理人员出差报销差旅费230元，原预支300元，余额归还现金。

（6）以银行存款支付行政管理部门办公费370元，支付车间办公费1 020元。

（7）以银行存款支付车间水电费1 120元。

（8）生产车间本月发生机物料消耗800元。

（9）以银行存款支付房租3 000元，其中办公用房租金1 000元，车间生产用房租金2 000元。

（10）按税法规定，以现金支付车船税300元。

（11）以现金预付第二季度书报费240元，并按预算摊派应由本月负担的书报费。

（12）计算应由本月负担的借款利息900元。

（13）计提本月固定资产折旧费1 500元，其中车间固定资产折旧费1 000元，管理部门固定资产折旧费500元。

三、要求：根据上列经济业务编制会计分录。

练习四

一、目的：练习制造业企业销售过程的核算。

二、资料：某制造企业2×21年4月发生以下有关销售经济业务。

（1）向南江公司出售甲产品500件，每件80元，增值税税率13%。货款已收到，存入银行。

（2）向精艺工厂出售乙产品200件，每件150元，增值税税率13%。货款尚未收到。

（3）以银行存款支付上述甲、乙产品在销售过程中的运输费800元、包装费200元。

（4）结算本月销售机构职工工资1 000元。

（5）以银行存款支付产品广告费1 500元。

（6）向华南公司出售A材料100千克，每千克售价8元，增值税税率13%。货款已收到，存入银行。

（7）按出售的A材料实际销售成本转账（每千克5.25元）。

（8）收到精艺工厂销货款，存入银行。

三、要求：根据上列经济业务编制会计分录。

练习五

一、目的：练习制造业企业利润的确定与分配。

二、资料：某制造企业2×21年4月发生以下有关经济业务。

（1）根据练习三、练习四资料，结转4月制造费用，按生产工人工资比例进行分配。

（2）根据练习三资料，结算4月甲、乙两种产品的生产成本。其中本月甲产品800件，乙产品250件，均已全部制造完成，并已验收入库，按其实际成本入账。另本月月初“生产成本”账户无余额。

（3）根据上面计算结果和练习四资料，结转本月已售甲、乙产品的销售成本。

（4）计算已售甲、乙产品应缴纳的消费税 10 000 元。

（5）向希望工程捐赠 3 000 元，已通过银行存款付讫。

（6）原欠新心公司一笔货款 1 000 元，因新心公司撤销已无法偿还，转为营业外收入。

（7）根据上述业务和前面资料，结转各损益类账户。

（8）按 4 月利润总额的 25% 计算应交的所得税。

（9）结转本月所得税。

（10）按 4 月净利润的 10% 计算应提取的盈余公积金。

（11）将 4 月净利润的 40% 分配给投资者。

三、要求：

（1）根据上列资料的各项经济业务内容，编制会计分录。

（2）计算 4 月的营业利润、利润总额、净利润和未分配利润。

练习六

一、目的：练习期末“本年利润”“利润分配”账户的结转。

二、资料：某企业年末结转“本年利润”和“利润分配”账户之前，有关账户余额如下。

“本年利润”总账贷方余额 3 500 000 元；

“利润分配”总账贷方余额 2 400 000 元；

“利润分配——提取法定盈余公积”300 000 元；

“利润分配——应付现金股利或利润”1 200 000 元。

三、要求：编制有关会计分录。

（1）将“本年利润”账户余额结转“利润分配——未分配利润”账户。

（2）将“利润分配——提取法定盈余公积”“利润分配——应付现金股利或利润”明细账余额结转“利润分配——未分配利润”账户。

（3）开设“本年利润”“利润分配”总账（“T”形账户），登记结转前余额。

（4）将编制的会计分录登记入账，并结出“本年利润”“利润分配”的本期发生额和期末余额。

练习七

一、目的：练习产品成本的计算。

二、资料：某企业 A 产品本月完工 100 件，费用耗费情况如下表所示。

单位：元

项目	直接材料	直接人工	制造费用	合　计
月初在产品成本	34 000	16 800	5 200	56 000
本期归集费用	21 000	8 960	6 400	36 360
月末在产品成本	18 000	5 600	9 600	33 200

三、要求：计算完工A产品的总成本和单位成本。

练习八

一、目的：练习本期损益的计算。

二、资料：某企业2×21年度有关收入、费用项目数据为：主营业务收入1 500 000元，营业外收入8 000元，其他业务收入40 000元，投资收益30 000元，主营业务成本1 300 000元，营业外支出12 000元，其他业务成本50 000元，销售费用10 000元，税金及附加10 000元，管理费用25 000元，财务费用7 000元。

三、要求：计算营业利润和利润总额。

案　例

案例一

世界通讯公司是美国第二大长途电话公司，2002年6月底在内查中发现上年全年和今年第一季度将38亿美元的经营开支计入资本开支账户，使公司业绩从巨额亏损变为盈利，爆出会计丑闻。

要求：

（1）查阅世界通讯公司涉嫌造假的具体业务内容。

（2）将经营开支记入资本开支账户对企业的财务成果有何影响？

案例二

请讨论分析以下问题：

（1）对于电费清单，我们知道，当一电厂客户用电的时候，电力公司就取得了收入。可是，存在一个很明显的问题是，电力公司不可能在12月31日晚上去查所有用户的电表数，那么，电力公司要怎么做才能准确核算某年取得的电费收入呢？

（2）某律师事务所于2×21年7月1日从一客户处收到价值10 000元的聘金，作为回报，该律师事务所同意提供为期一年的普通法律咨询。客户需要另外支付通常的法律服务如代理应诉等费用。该律师事务所没有办法预先知道客户要求提供咨询的时间或次数，而且还很可能根本就不需要提供咨询。那么，2×21年该律师事务所可以将这10 000元中的多少确认为收入？为什么？

第四章　会计凭证与会计账簿

【学习目标】

● 掌握原始凭证的内容和填制要求。

● 掌握记账凭证的种类和填制要求，学会填制收款凭证、付款凭证、转账凭证等记账凭证。

● 熟练掌握会计账簿的种类、适用范围、登记规则。

● 掌握对账内容和结账方法，学会运用正确的方法更正账簿中的错误。

第一节　会计凭证

一、会计凭证的含义与作用

会计凭证是记录经济业务、明确经济责任，并据以登记账簿的书面证明。填制和审核会计凭证是会计核算的基本方法之一，也是会计核算工作的起点，在企业经济管理中具有十分重要的作用，主要体现在以下三个方面。

1. 有利于正确、及时反映各项经济业务的发生、完成情况。任何经济业务发生后，有关部门和人员应该按照规定及时填制或取得会计凭证，如实反映经济业务发生的时间、内容，保证记录客观、真实的经济业务，保证会计信息真实、可靠，而非主观臆造或弄虚作假。

2. 有利于加强对经济业务的监督管理。会计凭证是经济业务的真实写照，审核会计凭证就是审核、检查该项经济业务是否符合有关政策、法令、制度、计划和预算等规定，监督企业经济业务是否按照预先的计划、预算、制度正常运作，从而维护各投资者的利益。

3. 有利于明确经济责任。每一项经济业务都要填制和取得会计凭证，有关经办人员都要在会计凭证上签字或盖章，以示负责。这也是会计凭证的主要特征和主要内容之一。这使得会计凭证可以明确经手经济业务的责任人，促使责任人员在自己职责范围内严格按照规章办事，增强责任感；同时，也可以在法律裁决中作为有力的凭据。

会计凭证按照其填制的程序和用途不同，可以分为原始凭证和记账凭证两种。

二、原始凭证

原始凭证又称单据，是在经济业务发生或完成时取得或填制的，用以记录经济业务的主要内容和完成情况，明确经济责任，且具有法律效力的书面证明。原始凭证是编制记账凭证的依据，是会计核算的原始资料。为了保障会计信息客观准确，会计人员必须识别和审核原始凭证。

当前我国企业的财务与业务以信息化手段为媒介进行融合，逐渐实现企业资金流、业务流和信息流等数据资源共享。业财融合将企业业务进行信息化改造，记录企业经济业务的原始凭证逐渐无纸化、实时化，这些转变使得会计加工信息的效率更高，更适合运用人工智能，但是并没有改变原始凭证的基本要素和填制要求。

（一）原始凭证的基本要素

企业的经济业务是多种多样的，原始凭证也是多种多样的，如购货发票、销货发票、原材料入库单（或收料单）、领料单、产品入库单、产品出库单、固定资产折旧计算表、工资结算单、手续齐全的借款单等。但是，无论哪种原始凭证，都应该详细记录经济业务的主要内容，因此，合格的原始凭证应具备以下基本要素：

（1）原始凭证的名称；

（2）填制的日期；

（3）原始凭证的编号；

（4）原始凭证接受单位的名称；

（5）经济业务内容、涉及的数量、计量单位、单价和金额；

（6）原始凭证填制单位盖章；

（7）填制人及具体经办人签名或盖章。

（二）原始凭证的种类

1. 原始凭证按照来源不同分为外来原始凭证和自制原始凭证。外来原始凭证是在经济业务发生或完成时取得的，由本企业以外的其他单位或个人填制的原始凭证，如购买货物时取得的购货发票（如购买原材料、水、电）、完税时取得的纳税凭证、出差人员出差时取得的乘车票和住宿发票、货物运费发票、借款单、付款通知、餐饮发票等。企业总是要与外界有各种各样的往来，所以外来原始凭证在原始凭证中占有很大的比例，而且种类繁多，格式不一。部分外来原始凭证格式如表4－1、表4－2和表4－3所示。

表 4－1　　**4400143160**　　**广东增值税专用发票**　　**No 05711764**

开票日期：2020 年 8 月 12 日

购货方	名　称	广州新人气公司	密码区	（略）
	纳税人识别号	45681617761113		
	地址、电话	佛山市顺德区龙江镇工业区 0757－88888088		
	开户银行及账号	工行顺德支行龙江营业所 888899999999		

货物或应税劳务、服务名称	规格型号	计量单位	数量	单价	金额	税率（%）	税额
计算机		台	10	8 000	80 000	13	10 400
合计					80 000		10 400
价税合计（大写）	玖万零肆佰元整				（小写）￥90 400		

销货方	名称	联想集团广州分公司	备注	
	纳税人识别号	45681616890000		
	地址、电话	广州市中山路 020－33888088		
	开户银行及账号	工行广州市中山路营业所 111122222222		

收款人：刘想　　复核：梨建　　开票人：梨建　　销货方：（章）（略）

第三联　发票联：购货方记账凭证

表 4－2　　**取款凭条**

科　　目（借）________广东省农村信用社取款凭条　　（取）　　总字第　号

对方科目（贷）________2020 年 8 月 21 日

存户填写	户名：联想集团广州分公司　账（卡）号（略）		人民币 □　港币□　美元□
	类别：　　支取金额		千 百 十 万 千 百 十 元 角 分：　 　 ￥ 2 0 0 0 0 0 0
	储种：		
	取款人证件名称________号码 代理人证件名称________号码		存户印鉴（略）
电脑记录	（银行印鉴略） 取款人确认签名（略）________________		

事后监督　　记账　　出纳　　复核

表 4-3　　　　　　　　　　　**广东增值税电子普通发票**

发票代码：0044001500111　　　　　　　　　　　　　　　　　　发票号码：81858938

开票日期：2020 年 5 月 3 日　　　　　　　　　　　　　　　　机器校验码：661608805382

校验码：64766585400796193821

购货单位	名　称 纳税人识别号 地址、电话 开户银行及账号	广东穗升有限公司 0215196410306 广州市天河区天河北路 5113 号 02051135113 中国工商银行天河支行 0221585778	密码区	4168642 + * - +548 + - <667/7 2 >978 -45430 >428 * *5 > > < 0 */ +4 <01 <2 - >713611332 -9424 +7 > >2 + * <08 -7 > >4/			
货物或应税劳务名称	规格型号	计量单位	数量	单价	金　额	税率（%）	税　额
餐饮服务费		项	1	115.57	115.57	6%	6.93
合　计					115.57	6%	6.93
价税合计（大写）	⊕壹佰贰拾贰圆伍角				（小写）￥122.50		
销货单位	名称 纳税人识别号 地址、电话 开户银行及账号	南方餐饮江燕分公司 440306731128999 广州市海珠区江燕路 5-113 号 020-33652865 中国工商银行个字白云路支行 06200100611	备注				

收款人：马琴　　　　复核：薛玲　　　　开票人：薛君　　　　销货单位（章）（略）：

自制原始凭证是本单位各部门或人员在执行或完成某项经济业务时所填制的原始凭证，如开支票时的“支票存根”（见表 4-4）、外购原材料验收入库时填写的“收料单”（见表 4-5）、内部部门领用原材料时填制的“领料单”（见表 4-6）或“出仓单”（见表 4-7）、“限额领料单”（见表 4-8）、销售商品的“发票”、产品完工后移交成品仓库时填制的“产品入库单”“产品出库单”“制造费用分配表”“产品成本计算单”“销售成本计算表”“工资结算单”和手续齐全的“职工借款单”等。

表 4-4　　　　　　　　　　　**支票存根**

中国工商银行支票存根（粤） LXVAI2007798 科　　目＿＿＿＿＿＿＿＿ 对方科目＿＿＿＿＿＿＿＿ 出票日期 2020 年 8 月 8 日
收款人 本单位 金　额 5 000.00 用　途：零用
单位主管　　　会计

表 4－5 　　　　　　　　**收 料 单** 　　　　　　　　**No 23464**

供货单位：广州包装箱厂

发票号 　　　　　　　　2020 年 8 月 12 日

材料编号	名称及规格	单位	数量		单价	金额										
			应收	实收		万	千	百	十	万	千	百	十	元	角	分
	纸箱 80×80	个	300	300	5					¥	1	5	0	0	0	0
备注：																

第三联：记账

负责人： 　　会计： 　　仓管： 　　收货人： 　　制单：刘谦

表 4－6 　　　　　　　　**领 料 单** 　　　　　　　　**No 23464**

领料单位：装配车间 　　　　2020 年 8 月 2 日

材料编号	名称及规格	单位	数量		单价	金额										
			应收	实收		万	千	百	十	万	千	百	十	元	角	分
	螺丝钉 80×40	只	350	350	1.5						¥	5	2	5	0	0
备注：																

第三联：记账

负责人： 　　会计： 　　仓管： 　　收货人： 　　制单：朱华

表 4－7 　　　　　　　　**出 仓 单** 　　　　　　　　**No 11764**

提货单位：生产车间 　　　　2020 年 8 月 12 日

货号	名称及规格	单位	数量	单价	金额										
					万	千	百	十	万	千	百	十	元	角	分
	白鸭毛 90%	kg	200	100				¥	2	0	0	0	0	0	0
备注：															

第三联：记账

负责人： 　　会计： 　　仓管：（略） 　　收货人：（略） 　　制单：（略）

表 4－8 　　　　　　　　**限额领料单** 　　　　　　　　**No 064**

领料单位：生产车间 　　　　2020 年 8 月

用途：生产甲产品 　　　　　　　　发料仓库：3 号

材料类别	材料编号	材料名称及规格	计量单位	领用限额	实际领用	单价	金额	说明
	1 025	螺丝钉	只	1 000		1.5	1 500	

日期	数量		领料人签章	发料人签章	累计领用数量	退料			限额节余数量
	请领	实发				数量	收料人	发料人	
2	350	350	张化	张五	350				1 150
5	200	200	张化	张五	550				950
9	200	200	张化	张五	750				750
12	150	150	张化	张五	900				600
17	300	300	张化	张五	1 200				300
20	100	100	张化	张五	1 300				200
27	200	200	张化	张五	1 500				0
30						10	张五	张化	10
合计	1 500	1 500			1 500	10			10

供应部门负责人：林翔 　　　　　　生产计划部门负责人：华建

2. 原始凭证按照填制方法不同分为一次原始凭证、累计原始凭证和汇总原始凭证。

（1）一次原始凭证是指一次填制完成的原始凭证。一般在一张原始凭证上记录反映一项经济业务或若干项同类经济业务。一次原始凭证使用灵活方便，日常的原始凭证多属于此类，特别是外来原始凭证一般均属于一次原始凭证。收料单、发货票、车票、住宿票等都是一次原始凭证。

（2）累计原始凭证是指在一定时期内（如一个月）在一张凭证上连续、累计记载不断重复发生的若干项同类经济业务。例如，“限额领料单”（见表4－8），随着领料经济业务的发生，在一张凭证上重复填写领用数量，累计领用数量不断增加，与此同时，余额逐渐减少，期末计算总数后作为记账依据。累计原始凭证随时计算累计数，以便与计划或定额作比较，评价计划执行情况，进行计划控制。

（3）汇总原始凭证又称原始凭证汇总表，是定期根据许多同类型经济业务的一次原始凭证、累计原始凭证或其他会计核算资料加以汇总填制的原始凭证。如定期根据若干张领料单按照领用部门及用途，加以汇总填制“发料凭证汇总表”（见表4－9）。

表4－9　　**发料凭证汇总表**

2020年6月10日　　单位：元

会计科目	领料部门	原材料A	原材料B	原材料C
基本生产车间	一车间甲产品	4 500	1 000	
	二车间乙产品	6 000	3 000	
	小计	10 500	4 000	
辅助生产车间	供水车间			500
	运输			1 000
	小计			1 500
制造费用	一车间			600
	二车间			300
	小计			900
合计		10 500	4 000	2 400

附件20张

复核：李小　　制表：王大

3. 原始凭证按照用途不同分为通知凭证、执行凭证和计算凭证。通知凭证是指要求、指示或命令企业进行某项经济业务的原始凭证，如“罚款通知书”“付款通知单”等。执行凭证是用来证明某项经济业务已经发生或已执行完毕的凭证，也被称为证明凭证。执行凭证大多都可以立即据以编制记账凭证，如前述“收料单”“发货单”等。计算凭证是对已经进行或完成的经济业务进行计算而编制的原始凭证，如“工资结算单”“制造费用分配表”“产品成本计算单”等。

4. 原始凭证按照格式不同分为通用凭证、专用凭证两种。通用凭证是在全国或某个省份范围内具有统一格式和使用方法的凭证，如增值税专用发票、增值税普通发票和银行结算凭证等。专用凭证是在单位内部有特定用途的原始凭证，如“市内出勤差旅费报销单”“差旅费报销单”等。

以上对原始凭证的分类是为了更好地熟悉和认识原始凭证，实际上按照不同标准分类的原始凭证之间是相互联系的。例如，“收料单”既是自制原始凭证、一次原始凭证，又是执行原始凭证和专用原始凭证。

（三）原始凭证的填制

《会计法》规定，企业发生的款项和有价证券的收付，财物的收发、增减和使用，债权、债务的发生和结算，资本、基金的增减，收入、支出、费用、成本的计算，财务成果的计算和处理等经济业务事项，必须填制或者取得原始凭证并及时送交会计机构。

为了进一步适应经济社会发展和税收现代化建设的需要，经税务局批准，企业可以开具网络发票。使用网络发票可以降低办公成本，节约社会资源，推动会计档案电子化管理，便于与会计核算系统对接。

根据《网络发票管理办法》的规定，开具发票的单位可以登录网络发票管理系统开具网络发票。增值税电子普通发票是网络发票中的一个种类。经税务局批准，企业可以开具增值税电子普通发票。开票方如实完整地填写发票的相关内容及数据，经系统自动保存数据后可将电子发票推送至受票方接收发票的电子邮箱或手机号，受票方收到电子发票后，可以自行下载、打印发票的版式文件，其法律效力、基本用途、基本使用规定等与税务机关监制的增值税普通发票相同。

为了保证原始凭证的法律效力，原始凭证填制的基本要求如下。

1. 真实可靠。原始凭证应如实记录经济业务内容，不弄虚作假，不涂改、挖补，发现原始凭证有错误的，应当由出具单位重开或者更正，更正处应当加盖出具单位印章。原始凭证金额有错误的，应当由出具单位重开，不得在原始凭证上更正。

2. 内容完整。原始凭证中内容应填写完整，不可缺漏。从外单位取得的原始凭证，必须盖有填制单位的公章；从个人取得的原始凭证，必须有填制人的签名或印鉴；对外开出的原始凭证，必须加盖本单位的公章。

3. 填写及时。每项经济业务发生后，应立即填制原始凭证，尽量不补制。原始凭证应当书写或打印清楚，字迹端正、易于辨认，文字不串格、不串行、不模糊。

4. 数字正确无误。首先，原始凭证数字书写要规范，如阿拉伯数字书写时不能连笔，金额大写汉字要规范，阿拉伯数字前应书写人民币符号“￥”；其次，数字计算正确，大小写金额应相符，金额栏空白处应画覆盖线“/”。

5. 责任明确。经办业务的单位和个人应认真填写和审查原始凭证，确认无误后在原始凭证上签名盖章，明确经济责任。

6. 按顺序使用。原始凭证都必须按顺序编号，按顺序使用。填制原始凭证时因出错而导致作废时，在作废的凭证上加盖“作废”戳记，连同存根一同保存，不得随意撕毁。

（四）原始凭证的审核

会计所具有的监督职能，主要体现在对原始凭证的审核上。为了保证会计记录真实、准确、合理、合法，保证财务会计报告所提供信息的质量，应充分发挥会计的监督作用。一切原始凭证在正式编制记账凭证、记入账簿之前，都应该经过以下两个方面的审核：

1. 形式上的审核。形式上的审核是审核原始凭证的填制是否符合要求，凭证中应具备的要素项目是否齐全。尤其是要审核原始凭证的内容是否真实可靠，数字计算是否正确，有关人员有没有签章。对于形式上不符合要求的原始凭证，应该退还经办人，禁止进入下一个步骤。

2. 实质上的审核。在原始凭证形式审核的基础上，还要进一步审核原始凭证所反映经济业务的真实性、合理性、合规性、合法性。审核时会计人员应对照国家法律、法规、会计制度或会计准则，对照已经批准执行的企业计划、预算、制度、合同等，坚持原则，秉公办事，敢于与违法乱纪的行为作斗争。

原始凭证的审核是会计机构、会计人员日常工作的一部分，任务琐碎而繁重，会计人员在履行职责的同时，要向经办人说明原始凭证不符合要求的原因；对于计算有错误、手续不齐全的原始凭证，要做好沟通工作，及时补办手续或进行更正；对不真实、不完整、不合法的原始凭证拒绝接受，严重的要向单位负责人报告。

三、记账凭证

记账凭证是根据审核合格的原始凭证或原始凭证汇总表填制的，记载经济业务内容，作为登记会计账簿依据的书面文件，实际业务中简称“传票”。

（一）记账凭证的基本要素

各企业可以根据自身经济业务量的多少和业务特点使用记账凭证。记账凭证应该包括以下基本要素：

（1）记账凭证的名称；

（2）记账凭证的填制日期；

（3）记账凭证编号；

（4）经济业务的简单说明，即摘要；

（5）应借记、贷记的账户名称和金额，即会计分录；

（6）所附原始凭证的张数；

（7）填制凭证人员、记账人员、会计机构负责人、会计主管人员的签名或盖章，收款凭证、付款凭证还应该有出纳人员的签名或盖章。

（二）记账凭证的种类

企业可以根据自身经济业务的特征和经济业务量的大小运用不同种类的记

账凭证。

1. 记账凭证根据所记录经济业务内容的不同可分为通用记账凭证和专用记账凭证。通用记账凭证是指适用于所有类别经济业务的记账凭证，即不论企业发生什么样的经济业务，均编制该种记账凭证，一般用在现金或银行存款收付业务不多的企业。通用记账凭证格式如表4－10所示。

表4－10

记账凭证

年　月　日

记字　号

摘　要	一级科目	明细科目	借方金额	贷方金额	记账
附件　张	合　计				

会计主管：　　记账：　　复核：　　制单：

专用记账凭证是指专门用于登记某一类经济业务的凭证，可进一步分为收款凭证、付款凭证和转账凭证。收款凭证是记录库存现金或银行存款增加经济业务的记账凭证，具体称为现金收款凭证（见表4－11）、银行存款收款凭证（见表4－12）；付款凭证是记录库存现金或银行存款减少经济业务的记账凭证，具体分为现金付款凭证（见表4－13）、银行存款付款凭证（见表4－14）；转账凭证（见表4－15）则是记录不引起库存现金或银行存款变动经济业务的记账凭证。

表4－11

收款凭证

年　月　日

借方科目：库存现金

现收字　号

摘　要	贷方科目		贷方金额	记账
	一级科目	明细科目		
附件　张	合　计			

会计主管：　　记账：　　复核：　　出纳：　　制单：

表4－12

收款凭证

年　月　日

借方科目：银行存款

银收字　号

摘　要	贷方科目		贷方金额	记账
	一级科目	明细科目		
附件　张	合　计			

会计主管：　　记账：　　复核：　　出纳：　　制单：

表4-13 付款凭证

年 月 日

贷方科目：库存现金　　现付字 号

摘　要	借方科目		金　额	记账
	一级科目	明细科目		
附件　张	合　计			

会计主管：　记账：　复核：　出纳：　制单：

表4-14 付款凭证

年 月 日

贷方科目：银行存款　　银付字 号

摘　要	借方科目		金　额	记账
	一级科目	明细科目		
附件　张	合　计			

会计主管：　记账：　复核：　出纳：　制单：

表4-15 转账凭证

年 月 日　　转字 号

摘　要	一级科目	明细科目	借方金额	贷方金额	记账
附件　张	合　计				

会计主管：　记账：　复核：　制单：

2. 记账凭证根据填制方法的不同可分为单式记账凭证和复式记账凭证。单式记账凭证是把一项经济业务所涉及的借贷双方会计科目分别填列在不同的记账凭证中，且每张记账凭证只填列一个会计科目的记账凭证，其对应科目只作参考，不据以记账。填列借方科目的称为借项记账凭证，填列贷方科目的称为贷项记账凭证，具体格式分别如表4-16、表4-17所示。复式记账凭证则是把一项经济业务所涉及的借贷双方会计科目集中填列在一张记账凭证中。以上所述通用记账凭证、收款凭证、付款凭证和转账凭证均属于复式记账凭证。

表4-16 借项记账凭证

对应科目：　年 月 日　编号：

摘　要	借方科目		金　额	记账
	一级科目	明细科目		
附件　张	合　计			

会计主管：　记账：　复核：　制单：

表 4－17

贷项记账凭证

对应科目：　　　　　　　　　　年　月　日　　　　　　　　　　编号：

摘　要	贷方科目		金　额	记账
	一级科目	明细科目		
附件　张	合　计			

会计主管：　　　　记账：　　　　复核：　　　　制单：

（三）记账凭证的填制

1. 记账凭证的填制要求。会计人员应该在原始凭证整理、分类的基础上，依据复式记账原理分析经济业务所涉及的会计科目、变动方向及其金额填制记账凭证。填制记账凭证是会计日常工作的重要组成部分，是会计信息处理的重要环节。会计人员必须认真做好记账凭证填制工作。

填制记账凭证应遵循以下要求：

（1）以审核无误的原始凭证为依据。

（2）摘要应简明扼要。

（3）会计分录要正确。会计分录正确包括会计科目正确、记账方向正确、金额计算正确。会计科目正确，要求按照会计制度或会计准则规定的会计科目名称及其核算内容运用会计科目。记账方向正确，要求应借、应贷对应关系明晰，反映经济业务的来龙去脉。因此，一张记账凭证应只记录一项经济业务或汇总记录同一类经济业务，不能把不同类经济业务记录在一张记账凭证上面。金额计算正确，要求按照借贷记账法的记账规则，保证记账凭证的借方科目金额等于贷方科目金额，且总账科目金额与所属明细分类科目金额之和相等。

（4）附件张数要注明。注明附件张数有利于确保附件的完整和便于日后查对。记账凭证的附件，即原始凭证，应该查对，附在记账凭证的后面，并在记账凭证上注明所附原始凭证的张数。有些经济业务的原始凭证数量非常多，可以单独保存，不必附在记账凭证后面，但需在摘要中说明。有时同一张原始凭证需要填制两张或两张以上记账凭证，原始凭证应附在主要的记账凭证后面，在未附原始凭证的记账凭证摘要中注明附有原始凭证的记账凭证编号，也可以附原始凭证复印件。

（5）记账凭证编号应连续。连续编号的目的是分清会计事项处理的先后顺序，便于记账凭证与会计账簿核对，确保记账凭证完整无缺。如果企业采用了通用记账凭证，则记账凭证采用统一的顺序编号方法连续编号，如“记字 01 号”“记字 02 号”等。如果企业按照经济业务内容分类填制记账凭证，分收款凭证、付款凭证、转账凭证，则记账凭证应分类按顺序编号，即按照“现收字”“银收字”“现付字”“银付字”“转字”分别编号，如“现收字01号”“银收字01号”“现付字01号”“银付字01号”“转字01号”等。如果一笔经济业务需要填制两张或两张以上记账凭证时，可采用分数编号法。例如，第10号业务事项需要填制三张转账凭证，则三张转账凭证的编号分别是“转字10 $\frac{1}{3}$号”“转字10 $\frac{2}{3}$号”“转字10 $\frac{3}{3}$号”，其中分母表明该经济业务共编制了三张记账凭证，分子表明该张记账凭证在该笔经济业务记账凭证总张数中的所在位置。

（6）填制记账凭证时发生错误，应该重新填写。但是如果当年内发现记账凭证填写出错，且已经据以登记入账，应该按照正确的更正方法既更正记账凭证记录，又更正会计账簿记录（更正方法见本章第二节会计账簿）。如果当年内发现以前年度记账凭证填写出错，且已经据以登记入账，应当用蓝字编制正确的记账凭证进行更正。

（7）填制完经济业务事项后，如果记账凭证中还有空行，应当自金额栏最后一笔金额数字下的空行处至合计数上的空行处划线注销。

2. 记账凭证填制举例。

（1）通用记账凭证的填制。在经济业务数量不多的企业，可以编制通用记账凭证，以便减少因为记账凭证种类繁多而造成的不便。通用记账凭证就是不论什么样的经济业务，采用统一格式的记账凭证记录所涉及的会计科目、借贷方向和金额，在一张凭证上反映一笔经济业务的来龙去脉。

【例4-1】某企业2×21年7月20日向美华公司购买了A、B两种原材料，增值税专用发票上注明A种原材料买价10 000元，B种原材料买价20 000元，两种原材料增值税共计3 900元，货款未支付。

根据审核合格的原始凭证编制记账凭证，依次填制日期、编号、摘要、借方科目和金额、贷方科目和金额、借贷方合计金额、附件张数、制单签名，具体如表4-18所示。

表4-18 记账凭证

2×21年7月20日 记字024号

摘　要	一级科目	明细科目	借方金额	贷方金额	记账
购买材料未付款	原材料	A材料	10 000		
		B材料	20 000		
	应交税费	应交增值税（进项税额）	3 900		
	应付账款	美华公司		33 900	
附件1张	合　计		¥33 900	¥33 900	

会计主管：　　记账：　　复核：　　制单：李强

（2）专用记账凭证的填制。在经济业务数量比较多的企业，可以按照经济业务内容分别填制收款凭证、付款凭证和转账凭证。

收款凭证是专门记录涉及库存现金、银行存款收入经济业务的记账凭证。收款凭证属于复式记账凭证，在一张凭证上反映一笔经济业务的来龙去脉。

【例4-2】某企业2×21年7月28日销售甲产品，增值税专用发票上注明售价50 000元，增值税税额6 500元，货款已经收存银行存款账户。

根据审核合格的销售发票、银行存款收款通知等原始凭证，填制银行存款收款凭证，如表4-19所示。

表4-19

收　款　凭　证

2×21年7月28日

借方科目：银行存款　　　　银收字004号

摘　要	贷方科目		贷方金额	记账
	一级科目	明细科目		
销售产品收货款	主营业务收入	甲产品	50 000	
	应交税费	应交增值税（销项税额）	6 500	
附件3张	合　计		¥56 500	

会计主管：　记账：　复核：　出纳：　制单：李强

【例4-3】某企业2×21年8月20日销售材料，增值税专用发票上注明售价200元，增值税税额26元，现金收讫。另收到职工李三归还借款300.90元，现金收讫。

根据审核合格的销售票据、现金收据等原始凭证，填制现金收款凭证的日期、编号“现收字011号”、借方科目“库存现金”、摘要、贷方科目和金额、贷方合计金额、附件张数、制单签名，贷方合计金额526.90元就是库存现金科目借方金额，如表4-20所示。

表4-20

收　款　凭　证

2×21年8月20日

借方科目：库存现金　　　　现收字011号

摘　要	贷方科目		贷方金额	记账
	一级科目	明细科目		
销售材料收现金	其他业务收入	销售材料	200	
	应交税费	应交增值税（销项税额）	26	
收李三还款	其他应收款	李三	300.90	
附件3张	合　计		¥526.90	

会计主管：　记账：　复核：　出纳：　制单：李强

付款凭证是记录涉及库存现金、银行存款支付经济业务的记账凭证。付款凭证属于复式记账凭证，应在一张凭证上反映一笔经济业务的来龙去脉。库存现金及银行存款两者之间增减变动的经济业务，为了防止重复编制记账凭证，只填制付款凭证，不填制收款凭证。如将现金存入银行只编制现金付款凭证，从银行提取现金只编制银行存款付款凭证。

【例4-4】某企业2×21年8月24日向美华公司购买了A、B两种原材料，增值税专用发票上注明A种原材料买价10 000元，B种原材料买价20 000元，两种原材料增值税共计3 900元，货款已通过银行支付。

根据审核合格的原始凭证编制银行存款付款凭证，如表4-21所示。

表4-21 付 款 凭 证

2×21年8月24日

贷方科目：银行存款　　　　银付字007号

摘　要	借方科目		金　额	记账
	一级科目	明细科目		
购买材料付款	原材料	A材料	10 000	
		B材料	20 000	
	应交税费	应交增值税（进项税额）	3 900	
附件4张	合　计		¥33 900	

会计主管：　记账：　复核：　出纳：　制单：李强

【例4-5】某企业2×21年8月26日将超出库存现金限额的多余现金10 000元存入银行。

根据审核合格的现金缴款单编制现金付款凭证，如表4-22所示。

表4-22 付 款 凭 证

2×21年8月26日

贷方科目：库存现金　　　　现付字012号

摘　要	借方科目		金额	记账
	一级科目	明细科目		
多余现金存入银行	银行存款	工行户	10 000	
附件4张	合　计		¥10 000	

会计主管：　记账：　复核：　出纳：　制单：李强

转账凭证用以记录不涉及库存现金和银行存款收、付的经济业务，如领用库存原材料、结转制造费用、产品完工验收入库、结转损益等事项。因此，当企业运用专用记账凭证时，应以转账凭证记录这些事项所引起的变动。转账凭证属于复式记账凭证，在一张凭证上反映一笔经济业务的来龙去脉。

【例4-6】某企业生产车间2×21年7月25日领用A、B两种原材料用于甲产品的生产。其中A种原材料10 500元，B种原材料4 000元。

由于不涉及库存现金、银行存款，故根据审核合格的领料单填制记账凭证，如表4-23所示。

表 4－23

转　账　凭　证

2×21 年 7 月 25 日　　转字 21 号

摘　要	一级科目	明细科目	借方金额	贷方金额	记账
车间生产领用材料	生产成本	甲产品	14 500		
	原材料	A 材料		10 500	
		B 材料		4 000	
附件 3 张	合　计		￥14 500	￥14 500	

会计主管：　记账：　复核：　制单：李强

（3）单式记账凭证的填制。单式记账凭证就是在一张凭证上只填列一个会计科目。一项经济业务的会计分录涉及几个会计科目，就填几张凭证。为了保持会计科目间的对应关系，便于核对，在填制一套会计分录时编一个总号，再按凭证张数编几个分号（如〖例 4－7〗所示）。单式记账凭证便于会计分工和账簿登记，但填制凭证的工作量相应大些，且无法在同一张记账凭证上反映经济业务的全貌，所以应用受到限制。

【例 4－7】　同〖例 4－6〗中的资料。

根据审核合格的领料单编制借项记账凭证和贷项记账凭证，分别如表 4－24、表 4－25 所示。

表 4－24

借项记账凭证

对应科目：原材料　　2×21 年 8 月 2 日　　编号：010 $\frac{1}{2}$

摘　要	借方科目		金　额	记账
	一级科目	明细科目		
车间生产领用材料	生产成本	甲产品	14 500	
附件 1 张	合　计		￥14 500	

会计主管：　记账：　复核：　制单：李强

表 4－25

贷项记账凭证

对应科目：生产成本　　2×21 年 8 月 2 日　　编号：010 $\frac{1}{2}$

摘　要	贷方科目		金　额	记账
	一级科目	明细科目		
车间生产领用材料	原材料	A 材料	10 500	
		B 材料	4 000	
附件 1 张	合　计		￥14 500	

会计主管：　记账：　复核：　制单：李强

（四）记账凭证的审核

为了保证账簿记录的正确性，会计人员除了应正确填制记账凭证外，还要对记账凭证进行审核。记账凭证的审核项目包括：

（1）记账凭证是否附有原始凭证，记账凭证的内容是否与原始凭证的内容相符；

（2）应借、贷的会计科目和金额计算是否正确；

（3）记账凭证中的有关内容是否填写齐全，是否有相关人员的签章。

如记账凭证审核中发现错误，应查明原因并及时纠正，只有审核无误的记账凭证才能用于登记账簿。

四、会计凭证的传递和保管

（一）会计凭证的传递

会计凭证的传递是指会计凭证从填制或取得之时起，经过审核、记账、装订到归档之时止，在有关部门和人员之间按照一定的时间、路线办理手续和进行处理的过程。一项经济业务通常需要内部几个部门分工协作才能最终完成，如生产领用材料业务通常就需要生产部门、仓库部门、财会部门共同完成，会计凭证也就随着经济业务的进程在部门之间、工作人员之间传递。生产部门根据生产计划和用料计划填写领料单请领数量，一般一式三联，仓库部门发出材料，并在领料单上填写实发数量，留一联登记仓库明细账，一联交生产部门备查，一联交财会部门。财会部门审核后根据领料数量、材料单价计算发出材料的成本，用于填制记账凭证，并据以登记相应总分类账户和明细分类账户，记账后记账凭证就可以归档保管。

正确合理地组织会计凭证的传递，有利于各个部门分工协作处理经济业务，有利于明确各部门经济责任，有利于加强企业管理、减少浪费、减少内耗。所以企业应根据自身经济业务的特点及管理的要求设计会计凭证的传递程序、传递时间和传递中的衔接手续。

1. 会计凭证的传递程序。结合不同经济业务发生的实际情况、企业内部控制和机构分工情况，设计会计凭证的格式和种类。按照经济业务发生的流程设计控制点，根据经济业务控制点设计会计凭证传递环节，尽可能避免不必要的环节，提高办事效率。

2. 会计凭证的传递时间。根据会计凭证传递的程序规定会计凭证在每个环节上停留的时间。在不影响会计工作质量及内部控制效率的前提下，应尽可能减少凭证传递的时间，提高办事效率，防止积压会计凭证或造成会计凭证丢失。会计凭证传递不允许跨期，以防影响财务会计报告的真实准确。

3. 会计凭证传递中的衔接手续。会计凭证的收发、交接都应该按一定的手续制度办理，以明确责任，保证凭证完整。

（二）会计凭证的保管

会计凭证是企业重要的文件，是企业会计档案的重要组成部分。在记账凭证登记账簿后，会计人员要对会计凭证进行整理和归档。

会计凭证整理就是按照记账凭证的编号顺序排列并检查是否缺漏，记账凭证后所附原始凭证是否齐全，然后再按期（如每10天或每月）装订成册，加上记账凭证封面并填写封面上的相关信息。为保证会计档案的完好，通常采用装订线装订会计凭证。为防止任意拆装，应在装订处贴上封签，并由经办人员在封签处加盖骑缝章。对一些同种类、数量多的原始凭证可以单独装订保管，在封面上写明对应的记账凭证的日期、编号等信息，同时在记账凭证封面上注明“附件另订”字样。

会计凭证整理后应指定专人负责保管，年度终了后移交企业档案管理部门，严加管理。一般情况下，会计凭证不得外借，其他单位如有特殊情况需要调阅时，需经过本单位会计机构负责人、会计主管人员批准后复印，并在专设的登记簿中登记，由提供人和收取人共同签名或盖章。本单位人员调阅时也应办理相应手续。从外单位取得的原始凭证如有遗失，应取得原开出单位盖有公章的证明，并注明原来凭证的号码、金额和内容等，由经办单位会计机构负责人、会计主管和单位领导人批准后，才可以代作原始凭证。如果确实无法取得证明，如火车票等，应由当事人写出详细情况，经有关领导批准后代作原始凭证。

会计凭证应按照会计档案保管的有关规定，保管一定期限，保管期满后方可销毁。销毁时须填列销毁清单，经过批准后进行，有关人员应该在销毁清单上签名。

第二节　会计账簿

一、会计账簿的含义与作用

（一）会计账簿的含义

作为账簿登记依据的会计凭证，虽然反映了某一项经济业务所引起的会计要素的变动及变动幅度，但由于是针对某一具体经济业务的处理，因此会计信息分散，不能分门别类地、系统地、全面地反映某一时期企业经济业务引起的会计要素的变动，很难向会计信息使用者提供有用的会计信息。会计账簿可以将分散在会计凭证上的经济业务发生及完成情况的核算资料，加以归类整理并相互联系地、全面地登记，从而提供连续、系统、全面、综合的会计信息。

会计账簿是以会计凭证为依据，全面、系统、连续地记录经济业务的簿籍，由具有专门格式而又相互联系的若干账页组成的，简称账簿。各单位应当按照企业会计准则或国家统一会计制度的规定和会计业务的需要设置会计账簿。

（二）会计账簿的作用

设置和登记账簿，是编制会计报表的基础，是联结会计凭证与会计报表的中间环节，在会计核算中具有重要作用。

1. 为管理提供连续、系统、全面、综合的会计信息。会计账簿是按照经济业务发生的时间顺序、分不同账户进行记录的。每一个账户连续、系统地反映一类会计信息，而且账户之间相互联系，企业的会计信息可以通过若干个账户来提供。通过会计账户可以了解企业的整体状况，可以为经营决策提供有用的资料。

2. 保护财产物资的安全完整。会计账簿可以连续地反映企业财物增减变动及结存状况，监督财产物资的收、发、存，加上定期进行的财产清查，起着保护财产物资安全完整的作用。

3. 反映耗费与收入，为考核计划执行情况提供依据。会计账簿提供企业生产经营中各种耗费、收入的实际情况，运用这些数据资料可以进一步考核企业计划执行情况，以便总结经验、找到差距、挖掘潜力。

4. 为编制财务报表提供资料。会计账簿资料是期末编制财务报表的直接依据。会计期末，会计账户经过结账、对账无误后，据以编制财务报表，总括反映企业财务状况和经营成果。

二、会计账簿的种类

会计账簿的形式多种多样，不同的会计账簿所登记的内容、方法各不相同。为了具体地认识各种账簿的特点，以便更好地掌握和运用，应对账簿从不同的角度进行分类。

（一）按用途分类

会计账簿按照用途可分为日记账簿、分类账簿和备查账簿。

1. 日记账簿。日记账簿又称为序时账簿或日记账，是按照经济业务发生的时间先后顺序，逐日、逐笔连续进行登记的会计账簿。日记账按照登记的内容不同分为特种日记账和普通日记账。特种日记账是专门记录某一类经济业务的日记账。例如，库存现金日记账是按时间先后顺序逐日、逐笔记录企业库存现金收付余变动情况；银行存款日记账是按时间先后顺序逐日、逐笔记录银行存款收付余变动情况。企业必须设置库存现金日记账和银行存款日记账，不得用银行对账单或者其他方法代替日记账，以加强对货币资金的管理，这是因为货币资金与其他资产相比，流动性强，最容易被侵蚀。特种日记账还有销货日记账、购货日记账等。普通日记账又称为分录日记账，是用来登记全部经济业务的日记账。企业可以根据自身业务特点及管理要求决定是否设置普通日记账。

2. 分类账簿。它是指按照账户分类记录经济业务的账簿。分类账簿按照反映指标的详细程度分为总分类账簿和明细账分类账簿。

（1）总分类账簿。总分类账簿又称为总分类账或总账，是由若干总分类会计账户组成的，总括记录各类经济业务、提供总括会计核算资料的账簿。通过总账既可以提供总括的经济指标，为编制财务报表提供依据，又能驾驭日记账和明细分类账，建立账簿间的钩稽关系，进行账簿记录的核对检查。具体格式如表4－26、表4－27所示。

表4－26　　**总　账**

会计科目：库存商品　　　　第　页

2×21年		凭证编号	摘　要	借方	贷方	借或贷	余额
月	日						
1	1		上年结转			借	121 000
8	31		本月合计	21 300	89 000	借	195 000
8	31		本年累计	545 300	471 300	借	195 000
9	2	转02	销售		58 000		
	5	转05	生产完工	55 100			
	20	转11	销售		5 100		
	29	转11	管理领用		500		
9	30		本月合计	55 100	63 600	借	186 500
9	30		本年累计	600 400	534 900	借	186 500
12	31		本月合计	51 100	33 600	借	286 100
	31		本年累计	985 100	820 000	借	286 100
			结转下年			借	286 100

注：表中粗线“——”表示红颜色线条，下同。

表4－27　　**总　账**

会计科目：生产成本　　　　第012页

2×21年		凭证编号	摘　要	借　方	贷　方	借或贷	余　额
月	日						
1	1		上年结转			借	315 000
8	31		本月合计	135 000	121 000	借	650 000
8	31		本年累计	900 000	565 000	借	650 000
9	10	汇06	01～10日发生额	52 500			
	20	汇06	11～20日发生额	53 500			
	30	汇06	21～30日发生额	19 100	545 000		
9	30		本月合计	125 100	545 000	借	230 100
9	30		本年累计	1 025 100	1 110 000	借	230 100
12	31		本月合计	205 100	315 000	借	610 100
	31		本年累计	2 125 100	1 830 000	借	610 100
			结转下年			借	610 100

（2）明细分类账簿。明细分类账簿又称为明细分类账或明细账，是根据明

细分类账户组成的，详细记录某一类经济业务，提供详细会计核算资料的账簿。明细分类账簿既能提供明细的经济指标，为管理提供数据依据，又能对总账的总括信息进行解释，是总账的补充说明。

3. 备查账簿。备查账簿又称为辅助性账簿。它记录不能在总账、明细账、日记账中记录的内容，是对总账、日记账、明细账的补充和辅助说明。例如，经营租赁方式租入的固定资产，所有权不属于企业，租赁期限短，不能在企业的总账、明细账或日记账中登记，但是在租期内，企业必须保护租赁资产的安全完整，故需要设置经营租赁固定资产登记簿进行记录。应收账款登记簿、贴现应收票据登记簿等均属于辅助性账簿。

（二）按形式分类

会计账簿按照外表形式可分为订本式账簿、活页式账簿和卡片式账簿。

1. 订本式账簿。订本式账簿简称订本账，是把印有专门格式的账页按照页码先后顺序，固定装订在一起的账簿。这种账簿能够避免账页散失，防止抽换账页。其主要缺点是账页数量及位置固定，不利于分工记账，使用起来较死板，并且不能根据记账需要增减账页，多则浪费，少则不够，影响账户的连续登记。订本式账簿一般适应于重要经济事项的记录。库存现金日记账、银行存款日记账和总账必须采用订本式账簿。

2. 活页式账簿。活页式账簿由若干零散的具有专门格式的账页组成，可以根据需要添加、抽减账页，有利于分工记账，提高登记账簿的工作效率。但是，其账页容易丢失或被抽换，不利于账簿资料安全完整。它一般应用于各种明细分类账簿。

3. 卡片式账簿。卡片式账簿由若干零散的具有专门格式的卡片组成，放于固定的卡片箱中。这种账簿有利于分工记账，提高登记账簿的工作效率。但是，其账页容易丢失或被抽换，不利于账簿资料安全完整。在实际工作中，每张卡片应有编号及有关人员的盖章，卡片箱由专人保管，如登记固定资产明细账常采用卡片账。

（三）按账页格式分类

会计账簿按照账页格式分为两栏式账簿、三栏式账簿、多栏式账簿、数量金额式账簿和横线登记式账簿。

1. 两栏式账簿。一般只设借方和贷方两个主要栏目，如普通日记账可以运用两栏式账簿。

2. 三栏式账簿。一般设有借方、贷方和余额或收入、付出和结余三个主要栏目。总账、应收账款明细账、应付账款明细账一般运用三栏式账簿。库存现金日记账、银行存款日记账等可以运用三栏式账簿，也可以运用多栏式账簿。

3. 多栏式账簿。根据经济业务的特点和管理的需要，在账页的借方或贷方设置若干个栏目，列示更具体、详细的项目，提供更详细的资料信息。设置多少栏目，视具体情况而定。多栏式账簿有借贷双方多栏账簿、借方或贷方单方多栏式账簿。单方多栏式账簿有七栏账簿、十四栏账簿等。多栏式账簿一般适用于成本计算账户、收入账户、费用账户和利润账户。多栏式库存现金日记账、银行存款日记账一般采用借贷双方多栏式账簿；一些成本类、损益类账户一般采用单方多栏式账簿，如制造费用明细账、管理费用明细账、营业外收入明细账等。

4. 数量金额式账簿。它是在三栏式账簿的基础上建立的，在收入、付出、结余三个主要栏目中分别设置数量、单价、金额栏，既可以为管理提供实物量信息，又可以提供货币计量的信息。它通常用于原材料、库存商品等财产物资的明细记录中。

5. 横线登记式账簿。它是利用平等式账页，将前后密切相关的经济业务从发生到结束的全部事项在同一行进行详细登记的账簿。该种账簿一般用于物资采购、其他应收款等明细分类账。

综上所述，账簿的分类如图 4－1 所示。

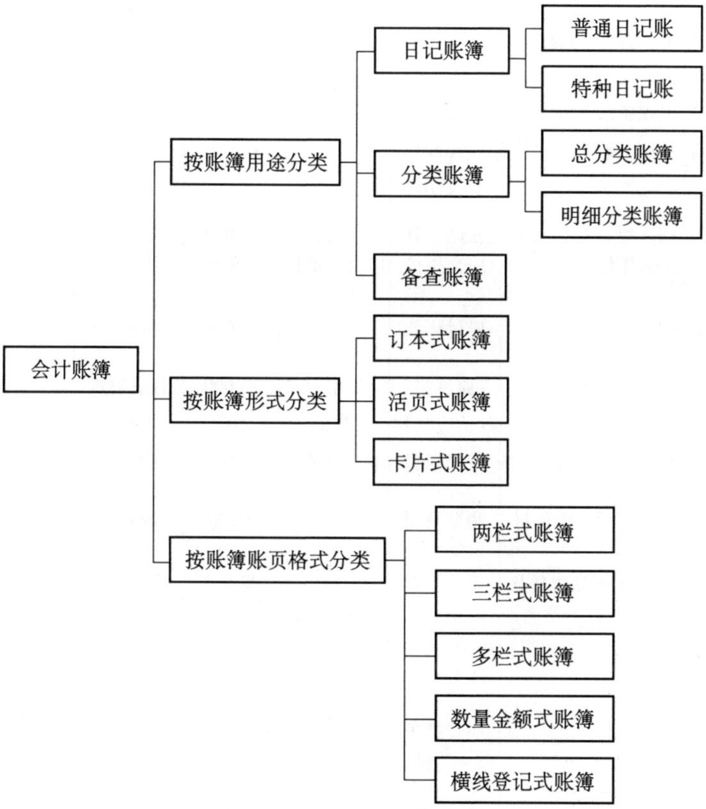

图 4－1　会计账簿的分类

三、会计账簿的设置和登记

每一个单位都应该设置一套会计账簿，连续、系统、全面地登记经济业务引起的会计要素项目的变动。例如，可以设置包括库存现金日记账、银行存款日记账、总账、登记往来款项增减余变动情况的三栏明细账、登记财产物资增减余变动情况的进销存明细账、登记成本费用构成情况的多栏式明细账等在内的一套会计账簿。

（一）日记账簿的设置和登记

1. 普通日记账。普通日记账全面地反映了企业单位的经济业务，对应关系明确，但是，全部经济业务记录在一本日记账中，不能分类反映会计要素的变动，登记总账的工作量大，所以一般用在经济业务量比较少或采用电子计算机进行账务处理的企业单位。通常采用两栏式账簿（见表4－28）或多栏式账簿。

表4－28　　普通日记账　　第　页

2×21年		凭证编号	摘要	借方			贷方		
月	日			一级科目	明细科目	金额	一级科目	明细科目	金额
8	1	转字01	A产品领用原材料	生产成本	A产品	60 500	原材料	甲材料 乙材料	40 500 20 000
	3	银付01	提现备发工资	库存现金		41 000	银行存款		41 000
	3	现付01	发放工资	应付职工薪酬		41 000	库存现金		41 000
	8	银付02	购入甲材料，材料未入库付款	在途物资 应交税费	甲材料 应交增值税	30 000 3 900	银行存款	甲材料	33 900
	15	银付03	归还欠翌祥厂货款	应付账款	翌祥厂	35 000	银行存款		35 000
	18	转字02	甲材料入库	原材料	甲材料	30 000	在途物资		30 000
	22	现付02	刘想借差旅费	其他应收款	刘想	500	库存现金		500
	25	银付04	缴纳上月增值税	应交税费	应交增值税	55 000	银行存款		55 000
	29	转字03	车间领用一般耗材	制造费用		2 000	原材料	甲材料	2 000
	29	银收01	销售A产品收货款	银行存款		22 600	主营业务收入 应交税费	A产品 应交增值税	20 000 2 600
	31	现收01	销售材料	库存现金		2 260	其他业务收入 应交税费	材料 应交增值税	2 000 260
9 …	1	现付01	现金存入银行 ……	银行存款		2 000	库存现金		2 000 …

普通日记账可以根据记账凭证登记，也可以根据原始凭证或原始凭证汇总表登记。根据记账凭证登记时，记账凭证中的会计分录与普通日记账中的记录相同，有重复核算之嫌。因此，往往直接根据原始凭证或原始凭证汇总表登记来代

替记账凭证。普通日记账被称为分录簿。普通日记账的优点是可全面反映经济业务的发生情况及账户的对应关系，但随着企业规模的扩大、经济业务的增多及记账凭证的出现，普通日记账不便于登记分类账和登账工作量较大的缺陷日渐显露。会计电算化的发展和应用，解决了普通日记账在手工记账下的缺陷，其适用范围日趋广泛。

2. 特种日记账。特种日记账是用来记录企业单位某一方面需要特别关注、大量发生的经济业务并起汇总作用的会计账簿。它的作用是可以对某一方面需要特别关注的经济业务加强管理并起汇总作用。目前，我国企事业单位设置的特种日记账主要有库存现金日记账、银行存款日记账和转账日记账。可以选用的格式主要有三栏式账簿和多栏式账簿。

（1）库存现金日记账。库存现金日记账一般由出纳人员根据审核合格的通用记账凭证或现金收款凭证、现金付款凭证、银行存款付款凭证逐日逐笔登记，每日结出余额；一般采用订本账簿，在实际工作中，现金日记账多采用三栏式的账页格式。三栏式库存现金日记账（见表4－29）中的主要栏目有借方、贷方和余额或收入、付出和结余三栏。三栏日记账由于只有一个“对方科目”栏，因此，在复杂经济业务中不能全面地反映库存现金或银行存款科目的对应科目，不能全面了解业务情况。

表4－29　　　　库存现金日记账　　　　第　页

2×21年		凭证编号	摘　要	对方科目	借　方	贷　方	余　额
月	日						
1	1		上年结转				3 000
7	31		本期发生额及余额		34 290	21 000	2 000
8	3	银付01	提现备发工资	银行存款	41 000		
	3	现付01	发放工资	应付职工薪酬		41 000	2 000
	22	现付03	刘敏借差旅费	其他应收款		500	1 500
	31	现收01	销售材料	其他业务收入	2 000		
				应交税费	260		3 760
8	31		本期发生额及余额		43 260	41 500	3 760
9	1	现付01	现金存入银行	银行存款		2 000	1 840
…			……		…	…	…

（2）银行存款日记账。银行存款日记账一般由出纳人员根据审核合格的通用记账凭证或银行存款收款凭证、银行存款付款凭证和库存现金付款凭证逐日逐笔登记，每日结出余额。银行存款日记账一般采用订本式账簿，其格式与库存现金日记账的格式基本相同，登记方法与库存现金日记账的登记方法基本相同，但银行存款日记账设有“结算凭证编号”栏，这是因为银行存款的收付都是根据银行规定的结算凭证办理的，这样便于和银行对账。三栏式银行存款日记账的格式如表4－30所示。

表4-30　　银行存款日记账　　第　页

2×21年 月	日	凭证编号	摘要	结算凭证编号	对方科目	借方	贷方	余额
1	1		上年结转					321 211
7	31		本月发生额合计及余额			256 712	92 111	380 000
8	3	银付01	提现备发工资	现支6 228	库存现金		41 000	339 000
	8	银付02	付购入甲材料款及其税金	信汇222	在途物资		33 900	305 100
	15	银付03	归还欠翌祥厂货款	托收111	应付账款		35 000	270 100
	25	银付04	上交上月增值税	转88	应交税费		55 000	215 100
	29	银收01	销售A产品收款	现支99	主营业务收入	20 000		
	29	银收01	销售A产品收款	现支99	应交税费	2 600		237 700
8	31		本月发生额合计及余额			22 600	164 900	237 700
9	1	现付01	现金存入银行	缴款828	库存现金	2 000		239 700
…			……			…	…	…

库存现金和银行存款日记账也可采用多栏式账页格式。多栏式银行存款日记账分别在借方、贷方设置若干个对应科目栏，详细反映银行存款收入来源、支付去向。如果对应科目多，则多栏式日记账账页大，所以银行存款收付业务频繁的企业可以采用这种格式。多栏式银行存款日记账具体格式如表4-31所示。

表4-31　　多栏式银行存款日记账　　第　页

2×21年		凭证编号	摘要	收入				付出				结余
月	日			主营业务收入	应交税费	应收账款	库存现金	材料采购	应交税费	应付账款	库存现金	
1	1		上年结转									321 211
7	31		本月发生额合计及余额	30 000	4 800	23 800		10 000	1 700	35 600		380 000
8	3	银付01	提现备发工资								41 000	339 000
	8	银付02	付购入甲材料款及其税金					30 000	3 900			305 100
	15	银付03	归还欠翌祥厂货款							35 000		270 100
	25	银付04	上交上月增值税						55 000			215 100
	29	银收01	销售A产品收款	20 000	2 600							237 700
8	31		本月发生额合计及余额	20 000	2 600			30 000	59 800	35 000	41 000	237 700
9	1	现付01	现金存入银行				2 000					239 700
	…	……	……									…

（二）总账的设置和登记

总账全面总括地反映企业事业单位的经济活动，是主要的会计账簿，通常采用订本式形式，格式上有三栏式和多栏式两种，三栏式格式的总账如表4－25、表4－26所示，多栏式总账比较少用到，这里省略。

总账可以直接根据审核合格的记账凭证登记，也可以先将记账凭证按照不同的方法汇总成“科目汇总表”或“汇总记账凭证”后，再根据“科目汇总表”或“汇总记账凭证”登记，也可以根据多栏式日记账进行登记，具体要由企业或事业单位会计机构负责人或会计主管根据实际情况来决定。

（三）明细分类账簿的设置和登记

明细分类账簿详细地反映了某一类别的经济业务，是总账的补充说明。明细分类账采用活页形式，格式上有三栏式、数量金额式、多栏式和横线登记式四种。明细分类账簿的登记应与总账平行进行，并定期与总账进行核对，保证会计账簿记录正确。

1. 三栏式明细分类账。三栏式明细分类账仅提供金额变动信息，一般适用于详细记录货币金额变动的某一类事项，如债权、债务。应收账款明细分类账反映对某一债务人债权的形成、偿还和结余。“应收账款——昭力公司”明细分类账户（见表4－32）详细记录了应收债务人昭力公司款项的形成、偿还和结余。应付账款明细分类账反映对某一债权人的债务的形成、偿还和结余（见表4－43）。三栏式明细分类账根据审核合格的原始凭证和记账凭证登记，及时结出余额。

表4－32 **应收账款 分类账**

二级或明细账户：昭力公司 第 页

2×21年		凭证		摘 要	借 方	贷 方	借或贷	余 额
月	日	字	编号					
1	1			上年结转				28 700
8	31			本期发生额及余额	12 000	22 000	借	82 000
9	11	银收	02	收回欠款		65 000	借	17 000
	21	银收	05	收回欠款		17 000	平	—
9	30			本期发生额及余额		82 000	平	—
10	8	转	05	销货未收款	105 300		借	105 300

2. 数量金额式明细分类账。对具有实物形态的财产物资进行进销存明细核算时，一般运用数量金额式明细分类账，如原材料明细分类账、库存商品明细分类账等。

数量金额式明细分类账根据审核合格的原始凭证和记账凭证逐笔登记，随时计算账面结余，具体如表4－33所示。

表4－33　　原材料　明细账

明细账户：甲

规格：50mm　　仓库：3号库

编号：070 811　　计量单位：元/千克　　第　页

2×21年		凭证		摘要	收入			发出			余额		
月	日	字	号		数量	单价	金额	数量	单价	金额	数量	单价	金额
1	1			上年结转							300	100	30 000
7	31			本月合计	500		50 000	400		40 000	600	100	60 000
8	8	转	2	购入	500	100	50 000				1 100	100	110 000
	18	转	5	生产领用				300	100	30 000	800	100	80 000
	20	转	9	购入	200 500	110 100	72 000				1 500	101.33	152 000
8	31			本月合计	1 200		122 000	300	100	30 000	1 500	101.33	152 000
9	5	转	5	生产领用				500	101.33	50 665	1 000	101.33	101 335

3. 多栏式明细分类账。多栏式明细分类账可以详细反映某会计账户借方或贷方发生额的具体构成情况，提供详细资料，栏次的多少根据管理需要确定，根据审核合格的原始凭证和记账凭证逐笔登记。在只有借方没有贷方的单方多栏明细账中，贷方发生额用红字书写，表示减少；在只有贷方没有借方的单方多栏明细账中，借方发生额用红字书写，表示减少。具体如表4－34、表4－35所示。

表4－34　　生产成本　明细账（产品成本计算单）

产品名称：A产品

2×21年		凭证号数	摘要	借方发生额			
月	日			直接材料	直接人工	制造费用	合计
8	2		（略）				
8	31		月末在产品	85 000	45 000	20 000	150 000
9	1	（略）	领用原材料	62 500			62 500
	25		分配本月工资费用		40 000		40 000
	25		提取本月福利费		5 600		5 600
	30		结转本月制造费用			19 040	19 040
9	30		产品完工转出成本	－147 500	－90 600	－39 040	－277 140
9	30		月末在产品	0	0	0	0

表 4-35　　　　　　　　**管理费用　明细账**

2×21年		凭证号数	摘　要	借　方								贷方	余额
月	日			公司经费	劳动保险	咨询费	业务招待费	产品研究	税金	其他	合计		
1			（略）										
8	31		本月合计	31 200	200		50 000				81 400	81 400	0
9	1	（略）	领用原材料	500							500		
	10		分配本月工资费用	40 000							40 000		
	10		提取本月福利费	5 600							5 600		
	23		职工教育费							5 000	5 000		
	25		业务招待费				5 100				5 100		
	30		印花税、房产税						2 000		2 000		
	30		咨询费			16 500					16 500		
	30		结转本年利润									74 700	0
9	30		本月合计	46 100		16 500	5 100		2 000	5 000	74 700	74 700	0
10	8		领用原材料	23 000							23 000		

4. 横线登记式明细分类账。横线登记式明细分类账也称平等式明细账，其账页特点是在账页的同一行内记录某一项经济业务从发生到结束的全部事项，如材料采购明细账就可在一行内记录采购材料业务的购料和收料情况。这种明细账借方一般按会计凭证的编号顺序逐日逐笔进行登记。同一类业务的借、贷记录应在同一行内进行登记。同一行内借、贷方有相等金额的记录时，表示该经济业务已完毕。其账页格式如表 4-36 所示。

表 4-36　　　　　　　　**材料采购　明细账**

明细账户：　　　　　　　　　　　　　　　　　　　　　　第　页

年		记账凭证号数	发票账单号数	供应单位或采购人员姓名	摘要	借方（实际成本）				年		记账凭证号	收料凭证号数	摘要	贷方			
月	日					买价	运杂费	其他	合计	月	日				计划成本	成本差异	其他	合计
（略）							（略）											

（四）备查账簿的设置和登记

如前所述，备查账簿没有固定格式，各单位可根据实际工作的需要自行设计。备查账的记录不列入本单位的财务会计报告，以“租入固定资产登记簿”

为例，其账页格式如表4－37所示。

表4－37　　租入固定资产登记簿　　第　页

固定资产名称及规格	租约合同号数	租出单位	租入日期	租金	使用部门	归还日期	备注

四、记账的基本规则

（一）账簿的启用规则

为了明确责任，保证账簿记录的合法性、真实性，启用会计账簿时，应当在账簿封面上写明单位名称和账簿名称。在账簿扉页上应当附启用表，内容包括启用日期、账簿页数、记账人员和会计机构负责人、会计主管人员姓名，并加盖名章和单位公章。记账人员或者会计机构负责人、会计主管人员调动工作时，应当注明交接日期、接办人员或者监交人员姓名，并由交接双方人员签名或者盖章。启用订本式账簿，应按从第一页到最后一页的顺序编定页数，不得跳页、缺号。使用活页式账页，应按账户顺序编号，并定期装订成册。装订后再按实际使用的账页顺序编定页码，另加目录记明每个账户的名称和页次。

（二）登记账簿的规则

会计账簿依据审核后合格的会计凭证登记。为了严肃账簿记录，使账簿记录清晰、整洁，减少账簿登记错误，便于长期保存，登记会计账簿时必须遵守以下基本要求：

（1）登记会计账簿时，应当将会计凭证日期、编号、业务内容摘要、金额和其他有关资料逐项记入账内；做到数字准确、摘要清楚、登记及时、字迹工整。

（2）登记完毕后，要在记账凭证上签名或者盖章，并注明已经登账的符号“√”，表示已经记账。

（3）账簿中书写的文字和数字上面要留有适当空格，不要写满格；一般应占格距的1/2左右，以便发生差错的更正。

（4）登记要用蓝黑墨水或者碳素墨水书写，不得使用圆珠笔（银行的复写账簿除外）或者铅笔书写。除下列情况外，不得使用红色墨水：①按照红字冲账的记账凭证，冲销错误记录；②在不设借贷等栏的多栏式账页中，登记减少数；③在三栏式账户的余额栏前，如未印明余额方向的，在余额栏内登记负数余额；④根据国家统一会计制度的规定可以用红字登记的其他会计记录。

（5）各种账簿按页次顺序连续登记，不得跳行、隔页。如果发生跳行、隔页，应当将空行、空页划线注销，或者注明“此行空白”“此页空白”字样，并由记账人员签名或者盖章。

（6）凡需要结出余额的账户，结出余额后，应当在借或贷等栏内写明“借”或者“贷”等字样。没有余额的账户，应当在借或贷等栏内写“平”字，并在余额栏内用“——”表示。库存现金日记账和银行存款日记账必须逐日结出余额。

（7）每一账页登记完毕结转下页时，应当结出本页合计数及余额，写在本页最后一行和下页第一行有关栏内，并在摘要栏内注明“过次页”和“承前页”字样；也可以将本页合计数及金额只写在下页第一行有关栏内，并在摘要栏内注明“承前页”字样。对需要结计本月发生额的账户，结计“过次页”的本页合计数应当为自本月初起至本页末止的发生额合计数；对需要结计本年累计发生额的账户，结计“过次页”的本页合计数应当为自年初起至本页末止的累计数；对既不需要结计本月发生额也不需要结计本年累计发生额的账户，可以只将每页末的余额结转次页。

（三）错账更正的方法

账簿记录发生错误时，不得涂改、挖补、刮擦或者用药水消除字迹，不得重新抄写，必须按照正确方法进行更正，更正错账的方法主要有划线更正法、红字更正法和补充登记法三种：

1. 划线更正法。划线更正法指用划线注销原有错误记录，然后在划线上面写上正确记录的一种更正错账的方法。它主要适用于对结账前发现错账记录的更正。例如，记账凭证正确无误，登记账簿时发生错误，应当将错误的文字或者数字划红线注销，但必须使原有字迹仍可辨认；然后在划线上方填写正确的文字或者数字，并由记账人员在更正处盖章。另外，对于错误的数字，应当全部划红线更正，不得只更正其中的错误数字；对于文字错误，可只划去错误的部分。

【例4－8】从银行提取现金2 600元，填制记账凭证：

银付字5号

借：库存现金　　　　2 600

　贷：银行存款　　　　2 600

在登记库存现金总账时将数字2 600误写成2 800，更正时划红线注销错误数字，然后在划线上方填写正确的数字，并由记账人员在更正处盖章。

借方	库存现金	贷方
2 600		
银付字5号 ~~2 800~~ 史前		

2. 红字更正法。由于记账凭证错误而使账簿记录发生错误，应先更正记账凭证，再根据记账凭证登记账簿。

红字在会计账簿中表示冲减或减少，如果记账凭证中借贷科目与方向错误，致使账簿记录发生错误，可先用红字编制一张内容与原来错误的记账凭证完全相同的记账凭证，在“摘要”栏写明“冲销×号凭证”，再用蓝字编制一张正确的记账凭证，在“摘要”栏写明“更正×号凭证”；然后根据两张记账凭证登记账簿，即可以冲销原账面中的错误记录，并登记正确记录。

如果记账凭证中借贷科目与方向无误，金额错误，且大于应记正确金额，使账簿记录发生错误，可先用红字编制一张借贷科目与方向与原来错误的记账凭证完全相同，金额为多记金额的记账凭证，在“摘要”栏写明“更正×号凭证”，再根据该张红字记账凭证登记账簿，即可以冲销原账面中的多记金额。

【例4-9】从银行提取现金350元，在填制记账凭证时，误将金额填为530元，并已据以登记入账。

其错误记账凭证银付字6号为：

借：库存现金　　530

　贷：银行存款　　530

更正

①记账凭证银付字9号为：

借：库存现金　　180

　贷：银行存款　　180

②将记账凭证银付字9号登记入账簿：

借方	库存现金	贷方
银付字6号　530		
银付字9号　180		

借方	银行存款	贷方
		银付字6号　530
		银付字9号　180

【例4-10】以银行存款5 000元归还前欠的购货款，在填制记账凭证时，会计科目运用错误，并据以登记入账。

已入账的错误记账凭证银付字8号为：

借：应收账款　　5 000

　贷：银行存款　　5 000

对以上错误进行更正：

①冲销原错误凭证，记账凭证银付字11号：

借：应收账款　　5 000

　贷：银行存款　　5 000

②编制正确记账凭证，银付字12号：

借：应付账款　　5 000

　贷：银行存款　　5 000

③将两张记账凭证登记入账簿：

应收账款

借方	贷方
银付字8号　5 000	
银付字11号　5 000	

银行存款

借方	贷方
	银付字8号　5 000
	银付字11号　5 000
	银付字12号　5 000

应付账款

借方	贷方
银付字12号　5 000	

3. 补充登记法。补充登记法是在原来记账凭证和会计账面记录的基础上补记或追加一笔记录以达到更正账簿的目的。

记账凭证中借贷科目和方向无误，但金额错误，且小于应记正确金额，使账簿记录发生错误，可用蓝字编制一张借贷科目与方向与原来错误的记账凭证完全相同，金额为少记金额的记账凭证，在“摘要”栏写明“更正×号凭证”，再根据该张记账凭证登记账簿，即可以补上原账面中的少记金额。

【例4-11】以银行存款6 500元归还前欠的购货款，在填制记账凭证时，误将金额填为5 600元，并据以登记入账。

已入账的错误记账凭证银付字18号为：

借：应付账款　　　　5 600

　贷：银行存款　　　　5 600

发现错误后进行更正。

①补编记账凭证，银付字20号为：

借：应付账款　　　　900

　贷：银行存款　　　　900

②将记账凭证银付字20号登记入账簿。

应收账款

借方	贷方
银付字18号　5 600	
银付字20号　900	

银行存款

借方	贷方
	银付字18号　5 600
	银付字20号　900

（四）总分类账与明细分类账平行登记的规则

总分类账与明细分类账是对同一经济业务的反映，只是详细程度不同。总分类账进行总括核算，而明细分类账提供该总分类账的详细资料；总分类账属于明细分类账的控制账，起控制作用；明细分类账是总分类账的从属账或辅助账，起辅助、补充作用。例如，总账中的“原材料”总括反映的生产储存的所有原料及主要材料、辅助材料、外购半成品等的增减变动情况，而其所属的“甲种材料”明细账，则详细地、具体地反映原材料中甲种材料的增减变动及构成。

由于总分类账与明细分类账核算的经济业务的内容相同，记账的原始依据相同，因此在登记账簿时，应对总分类账簿与明细账簿进行平行登记，并定期将总账与其所属明细账进行核对。所谓平行登记，就是对每一项经济业务，一方面要根据该业务的记账凭证登记有关的总分类账户，另一方面要根据该业务的原始凭证、记账凭证登记该总分类账所属的各有关明细分类账户。

总分类账与明细分类账平行登记的规则：

（1）同期登记。每一项经济业务在同一会计期内，登记总账的同时，要登记总账所属的明细账（没有明细分类账户的除外）。

（2）同方向登记。根据原始凭证和记账凭证登记经济业务时，记入总账的借贷方向要与记入明细账的借贷方向一致。如一笔金额记入总账借方，其所属明细账也应记入借方。

（3）同金额登记。根据原始凭证和记账凭证登记经济业务时，记入总账的金额要与记入所属明细账的金额的合计相等。

在定期将总账与其所属明细账进行核对时，通过编制“明细账试算平衡表”，验算总分类账的发生额合计及余额是否与其所属各明细账发生额、余额合计相等。

【例4-12】资料1：2×21年8月1日企业原材料及其所属明细账、应付账款及其所属明细账户余额如表4-38所示。（为节省篇幅，此处省略其他明细账）

表4-38

账户名称	7月31日余额	
	借　方	贷　方
原材料	66 400	
——甲材料	60 000	
——乙材料	6 400	
应付账款		50 000
——翌翔公司		40 000
——林华公司		10 000

资料2：2×21年8月企业发生下列有关业务。

①8日，购进材料见表4-39，已验收入库，货款未付。（不考虑增值税）

表4-39

名称	数量	单价	金额	供应单位
材料甲	500千克	100元/千克	50 000元	翌翔公司
材料乙	1 000台	4元/台	4 000元	林华公司

②10 日，用银行存款偿还欠款：翌翔公司 50 000 元，林华公司 4 000 元。

③18 日，生产 A 产品领用下列材料，其中，材料甲 300 千克，每千克 100 元，计 30 000 元；材料乙 800 台，每台 4 元，计 3 200 元。

④20 日，购入材料见表 4－40，已验收入库，泰一工厂货款用银行存款付讫，其余未付。

表 4－40

名称	数量	单价	金额	供应单位
材料甲	200 千克	110 元/千克	22 000 元	泰一工厂
材料甲	500 千克	100 元/千克	50 000 元	翌翔公司
材料乙	1 000 台	4 元/台	4 000 元	林华公司

⑤25 日，用银行存款偿还欠款：翌翔公司 10 000 元，林华公司 2 000 元。

要求：根据经济业务编制记账凭证，并按照记账凭证账务处理程序登记原材料、应收账款总分类账，根据会计凭证登记有关明细分类账。（为节省篇幅，此处省略其他总账和明细账）

以上经济业务的记账凭证以会计分录代替如下：

①借：原材料——材料甲　　50 000
　　　　　　——材料乙　　4 000
　贷：应付账款——翌翔公司　　50 000
　　　　　　　——林华公司　　4 000

②借：应付账款——翌翔公司　　50 000
　　　　　　　——林华公司　　4 000
　贷：银行存款　　54 000

③借：生产成本——A 产品　　33 200
　贷：原材料——材料甲　　30 000
　　　　　　——材料乙　　3 200

④借：原材料——材料甲　　72 000
　　　　　　——材料乙　　4 000
　贷：银行存款　　22 000
　　　应付账款——翌翔公司　　50 000
　　　　　　　——林华公司　　4 000

⑤借：应付账款——翌翔公司　　10 000
　　　　　　　——林华公司　　2 000
　贷：银行存款　　12 000

采用记账凭证账务处理程序登记有关总账和明细账。原材料、应付账款总账和明细账登记结果如表 4－41～表 4－48 所示。

表4-41 **总　账**

会计科目：原材料　　第　页

2×21年		凭证编号		摘　要	借方	贷方	借或贷	余额
月	日	字	号					
1	1			上年结转			借	102 200
7	31			本月合计	53 040	40 380	借	66 400
7	31			本年累计	909 000	944 800	借	66 400
8	8	转	2	购买入库	54 000			
	18	转	5	生产领用		33 200		
	20	转	9	购买入库	76 000			
	31			本月合计	130 000	33 200	借	163 200
8	31			本年累计	1 039 000	978 000	借	163 200
9	1							

表4-42 **总　账**

会计科目：应付账款　　第　页

2×21年		凭证编号		摘　要	借方	贷方	借或贷	余额
月	日	字	号					
1	1			上年结转			贷	63 200
7	31			本月合计	14 200	223 300	贷	50 000
7	31			本年累计	67 700	54 500	贷	50 000
8	8	转	2	购货		54 000		
	10	银付	01	付款	54 000			
	20	转	9	购货		54 000		
	25	银付	02	付款	12 000			
8	31			本月合计	66 000	108 000	贷	92 000
8	31			本年累计	133 700	162 500	贷	92 000

表4-43 **<u>应付账款</u>　分类账**

明细分类账户：翌翔公司　　第　页

2×21年		凭证编号		摘　要	借方	贷方	借或贷	余额
月	日	字	号					
1	1			上年结转			贷	63 200
7	31			本月合计	17 110	19 210	贷	40 000
8	8	转	2	购货		50 000	贷	90 000
	10	银付	01	付款	50 000		贷	40 000
	20	转	9	购货		50 000	贷	90 000
	25	银付	02	付款	10 000		贷	80 000
8	31			本月合计	60 000	100 000	贷	80 000
9								

表 4 - 44 **应付账款　分类账**

明细分类账户：林华公司　　　　第　页

2×21 年		凭证编号		摘　要	借方	贷方	借或贷	余额
月	日	字	号					
1	23	转	3	购货		23 400	贷	23 400
7	31			本月合计	5 660		贷	10 000
8	8	转	2	购货		4 000	贷	14 000
	10	银付	01	付款	4 000		贷	10 000
	20	转	9	购货		4 000	贷	14 000
	25	银付	02	付款	2 000		贷	12 000
8	31			本月合计	6 000	8 000	贷	12 000
9								

表 4 - 45 **原材料　明细账**

明细账户：甲

规格：50mm　　　　仓库：3 号库

编号：070811　　　　计量单位：元/千克　　　　第　页

2×21 年		凭证		摘　要	收入			发出			余额		
月	日	字	号		数量	单价	金额	数量	单价	金额	数量	单价	金额
1	1			上年结转							984	100	98 400
7	31			本月合计	500		50 000	400		40 000	600	100	60 000
8	8	转	2	购入	500	100	50 000				1 100	100	110 000
	18	转	5	生产领用				300	100	30 000	800	100	80 000
	20	转	9	购入	200	110	22 000				1 000	102	102 000
					500	100	50 000				1 500	101.33	152 000
8	31			本月合计	1 200		122 000	300	100	30 000	1 500	101.33	152 000
9	5	转	5	生产领用				500	101.33	50 665	1 000	101.33	101 335
				……									

表 4 - 46 **原材料　明细账**

明细账户：乙

规格：40×50　　　　仓库：2 号库

编号：050011　　　　计量单位：元/台　　　　第　页

2×21 年		凭证		摘　要	收入			发出			余额		
月	日	字	号		数量	单价	金额	数量	单价	金额	数量	单价	金额
1	1			上年结转							1 000	3.8	3 800
7	31			本月合计	800		3 040	100		380	1 600	4	6 400
8	8	转	2	购入	1 000	4	4 000				2 600	4	10 400
	18	转	5	生产领用				800	4	3 200	1 800	4	7 200
	20	转	9	购入	1 000	4	4 000				2 800	4	11 200
	31			本月合计	2 000	4	8 000	800	4	3 200	2 800	4	11 200
9	5	转	5	生产领用				1 000	4	4 000	1 800	4	7 200
				……									

表4-47 **原材料明细账试算表**

2×21年8月31日

明细科目（账户名称）	期初结存		本期发生额				期末结存	
			收入		发出			
	数量	金额	数量	金额	数量	金额	数量	金额
材料甲	600	60 000	1 200	122 000	300	30 000	1 500	152 000
材料乙	1 600	6 400	2 000	8 000	800	3 200	2 800	11 200
合计		66 400		130 000		33 200		163 200

表4-48 **应付账款明细账试算表**

2×21年8月31日

明细科目（账户名称）	期初余额	本期发生额		期末余额
		借方金额	贷方金额	
翌翔公司	40 000	60 000	100 000	80 000
林华公司	10 000	6 000	8 000	12 000
合计	50 000	66 000	108 000	92 000

五、对账与结账

为了保证账簿登记的正确性，对企业单位一定时期内经济业务进行总结，必须定期进行账目的核对和结账。

（一）对账

对账是为保证账簿记录正确，以便编制财务报表，定期核对各种账簿记录的会计工作。各单位应当定期对会计账簿记录的有关数字与库存实物、货币资金、往来单位或者个人等进行相互核对，以保证账证相符、账账相符、账实相符。对账工作每年至少进行一次。

1. 账证核对。核对会计账簿记录与原始凭证、记账凭证的时间、凭证字号、内容、金额是否一致，记账方向是否相符。

2. 账账核对。核对不同会计账簿之间的账簿记录是否相符，包括：总账有关账户的余额核对，总账与明细账核对，总账与日记账核对，会计部门的财产物资明细账与财产物资保管和使用部门的有关明细账核对等。具体可通过编制“总分类账户本期发生额及余额试算平衡表”检查总账有关账户的余额是否正确，编制“明细账试算平衡表”检查总账余额及发生额是否与所属明细账余额合计、发生额合计相等。

3. 账实核对。核对会计账簿记录与财产等实有数额是否相符，包括：库存现金日记账账面余额与现金实际库存数相核对，银行存款日记账账面余额定期与银行对账单相核对；各种财物明细账账面余额与财物实存数额相核对，各种应收、应付款明细账账面余额与有关债务、债权单位或者个人核对等。

实行会计电算化的单位，总账和明细账应当定期打印。发生收款和付款业务的，在输入收款凭证和付款凭证的当天必须打印出现金日记账和银行存款日记账，并与库存现金核对无误。

需注意的是，会计账簿记录应与会计报表有关内容核对相符。由于会计报表是根据会计账簿记录及有关资料编制的，两者之间存在着相对应的关系。因此，应通过检查会计报表各项目的数据与会计账簿有关数据是否一致，以确保会计信息的质量。

（二）结账

我国有关制度规定，各单位应在一定会计期末按照规定定期结账。结账是在当期所有经济业务全部编制记账凭证并登记入账后，按照规定的方法对当期账户内的记录计算发生额合计和期末余额的会计工作。为了保证财务报表所提供信息的可靠性，企业单位都应在一定会计期末，所有经济业务、转账业务登记入账后才能结账，不能为编制报表提前结账，也不能以任何理由推迟结账。

结账按照结账期间的不同，分为月结、季结和年结。各期间结账的要求和方法基本一致。

结账时应注意：

（1）结账前，必须将本期内所发生的各项经济业务全部登记入账。

（2）结账时，应当结出每个账户的期末余额。需要结出当月发生额的，应当在摘要栏内注明“本月合计”字样，并在下面通栏划单红线。需要结出本年累计发生额的，应当在摘要栏内注明“本年累计”字样，并在下面通栏划单红线；12月末的“本年累计”就是全年累计发生额。应当在全年累计发生额下面通栏划双红线。年度终了结账时，所有总账账户都应当结出全年发生额和年末余额。

（3）年度终了，要把各账户的余额结转到下一会计年度，并在摘要栏注明“结转下年”字样；在下一会计年度新建有关会计账簿的第一行余额栏内填写上年结转的余额，并在摘要栏注明“上年结转”字样。

（4）损益类账户和部分成本类账户属于虚账户或暂记性账户，期末一般无余额，只要会计期间结束这些账户就应该结平，不能将余额带到下一个会计期间。资产、负债和所有者权益类账户属于实账户，期末一般有余额，随企业经营活动的延续而递延至下一个会计期间。

六、会计账簿的更换与保管

实行会计电算化的单位，用计算机打印的会计账簿必须连续编号，经审核无误后装订成册，并由记账人员和会计机构负责人、会计主管人员签字或者盖章。

（一）会计账簿的更换

每年年初，总账、日记账与大部分明细账都必须更换新账，少数明细账（如固定资产明细账及卡片）不必更换。对于需要更换新账簿的账户，一般将各账户的余额抄入新账各个账户第一页第一行，在旧账摘要栏加盖“结转下年”字样，新账年初第一行摘要栏加盖“上年结转”字样，不用编制记账凭证。

（二）会计账簿的保管

账簿是企业重要的会计文件，必须建立规章制度加以保管。

（1）账簿应由专人负责保管，明确账簿保管工作责任。

（2）账簿不得外借，也不得携带账簿外出，非经保管人员同意不得随意查阅。如有特殊情况需要带出的，应经过单位领导及会计主管人员批准，并由带出者负责会计账簿的安全完整。

（3）更换新账簿后，旧账应整理装订，并由带出者归档保管。

（4）按照规定的时间期限保管，总账、明细账和一般日记账一般保存15年，库存现金日记账、银行存款日记账一般保存25年，一些重要账簿记录应该永久保存。

本章小结

会计凭证、会计账簿是企业单位会计核算时的重要文件，是编制财务报表前的基础工作，其准确与否影响着会计信息的真实性、可靠性。

会计凭证是记录经济业务、明确经济责任、登记会计账簿的书面证明。按照编制程序和用途分为原始凭证和记账凭证。

原始凭证是在经济业务发生或完成时填制或取得的记录经济业务内容、明确责任的书面证明。为保证会计信息的真实可靠，填制时必须做到内容完整、填写及时、数字正确无误、责任明确、按顺序使用，并在加工之前对原始凭证进行审核。

记账凭证是根据审核合格的原始凭证填制的、记录经济业务引起的会计科目变动的方向、变动金额等的书面文件。经济业务不多的企业单位，不论什么样的经济业务，只填制通用记账凭证；业务量多的企业可以按照经济业务是否涉及库存现金、银行存款的收、付，分别填制收款凭证、付款凭证和转账凭证。

会计账簿是以会计凭证为依据，全面、系统、连续地记录经济业务的簿籍。按用途分类，它具体有日记账簿、分类账簿和其他备查账簿。

会计账簿由于所反映的内容不同，其具体格式也有差别。总账根据记账凭证，或者科目汇总表，或者汇总记账凭证，或者多栏式日记账登记，既可以逐笔登记也可以总括登记，期末结出余额。明细账簿根据审核合格的记账凭证和原始凭证登记，随时结出余额。日记账簿根据审核合格的记账凭证、原始凭证按照经济业务发生的时间顺序逐日逐笔登记，每日结清余额，会计期末结出发生额合计及期末余额。

账簿登记必须遵守一定的规则。如果出现错误，不得涂改、挖补、刮擦或者用药水消除字迹，应该按照正确的更正方法进行更正，正确的更正方法有划线更正法、红字更正法和补充登记法。

对账是会计期末必须进行的一项会计工作，目的是保证会计核算资料正确。

对账包括账证核对、账账核对、账实核对。

结账前必须保证所有的经济业务均已编制记账凭证并全部登记入账。结账要按照规定的方法进行。

重要名词概念

会计凭证	原始凭证	记账凭证	会计账簿
日记账	总账	平行登记	对账
划线更正法	红字更正法	补充登记法	

思考题

1. 会计凭证有何作用?
2. 原始凭证有哪些基本要素?
3. 原始凭证审核的方法和内容有哪些?
4. 记账凭证有哪些种类?基本要素有哪些?如何填制?
5. 怎样设计记账凭证传递的程序?传递程序对加强单位内部控制有何作用?
6. 会计账簿有什么作用?
7. 会计账簿有哪些种类?各有什么特征?
8. 怎样登记库存现金日记账和银行存款日记账?
9. 总账的格式如何?怎样登记?
10. 明细分类账簿有哪些格式?分别适应于什么情况?
11. 总账与明细账之间有什么关系?如何进行平行登记?
12. 账簿登记规则有哪些?
13. 错账更正时有哪些正确的更正方法?分别如何运用?
14. 对账包括哪些内容?
15. 会计期末如何结账?

自测题

一、单项选择题

1. 在同一张凭证中，连续记载一定时期内许多同类的经济业务，直到期末以其累计数作为记账依据的原始凭证称为(　　)。

A. 累计凭证　　B. 一次凭证

C. 原始凭证汇总表　　D. 复式凭证

2. 记账凭证按其反映的经济内容不同，可以分为(　　)。

A. 原始凭证、原始凭证汇总表、记账凭证汇总表

B. 一次凭证、累计凭证

C. 收款凭证、付款凭证、转账凭证

D. 自制凭证、外来凭证

3. 记账凭证无误，在登记总账时由于疏忽造成借贷方向错误，金额正确，应该采用的正确更正方法是(　　)。

A. 箭头标志　　B. 红字更正法

C. 划线更正法　　D. 撕掉重新登记

4. 向银行提取现金以备零用的业务，在编制记账凭证时，一般是编制(　　)。

A. 现金收款凭证　　B. 现金付款凭证

C. 转账凭证　　D. 银行存款付款凭证

5. 生产成本明细账通常采用(　　)账簿。

A. 三栏式　　B. 多栏式

C. 数量金额式　　D. 明细专栏式

6. 序时账簿可分为(　　)。

A. 三栏式、多栏式、数量金额式　　B. 日记账、分类账、备查簿

C. 普通日记账、特种日记账　　D. 订本式、活页式、卡片式

7. 总分类账使用的账簿规定用(　　)。

A. 订本式　　B. 活页式

C. 卡片式　　D. 表格式

8. 以下会计凭证中，属于累计原始凭证的是(　　)。

A. 差旅费报销单　　B. 限额领料单

C. 科目汇总表　　D. 发出材料汇总表

9. 下列不能作为原始凭证的是(　　)。

A. 工资计算表　　B. 盘存单

C. 银行存款余额调节表　　D. 差旅费报销单

10. “原材料”所属明细账应采用的账页格式一般为(　　)。

A. 三栏式　　B. 多栏式

C. 平行式　　D. 数量金额式

二、多项选择题

1. 总分类账和明细分类账平行登记的要求有(　　)。

A. 记账的依据相同　　B. 记账的人员相同

C. 记账的时期相同　　D. 登记的金额相等

E. 登记的方向相同

2. 总分类账和明细分类账的关系有(　　)。

A. 总分类账提供总括资料，明细分类账提供详细资料

B. 总分类账和明细分类账平行登记

C. 总分类账统驭、控制所属明细分类账

D. 所有总分类账必须附设明细分类账

E. 明细分类账补充说明与其相关联的总分类账

3. 下列属于原始凭证的有(　　)。

A. 销货合同
B. 付款凭证
C. 工资结算单
D. 工作计划
E. 车票

4. 累计凭证属于(　　)。

A. 外来凭证
B. 自制凭证
C. 原始凭证
D. 记账凭证
E. 复式凭证

5. 登记明细分类账的依据有(　　)。

A. 原始凭证
B. 原始凭证汇总表
C. 多栏式日记账
D. 记账凭证
E. 记账凭证汇总表

6. 红字更正法适用于更正(　　)。

A. 记账凭证用错科目，导致账簿错误
B. 记账凭证方向错误，导致账簿错误
C. 记账凭证对，账簿多记金额
D. 记账凭证和账簿均少记金额
E. 记账凭证和账簿均多记金额

7. 账簿中可用红笔的地方有(　　)。

A. 结账时的结线
B. 划线更正
C. 红字更正
D. 注销空行、空页
E. 负数余额

8. 对账的内容包括(　　)。

A. 账簿与合同核对
B. 账账核对
C. 账证核对
D. 账实核对
E. 账簿与预算核对

9. 账账核对要求(　　)核对相等或相符。

A. 财会部门有关财产物资的明细账与财产保管或使用部门的卡片账
B. 总分类账全部账户的本期借方发生额及余额与本期贷方发生额及余额的合计数
C. 银行存款日记账与银行对账单
D. 总分类账余额与其所属明细账的余额合计数
E. 日记账余额与总账中各账户余额

10. 下列记账凭证中可以不附原始凭证的有(　　)

A. 收款凭证
B. 付款凭证
C. 所有转账凭证
D. 用于结账的记账凭证
E. 更正错误的记账凭证

练 习 题

练习一

一、目的：练习总分类账与明细分类账平行登记。

二、资料：

（1）有关账户期初余额如下表所示。

总分类账户	明细账户	借方余额	贷方余额
应收账款	福箱工厂	42 000	
应收账款	竹皓工厂	1 600	
应付账款	大东工厂		26 000
应付账款	浩瀚公司		8 000
其他应收款	张谦	1 500	

（2）华安公司2×21年9月发生经济业务如下：

①5日，福箱工厂还来前欠货款20 000元，存入银行。

②6日，投资者华林投资新建厂房一幢，公允价值32 000元，经验收投入使用。

③19日，从银行存款中提取现金300元。

④20日，以现金支票支付浩瀚公司货款5 000元。

⑤23日，生产车间领用材料A 880元，投入生产。

⑥25日，以银行存款偿还大东工厂货款16 000元。

⑦26日，采购员张谦报销差旅费1 128元，交回现金372元，结清前暂借差旅费1 500元。

⑧26日，向浩瀚公司购入材料A 35 000元，已验收入库，货款尚未支付。

⑨27日，向竹皓工厂销售产品售价10 000元，增值税税率13%，产品已经交付，货款未收。

三、要求：

（1）根据资料（1），开设总分类账户应收账款、应付账款及其所属明细分类账户，计入期初余额。

（2）根据资料（2），编制记账凭证，并据以逐笔登记总分类账户及明细分类账户。

（3）验算总分类账及明细分类账。

练习二

一、目的：练习编制记账凭证。

二、资料：林基丽业公司2×21年6月1日发生下列经济业务。

（1）将现金900元存入银行。

（2）购入材料一批计3 000元，已验收入库，增值税税率13%，货款用银行存款付讫。

（3）收到购货单位还来货款5 000元，已存入银行。

（4）购入材料一批计20 000元，已验收入库，增值税税率13%，用银行存款支付货款 22 600 元，其余未付。

（5）用银行存款偿还短期借款 48 000 元，偿还前欠供应单位货款 2 000 元。

（6）投资者投入运输卡车一辆，公允价值 46 000 元，已验收使用。

三、要求：编制收款凭证、付款凭证、转账凭证。

练习三

一、目的：练习记账凭证编制并登记总分类账。

二、资料：

（1）华通公司 2 ×21 年 6 月末总分类账户余额如下表所示。

账户名称	6 月 30 日余额	
	借　方	贷　方
库存现金	200	
银行存款	147 600	
应收票据	8 000	
应收账款	12 000	
其他应收款	3 700	
原材料	80 000	
库存商品	60 000	
固定资产	300 000	
短期借款		50 000
应付票据		12 000
应付账款		7 400
其他应付款		4 000
预收账款		3 600
应付利息		500
累计折旧		44 000
实收资本		490 000
合　计	611 500	611 500

（2）2 ×21 年 7 月发生下列经济业务：

①从天成公司采购原材料，以银行存款预付货款 90 000 元。

②用银行存款归还到期的短期借款 50 000 元，利息 500 元（已预提）。

③销售甲产品 200 台，每台售价 1 500 元，合计价款 300 000 元，增值税税额 39 000 元，当即收到转账支票一张，面额 339 000 元，存入银行。

④以银行存款支付产品广告费用 2 800 元。

⑤向天成公司购买的材料已经运抵，增值税发票注明 A 材料价款 45 000 元，B 材料价款 50 000 元，增值税税额合计 12 350 元，天成公司代垫运费 950 元，当即以银行存款支付不足货款，运费按甲、乙材料买价比例分摊。材料验收入库，以实际采购成本结转。

⑥以现金支付本月职工工资 25 000 元。

⑦售给星光公司乙产品 80 台，每台售价 1 875 元，合计价款 150 000 元，增值税税额 19 500 元，货款尚未收到。

⑧本月应付职工工资 25 000 元，其中甲产品生产工人工资 8 000 元，乙产品

生产工人工资 7 000 元，车间管理人员工资 3 000 元，厂部管理人员工资 7 000元。

⑨公司财务经理刘克出差归来，报销差旅费 800 元，原预借 1 000 元，退回现金 200 元。

⑩计提本月生产用固定资产折旧 5 500 元，管理用固定资产折旧费1 200元。

⑪结转本月制造费用。按照生产工人工资比例分配。

⑫结转本月完工产品生产成本 80 000 元，其中，甲产品成本 55 000 元，乙产品成本 25 000 元。

⑬结转本月销售成本 98 000 元，其中，甲产品生产成本 15 000 元，乙产品生产成本 83 000 元。

⑭本月应交的城市维护建设税税金 1 500 元，予以计提。

⑮接开户银行通知，本季度银行存款利息 638 元，已转入存款户。

⑯结转损益，计算利润总额。

三、要求：编制记账凭证，逐笔登记总账，进行结账和试算平衡。

练习四

一、目的：掌握错账更正方法。

二、资料：

（1）企业领用原材料 6 900 元生产产品，会计凭证正确，只是账簿中误将 6 900 记为 9 600 元。

（2）车间领用原材料 6 900 元用于一般性消耗，会计凭证如下：

借：生产成本　　6 900

　贷：原材料　　6 900

账簿记录与会计凭证相符。

（3）企业领用原材料 6 900 元生产产品，会计凭证如下：

借：生产成本　　9 600

　贷：原材料　　9 600

账簿记录与会计凭证相符。

（4）企业领用原材料 4 500 元生产产品，会计凭证如下：

借：生产成本　　450

　贷：原材料　　450

账簿记录与会计凭证相符。

三、要求：指出以上错误并采用正确的更正方法进行更正。

案　例

翌兴有限责任公司创建于 2×21 年 7 月，占地 6 万平方米，注册资本 600 万元，有职工 315 人。公司主要生产 T11 喷墨打印机、T38 窄行针式打印机、T53 激光打印机、ST80 激光打印机四种产品，所需原材料由 6 家供货商提供，产品主要由广州米力公司等 7 家客户分销。税务机关核定企业应交纳增值税、城建税、所得税及教育费附加。公司管理部门要求提供各种产品的生产成本、销售收入等信息。

问题：公司现有包括出纳在内的会计人员 3 名。会计人员应该设置哪些会计账簿，以满足管理的基本需要？

第五章　内部控制与财产清查

【学习目标】

● 理解内部控制的概念及发展历程。

● 了解我国内部控制规范体系的建立与发展。

● 理解及掌握我国内部控制基本规范的内容。

● 掌握财产清查的概念、意义和种类，熟悉财产物资盘存制度，了解财产清查方法。

● 掌握银行存款余额调节表的编制及清查结果的账务处理。

前面分章节介绍了会计核算的主要方法，包括设置账户、复式记账、填制和审核会计凭证、登记账簿等内容。那么，是否可以在此基础上直接根据账簿资料编制会计报表呢？答案是否定的。为了保证财务信息的真实性、可靠性和完整性，在编制财务报表前还有两个重要的程序和方法，就是成本核算和财产清查。成本核算的内容将在中级财务会计和成本会计中学习。财产清查的内容则是会计学基础中重要的内容之一。仅有前述的会计核算方法还无法有效地保证财务信息的质量和财产物资的安全，企业还必须围绕会计核算工作建立一系列相关的内部控制制度。财产清查既是会计核算的专门方法，又是会计控制的手段，同时也是企业内部控制的措施。本章内容就是在此基础上以内部控制制度和财产清查为线索，分别介绍有关理论和方法。

第一节　内部控制的概念及发展历程

一、内部控制的概念和目标

（一）内部控制的概念

我国 2008 年颁布的《企业内部控制基本规范》将内部控制定义为：由企业董事会、监事会、经理层和全体员工实施的旨在实现控制目标的过程。它是一个权责明确、制衡有力，能够实现自我检查、自我调整和自我改进的动态系统。企业内部控制是为适应生产经营管理的需要而产生的，是现代企业内部管理制度的重要组成部分。会计核算、会计控制是企业内部控制的主要内容之一，也是实现企业内部控制的重要方式和手段。

内部控制是动态的管理过程，而不是静态的管理制度。因此，企业内部控制不仅要制定完善的管理制度，更重要的是使这些制度得到执行，通过管理制度的执行来保证经营目标的实现。从企业来说，内部控制不仅仅是下属员工的事，也不仅仅是企业经理层等执行层面的事，而是包括企业董事会、监事会、公司经理以及全体员工的事，他们在内部控制上承担着不同的职责。人人都是控制者。因此，公司管理层不能认为内部控制仅仅是企业内部员工的事情，而将自身置于内部控制之外，置于内部控制之上。

（二）内部控制的目标

建立健全内部控制是企业管理当局的责任。内部控制的目标包括以下五个方面。

1. 合理保证企业经营管理合法合规。企业通过建立完善的内部控制制度，并且有效地施行，可以在生产经营过程中，较好地约束自身的行为，避免违反法律法规、谋求不正当利益的现象出现，以保证企业经营管理合法合规。

2. 合理保证资产安全。企业通过建立完善的内部控制制度，对资产的保管和使用采取实物防护、程序控制、稽查核对和内部审计等手段，以预防和减少资产的损失浪费，防范贪污挪用与盗窃，保证资产的安全完整。

3. 合理保证财务报告及相关信息真实完整。真实完整的财务信息是企业利益相关者据以了解企业的过去与现状，把握预测未来，作出有效经济决策的基本条件。内部控制系统通过制定执行科学的业务处理程序，建立合理的职责分工，使财务信息在手续严密、相互牵制的控制条件下产生，以保证财务信息记录的正确完整，保证财务报表的编制符合国家颁布的会计准则和会计制度等方面的规定，有效地防止和减少错误与舞弊的发生，合理保证财务报告及相关信息真实完整。

4. 提高经营效率和效果。内部控制制度要求企业建立合理和完善的组织结构，分析、评估和防范企业内外各种风险因素，业务活动的执行以及资产和记录的接触、使用和处理均经过适当的授权，各个职能部门和人员都有明确的职责分工，员工必须具备岗位要求的素质和能力，制定和采取各种激励与约束措施，考评各部门和人员的业绩，各部门及人员明确自身的绩效目标，履行自己的职责，从而使得组织整体高效有序地运行，提高经营的效率与效果。

5. 促进企业实现发展战略。企业的战略目标是统驭经营、财务报告和遵循法律法规，企业通过采取一系列控制方法、程序和制度，确保企业经营合法合规，确保企业资产的安全、报告的真实等，推进企业建立统一、明确的整体战略规划与目标，并促进其实现。

二、内部控制的产生、发展和演进

任何事物都是在特定的条件下为适应某种客观需要而产生并遵循一定规律向前发展演进的。现代意义上的内部控制，是在长期的经营实践过程中随着对内加强经营管理和对外满足社会需要而逐渐产生并发展起来的管理思想和实践。在不同的国家和地区，在不同的历史发展阶段，内部控制的内容、形态和作用往往存在差异。纵观内部控制理论与实践的产生与发展历程，可以将其划分为以下五个主要阶段。

（一）“内部牵制”阶段

内部控制思想的起源在西方世界可以追溯到公元前3600年左右的美索不达米亚文明时期，那时已经存在内部控制的初级形式——内部牵制思想的实践。当时，在简单的财务收支活动中，经手钱财的人为付出的款项提出付款清单，另外由记录员将这些清单汇总，核对清单，并用各种各样的标志（如“√”“\”“○”等）来检查钱物的收支记录完成情况。这些原始的内部牵制措施包含了内部控制的思想。那时人们大都采用“内部牵制”这一概念，其主要特点是：以任何个人或部门不能单独控制任何一部分业务权利的方式进行组织上的责任分工，使每项业务通过正常发挥其他个人或部门的功能进行交叉检查或交叉控制，以便相互牵制，防止发生错误或舞弊。

内部牵制概念是基于两个基本假定提出来的。其一，两个或两个以上的人或部门无意识地犯同样错误的可能性是很小的；其二，两个或两个以上的人或部门有意识地合伙或舞弊的可能性大大低于单独一个人或一个部门舞弊的可能性。

总之，内部牵制着重组织内分工的控制，它是现代内部控制理论中有关组织控制、职务分离控制的雏形。

（二）“内部控制制度”阶段

20世纪40年代至70年代初，在内部牵制思想的基础上产生了内部控制制度的概念。1949年，美国注册会计师协会的审计委员会首次对内部控制下了权威性的定义：“内部控制包括组织机构的设计和企业内部采取的所有相互协调的方法和措施。这些方法和措施都用于保护企业的财产，检查会计信息的准确性，提高经营效率，推动企业坚持执行既定的管理方针。”在这一阶段中，内部控制制度的范围已超出了直接与会计和财务部门功能相关的内容范畴，具体包括内部会计控制和内部管理控制两大部分。其中，内部会计控制是指与财产安全和财产记录可靠性有直接联系的方法和程序，如授权批准控制、不相容职务相分离控制、财产接触控制和内部审计等；内部管理控制是指与提高经营效率和贯彻管理方针有关的方法和程序，如统计分析、动态研究、业绩报告、雇员培训计划和质量控制等。

在此后的几十年中，各国对内部控制的定义作了多次修改。尽管各国对内部控制的表达方式不尽相同，但所表达的内涵基本上沿用了美国注册会计师协会所确定的内部控制概念。

（三）“内部控制结构”阶段

自20世纪80年代以来，内部控制的理论研究又有了新的发展，会计与审计界研究的重点逐步从一般含义向具体内容深化，其标志是美国注册会计师协会于1988年5月发布的《审计准则公告第55号》。该公告首次以“内部控制结构”取代了“内部控制制度”一词。不仅如此，该公告提出的内部控制内容比以前更实在，条理更清楚。该公告的颁布和实施可视为内部控制理论研究的一个新的突破性成果。

该公告指出：“企业内部控制结构包括为提供取得企业特定目标的合理保证而建立的各种政策和程序。”该公告认为，内部控制结构包含控制环境、会计制度和控制程序三个要素。

1. 控制环境。控制环境是指对建立、加强或削弱特定政策或程序的效率有重大影响的各种要素，包括：管理者的思想和经营作风；企业组织结构；董事会及其所属委员会，特别是审计委员会发挥职能；确定职权或责任的方法；管理者监控和检查工作时所使用的控制方法，其中又包括经营计划、预算、预测、利润计划、责任会计和内部审计；人事工作方针及其执行；影响本企业业务的各种外部关系等。

控制环境反映了董事会、管理者、业主和其他人员对控制的态度、认识和行动。

2. 会计制度。会计制度是指为确认、计量、分析、归类、记录和报告各项经济业务，明确资产与负债的经营管理责任而规定的各种方法，包括：鉴定和登记一切合法的经济业务；对各项经济业务按适当的分类，作为编制财务报表的依据；将各项经济业务按照适当的货币价值计价，以便列入财务报表；确定经济业务发生的日期，以便在正确的会计期间进行记录；在财务报表中明确表述经济业务及对有关内容进行恰当的分类揭示等。

3. 控制程序。控制程序是指企业为保证目标的实现而建立的政策和程序。例如，经济业务和经济活动的适当授权，明确各个人员的职责分工，凭证和账单的设置和使用应保证业务和活动得到正确的记载，财产和记录的接触使用要有保护措施，对已登记的业务及其计价要进行复核等。

内部控制框架这一概念跳出了“制度二分法”的圈子，特别强调了管理者对内部控制的态度、认识和行为等控制环境的重要作用，要求审计师在评估控制风险时不仅关注会计控制制度与控制程序，还应对企业所面临的内外环境进行评估。内部控制框架概念的提出，适应了经济形势的发展和企业经营管理的需要，因而得到了会计和审计界的广泛认可。

（四）“内部控制整合框架”阶段

1992年9月，美国反虚假财务报告全国委员会发起者组织委员会（COSO）发布了指导内部控制实践的纲领性文件，即COSO研究报告——《内部控制——整合框架》。这份报告堪称内部控制发展史上的又一里程碑。报告指出：“内部控制是由企业董事会、经理阶层及其他员工实施的，为财务报告的可靠性、经营活动的效率和效果、相关法律法规的遵循性等目标的实现而提供合理保证的过程。”同时提出了内部控制整合框架由五个相互联系的要素——控制环境、风险评估、控制活动、信息沟通和监督构成。

同以往的内部控制理论及研究成果相比，COSO报告强调：①内部控制的对象是企业整个运行过程中的所有要素；②内部控制的好坏完全取决于执行控制政策和程序的人的素质和观念，同时内部控制也反过来影响人的素质观念和行动；③企业的内部控制并非只是一个机械的规定或一项制度，而是一个发现问题、解决问题、发现新问题的循环往复的“动态过程”；④管理者必须及时对各种可能的风险加以反映和评估，采取适当的措施，以保证内部控制的效率和效果；⑤不论内部控制的设计、执行如何完善，也只能为管理者实现组织目标提供合理保证；⑥内部控制本身不是目的，而是实现组织目标的一种手段和工具。内部控制整体框架为各有关方面提供了一个普遍认可、内涵统一的内部控制概念框架和评价方法，其涵盖的范围比以往任何一个内部控制的概念都更为广泛。

1. 控制环境。控制环境决定了一个组织的氛围，影响该组织中人们的内部控制意识。控制环境是内部控制中其他要素的基础，决定着内部控制的规则与结构。其内容主要包括：①正直品行与价值观；②人力资源管理和员工胜任能力；③管理哲学和经营风格；④董事会及审计委员会；⑤组织结构；⑥权责划分。

2. 风险评估。风险评估是指识别、评价和管理影响单位经营目标实现的各种内外风险的过程。重点是对符合公认会计原则的财务报告有关风险的确认、分析和管理。风险评估过程必须判明企业完成既定目标存在的内外部风险，分析各种风险的类型和程度，为风险管理提供依据。企业管理当局应制定计划、程序或行动来避免具体风险，或者出于成本或其他因素的考虑接受这一风险。产生风险的事项和情形主要包括：①经营环境的改变；②新员工的加入；③新信息系统的使用或对原系统进行升级；④业务快速发展；⑤新技术、新生产型号、产品和业务活动；⑥企业重组；⑦海外发展经营；⑧新的会计准则。

宏观经济形势、产业政策、利率与汇率的变动、消费者行为的改变、自然灾害等都会产生巨大的外部风险。

3. 控制活动。控制活动是确保管理层指令得以实施的政策和程序，具体包括：①职务分离；②授权控制；③实物控制；④信息处理控制；⑤业绩评价。

4. 信息沟通。一个健全的企业内部控制系统必须拥有一套完善的信息传递、沟通与反馈的信息系统，保证组织内外的信息畅通。信息是组织的命脉，组织内部的所有决策都离不开信息的辅助和支撑；信息是组织连接供应商和顾客，与外界沟通的生命线。沟通则是要让每个员工对于其在内部控制及财务报告中的作用与责任有一个充分的了解，便于人员与部门间的相互协调与合作。沟通的形式包括文件传输、设立联络员或专职整合员，成立任务组，引入第三方顾问，进行成员轮换，增加团队间的培训，强调共同使命，进行对话与谈判，编制政策指南、财务报告手册、备忘录等。

一个开放有效的信息沟通渠道能够确保组织及时发现、报告和解决各种例外情况。企业的组织结构设计必须能够实现纵、横两个方向的信息沟通，这样才能有助于消除部门间的障碍，为其合作提供支持和机会，满足组织的信息畅通要求。

5. 监督。监督是指由管理当局授权适当人员对内部控制设计和执行的效率与效果进行持续或定期评估的过程，以确保内部控制按预定目标发挥作用及随情况变化而获得适时修正、完善，包括日常的管理监督活动、内部审计和利用与外部团体进行信息交流而得到的监控。监督意在评估内部控制，具有一定的超然性和独立性。

内部审计是控制环境中的一个特殊因素，是因为它既是企业内部控制不可或缺的重要因素，又对企业内部控制运行情况进行监督与评价，是对内部控制的再控制。为了充分发挥内部审计对内部控制系统的监督与评价作用，必须建立健全内部审计机构和内部审计制度。企业的内部审计机构应能够行使对内部控制系统建立与运行过程及结果进行监督的权力；应具备监督与评价内部控制系统相适应的权威性；应该对在监督与评价过程中遇到的有关问题或情况有一定的处置权；应该做到与企业中其他职能机构监督与评价内部控制系统方面相互配合、相互促进、协调一致；应能够在效率上满足企业经营管理的要求；应该与外部审计机构在监督与评价内部控制系统方面相互协调一致。

（五）“风险管理框架”阶段

2003 年 7 月，COSO 根据《萨班斯—奥克斯利法案》的相关要求，颁布了“企业风险管理整合框架”的讨论稿（draft），该讨论稿是在《内部控制——整合框架》的基础上进行扩展而得来的，2004 年 9 月，正式颁布的《企业风险管理整合框架》（COSO-ERM），标志着 COSO 最新的内部控制研究成果面世。

COSO 企业风险管理的定义：“企业风险管理是一个过程，受企业董事会、管理层和其他员工的影响，包括内部控制及其在战略和整个公司的应用，旨在为实现经营的效率和效果、财务报告的可靠性以及法规的遵循提供合理保证。”COSO-ERM 框架是一个指导性的理论框架，为公司的董事会提供了有关企业所面临的重要风险，以及如何进行风险管理方面的重要信息。企业风险管理本身是一个由企业董事会、管理层和其他员工共同参与的，应用于企业战略制定和企业内部各个层次与部门的，用于识别可能对企业造成潜在影响的事项并在其风险偏好范围内进行多层面、流程化的企业风险管理过程，它为企业目标的实现提供合理保证。

在《内部控制——整合框架》五个要素的基础上，COSO 企业风险管理框架将内部控制的构成要素增加到八个：①内部环境；②目标设定：③事项识别；④风险评估；⑤风险应对；⑥控制活动；⑦信息与沟通；⑧监督。八个要素相互关联，贯穿于企业风险管理的过程中。

该框架包括三个维度，第一个维度是企业的目标，即战略目标、经营目标、报告目标和合规目标。第二个维度是全面风险管理要素，即内部环境、目标设定、事项识别、风险评估、风险应对、控制活动、信息与沟通和监督。第三个维度是企业的层级，即主体层次、各分部、业务单元和子公司。

与 COSO 内部控制整合框架相比，企业风险管理整合框架（COSO-ERM）具有以下六个方面的主要特点：

（1）内部控制涵盖在企业风险管理活动之中，是其不可分割的组成部分。

（2）拓展了所需实现目标的内容：增加了战略目标，将财务报告扩展为企业编制的所有报告，引入了风险偏好和风险容忍度的概念。

（3）引入风险组合观，从企业和业务单元两个角度以“组合”的方式考虑复合风险。

（4）更加强调风险评估在风险管理中的基础地位，将 COSO 报告的风险评估扩展为一个由四要素组成的过程。

（5）扩展了控制环境的内涵，强调风险管理概念和董事会的独立性。

（6）扩展了信息与沟通要素，企业不仅要关注历史信息，还要关注现在和未来可能影响目标实现的各种事项。

2014 年 10 月，COSO 启动了风险管理框架修订工作；2017 年 9 月 6 日，COSO时隔 13 年发布了更新版本的企业风险管理框架——《企业风险管理——与战略和业绩的整合》（2017 年版），新框架重新定义了风险和风险管理，强调了制定战略和提升绩效过程中的风险，标志着风险管理理论体系进入新的发展阶段。

与《企业风险管理整合框架》（2004 年版）相比，《企业风险管理——与战略和业绩的整合》（2017 年版）有以下主要变化：（1）优化了企业绩效与企业风险管理之间的协调关系；（2）涵盖了治理和监督预期；（3）提及了市场和运营的持续全球化趋势，以及在不同地域采取通用（尽管也有量体裁衣之考量）做法的必要性；（4）提供了将风险置于更复杂商业环境下进行考量的新方法；（5）将提升利益相关方透明度的预期纳入风险报告范围；（6）涵盖了对决策起支持作用的科学技术进步及数据分析手段。

第二节　我国企业内部控制规范体系

建立健全内部控制规范是建立现代企业制度，进行科学的企业内部管理，提高管理效率和效益的基本方式与手段。建立健全内部控制制度，应该成为市场经济发展中企业制度建设的基础工作，下面主要介绍我国企业内部控制规范体系的相关内容。

一、我国企业内部控制规范体系的建立与发展

相对于发达国家内部控制的产生与发展而言，我国企业的内部控制起步较晚。我国企业的内部控制是在企业经济活动的外在推动下，才逐渐被重视，相关的法律法规也在不断地发布与完善中。

1985 年，全国人大常委会发布的《中华人民共和国会计法》对会计核算、会计监督、会计机构和人员、法律责任等问题作了明确的规定，从法律的高度规定了企业内部控制的基础内容。

1993 年，第一次修改后的《中华人民共和国会计法》，重点突出了法律对社会公众利益的保护，针对当时企业财务报表造假等问题，要求企业负责人“保证会计资料合法、真实、正确、完整”，并明确了违法责任人、执法人，区分了违法程度，进一步明确了企业内部会计控制的相关问题。

2001 年，财政部颁布实施了《内部会计控制规范》。该规范指出，内部会计控制是指单位为了提高会计信息质量，保护资产的安全、完整，确保有关财务会计法律法规和规章制度的贯彻执行而制定和实施的一系列会计控制方法、措施和程序。其内容主要是基础控制、实物控制和执行控制。内部会计控制的基本目标包括：规范单位会计行为，保证会计资料真实、完整；堵塞漏洞、消除隐患，防止并及时发现、纠正错误及舞弊行为，保护单位资产的安全，完整；确保国家有关法律法规和单位内部规章制度的贯彻执行。从内容上看，该规范主要以会计控制为主，兼顾了相关的控制，目标集中在会计信息的真实可靠、资产保护、查错防弊等方面。

2001 年 1 月，中国证监会发布的《证券公司内部控制指引》指出，公司内部控制包括内部控制机制和内部控制制度两个方面。公司完善内部控制机制必须遵循健全性、独立性、相互制约性、防火墙、成本效益五个原则。而公司制定内部控制制度则必须遵循全面性、审慎性、有效性、适时性四个原则。

2002 年 9 月，中国人民银行发布的《商业银行企业内部控制指引》指出，内部控制应当包括内部控制环境、风险识别与评估、内部控制措施、信息交流与反馈、监督评价与纠正五个要素。商业银行内部控制应当贯彻全面、审慎、有效、独立的原则。

我国 2006 年颁布的审计准则体系中，《中国注册会计师审计准则第 1211 号——了解被审计单位及其环境并评估重大错报风险》指出，内部控制包括控制环境、风险评估过程、信息系统与沟通、控制活动和对控制的监督五个要素。

2008 年 6 月 28 日，财政部会同证监会、审计署、银监会、保监会制定并印发《企业内部控制基本规范》(以下简称《基本规范》)。该规范指出，内部控制应包括内部环境、风险评估、控制活动、信息与沟通、内部监督五个要素。要求

企业建立内部控制体系时应符合以下目标：合理保证企业经营管理合法合规、资产安全、财务报告及相关信息真实完整；提高经营效率和效果；促进企业实现发展战略。2010年4月26日，五部委又联合发布了《企业内部控制配套指引》，其中包括《企业内部控制应用指引》（以下简称《应用指引》）、《企业内部控制评价指引》（以下简称《评价指引》）和《企业内部控制审计指引》（以下简称《审计指引》）。至此，我国企业内部控制规范体系基本建立。

我国企业内部控制规范是一个科学的体系，基本规范、应用指引、评价和审计指引三个类别构成一个相辅相成的整体，如表5－1所示。

表5－1　　我国企业内部控制规范体系

法规名称	主要内容
《企业内部控制基本规范》	规定内部控制的基本目标、基本要素、基本原则和总体要求，是内部控制的总体框架，在内部控制标准体系中起统领作用
《企业内部控制应用指引》	《应用指引》是对企业按照内部控制原则和内部控制“五要素”建立健全本企业内部控制所提供的指引，在配套指引乃至整个内部控制规范体系中占据主体地位，主要包括18项具体指引，分别是组织架构、发展战略、人力资源、社会责任、企业文化、资金活动、采购业务、资产管理、销售业务、研究与开发、工程项目、担保业务、业务外包、财务报告、全面预算、合同管理、内部信息传递、信息系统
《企业内部控制评价指引》 《企业内部控制审计指引》	《评价指引》和《审计指引》是对企业按照内部控制原则和内部控制“五要素”建立健全本企业“事后控制”的指引，是对企业贯彻《基本规范》和《应用指引》效果的评价与检验。其中《评价指引》是为企业管理层对本企业内部控制有效性进行自我评价提供的指引；《审计指引》是为注册会计师和会计师事务所执行内部控制审计业务的执业准则

二、我国企业内部控制规范体系内容介绍

（一）企业内部控制基本规范

《基本规范》在企业内部控制规范体系中处于最高层次，起统驭作用，描绘了企业实施内部控制体系必须建立的框架结构，规定了内部控制的定义、目标、原则、要素等基本要求，是制定应用指引、评价指引、审计指引和企业内部控制制度的基本依据。

1. 内部控制的定义与目标。《基本规范》将内部控制定义为：由企业董事会、监事会、经理层和全体员工实施的、旨在实现控制目标的过程。

《基本规范》将内部控制的目标归纳为五个方面：合理保证企业经营管理合法合规，合理保证资产安全，合理保证财务报告及相关信息真实完整，提高经营效率和效果，促进企业实现发展战略。

内部控制的定义及目标反映了以下基本内容：内部控制是一个过程，它是实

现目的的手段，而非目的本身；内部控制受人的影响，它不仅仅是政策手册和图表，而且涉及企业各层次的人员；内部控制只能向企业董事会和经理层提供合理的保证，而非绝对的保证；内部控制的目的是实现五类既相互独立又相互联系的目标。

2. 内部控制的基本原则。《基本规范》要求企业构建并实施内部控制体系时，应当遵循以下基本原则：

（1）全面性原则。所谓全面性，就是强调内部控制应当贯穿决策、执行和监督的全过程，覆盖企业及其所属单位的各种业务和事项。

（2）重要性原则。所谓重要性，就是指在全面控制的基础上，内部控制应该关注重要业务事项和高风险领域。

（3）制衡性原则。所谓制衡性，就是指内部控制应当在治理结构、机构设置及权责分配、业务流程等方面相互制约、相互监督，同时兼顾运营效率。

（4）适应性原则。所谓适应性，就是强调内部控制应当与企业经营规模、业务范围、竞争状况和风险水平等相适应，并随着情况的变化及时加以调整。

（5）成本效益原则。此原则又称为成本与效率效果原则，就是指内部控制应当权衡实施成本与预期效益，以适当的成本实现有效控制。

3. 内部控制的要素。内部控制包括以下五个要素。

（1）内部环境。内部环境是企业实施内部控制的基础。《基本规范》将内部环境的要素归纳为六个方面，即公司治理结构、内部机构设置与职责分工、内部审计、人力资源政策、企业文化和法制环境。同时明确，企业应当成立专门机构或者指定适当的机构具体负责组织协调内部控制的建立及日常工作。

（2）风险评估。风险评估是指企业及时识别、系统分析经营活动中与实现内部控制目标相关的风险，合理确定风险应对策略。企业应当根据设定的控制目标，全面、系统、持续地收集相关信息，结合实际情况，及时进行风险评估。《基本规范》将风险评估的要素归纳为四个方面，即确定风险承受度、识别风险（包括内部和外部风险）、风险分析和风险应对。

（3）控制活动。控制活动是指企业根据风险评估结果，采取相应的控制措施，将风险控制在可承受范围之内。《基本规范》将控制活动或控制措施概括为七个方面，即不相容职务分离控制、授权审批控制、会计系统控制、财产保护控制、预算控制、运营分析控制和绩效考评控制，同时规定企业应当建立重大风险预警机制和突发事件应急处理机制，明确风险预警标准，对可能发生的重大风险或突发事件，制定应急预案，明确责任人，规范处置程序，确保突发事件得到及时妥善的处理。

（4）信息与沟通。信息与沟通是指企业及时、准确地收集、传递与内部控制相关的信息，确保信息在企业内部及企业与外部之间进行有效沟通。《基本规范》主要围绕内部和外部信息的收集、信息在内部和外部相关者间的传递、信息技术平台、反舞弊机制、举报投诉制度和举报人保护制度等展开。

（5）内部监督。内部监督是指企业对内部控制建立与实施情况进行监督检查，评价内部控制的有效性，发现内部控制缺陷，应当及时加以改进。《基本规范》主要针对内部监督的类型和方式，内部控制自我评价和缺陷认定机制，内部控制记录制度等进行规定。

（二）内部控制应用指引

《应用指引》在企业内部控制规范体系中居于主体地位，主要包括两方面的内容：一是针对企业主要业务与事项的应用指引，共18项，可以划分为三大类，即内部环境类指引、控制活动类指引、控制手段类指引，基本涵盖了企业资金流、物流、人流和信息流等各项业务和事项；二是针对特殊企业或者行业的应用指引，如银行、证券、保险等金融类企业，由于其经营业务特殊，涉及金融风险，对经济发展和金融安全关系重大，在内部控制方面，除遵循一般内部控制要求外，还有必要规定特殊应用指引，构成应用指引的组成部分，共三项（暂未发布）。

下面主要对企业的18项一般性应用指引分别按内部环境类指引、控制活动类指引、控制手段类指引进行简要介绍。

1. 内部环境类指引。内部环境是企业实施内部控制的基础，支配着企业全体员工的内控意识，影响着全体员工实施控制活动和履行控制责任的态度、认识和行为。内部环境类指引有五项，包括组织架构、发展战略、人力资源、社会责任和企业文化。

（1）《企业内部控制应用指引第1号——组织架构》。为防范和化解组织架构设计和运行中存在的重要风险，组织架构应用指引明确提出如下要求：一是应当确保决策、执行和监督相互分离，形成制衡。按照规定的权限和程序实行集体决策审批或者联签制度；任何个人不得单独进行决策或者擅自改变集体决策意见。二是合理设置内部职能机构，明确各机构的职责权限。三是应当确保本企业治理结构、内部机构设置和运行机制等符合现代企业制度要求。四是通过合法有效的形式履行出资人职责，维护出资人权益。

（2）《企业内部控制应用指引第2号——发展战略》。企业应当在对现实状况和未来趋势进行综合分析和科学预测的基础上，制定并实施长远发展目标与战略规划。其要求如下：一是在董事会下设立战略委员会，或指定相关机构负责发展战略管理工作；二是明确要求企业应在制定发展目标；三是强调战略规划应当根据发展目标制订，明确发展的阶段性和发展程度，确定每个发展阶段的具体目标、工作任务和实施路径；四是要求董事严格审议战略委员会提交的发展战略方案，之后再报经股东（大）会批准实施；五是设立了发展战略实施后评估制度，要求战略委员会加强对发展战略实施情况的监控，定期收集和分析相关信息。

（3）《企业内部控制应用指引第3号——人力资源》。人力资源应用指引强调：一是应当制定年度人力资源需求计划；二是应当明确各岗位的职责权限、任职条件和工作要求，通过公开招聘、竞争上岗等多种方式选聘优秀人才；三是应当依法签订劳动合同，建立劳动用工关系；四是应当建立和完善人力资源的激励约束机制，制定与业绩考核挂钩的薪酬制度；五是应当建立健全员工退出（辞职、解除劳动合同、退休等）机制，明确退出的条件和程序，确保员工退出机制得到有效实施。

（4）《企业内部控制应用指引第 4 号——社会责任》。社会责任应用指引提出了风险管控措施的要求：一是要求设立安全管理部门和安全监督机构；二是要求规范生产流程，建立严格的产品质量控制和检验制度；三是要求提高员工的环境保护和资源节约意识，建立环境保护与资源节约制度；四是要求依法保护员工的合法权益，保障员工依法享有劳动权利和履行劳动义务，保持工作岗位相对稳定，积极促进充分就业。

（5）《企业内部控制应用指引第 5 号——企业文化》。企业文化应用指引明确提出以下管控措施：一是要求积极培育具有自身特色的企业文化；二是要求重视并购重组后的企业文化建设；三是要求董事、监事、经理和其他高级管理人员在企业文化建设中发挥主导和垂范作用；四是要求企业加强企业文化的宣传和贯彻。

2. 控制活动类指引。企业在改进和完善内部环境控制的同时，还应对各项具体业务活动实施相应的控制。为此，制定了控制活动类应用指引，包括资金活动、采购业务、资产管理、销售业务、研究与开发、工程项目、担保业务、业务外包、财务报告这些方面。

（1）《企业内部控制应用指引第 6 号——资金活动》。资金活动应用指引分别对筹资、投资和资金营运活动提出下列管控措施：一是要求根据筹资目标和规划，结合年度全面预算，拟订筹资方案；二是要求对筹资方案进行严格审批后，按照规定权限和程序筹集资金；三是要求加强债务偿还和股利支付环节的管理；四是要求根据投资目标和规划，合理安排资金投放结构；五是对于采用并购方式进行投资的企业，要求其严格控制并购风险；六是要求加强对投资方案的可行性研究，并按照规定的权限和程序对投资项目进行决策审批；七是要求加强投资收回和处置环节的控制；八是要求加强资金营运全过程的管理，统筹协调内部各机构在生产经营过程中的资金需求，切实做好资金在采购、生产、销售等各环节的综合平衡，实现资金营运的良性循环，提升资金营运效率。

（2）《企业内部控制应用指引第 7 号——采购业务》。采购业务应用指引，对请购、审批、购买、验收、付款、采购后评估等环节进行风险管控，确保物资采购满足企业生产经营需要。其要求如下：一是采购业务尽量集中；二是建立采购申请制度；三是建立科学的供应商评估和准入制度；四是建立严格的采购验收制度；五是加强采购付款的管理；六是建立退货管理制度。

（3）《企业内部控制应用指引第 8 号——资产管理》。为防范和化解资产管理中存在的重要风险，资产管理应用指引针对性提出了如下应对措施：一是采用先进的存货管理技术和方法，规范存货管理流程；二是根据各种存货采购间隔期和当前库存，确保存货处于最佳库存状态；三是加强房屋建筑物、机器设备等各类固定资产的维护、清查、处置管理，确保固定资产处于良好运行状态；四是强化对生产线等关键设备运转的监控，严格操作流程；五是严格执行固定资产投保政策，及时办理投保手续；六是规范固定资产抵押管理，确定固定资产抵押程序和审批权限等；七是企业加强对品牌、商标、专利、专有技术、土地使用权等无形资产的管理。

（4）《企业内部控制应用指引第9号——销售业务》。销售业务应用指引提出的管控措施如下：一是加强市场调查，合理确定定价机制和信用方式；二是企业与客户签署销售合同，明确双方的权利和义务；三是销售部门按照经批准的销售合同开具相关销售通知，发货和仓储部门严格按照销售通知所列项目组织发货，确保货物的安全发运；四是完善客户服务制度，加强客户服务和跟踪；五是完善应收款项管理制度；六是加强应收款项坏账的管理。

（5）《企业内部控制应用指引第10号——研究与开发》。研究与开发应用指引强调：一是提出研究项目立项申请，开展可行性研究，编制可行性研究报告；二是研究项目应当按照规定的权限和程序进行审批；三是应当加强对研究过程的管理；四是应当建立和完善研究成果验收制度；五是企业应当明确界定核心研究人员范围和名册清单，签署保密协议；六是企业应当加强研究成果的开发与保护，形成科研、生产、市场一体化的自主创新机制，促进研究成果转化为实际生产力。

（6）《企业内部控制应用指引第11号——工程项目》。工程项目应用指引明确指出，企业必须强化对工程建设全过程的监控，制定和完善工程项目各项管理制度，明确相关机构和岗位的职责权限，规范工程立项、招标、造价、建设、验收等环节的工作流程及控制措施，保证工程项目的质量和进度。其要求如下：一是应当提出项目建议书，编制可行性研究报告；二是应当采用公开招标的方式；三是应当加强工程造价的管理；四是应当加强对工程建设过程的监控；五是企业收到承包单位的工程竣工报告后，应当及时编制竣工决算，开展竣工决算审计，办理竣工验收手续。

（7）《企业内部控制应用指引第12号——担保业务》。担保业务应用指引提出具体要求：一是应当对担保申请人进行资信调查和风险评估，并出具书面报告；二是应当加强对子公司担保业务的统一监控，企业内设机构未经授权不得办理担保业务；三是应当根据审核批准的担保业务订立担保合同，定期监测被担保人的经营情况和财务状况；四是应当加强对担保业务的会计系统控制，建立担保事项台账；五是企业应当在担保合同到期时，全面清理用于担保的财产、权利凭证，按照合同约定及时终止担保关系。

（8）《企业内部控制应用指引第13号——业务外包》。业务外包应用指引明确指出，存在业务外包活动的企业应当着手建立和完善业务外包管理制度，规定业务外包的范围、方式、条件、程序和实施等相关内容，明确相关机构和岗位的职责权限，强化业务外包全过程的监控，防范外包风险，充分发挥业务外包的优势。具体来讲，要求如下：一是合理确定外包业务范围，综合考虑成本效益原则；二是拟订业务外包实施方案，按照规定的权限和程序审核批准；三是加强业务外包实施的管理，注重与承包方的沟通与协调。

（9）《企业内部控制应用指引第 14 号——财务报告》。为有效防范财务报告过程中的风险，财务报告应用指引明确提出如下要求：一是编制财务报告时，重点关注会计政策和会计估计。二是按照国家统一的会计准则制度规定，根据登记完整、核对无误的会计账簿记录和其他有关资料编制财务报告。三是依照法律法规和国家统一的会计准则制度的规定，及时对外提供财务报告；财务报告须经注册会计师审计的，注册会计师及其所在的事务所出具的审计报告应当随同财务报告一并提供。四是企业重视财务报告分析工作，定期召开财务分析会议。

3. 控制手段类指引。控制手段类指引偏重于“工具”性质，往往涉及企业整体业务或管理。此类指引有四项，包括全面预算、合同管理、内部信息传递和信息系统。

（1）《企业内部控制应用指引第 15 号——全面预算》。全面预算应用指引要求企业在加强全面预算工作的组织领导，明确预算管理体制以及各预算执行单位的职责权限、授权批准程序和工作协调机制的基础上，着重做到以下四点：一是应当建立和完善预算编制工作制度；二是应当根据发展战略和年度生产经营计划，综合考虑预算期内经济政策、市场环境等因素，按照上下结合、分级编制、逐级汇总的程序，编制年度全面预算；三是应当加强对预算执行的管理；四是应当建立严格的预算执行考核制度。

（2）《企业内部控制应用指引第 16 号——合同管理》。合同管理应用指引有针对性地提出：一是对外发生经济行为，除即时结清方式外，应当订立书面合同；二是应当根据协商、谈判结果，拟定合同文本，明确双方的权利义务和违约责任，并严格进行审核；三是应当按照规定的权限和程序与对方当事人签署合同；四是应当加强合同信息安全保密工作；五是应当遵循诚实信用原则严格履行合同；六是应当建立合同履行情况评估制度。

（3）《企业内部控制应用指引第 17 号——内部信息传递》。内部信息传递应用指引要求企业建立科学的内部信息传递机制，明确内部信息传递的内容、保密要求、传递方式以及各管理层级的职责权限等，促进内部报告的有效利用，充分发挥内部报告的作用。其具体要求如下：一是应当采用经营快报等多种形式，全面反映与企业生产经营管理相关的各种内外部信息；二是应当制定严密的内部报告流程，构建科学的内部报告网络体系；三是应当拓宽内部报告的渠道，广泛收集合理化建议；四是应当重视内部报告的使用。

（4）《企业内部控制应用指引第 18 号——信息系统》。信息系统应用指引应当结合组织架构、业务范围、地域分布、技术能力等因素，制定信息系统建设整体规划，加大投入力度，有序组织信息系统开发、运行与维护，优化管理流程，防范经营风险。其具体要求如下：一是应当根据信息系统建设整体规划提出项目建设方案；二是开发信息系统，应当将生产经营管理业务流程、关键控制点和处理规则嵌入系统程序，实现手工环境下难以实现的控制功能；三是应当加强信息系统开发全过程的跟踪管理；四是应当加强信息系统运行与维护的管理；五是应当重视信息系统运行中的安全保密工作，确定信息系统的安全等级。

（三）内部控制评价指引

《评价指引》是为企业管理层对本企业进行内部控制自我评价提供的指引和要求，是从企业内部的角度对内部控制评价的规范，主要规范了内部控制评价的原则和内容、程序和方法，以及内部控制缺陷认定与编制内部控制评价报告等。

1. 内部控制评价的定义与原则。内部控制评价，是指企业董事会或类似权力机构对内部控制的有效性进行全面评价，形成评价结论，出具评价报告的过程。对内部控制有效性进行全面评价，包括财务报告内部控制有效性和非财务报告内部控制有效性。完成评价后，企业应当出具内部控制自我评价报告，并在年报中披露。

内部控制评价应当遵循以下三个原则。

（1）全面性原则。评价工作应当包括内部控制的设计与运行，涵盖企业及其所属单位的各种业务和事项。

（2）重要性原则。评价工作应当在全面评价的基础上，关注重要业务单位、重大业务事项和高风险领域。

（3）客观性原则。评价工作应当准确地揭示经营管理的风险状况，如实反映内部控制设计与运行的有效性。

2. 内部控制评价的内容和程序。内部控制评价的内容涉及以下七个方面。

（1）企业应当围绕内部环境、风险评估、控制活动、信息与沟通、内部监督等要素，确定内部控制评价的具体内容，对内部控制设计与运行情况进行全面评价。

（2）企业组织开展内部环境评价，应当以组织架构、发展战略、人力资源、企业文化、社会责任等应用指引为依据，结合本企业的内部控制制度，对内部环境的设计及实际运行情况进行认定和评价。

（3）企业组织开展风险评估机制评价，应当以《基本规范》有关风险评估的要求，以及各项应用指引中所列主要风险为依据，结合本企业的内部控制制度，对日常经营管理过程中的风险识别、风险分析、应对策略等进行认定和评价。

（4）企业组织开展控制活动评价，应当以《基本规范》和各项应用指引中的控制措施为依据，结合本企业的内部控制制度，对相关控制措施的设计和运行情况进行认定和评价。

（5）企业组织开展信息与沟通评价，应当以内部信息传递、财务报告、信息系统等相关应用指引为依据，结合本企业的内部控制制度，对信息收集、处理和传递的及时性、反舞弊机制的健全性、信息系统的安全性等进行认定和评价。

（6）企业组织开展内部监督评价，应当以《基本规范》有关内部监督的要求，以及各项应用指引中有关日常管控的规定为依据，结合本企业的内部控制制度，对内部监督机制的有效性进行认定和评价，重点关注监事会、审计委员会、内部审计机构等是否在内部控制设计和运行中有效发挥监督作用。

（7）内部控制评价工作应当形成工作底稿，详细记录企业执行评价工作的内容。包括评价要素、主要风险点、采取的控制措施、有关证据资料以及认定结果等。内部控制评价程序一般包括以下六个环节：制定评价控制方案、组成评价工作组、实施评价工作与测试、认定控制缺陷、汇总评价结果、编报评价报告等。

3. 内部控制缺陷认定。企业在日常监督、专项监督和年度评价工作中，应当充分发挥内部控制评价工作组的作用。内部控制评价工作组应当根据现场测试获取的证据，对内部控制设计和运行中的缺陷进行初步认定，并按其影响分为重大缺陷、重要缺陷和一般缺陷，形成内部控制自我评价报告。其中重大缺陷（也称实质性漏洞）是指一个或多个控制缺陷的组合，可能严重影响内部整体控制的有效性，进而导致企业无法及时防范或发现严重偏离整体控制目标的情形。重要缺陷是指一个或多个一般缺陷的组合，其严重程度低于重大缺陷，但导致企业无法及时防范或发现严重偏离整体控制目标的严重程度依然重大，需引起管理层关注。一般缺陷是指除了重要缺陷、重大缺陷之外的其他缺陷。

4. 内部控制评价报告。企业应当以每年的 12 月 31 日作为年度内部控制评价报告的基准日，并于基准日后 4 个月内报出内部控制评价报告。《评价指引》规定内部控制评价报告应至少披露下列内容：①董事会对内部控制报告真实性的声明；②内部控制评价工作的总体情况；③内部控制评价的依据；④内部控制评价的范围；⑤内部控制评价的程序和方法；⑥内部控制缺陷及其认定情况；⑦内部控制缺陷的整改情况及重大缺陷拟采取的整改措施；⑧内部控制有效性的结论。

（四）内部控制审计指引

《审计指引》是注册会计师和会计师事务所执行内部控制审计业务的执业准则。该指引共 7 章 35 条，主要规定了内部控制审计的定义以及内部控制审计的计划、实施、评价、完成和报告工作等基本要求，并附有内部控制审计报告的参考格式。

内部控制审计是指会计师事务所接受委托，对特定基准日内部控制设计与运行的有效性进行审计。一般情况下，如果企业财务报表的年末日为 12 月 31 日，通常此日也会定为基准日，为内部控制的有效性发表意见。

《审计指引》中重申建立健全和有效实施内部控制，评价内部控制的有效性是企业董事会的责任。而在实施审计工作的基础上对内部控制的有效性发表审计意见，是注册会计师的责任。注册会计师要在实施审计工作的基础上，获取充分、适当的证据，对内部控制的有效性发表审计意见并提供合理保证。

注册会计师应按照《审计指引》以及其他有关的审计准则的要求，计划和实施审计工作，评价控制缺陷，从而整合其对内部控制有效性的意见。注册会计师对财务报告内部控制的有效性发表审计意见，如果在审计过程中注意到非财务报告内部控制的重大缺陷，将会在其内部控制审计报告中增加“非财务报告内部控制重大缺陷描述段”予以披露。

注册会计师可以单独进行内部控制审计，也可将内部控制审计与财务报表审计整合进行，以同时实现下列目标：

（1）获取充分、适当的证据，支持其在内部控制审计中对内部控制有效性发表的意见。

（2）获取充分、适当的证据，支持其在财务报表审计中对控制风险的评估结果。

《审计指引》还对注册会计师在计划审计工作、实施审计工作、评价控制缺陷、完成审计工作、出具审计报告等方面作了相应的规定，但由于本章以内部控制内容为重点，对审计方面的具体规定就不予详述。

第三节　财产清查的意义、种类和盘存制度

一、财产清查的概念与意义

（一）财产清查的概念

财产清查是指通过实地盘点、核对、查询等手段，确定各项财产物资、货币资金和债权债务的实际结存数，并与账面结存数核对，以查明账实是否相符的一种会计核算专门方法。

内部控制并不能为企业财产物资的安全完整和会计信息的真实可靠提供绝对保证。内部控制也会因为设置和运行的成本效益限制、人为错误、各职能部门与相关人员的串通舞弊、管理者越权、内外部环境的变化等方面的原因而失控、失效。为了保证内部控制运行的效率与效果，除了加强企业外部监督（包括注册会计师审计监督、财政税务监督、银行金融监管、工商检查等）外，还必须定期对内部控制运行情况进行内部检查。企业为了编制财务报告，保证账实相符而进行的财产清查，既是内部控制的重要手段，也是对财产物资的内部控制运行情况进行检查监督的重要措施，在一定程度上能够及时发现和防止内部控制失效，保护财产物资的安全完整。

（二）造成账实不符的原因

账簿是根据经济业务在实际发生或完成时填制的原始凭证，以及审核无误后编制的记账凭证，经过整理汇总后登记的。造成账实不符的原因很多，既有记账过程中的差错，也有财产物资保管过程中的失误；既有主观原因，也有客观因素。概括起来有以下几种情况：①财产物资在运输、保管和收发过程中发生的自然损耗、销蚀、升重等现象；②在财产物资收发过程中，由于计量、计算、检验不准确而发生的差错；③在财产物资增减变动时，没有及时填制凭证、登记账簿，或者在填制凭证和登记账簿时发生了计算上或登记上的错误；④由于管理不善或工作人员失职造成的差错；⑤由于不法分子贪污盗窃、营私舞弊等造成的财

产物资的损失；⑥自然灾害或非常事件造成的财产物资的损失；⑦未达账项引起的账账不符、账实不符等。

造成账实不符的原因，有些是工作上的人为差错，也有些是自然和社会的原因；有些是可以避免的，有些是不能完全避免的。因此，为了掌握各项财产的真实情况，保证会计资料的真实可靠，就需要在填制与审核凭证、登记账簿的基础上，对各项财产物资进行盘点和核对。只有经过财产清查，进行适当的账务处理，确保账实相符后，才能根据账簿资料编制会计报表。

（三）财产清查的意义

财产清查作为会计核算的一种专门方法，在保证会计信息的真实可靠，保护企业财产的安全、完整，维护财经纪律，改善经营管理，提高管理水平，加速资金周转等方面都有积极作用。具体来说，财产清查的作用有以下四个方面。

（1）保证财产的安全完整。通过财产清产，可以查明企业的财产、商品、物资是否完整，有无缺损、霉变现象，以便堵塞漏洞，改进工作，建立和健全各种责任制，切实保证财产的安全完整。

（2）保证会计资料的真实可靠。通过财产清查，可以确定各项财产的账存数与实存数是否相符，以及查清发生盘盈、盘亏的原因和责任，以便及时调整账面数字，做到账实相符，保证会计资料的真实性。

（3）挖掘财产物资的潜力，改善经营管理。通过财产清查，可以发现财产管理上存在的问题，以便查明原因，改善经营管理。在清查财产的过程中，要查明各种财产物资的储备和周转使用情况，查明各种财产的收发保管等手续制度的执行情况，以便充分挖掘财产物资的潜力，发挥各种财产物资的使用效能，加速资金周转，改善企业经营管理；要查明各项往来款项的结算是否符合国家财经纪律和财政、信贷、结算制度的规定，以便及时清理债权、债务，避免和减少坏账损失。

（4）监督检查企业内部控制制度是否得到有效执行，保证财经纪律和结算制度的贯彻执行。通过对财产、物资、货币资金及往来账款的清查，可以查明单位有关业务人员是否遵守国家的财经法规和结算制度，企业内部控制制度是否被有效贯彻执行，有无贪污盗窃、挪用公款的情况，各项业务活动是否符合党和国家的方针政策，从而使企业员工更加自觉地遵纪守法，促进企业内部控制制度更加健全有效。

二、财产清产的种类

（一）按清查对象和范围可以分为全面清查和局部清查

1. 全面清查。全面清查是指对所有的财产进行全面盘点和核对。其范围广、时间长、工作量大、参加的人员多，有时还会影响企业的生产经营的正常进行，所以一般只有在以下几种情况下，才需要进行全面清查：①年终决算前要进行一次全面清查，以确保年度会计报表的真实性；②单位撤销、合并或改变隶属关系时要进行一次全面清查，明确经济责任；③中外合资，国内联营；④开展清产核资（清查财产、核对资金）或资产清查时要进行全面清查，以摸清家底，准确核定资金，保证生产的正常资金需要；⑤单位主要负责人调离工作岗位。

2. 局部清查。局部清查指根据需要对一部分财产所进行的清查。其范围小、内容少，但专业性较强，一般有以下几种情况：①对于流动性较大的物资如存货等，除了年度清查外，年内还要轮流盘点或重点抽查，各种贵重物资每月应清查一次；②现金应由出纳人员于每日业务终了时清点；③银行存款和银行借款每月同银行核对一次；④债权债务应在年内核对1～2次，有问题的应及时调查、及时解决。

（二）按清查的时间可分为定期清查和不定期清查

1. 定期清查。定期清查指根据管理制度的规定或预先计划安排的时间对财产应进行的清查。它一般是在年末、季末或月度末结账时进行。根据实际情况和需要，定期清查可以是全面清查，也可以是局部清查。

2. 不定期清查。不定期清查是指事先并无规定清查时间，根据需要进行的临时性清查。如更换财产、物资和现金保管人员时，要对有关人员所保管的财产进行清查，以分清经济责任；发生非常灾害和意外损失时，要对受灾损失的有关财产进行清查，以查明损失情况；上级主管、财政和银行等部门要对本单位进行会计检查时，应按检查的要求和范围进行清查，以验证会计资料的准确性；进行临时性的清产核资工作时，要对本单位的财产进行清查，以摸清家底。不定期清查可以是全面清查，也可以是局部清查，具体应按实际需要而定。

（三）按照清查的执行系统可分为内部清查和外部清查

1. 内部清查。内部清查是指由本单位内部自行组织清查工作小组进行的财产清查工作。这种清查也称为自查。

2. 外部清查。外部清查是指由上级主管部门、审计机关、司法部门、注册会计师根据国家有关规定或情况需要对本单位进行的财产清查。

三、财产物资的盘存制度

财产清查的重要环节是盘点财产物资，确定财产物资的实存数量。为使财产清查工作顺利进行，企业应建立科学而适用的财产物资盘存制度。在实际工作中，财产物资的盘存制度，有永续盘存制和实地盘存制两种。

（一）永续盘存制

永续盘存制也称账面盘存制，是指平时对各项财产物资的增加数和减少数都须根据会计凭证连续记入有关账簿，并随时结出账面结存数额。其计算公式如下：

账面期末余额 = 账面期初余额 + 本期增加额 − 本期减少额

采用永续盘存制，尽管能在账簿中及时反映各项财产物资的结存数额，但是，也可能由于登记上的失误而发生账实不符。因此，采用永续盘存制的企业，也需要对各项财产物资进行清查盘点，以查明账实是否相符，以及账实不符的原因。

永续盘存制的优点是核算手续严密，能及时反映各项财产物资的收入、发出和结存的数量、单价和金额情况，有利于加强财产物资的监督管理，保护财产物资的安全完整；其缺点是记账烦琐、核算工作量大。这种盘存制度为各企业单位广泛采用。我国现行会计制度要求企业尤其是重要存货采用永续盘存制进行核算。

（二）实地盘存制

实地盘存制是指平时只根据会计凭证在账簿上登记财产物资的增加数，而不登记减少数，到月末结账时，根据实地盘点数来倒挤出本月的减少数，再据以登记有关账簿。其计算公式如下：

本期减少数 = 账面期初余额 + 本期增加数 − 期末实际盘存数

在实地盘存制下，对各项财产物资进行盘点的结果，只是作为登记财产物资账面减少的依据，而不能用来核对账实是否相符。

实地盘存制的优点是记账手续简单，核算工作量较小。其缺点是手续不够严密，不能通过账簿随时反映和监督各项财产物资的收发、结存等情况，反映的数字不精确、不及时。通过期末实地盘存数来倒推本期发出数，容易将当期仓库管理中多发少发、物资毁损、贪污盗窃、营私舞弊等情况造成的财物损失算入成本费用，隐藏和掩盖这些财产物资管理上的问题与矛盾，不利于加强企业内部监督。因此，实地盘存制是一种不太完善的财产物资盘存管理办法，只适用于小型企业、经营鲜活商品的零售企业或者是针对品种规格多、单位价值低且收发变动又很频繁的财物使用。

因此，在日常经营活动中，企业可根据存货类别和管理要求，对主要存货实行永续盘存制，而对某些单价低的小量存货实行实地盘存制，不论采用何种方法，前后各期应保持一致。

第四节　财产清查的方法与应用

一、财产清查的程序与方法

（一）财产清查的程序

财产清查是一项既复杂又细致的工作，必须要有计划、有组织地进行。不同的财产清查，其程序也不尽相同。但就其一般程序而言，主要包括以下几个步骤：

1. 成立专门清查小组。财产清查涉及面广、人员多、工作量大，必须成立由会计部门牵头，会计、业务、保管等各职能部门人员参加的清查小组，具体负责财产清查的计划组织和管理。

2. 业务准备。业务准备是进行财产清查的关键。财产清查前，会计部门和有关业务部门必须做好以下各项准备工作。

（1）会计部门应做好所有账簿的登记工作。将总分类账中的货币资金、财产物资和债权债务的有关账户与其所属的明细分类账和日记账核对准确，做到账账相符、账证相符，为账实核对提供正确的账簿资料。

（2）财产物资保管部门要做好各种财产物资入账工作，并与会计部门的有关财产物资核对相符。同时，将各种财产物资排列整齐，挂上标签，标明品种、规格及结存数量，以便盘点核对。

（3）财产清查人员在清查业务前，也要进行必要的准备，如准备计量器具及清查用的各种表册等。

3. 实施财产清查。在各项准备工作就绪之后，清查人员应根据清查的对象，采用一定的方法，实施财产清查。

清查人员在进行清查工作时，无论是盘点财产物资，还是盘点现金，当事人必须在场，由盘点人员据实做好盘查记录；盘点结束后，盘点人员应根据财产物资的盘点记录和不同的财产物资编制相应的表单，并据以分析清查结果，找出原因，并作出相应的处理。

（二）财产清查的方法

1. 清查财产物资实存数。对于各项财产物资实存数量的清查，一般采用实地盘点法或技术推算法等。

（1）实地盘点法。这种方法是通过逐一清点或用计量器具来确定财物的实存数量，其适用范围较广，大多数财产物资的清查都可以采用，如逐台清点有多少台机器，用秤计量库存有多少千克材料等。

（2）技术推算法。这种方法是通过技术推算确定实存数量的一种方法。对有些价值低、数量大的材料物资，如露天堆放、体积大、数量多的矿产品，建筑用砂石等，不便于逐一过磅、点数的，可以在抽样盘点的基础上，进行技术推算，从而确定其实存数量。

（3）查询法。这种方法是指根据账簿记录，采取当面查对或函证方式查对，以确定财产物资的实存数的一种方法，主要适用于委托加工、出租出借以及债权债务项目的清查。

（4）账单核对法。这种方法是指将本单位的账簿记录或单证与对方的账、证进行核对并据以确定资产实存数的一种方法，主要适用于有价证券、银行存款和应收应付项目的清查。

2. 清查财产物资金额。在清查对象的实存数量确定后，就要进一步确定其金额。有些财产物资，难以确认其实存数量，可以直接确定其金额。对于各项财产物资实存金额的清查，一般采用账面价值法、评估确认法、协商议价法和函证核对法等。

（1）账面价值法。这种方法是根据财产物资的账面价值来确定实存金额的方法，即根据财产物资的实存数量乘上账面单位价值，由此计算出该财产物资的实存金额。

（2）评估确认法。这种方法是根据资产评估的价值确定财产实存金额的方法。它是根据资产的特点，由专门的评估机构依据资产评估方法对有关财产物资进行评估，以评估确认的价值作为财产物资实存金额。这种方法适用于企业改组、隶属关系改变、对外联营、单位撤销、清产核资等情况。

（3）协商议价法。这种方法是根据涉及资产利益的有关各方，按照互惠互利原则，参考目前市场价格，协商确定财产物资的实存金额的方法。这种方法根据协商议价作为财产物资投资的价值，适用于企业联营投资，或以资产对外投资时采用。

（4）函证核对法。这种方法是通过函件，与经济往来单位核对账目，清查财产物资、货币资金、债权债务数量及其价值量的方法。这种方法根据函证核对结果进行分析，来确定有关财产物资、货币资金、债权债务的实物数量和价值量，适用于债权债务、出租出借的财产物资以及外埠存款的查询核实。

二、财产清查方法的具体应用

（一）货币资金的清查

1. 库存现金的清查。它是通过实地盘点法，确定库存现金的实存数，再与库存现金日记账的账面结存额进行核对，以查明盈亏情况。盘点时，出纳人员必须在场，发现盘盈和盘亏，应填制“库存现金盘点报告表”，并由盘点人员和出纳人员共同签章。“库存现金盘点报告表”兼有“实存账存对比表”的作用，是反映库存现金实有数和据以调整账簿记录的重要原始凭证。其一般格式如表5－2所示。

表5－2　　库存现金盘点报告表

单位名称：　　　　年　月　日　　　　金额单位：

实存金额	账存金额	实存与账存对比		备注
		盘盈	盘亏	

盘点人：　　　　出纳员：

有价证券如国库券等的清查方法与库存现金清查方法基本相同，不再赘述。

2. 银行存款的清查。银行存款的清查采用的是银行存款日记账与开户银行核对账目的方法。银行存款是企业存在银行的款项，由银行监督其使用并负责保管。企业在银行的存款实有数是通过银行对账单来反映的。企业的银行存款日记账与开户银行转来的对账单至少每月核对一次，逐日、逐笔地核对，如果两者金额和笔数相符，则说明无错误，若两者金额不一致，则其原因主要有两个：一是双方或一方记账错误。对于这种情况应及时查明原因，并予以更正。二是存在未达账项。所谓未达账项是指企业与银行之间，由于凭证传递上的时间差而造成的一方已经登记入账而另一方尚未登记入账的款项。未达账项具体分为以下四种情况：

（1）企业已收款入账，银行尚未收款入账。如企业收到外单位的转账支票，送存银行，对账前银行尚未入账的款项。

（2）企业已付款入账，银行尚未付款入账。如企业开出转账支票后企业记银行存款减少，而持票人尚未到银行办理转账手续，银行尚未记减少。

（3）银行已收款入账，企业尚未收款入账。如企业委托银行收到的货款，银行已登记入账，企业尚未收到银行的收账通知而未入账的款项。

（4）银行已付款入账，企业尚未付款入账。如银行代企业支付的电话费、水电费等，银行已登记入账，企业尚未收到付款凭证而未记账的款项。

上述任何一种未达账项的发生，都会造成企业银行存款账面余额与银行转来的对账单余额不一致。在核对双方账目时，对于双方账目上都有的记录，应做好标记，核对后存在的未达账项通过编制“银行存款余额调节表”调整双方余额。“银行存款余额调节表”的编制方法是：在企业银行存款日记账余额和银行对账单余额的基础上，分别加减未达账项进行调节。调节的方式有两种，即补记式和冲销式。

（1）补记式。即双方在原有账面余额的基础上，各自补记对方已入账而本单位尚未入账的款项（包括增加款项和减少款项），然后检查经过调节后的账面余额是否相等。其公式如下：

企业银行存款日记账余额＋银行已收企业未收款项－银行已付企业未付款项
＝银行对账单余额＋企业已收银行未收款项－企业已付银行未付款项
＝调节后的余额

（2）冲销式。即双方在原有账面余额的基础上，各自将本单位已入账而对方尚未入账的款项（包括增加的款项和减少的款项）从本单位原有账面余额中冲销，然后检查经过调节后的账面余额是否相等。其公式如下：

企业银行存款日记账余额＋企业已付银行未付款项－企业已收银行未收款项
＝银行对账单余额＋ 银行已付企业未付款项－银行已收企业未收款项
＝调节后余额

由上可知，不论采用哪种方式，调节后，如没有记账错误，双方余额则应是相等的；如果不等，则表明还有记账差错，应查明原因并予以更正。补记式调节后的余额就是企业银行存款的实有数。

【例5－1】 某企业2×21年1月31日的银行存款日记账的账面余额为192 000元，收到银行转来的对账单的余额为186 500元，经逐笔核对，发现以下未达账项：

①企业将收到销售货款的转账支票4 200元送存银行，企业已记银行存款增加，但银行尚未记账；

②企业已开出转账支票2 800元且已记银行存款减少，但持票人尚未到银行办理转账，银行尚未入账；

③银行代企业收到销货款5 700元，银行已收妥入账，企业尚未收到收款通知，所以尚未记账；

④银行代企业支付的电费9 800元，银行已记账，企业尚未收到银行的付款通知，所以尚未记账。

根据上述资料，采用补记式和冲销式分别编制银行存款余额调节表。其格式如表5－3和表5－4所示。

表5－3　银行存款余额调节表（补记式）

单位名称：　　2×21年1月31日　　单位：元

项　目	金　额	项　目	金　额
企业银行存款日记账余额	192 000	银行对账单余额	186 500
加：银行已收，企业未收款项	5 700	加：企业已收，银行未收款项	4 200
减：银行已付，企业未付款项	9 800	减：企业已付，银行未付款项	2 800
调节后的存款余额	187 900	调节后的存款余额	187 900

表5－4　银行存款金额调节表（冲销式）

单位名称：　　2×21年1月31日　　单位：元

项　目	金　额	项　目	金　额
企业银行存款日记账余额	192 000	银行对账单余额	186 500
加：企业已付，银行未付款项	2 800	加：银行已付，企业未付款项	9 800
减：企业已收，银行未收款项	4 200	减：银行已收，企业未收款项	5 700
调节后的存款余额	190 600	调节后的存款余额	190 600

需要指出的是，未达账项不是错账、漏账，编制银行存款余额调节表的目的只是检查账簿记录的正确性，企业在调节表上调整未达账项不是记账，更不能作为调整银行存款账面余额的原始凭证或依据。企业待以后收到有关原始凭证后，再进行账务处理，但对长期悬置的未达账项，应查明原因，及时处理。

上述银行存款的清查方法也适用于其他货币资金、银行借款的清查。

（二）实物清查

不同品种的实物财产由于其形态、体积重量、堆放方式的不同，需要采用不同的清查方法。一般采用实地盘点法或技术推算法，来确定其实存数量，进而确定其金额；对于难以确认其实存数量，可以采用账面价值法或评估确认法，直接确定其金额。

为了明确经济责任，盘点时，财物保管人员必须在场参加盘点工作，对盘点的结果应如实地登记在盘存单上并由盘点人员和实物保管人员签章。“盘存单”是记录实物盘点结果的书面证明，也是反映财产物资实有数的原始凭证，其格式如表5－5所示。

表5－5 **盘存表**

单位名称： 财产类别： 盘点时间： 存放地点： 编号：

序号	名称	规格型号	计量单位	数量	单价	金额	备注

盘点人： 保管人：

盘点完毕，发现某些财产物资账实不符时，应填制“实存账存对比表”（也称“盘盈盘亏报告表”），以确定财产物资盘盈或盘亏的数额，并据以作为调整账面记录的原始凭证，也是分析盈亏原因、明确经济责任的重要依据。其一般格式如表5－6所示。

表5－6 **实存账存对比表**

单位名称： 年 月 日 编号：

序号	名称	规格型号	计量单位	实存		账存		实存与账存对比				备注
				数量	金额	数量	金额	盘盈		盘亏		
								数量	金额	数量	金额	
	金额合计											

盘点人： 会计：

1. 存货的清查。存货的清查是指对库存商品、原材料、在产品、产成品、低值易耗品、包装物等的清查。对其清查，一般采用实地盘点法和技术推算法。需要注意的是，从范围上讲，存货还应包括在途存货和委托其他企业加工、委托代销和委托保管的物资存货，对此不可忽视。首先，要由清查人员协同存货保管人员在现场对存货采用相应的清查方法进行盘点，确定其实有数量，并同时检查其质量情况；其次，对盘点的结果如实登记在“盘存表”上，并由盘点人员和实物保管人员签字，以明确经济责任；最后，根据“盘存表”填制“实存账存对比表”。

2. 固定资产的清查。固定资产的清查同存货的清查一样，一般采用实地盘点法。进行固定资产盘点时，其保管责任人员必须在场。对于大型的、复杂的固定资产盘点，其价值评估和金额的确定往往需要聘请有关专家协助工作。对各项固定资产盘点的结果，应逐一如实地登记在“盘存单”上，并由参加盘点的有关人员和保管人员同时签章生效。盘点完毕，将“盘存单”中所记录的实存数和账存数余额进行对比，发现某些固定资产账实不符时，填列“实存账存对比表”，以确定固定资产盘亏或盘盈的数额。

（三）往来款项清查

对于各种往来款项（包括应收款、应付款、预收款、预付款、暂收暂付款等）的清查主要采用询证核对法进行清查，即采取和对方单位核对账目的方法。应首先自查，确认本单位的账簿记录准确无误后，再编制“往来款项对账单”（询证函），送往对方单位进行核对。该“询证函”一式两联，其中一联作为回单联，对方单位核对相符后，在回单联上加盖公章退回，表示已核对。如发现数额不符，则在回单联上注明不符金额等情况，或另抄对账单退回，以便进一步核对。如有未达账项，需要双方进行调节（调节方法与银行存款余额调节方法相同）。往来款项对账单的格式如图 5－1 所示。

往来款项对账单（询证函）

××单位：

你单位 2×21 年 8 月 20 日到我厂购入甲产品 200 件，已付货款 2 000 元，尚有 1 000 元货款未付，请核对后将回单联寄回。

××单位：（盖章）
2×21 年 12 月 23 日

沿此虚线裁开，将以下回单联寄回！

- - - - - - - - - - - - - - - - - - - -

往来款项对账单（回单联）

××单位：

你单位寄来的“往来款项对账单”已收到，经核对相符无误。

××单位（盖章）
2×21 年 12 月 31 日

图 5－1 往来款项对账单

三、财产清查结果的处理

（一）财产清查结果处理的原则和步骤

财产清查的过程，就是账存数与实存数相互核对的过程。财产清查的结果可能出现下列情形：一种是账存数与实存数一致，表明账实相符，暂不必进行账务处理。另一种是账存数和实存数不相一致。当实存数大于账存数时，即为盘盈；当实存数小于账存数时，即为盘亏。还有一种就是实存数与账存数虽然一致，但实存的财产不能按正常财产物资使用，即毁损变质。不论是盘盈还是盘亏、毁损，都要进行相应的账务处理。

对财产清查的结果，应当按照国家的有关财务制度的规定严肃认真地进行处理。其财产清查中发生的盘盈、盘亏和毁损等问题，处理的程序和步骤如下：

1. 核准数字、查明原因和性质、提出处理意见。对财产清查所确定的差异，要认真查明其性质和发生的原因，明确经济责任，据实提出相应处理意见，按规定程序呈报有关部门批准。

2. 调整账簿，做到账实相符。财产清查中发生账实不符的账务处理分两步。

（1）报请批准前的账务处理。财产清查中发现的盘盈、盘亏和毁损，在报请有关上级审批前，根据已查明属实的财产盘盈、盘亏和毁损的数字编制记账凭证，据以登记有关账簿，调整账簿记录，使各项财产的账存数和实存数一致。

（2）报请批准后的账务处理。经批准后，应根据差异发生的原因和审批后的处理意见，将处理结果编制记账凭证，分别登记入账，予以核销。

（二）财产清查结果的账务处理

为了反映和监督财产清查过程中已查明的各种财产盘盈、盘亏和毁损及其报请批准后的转销数额，需设置“待处理财产损溢”账户，该账户是一个双重性质的账户，其借方登记各项财产的盘亏或毁损金额和各项财产盘盈报经批准后的转销数，贷方登记各项财产的盘盈金额和各项财产盘亏或毁损报经批准后的转销数。处理前的借方余额，反映企业尚未处理的各种财产的净损失；处理前的贷方余额，反映企业尚未处理的各种财产的净盈余。期末，全部核销处理后本账户应无余额。该账户下可设“待处理流动资产损溢”和“待处理固定资产损溢”两个明细分类账户，分别核算流动资产盘盈盘亏和固定资产盘盈盘亏。新会计准则规定，各企业可以根据情况，按资产种类和项目进行明细核算，财产清查结果的账务处理一般应在期末结账前处理完毕。“待处理财产损溢”账户的结构如图5－2所示。

借方　　　　待处理财产损溢	贷方
各项财产的盘亏或毁损金额 盘盈报经批准后的转销数	各项财产的盘盈金额 盘亏或毁损报经批准后的转销数
企业尚未处理的各种财产的净损失	企业尚未处理的各种财产的净盈余

图5－2

财产清查的对象不同，清查结果的账务处理也不相同。

1. 库存现金清查结果的处理。库存现金清查中发现库存现金短缺或盈余时，应及时根据“库存现金盘点报告单”进行账务处理，先根据短款或长款的金额记入“待处理财产损溢——待处理流动资产损溢”科目，待查明原因后再转账。现举例说明其会计处理方式。

【例5－2】某企业某月在库存现金清查中发现长款150元。经反复核查，未查明原因，报经批准作营业外收入处理。

①批准前：

借：库存现金　　　　150

　贷：待处理财产损溢——待处理流动资产损溢　　　　150

②批准后：

借：待处理财产损溢——待处理流动资产损溢　　　　150

　贷：营业外收入　　　　150

2. 存货清查结果的处理。存货清查结果的会计处理可分为两个步骤进行。

（1）将查明的盘盈、盘亏数记入“待处理财产损溢——待处理流动资产损溢”账户。盘盈时，借记“原材料”“库存商品”等账户，贷记“待处理财产损溢——待处理流动资产损溢”账户；盘亏、毁损时，作相反的分录（同时需相应调整应交增值税数额）。

（2）根据盘盈发生的原因和性质及有关部门的批示进行处理。转销存货盘盈时：

借：待处理财产损溢——待处理流动资产损溢

　贷：管理费用

转销存货盘亏、毁损时，按残料价值借记“库存现金”或“原材料”等账户，按可收回的保险赔偿款或过失人赔偿款，借记“其他应收款”等账户，贷记“待处理财产损溢——待处理流动资产损溢”账户。盘亏净损失属于非常损失的部分，借记“营业外支出”账户，贷记“待处理财产损溢——待处理流动资产损溢”账户；属于其他经营性质损失的部分，借记“管理费用”账户，贷记“待处理财产损溢——待处理流动资产损溢”账户。

【例5-3】某企业经财产清查，发现盘盈甲材料20千克，经查明系由于收发计量上的错误所致，按每千克2元入账。

①批准前：

借：原材料——甲材料	40	
贷：待处理财产损溢——待处理流动资产损溢		40

②批准后：

借：待处理财产损溢——待处理流动资产损溢	40	
贷：管理费用		40

【例5-4】某商贸企业发生盘亏库存的A产品10千克，单位成本100元（增值税税率13%），经查明属于合理损耗，计入管理费用。

①批准前（盘亏时）：

借：待处理财产损溢——待处理流动资产损溢	1 130	
贷：库存商品——A产品		1 000
应交税费——应交增值税（进项税额转出）		130

②批准后：

借：管理费用	1 130	
贷：待处理财产损溢——待处理流动资产损溢		1 130

【例5-5】某企业盘亏乙材料30千克，每千克100元（增值税税率13%）。经查明，是由保管人员过失造成的材料毁损，应由过失人赔偿。

①批准前：

借：待处理财产损溢——待处理流动资产损溢	3 390	
贷：原材料——乙材料		3 000
应交税费——应交增值税（进项税额转出）		390

②批准后：

借：其他应收款——某过失人　　3 390

　贷：待处理财产损溢——待处理流动资产损溢　　3 390

【例5-6】某企业盘亏丙材料一批，实际成本5 000元（增值税税率13%）。经查明，该损失是由非常事故造成。

①批准前：

借：待处理财产损溢——待处理流动资产损溢　　5 650

　贷：原材料——丙材料　　5 000

　　　应交税费——应交增值税（进项税额转出）　　650

②批准后：

借：营业外支出　　5 650

　贷：待处理财产损溢——待处理流动资产损溢　　5 650

3. 固定资产清查结果的处理。固定资产是一种单位价值较高、使用期限较长的有形资产，因此，对于管理规范的企业而言，在清查中发现盘盈、盘亏的固定资产是比较少见的，也是不正常的。企业应当健全制度，加强管理，定期或者至少每年年末对固定资产进行清查盘点，以保证固定资产核算的真实性和完整性。如果清查中发现固定资产的损溢，应及时查明原因，在期末结账前处理完毕。

企业在财产清查中盘亏的固定资产，应查明原因，填制固定资产盘亏报告表并写出书面报告，及时报经有关部门批准。发现盘亏时，应按盘亏固定资产的净值借记“待处理财产损溢——待处理固定资产损溢”账户，按已提折旧额借记“累计折旧”账户，按原值贷记“固定资产”账户。按规定程序批准后，按盘亏固定资产的原值扣除累计折旧、过失人及保险公司赔偿款后的差额借记“营业外支出”账户，同时按过失人及保险公司应赔偿款，借记“其他应收款”等账户，按盘亏固定资产的净值贷记“待处理财产损溢——待处理固定资产损溢”账户。

企业在财产清查中盘盈的固定资产，作为前期差错处理，通过“以前年度损益调整”账户核算。由于其会计处理较复杂，留待以后中级财务会计课程中学习。

【例5-7】某企业在财产清查过程中，发现盘亏设备一台，其原价为10 000元，已提折旧1 500元。

①批准前：

借：待处理财产损溢——待处理固定资产损溢　　8 500

　　累计折旧　　1 500

　贷：固定资产　　10 000

②批准后予以转销：

借：营业外支出　　8 500

　贷：待处理财产损溢——待处理固定资产损溢　　8 500

4. 往来款项清查结果的处理。企业无法收回的应收款和无法支付的应付款，在报经批准后，应按规定的方法进行会计处理。对应收款项和坏账的核算处理有两种方法：一是直接转销法；二是备抵法。

直接转销法就是平常对可能发生的坏账不计提准备金，实际发生坏账时直接冲销“应收账款”等账户，同时记入“信用减值损失”账户。举例如下：

【例5-8】某企业应收某单位账款3 000元，已确认无法收回，转作坏账损失。

借：信用减值损失　3 000

　贷：应收账款——××　3 000

备抵法就是企业应该设置“坏账准备”账户核算，针对应收款项的可收回性，按期估计坏账损失，计提坏账准备金，待实际发生坏账时，再冲销坏账准备。举例如下：

【例5-9】某企业2×21年末按期估计坏账，计提坏账准备金为10 000元。

借：信用减值损失　10 000

　贷：坏账准备　10 000

2×22年2月27日，根据条件，确认一笔对甲企业3 000元的应收账款无法收回，为坏账损失。

借：坏账准备　3 000

　贷：应收账款——甲企业　3 000

【例5-10】某企业应付某单位账款4 000元，由于对方撤销其机构，已确认无法支付，转作“营业外收入”。

借：应付账款——××　4 000

　贷：营业外收入——无法支付的应付款　4 000

本章小结

随着企业规模不断扩张和对外竞争日趋激烈，内部控制制度建设势在必行。为了合理保证企业经营管理合法合规、资产安全、财务报告及相关信息真实完整，提高经营效率和效果，促进企业实现发展战略，各单位应该努力建立一套完善的内部控制制度。内部控制制度从产生至今，经历了“内部牵制”“内部控制制度”“内部控制结构”“内部控制整合框架”“风险管理框架”五个阶段。

随着经济的发展，在企业经济活动的外在推动下，我国渐渐重视内部控制规范体系的建立，相关的法律法规也在不断地发布与完善中。2008年6月28日，五部委制定并印发《企业内部控制基本规范》。该规范指出，内部控制应包括内部环境、风险评估、控制活动、信息与沟通、内部监督五个要素。要求企业建立内部控制体系时应符合以下目标：合理保证企业经营管理合法合规、资产安全、财务报告及相关信息真实完整；提高经营效率和效果；促进企业实现发展战略。2010年4月26日，五部委又联合发布了《企业内部控制配套指引》，其中包括《企业内部控制应用指引》《企业内部控制评价指引》《企业内部控制审计指引》。

基本规范、应用指引、评价和审计指引三个类别构成一个相辅相成的整体，形成一个科学的体系。至此，我国内部控制规范体系基本建立。

一套完整的内部控制制度运行是否有效，取决于实际执行过程的合理性及执行效率。在实际执行过程中，存在多种干扰内部控制制度运行效率的因素，如管理层的违规或流于形式等，都容易导致内部控制的失效。为了解决内部控制制度失效问题，需要定期对内部控制制度执行情况进行检查，包括每年由注册会计师进行的外部审计和由公司进行的内部控制自我评价。会计部门为编制财务报表而进行的定期财产清查，就是内部控制的重要手段，在一定程度上也能防止内部控制制度的失效，减少财产物资的损失。

财产清查按其清查的范围可分为全部清查和局部清查，按其清查的时间可分为定期清查和不定期清查。对库存现金、存货、固定资产等实物的清查主要采用实地盘点的方法来进行；对银行存款的清查要采取与银行核对账目的方法来进行，如不相符，就需编制银行存款余额调节表。对应收款和应付款的清查主要通过询证核对的方法来进行。为了正确反映财产物资的盘盈、盘亏、毁损及其处理情况，企业应该设置“待处理财产损溢”账户。财产清查的会计处理一般应在期末结账前处理完毕。

重要名词概念

内部牵制	内部控制	财产清查	未达账项
全面清查	局部清查	定期清查	不定期清查
永续盘存制	实地盘存制	实地盘点法	

思 考 题

1. 什么是内部控制？为什么企业需要内部控制制度？
2. 内部控制的要素、目标及原则分别是什么？
3. 与COSO内部控制整合框架相比，企业风险管理整合框架（COSO－ERM）具有哪些特点？
4. 内部控制应用指引具体包括哪些方面的内容？
5. 什么是财产清查？财产清查的意义是什么？
6. 财产清查的方法有哪些？具体内容包括哪些？
7. 在什么情况下要进行全面清查？
8. 永续盘存制和实地盘存制各有何特点？
9. 未达账项是如何产生的？怎样调整未达账项？
10. 对实物资产清查结果的处理步骤如何？
11. 常用的实物资产清查方法有哪些？

12. 如何对存货盘亏及毁损进行账务处理？

自 测 题

一、单项选择题

1. 企业构建并实施内部控制体系时，不用考虑的原则是(　　)。
   A. 全面性原则　　B. 重要性原则
   C. 相关性原则　　D. 成本效益原则
2. 我国《企业内部控制基本规范》规定的内部控制五要素不包括(　　)。
   A. 内部环境　　B. 风险评估
   C. 控制系统　　D. 内部监督
3. 通常在年终决算之前，应该(　　)。
   A. 对企业所有财产进行技术推算盘点
   B. 对企业所有财产进行全面清查
   C. 对企业的重点财产进行局部清查
   D. 对企业流动资产进行全面清查
4. 在实地盘存制度下，平时(　　)。
   A. 只在账簿中登记财产物资的减少数，不登记财产物资的增加数
   B. 只在账簿中登记财产物资的增加数，不登记财产物资的减少数
   C. 对财产物资的减少数和增加数，都要根据会计凭证登记入账
   D. 通过财产清查确定财产物资的增加数和减少数，并编制记账凭证登记入账
5. 实地盘存制的缺点在于(　　)。
   A. 记账工作过于烦琐　　B. 无法反映财产物资的收入数
   C. 削弱了对库存物资的控制和监督　　D. 对财产物资结余数无法确定
6. 库存现金的清查是通过(　　)进行的。
   A. 实地盘点　　B. 技术推算
   C. 账账核对　　D. 账证核对
7. 银行存款的清查是将(　　)进行核对。
   A. 银行存款日记账和总账
   B. 银行存款日记账和收、付款凭证
   C. 银行存款日记账和银行存款对账单
   D. 银行存款总账和收、付款凭证
8. 编制银行存款余额调节表的目的，是消除(　　)的影响。
   A. 记账错误　　B. 漏记账项
   C. 重复记账　　D. 未达账项
9. “待处理财产损溢”账户期末借方余额表示(　　)。
   A. 尚待批准处理的财产盘亏、毁损数
   B. 尚待处理的财产盘盈数

C. 已批准处理的财产盘亏、毁损数

D. 已批准处理的财产盘盈数

10. 内部控制发展的最新阶段是(　　)。

A. 会计控制与管理控制

B. 内部控制框架

C. 内部控制结构

D. 风险管理框架

二、多项选择题

1. 采购与付款业务不相容的岗位包括（　　）。

A. 请购与审批

B. 编制订单与签订合同

C. 采购与验收

D. 付款与会计记录

E. 验收与保管

2. 正常情况下，采购材料付款业务涉及的会计科目主要有(　　)。

A. 应付账款

B. 其他应付款

C. 预付账款

D. 预收账款

E. 应收账款

3. 财产清查的盘存制度包括(　　)。

A. 收付实现制

B. 实地盘存制

C. 永续盘存制

D. 权责发生制

E. 账账核对

4. 货币资金的清查主要包括(　　)。

A. 库存现金

B. 应收账款

C. 银行存款

D. 短期借款

E. 预收账款

5. (　　)的账项均属于未达账项。

A. 银行已登记收入，企业未登记

B. 企业已登记收入，银行未登记

C. 银行和企业均未登记收入

D. 银行和企业均未登记支出

E. 银行已登记支出，企业未登记

6. “待处理财产损溢”账户的借方登记(　　)。

A. 发生的待处理财产盘盈数

B. 发生的待处理财产盘亏、毁损数

C. 结转已批准处理的财产盘盈数

D. 发生的待处理固定资产盘盈数

E. 结转已批准处理的财产盘亏毁损数

7. 下列说法中正确的有(　　)。

A. 库存现金的清查是通过实地盘点进行的，一般应排除出纳人员在场，以避免弄虚作假

B. 内部会计控制制度是企事业单位有效管理体系中不可缺少的一个组成部分，因此，各个单位都应建立健全内部会计控制制度

C. 内部会计控制制度可能因执行人员滥用职权或屈从于外部压力而失效

D. 实地盘存制就是平时只在账簿中登记财产物资的发出数，不登记收入数，期末通过实地盘点确定结余数，并倒计推算收入数的一种方法

E. 企业在关闭、兼并或更改隶属关系时，应进行一次全面清查

8. 企业内部控制的目标包括(　　)。

A. 合理保证企业经营管理合法合规

B. 合理保证资产安全

C. 合理保证财务报告及相关信息真实完整

D. 提高经营效率和效果

E. 促进企业实现发展战略

9. 以下选项，属于内部控制活动类指引的有(　　)。

A. 资金管理　　B. 工程项目

C. 组织结构　　D. 合同管理

E. 研究与开发

10. 内部控制的发展历程包括(　　)。

A. 内部控制制度阶段　　B. 内部牵制阶段

C. 内部控制整合框架阶段　　D. 内部控制结构阶段

E. 风险管理框架阶段

练 习 题

练习一

一、目的：练习银行存款余额调节表的编制。

二、资料：红光公司 2×21 年 7 月银行存款日记账与银行对账单的有关资料详见下表（7 月 27 日以前的数据已核对相符）。

银行存款日记账记录			银行对账单记录		
日期	摘要	金额	日期	摘要	金额
7 月 28 日	开出转账支票（#308 号）支付下季度保险费	750.00	7 月 30 日	收到转账支票（#310 号）支付应付款	2 300.00
28 日	收回应收款（对方委托付款书 201 号）	1 370.00	30 日	代收货款（托收承付结算方式）	1 700.00
29 日	开出转账支票（#309 号）支付材料款	2 560.00	31 日	代付水电费	420.00
30 日	开出转账支票（#310 号）支付应付款	2 300.00	31 日	收到转账支票（#308 号）预付下季度保险费	750.00
30 日	开出现金支票（#351 号）预付刘明差旅费	400.00	31 日	结算企业存款利息	330.00
31 日	月末余额	5 230.00	31 日	月末余额	8 430.00

三、要求：根据以上资料，编制企业的当月末“银行存款余额调节表”。

练习二

一、目的：练习银行存款余额调节表的编制。

二、资料：风华公司2×21年11月30日银行对账单的存款余额为55 912元。11月底公司与银行往来的其余资料如下：

（1）本公司签发的转账支票"#1 411""#1 423""#1 424"三张，共计9 664元尚未兑现。

（2）"#1 410"支票，账上金额为47 021元，银行对账单所列为40 721元，经检查，此支票系用以支付购货欠款，其正确金额为40 721元。

（3）本公司送存银行某客户支票2 448元，因对方存款不足而被退票，而公司尚未接到通知。

（4）30日的营业款5 360元，已经送存银行，但银行尚未入账。

（5）银行误将光华公司2 000元存款记入本公司存款账户，通知银行予以改正。

（6）银行已扣手续费50元，以代为支付短期借款利息费用1 250元，但公司尚未接到通知而尚未入账。

三、要求：假定该公司与银行的存款余额调整后核对相符，根据上列资料列表计算该公司的银行存款日记账账面余额数。

练习三

一、目的：练习银行存款余额调节表的编制。

二、资料：创业公司2×21年5月31日银行存款日记账余额是37 685元，银行送来的对账单余额为47 570元。经逐笔核对，发现两者有下列不符之处：

（1）6月29日，本公司开出转账支票一张向汇宇公司购买办公用品，价值1 045元，汇宇公司尚未去银行办理转账手续。

（2）5月30日，本公司委托银行代收一笔货款17 008元，款项银行已收妥入账，公司尚未收到收账通知。

（3）5月30日，本公司收到特佳公司交来转账支票4 700元，已送交银行办理并已入账，但银行尚未入账。

（4）5月31日，银行代付水电费3 468元，公司尚未收到付款通知。

三、要求：请根据上述资料，编制银行存款余额调节表。

练习四

一、目的：练习财产物资清查结果的会计处理。

二、资料：常青工厂2×21年12月底对其财产进行全面清查，结果如下：

（1）库存现金盘点短缺100元。

（2）原材料甲盘点溢余20千克，每千克46元。经查明，原材料甲溢余属自然升溢引起。

（3）原材料乙盘点短缺40千克，每千克120元，增值税税率为13%。经查明，属于定额内损耗5千克；属于过失人造成的有责任人赔偿的10千克；属于自然灾害造成的损失25千克，但由保险公司赔偿1 800元。

（4）账列 B 机器发现盘亏，B 机器账面原始价值 40 000 元，已提折旧 16 000 元。

（5）上述溢缺原因，已批准处理。其中短缺的库存现金责成出纳员赔偿。

三、要求：根据上列资料，进行报批前和报批后的会计处理。

案　例

巴林银行倒闭案

轰动全世界的“巴林银行倒闭案”最主要的原因之一就是内部会计控制的松散，也就是缺乏严密的、行之有效的内部会计控制。

1995 年 2 月 26 日，英国中央银行——英格兰银行对英国著名的老牌投资银行——巴林银行的拯救行动宣告失败，巴林银行被迫宣布破产。在巴林银行宣布破产之前，仍对该银行新加坡分部的经理兼交易负责人尼克·利森的所作所为一无所知，直到尼克·利森潜逃的那一天，即 2 月 23 日，该银行的风险报告仍然出现交易平衡。据新加坡有关当局披露，巴林银行在 1995 年 2 月的 18 天总共给新加坡国际货币交易所汇去 1.28 亿美元，作为垫付维持金。在未通知英格兰银行的情况下，巴林银行擅自给新加坡分部汇去 7.6 亿英镑现金，因为疏于控制，尼克·利森支配现金的权力超越规定的权限。在巴林银行新加坡分部，尼克·利森本人就是“制度”。作为总经理，他既分管交易，又管结算，还集监督行政财务管理人员、签发支票、负责新加坡分部与新加坡国际货币交易所交易活动的对账调节，以及新加坡分部与巴林银行的对账调节这四种权力于一身。这为尼克·利森的犯罪行为提供了许多机会，也为巴林银行的倒闭埋下了隐患。

虽然“巴林银行倒闭案”已经过去很多年了，但它留给我们的教训是深刻的：没有健全的内部会计控制，单位的所有努力都将功亏一篑。

此外，美国法尔公司会计报表舞弊案、美国女王真空吸尘器公司会计报表舞弊案等，我国证券市场上的“琼民源案”“银广厦事件”等，以及“郑州亚细亚”等一些企业的破产，究其原因，大都是疏于内部会计控制。

要求：通过案例认识内部控制的重要性。

第六章　财务会计报告

【学习目标】

- 理解财务会计报告的主要内容和编制要求。
- 掌握资产负债表、利润表的编制和列报。
- 理解现金流量表、所有者权益变动表的列报。
- 了解会计信息的披露。

第一节　财务会计报告概述

企业在日常的会计核算工作中，已经运用各种专门方法将企业发生的经济业务加以分类整理，并系统地登记到账簿之中。相对于孤立、分散的会计凭证而言，账簿中记录的会计信息已经根据会计科目进行了分类和加总。但是，如果我们希望了解企业的整体情况，账簿所提供的分类信息就显得不够系统、概括了。我们还需要将这些信息再次分类集中，以反映企业在一个会计期间的财务状况和经营成果的全貌，这就是财务会计报告所要完成的工作。

一、财务会计报告的定义及构成

财务会计报告是指企业对外提供的反映企业某一特定日期的财务状况和某一会计期间的经营成果、现金流量等会计信息的文件。根据财务会计报告的定义，财务会计报告具有以下几层含义：第一，财务会计报告应当是对外报告，其服务对象主要是投资者、债权人等外部使用者，专门为了内部管理需要的、特定目的的报告不属于财务会计报告的范畴；第二，财务会计报告应当综合反映企业的生产经营状况，包括某一时点的财务状况和某一时期的经营成果与现金流量等信息，以勾画出企业财务的全貌；第三，财务会计报告必须形成一个系统的文件，不应是零星的或者不完整的信息。

企业提供的财务会计报告是企业外部的利益相关者了解企业的重要途径。为了使得报表使用者能够基于可比的报告做出决策，各国的会计规范都对此作出了规定，以保证同一企业不同期间和同一期间不同企业的财务报表相互可比。我国相关的会计规范主要有国务院颁布的《企业财务会计报告条例》，财政部颁布的《企业会计准则——基本准则》《企业会计准则第30号——财务报表列报》《企业会计准则第31号——现金流量表》《企业会计准则第32号——中期财务报告》《企业会计准则第33号——合并财务报表》《企业会计准则第34号——每股收益》《企业会计准则第35号——分部报告》《企业会计准则第36号——关联方披露》《企业会计准则第37号——金融工具列报》《财政部关于修订印发2019年度一般企业财务报表格式的通知》，以及中国证券监督委员会针对上市公司而发布的一系列“信息披露内容与格式准则”。

根据我国企业会计准则的规定，企业对外提供的财务会计报告至少应当包括会计报表及其附注，以及其他应当在财务会计报告中披露的相关信息和资料。对于前者，我们把它们统称为财务报表；对于后者，我们把它简称为其他财务报告，可以在财务情况说明书中加以说明，也可以通过董事会报告等其他方式加以说明。

（一）财务报表

1. 财务报表的构成。财务报表是对企业财务状况、经营成果和现金流量的结构性表述。财务报表至少应当包括下列组成部分：

（1）资产负债表：是反映企业在某一特定日期的财务状况的会计报表。

（2）利润表：是反映企业在一定会计期间的经营成果的会计报表。

（3）现金流量表：是反映企业在一定会计期间的现金和现金等价物流入和流出情况的会计报表。

（4）所有者权益变动表：是反映构成所有者权益的各组成部分当期增减变动情况的会计报表。

（5）附注：是对在资产负债表、利润表、现金流量表和所有者权益变动表等会计报表中列示项目文字描述或明细资料，以及未能在这些报表中列示项目的补充说明等。

财务报表上述各组成部分简称为“四表一注”，它们的重要程度是相同的。

2. 财务报表的分类。按照编报期间的不同，财务报表可分为中期财务报表和年度财务报表。中期财务报表的报告期间短于一个完整会计年度，包括月报、季报和半年报等。中期财务报表至少应当包括资产负债表、利润表、现金流量表和附注，其中，中期资产负债表、利润表和现金流量表应当是完整报表，其格式和内容应当与年度财务报表相一致。与年度财务报表相比，中期财务报表中的附注披露可适当简略。

按照编制主体的不同，财务报表可分为个别财务报表和合并财务报表。个别财务报表是由企业在自身会计核算基础上对账簿记录进行加工而编制的财务报表，主要用于反映企业自身的财务状况、经营成果、现金流量以及所有者权益变动情况；合并财务报表是指由母公司编制的、反映母公司和其全部子公司形成的企业集团整体财务状况、经营成果和现金流量的财务报表。合并财务报表需要在母、子公司个别财务报表的基础上，抵消一些重复项目和内部交易事项后合并而成。

（二）其他财务报告

在企业的财务会计报告中，财务报表是核心，集中了反映企业整体经营情况的主要信息。不过，为了向外部使用者提供更为充分的信息，企业还会在财务报表之外，提供一些其他的信息和资料，统称为其他财务报告。其他财务报告作为财务报表的辅助报告，其编制基础与方式可以不受会计准则的约束，而以灵活多样的形式提供各种相关的信息和资料，如可以通过财务情况说明书加以说明，也可以通过董事会报告、监事会报告等其他方式加以说明。

根据《企业财务会计报告条例》的规定，企业应当提供财务情况说明书，并至少对以下这些情况进行说明：①企业生产经营的基本情况；②利润实现和分配情况；③资金增减和周转情况；④对企业财务状况、经营成果和现金流量有重大影响的其他事项。

而在我国上市公司的财务会计报告中，上述信息并不以财务情况说明书的形式出现，而是散见在财务预测报告、董事会报告、监事会报告、注册会计师报告、社会责任报告等说明报告中。

二、财务会计报告的编制原则

为了实现财务会计报告的编制目的，向外部信息使用者提供决策相关的会计信息，保证会计报表信息能够及时、准确、完整地反映企业的财务状况和经营成果，企业在编制财务会计报告时，应遵循一定的编制原则，使财务会计报告客观可靠、相关可比、全面完整和便于理解。

1. 数据客观可靠。财务会计报告中的数据是外部利益相关者据以决策的依据，也直接涉及许多集团的利益，数据是否客观可靠将直接关系到财务会计报告的作用能否得以发挥。因此，财务会计报告必须以核实无误的账簿记录为基础，严格按照会计准则进行编制，不得弄虚作假；必须如实反映企业的财务状况、经营成果和现金流量情况，以免误导信息使用者。

2. 内容与使用者的决策相关。财务会计报告应该向信息使用者提供与其决策相关的信息，并且便于信息使用者在不同的企业、不同的时期进行分析和比较，从而使信息使用者了解企业的发展趋势以及在同行业中的地位。因此，从财务会计报告内容的选择、指标体系的设置到项目分类等应当考虑到不同信息使用者的决策需要。

3. 充分披露。外部信息使用者对会计信息的需求是多方面的，只有全面、完整地反映企业的生产经营情况，才能满足各种使用者的不同需要。为了保证财务会计报告的全面、完整，企业就应当按照会计准则及其他相关规范要求的格式和内容进行编制，不得漏编、漏报，还可以根据需要增加自愿披露的内容，力求充分揭示企业的生产经营情况。

4. 及时呈报。会计信息具有很强的时效性。再完整、可靠的报表，一旦失去了时效，也就失去了价值，所以，财务会计报告必须及时编制和呈送，以便于信息使用者使用。

5. 便于理解。会计报表提供的信息应当清楚明了，便于理解。如果会计信息晦涩难懂，使用者就无法据以做出合理判断，报表也就失去了其报送的价值。当然，这一要求是建立在信息使用者具备合理的阅读理解能力和财务分析能力基础之上的。

6. 效益大于成本。财务会计报告的使用能够带来效益，但其编制和呈送必须付出一定的代价。从决策的角度看，只有使用财务会计报告的效益超过呈报的成本，财务会计报告才是一种可取的信息披露手段。不过，由于使用财务会计报告的效益很难量化，一般而言，我们所要做的就是尽力降低财务会计报告的编制成本。

三、财务报表列报的基本要求

在会计准则中，把通过会计报表传达信息称为“列示”，把通过会计报表附注和财务情况说明书传达信息称为“披露”，把通过财务报表传达信息称为“列报”。会计信息的列示首先必须按照会计准则的各种规定进行确认和计量，然后才能够按照规定的格式表述。会计信息的披露则相对宽松，不需要通过确认和计量的程序，而且更多地包含了用文字表述的定性信息。根据我国企业会计准则的规定，财务报表列报应遵循以下基本要求。

1. 依据各项会计准则确认和计量的结果编制财务报表。企业应当根据实际发生的交易和事项，按照《企业会计准则——基本准则》和其他各项会计准则的规定进行确认和计量，并在此基础上编制财务报表。企业应当在附注中对这一情况作出声明，只有遵循了企业会计准则的所有规定时，财务报表才应当被称为“遵循了企业会计准则”。

企业不应以在附注中披露代替对交易和事项的确认和计量，不恰当的确认和计量也不能通过充分披露相关会计政策而纠正。

此外，如果按照各项会计准则规定披露的信息不足以让报表使用者了解特定交易或事项对企业财务状况、经营成果和现金流量所产生的影响时，企业还应当披露其他的必要信息。

2. 列报基础。财务报表的列报应当以持续经营为基础。在编制财务报表的过程中，企业管理层应当利用所有可获得的信息来评价企业自报告期末起至少 12 个月的持续经营能力。评价时需要考虑的因素包括宏观政策风险、市场经营风险、企业目前或长期的盈利能力、偿债能力、财务弹性以及企业管理层改变经营政策的意向等。评价结果表明对持续经营能力产生重大怀疑的，企业应当在附注中披露导致对持续经营能力产生重大怀疑的因素以及企业拟采取的改善措施。

通常情况下，企业如有近期获利经营的历史且有财务资源支持，则表明以持续经营为基础编制财务报表是合理的。企业正式决定或被迫在当期或将在下一个会计期间进行清算或停止营业的，则表明以持续经营为基础编制财务报表不再合理。在这种情况下，企业应当采用其他基础编制财务报表，并在附注中声明财务报表未以持续经营为基础编制的事实，披露未以持续经营为基础编制的原因和财务报表的编制基础。

3. 重要性判断和项目列报。财务报表是通过对大量的交易或事项进行处理而生成的，这些交易或事项按其性质或功能汇总归类而形成财务报表中的项目。至于项目在财务报表中是单独列报还是合并列报，应当根据重要性原则来判断。

重要性，是指在合理预期下，财务报表某项目的省略或错报会影响使用者据此做出经济决策的，该项目具有重要性。重要性应当根据企业所处环境，从项目的性质和金额大小两方面加以判断，且对各项目重要性的判断标准一经确定，不得随意变更。判断项目性质的重要性，应当考虑该项目在性质上是否属于企业日常活动，是否显著影响企业的财务状况、经营成果和现金流量等因素；判断项目金额大小的重要性，应当根据该项目金额占资产总额、负债总额、所有者权益总额、营业收入总额、营业成本总额、净利润、综合收益总额等直接相关项目金额的比重或所属报表单列项目金额的比重加以确定。

根据重要性原则的要求，如果某项目单独看不具有重要性，则可将其与其他项目合并列报；如果具有重要性，则应当单独列报。具体而言，应当遵循以下几点：①性质或功能不同的项目，应当在财务报表中单独列报，但是不具有重要性的项目可以合并列报。比如存货和固定资产在性质和功能上都有本质差别，必须分别在资产负债表上单独列报。②性质或功能类似的项目，一般可以合并列报，但是对具有重要性的类别应该单独列报。比如原材料、低值易耗品等项目在性质上类似，均通过生产过程形成企业的产品存货，因此可以合并列报，合并之后的类别统称为“存货”在资产负债表上单独列报。③项目单独列报的原则不仅适用于会计报表，还适用于附注。某些项目的重要性程度不足以在资产负债表、利润表、现金流量表或所有者权益变动表中单独列示，但对附注却具有重要性，则应当在附注中单独披露。仍以上述存货为例，对某些制造业企业而言，原材料、包装物及低值易耗品、在产品、库存商品等项目的重要性程度不足以在资产负债表上单独列示，因此可以在资产负债表上合并列示，但是，鉴于其对制造业企业的重要性，应当在附注中单独披露。

4. 保持可比性。财务报表项目的列报应当在各个会计期间保持一致，除非会计准则要求改变财务报表项目的列报，或者企业经营业务的性质发生重大变化后，变更财务报表项目的列报能够提供更可靠、更相关的会计信息，否则，企业不得随意变更财务报表项目。

此外，对于当期财务报表的列报，企业至少应当提供所有列报项目上一可比会计期间的比较数据，以及与理解当期财务报表相关的说明。

5. 完整披露。财务报表应当披露有关项目的全额信息，以便于投资者了解交易的全貌，从而做出合理的决策。

具体而言，就是对于财务报表中的资产项目和负债项目的金额、收入项目和费用项目的金额，不得在相互抵销之后以净额呈报，除非其他会计准则另有规定。不过，资产项目按扣除减值准备后的净额列示，不属于抵销。非日常活动产生的损益，以收入扣减费用后的净额列示，也不属于抵销。

6. 财务报表表首的列报要求。财务报表一般分为表首、正表两部分，在表首部分，企业应当概括地说明下列基本信息：①编报企业的名称，如企业名称在所属当期发生了变更的，还应明确标明。②对资产负债表而言，须披露资产负债表日；而对利润表、现金流量表、所有者权益变动表而言，须披露报表涵盖的会计期间。③货币名称和单位，按照我国企业会计准则的规定，企业应当以人民币作为记账本位币列报，并标明金额单位，如人民币元、人民币万元等。④财务报表是合并财务报表的，应当予以标明。

7. 报告期间。企业至少应当按年编制财务报表。根据《中华人民共和国会计法》的规定，会计年度自公历1月1日起至12月31日止。因此，企业在编制年度财务报表时，可能存在年度财务报表涵盖的期间短于一年的情况，比如企业在年度中间（如3月1日）开始设立等。在这种情况下，企业应当披露年度财务报表的实际涵盖期间及其短于一年的原因，并应当说明由此引起财务报表项目与比较数据不具可比性这一事实。

四、小企业的财务报表

财政部于2011年10月18日发布《小企业会计准则》，要求从2013年1月1日起在小企业范围内执行，同时废止财政部2004年颁布的《小企业会计制度》。该准则适用于在中华人民共和国境内依法设立的、符合《中小企业划型标准规定》所规定的小型企业标准的企业。为兼顾报表使用者决策和编报的成本效益原则，小企业的财务报表进行了简化，不编制所有者权益变动表，只包括资产负债表、利润表、现金流量表和附注。考虑到小企业会计信息使用者的需求，《小企业会计准则》对现金流量表也进行了适当简化，无须披露将净利润调节为经营活动现金流量、当期取得或处置子公司及其他营业单位等信息。此外，小企业财务报表附注的披露内容大为减少、披露要求也有所降低。

第二节 资产负债表

一、资产负债表的定义、作用及局限性

（一）资产负债表的定义及作用

资产负债表是反映企业在某一特定日期的财务状况的会计报表，又被称为财务状况表。资产负债表通过列示企业在某一特定时点的资产、负债和所有者权益之间的平衡关系，向外部信息使用者传递以下信息。

1. 企业的短期偿债能力。偿债能力是指企业以其资产偿付债务的能力，一般分为短期偿债能力和长期偿债能力。企业的短期偿债能力主要反映在资产或负债的流动性上。所谓“流动性”，指的是资产转换成现金或负债到期清偿所需的时间，也指企业资产接近现金或负债接近偿付的程度。企业资产的变现能力越强，流动性就越强；负债的到期日越短，流动性也越强。短期债权人主要关心企业是否有足够的资产能够及时转换成现金，以清偿短期内到期的债务。企业的短期偿债能力越弱，破产的可能性越大。资产负债表中的流动资产与流动负债信息及报表中的相关附注所提供的信息，有助于信息使用者分析、评价、预测企业的短期偿债能力。

2. 企业的长期偿债能力和资本结构。长期偿债能力是指企业以全部资产清偿全部负债的能力。长期偿债能力的大小主要取决于企业的获利能力和资本结构。所谓资本结构，是指企业负债和所有者权益之间的相对比例，该比例的大小直接影响债权人和所有者的相对投资风险。负债比重越大，债权人冒的风险越大，企业的长期偿债能力就越弱。资产负债表通过列示资产、负债和所有者权益之间的平衡关系，方便信息使用者分析、评价、预测企业的资本结构以及长期偿债能力。

3. 企业的财务弹性。财务弹性是指企业应对各种挑战、适应各种变化的能力，包括进攻性适应能力和防御性适应能力。进攻性适应能力是指企业有能力和财力去抓住突如其来的获利机会；防御性适应能力是指企业在经营危机中生存下来的能力。财务弹性大的企业不仅能从有利可图的经营中获取大量现金，而且可以借助债权人的长期资金和所有者的追加资本获利，万一需要偿还巨额债务时也不至于陷入财务困境，遇到新的、获利前景更好的投资机会时，也能及时筹集所需资金，全力以赴。财务弹性与企业资产的流动性有关，与企业从经营中赚取现金的能力有关，也与企业的融资能力有关。资产负债表反映了企业资产项目的流动性分布和对企业资源的索取权等信息，有助于外部信息使用者分析、评价、预测企业的财务弹性。

4. 企业的经营业绩。一般而言，企业的经营业绩主要通过利润表中的各项利润指标来评价；但同时，将利润表和资产负债表联合分析，可以计算投资报酬率、资金利用率、资产周转率等指标，能从另一个侧面帮助外部信息使用者分析、评价、预测企业的经营绩效。

（二）资产负债表的局限性

尽管资产负债表具有上述作用，但必须认识到，它也存在一些局限性。具体体现在以下三个方面。

1. 资产负债表不反映现时价值。资产负债表中的大部分项目都是以原始成本列示，随着经济环境的变化，现时价值与原始成本会有一定的差异，信息使用者的有些决策需要以现时价值为基础作出，而现行的资产负债表却难当此任。

2. 资产负债表遗漏了许多无法用货币表示的重要的资产负债信息。会计以货币为计量单位，许多无法用货币计量的项目，如企业的人力资源价值、固定资产的实际生产效能、对手的竞争能力、企业所承担的社会责任等都无法计量和在报表中反映，但这些项目对决策具有不可忽视的重要作用。

3. 资产负债表的信息包含了许多主观判断及估计数。资产负债表中部分项目的计价，需要依据主观的判断及估计，如资产减值准备的计提、固定资产折旧和无形资产摊销等，是分别基于对资产减值损失金额、固定资产使用年限和无形资产摊销期限等因素的估计而成的。估计的数据难免具有主观性，从而影响信息的可靠性。

二、资产负债表的结构

（一）资产负债表项目的分类和排序

资产负债表以第一会计等式“资产 = 负债 + 所有者权益”为编制基础，反映企业在特定时点的资产、负债、所有者权益的分布状况和平衡关系。为便于信息使用者的理解和使用，资产负债表中的资产、负债、所有者权益三类会计要素都应当再细分为多个报表项目。在具体编报资产负债表时，需要根据编表的目的、报表项目的重要程度、企业所处的行业、企业的组织形式，按照一定的标准对这些报表项目进行分类和排序，从而使资产负债表各项目在内容上形成有机联系。

1. 按照流动性划分和排列报表项目。为反映企业资产的流动性及其偿债能力，资产负债表首先按照流动性排列报表项目。

对于资产而言，流动性是资产变现的容易程度。变现能力强的资产项目将排在报表的前面部分，变现能力差的资产项目则排在报表的后面部分。如果资产满足下列条件之一，则被认为流动性较强，称为“流动资产”：

（1）预计在一个正常营业周期中变现、出售或耗用；

（2）主要为交易目的而持有；

（3）预计在资产负债表日起一年内变现；

（4）自资产负债表日起一年内，交换其他资产或清偿负债的能力不受限制的现金或现金等价物。

正常营业周期，是指企业从购买用于加工的资产起至实现现金或现金等价物的期间。正常营业周期通常短于一年。因生产周期较长等导致正常营业周期长于一年的，尽管相关资产往往超过一年才变现、出售或耗用，仍应当划分为流动资产。正常营业周期不能确定的，应当以一年（12个月）作为正常营业周期。

流动资产是资产负债表的第一个板块，其中再按照流动性强弱依次排列了货币资金、交易性金融资产、应收票据、应收账款、预付款项、其他应收款、存货、合同资产、持有待售资产等项目。

相反，如果资产不满足上述条件，则被划分为“非流动资产”。非流动资产是资产负债表的第二个板块，其中再按照流动性强弱排列了债权投资、其他债权投资、长期应收款、长期股权投资、其他权益工具投资、其他非流动金融资产、投资性房地产、固定资产、在建工程、使用权资产、无形资产、开发支出、长期待摊费用、递延所得税资产等项目。

对于负债而言，流动性是到期清偿所需的时间。到期时间短的负债项目排在报表的前面，到期时间长的项目排在后面。如果负债满足下列条件之一，则被认为流动性较强，称为“流动负债”：

（1）预计在一个正常营业周期中清偿；

（2）主要为交易目的而持有；

（3）自资产负债表日起一年内到期应予以清偿；

（4）企业无权自主地将清偿推迟至资产负债表日后一年以上。

企业对资产和负债进行流动性分类时，应当采用相同的正常营业周期。企业正常营业周期中的经营性负债项目即使在资产负债表日后超过一年才予清偿，仍应当划分为流动负债。经营性负债项目包括应付账款、应付职工薪酬等，这些项目属于企业正常营业周期中使用的营运资金的一部分。

流动负债是资产负债表的第三个板块，其中再按照流动性强弱依次排列了短期借款、交易性金融负债、应付票据、应付账款、预收款项、合同负债、应付职工薪酬、其他应付款、持有待售负债等项目。

如果负债不满足上述条件，则被划分为“非流动负债”。非流动负债是资产负债表的第四个板块，其中再按流动性强弱排列了长期借款、应付债券、租赁负债、长期应付款、预计负债、递延所得税负债等项目。

对于所有者权益项目而言，由于所有者投入的资金都是企业长期使用的资金，因此，一般不再划分流动性强弱。依照习惯，一般按实收资本、其他权益工具、资本公积、其他综合收益、盈余公积、未分配利润的顺序排列各个项目。

2. 按照货币性与非货币性排列报表项目。在按照流动性强弱对资产负债表项目进行划分和排序的基础上，我们还运用货币性和非货币性的分类法，将报表项目进一步划分为货币性项目和非货币性项目。

所谓货币性项目，是指以货币形态存在或将以货币形式收回的资产，以及将以货币形式清偿的债务。货币性资产有货币资金、交易性金融资产、应收票据、应收账款、长期股权投资等。货币性负债有短期借款、交易性金融负债、应付票据、应付账款、长期借款等。非货币性项目则是指以非货币的其他形态存在的资产或将以非货币的其他资产形式清偿的债务。例如存货、无形资产、长期应付款等。

会计具有以持续经营为前提、以历史成本为基础的计量属性。当存在较为显著的物价变动时，企业的货币性项目和非货币性项目的实际偿债能力就会有显著的差异。一般而言，非货币性项目的账面值反映的是购置该项目的历史成本，物价波动较大时，就会和该项目的现时价值存在较大差异。而货币性项目不存在复杂的计量问题，它们的账面值一般就是或者接近现时价值。因此，货币性项目的账面值能够代表其实际偿债能力，而非货币性项目则不能。

资产负债表项目按照货币性项目和非货币性项目所进行的进一步划分，有助于外部信息使用者分析不同报表项目计价带来的影响和物价波动下的偿债能力。

资产负债表一般将货币性项目排在前面，而将非货币性项目排列在后面。例如，同是长期占用的资产，却把长期股权投资排列在固定资产、无形资产和长期待摊费用等项目之前；同是长期负债，却把长期借款、应付债券放在长期应付款之前。

（二）资产负债表的结构

资产负债表有两种基本结构，即账户式结构和报告式结构。

1. 账户式结构。账户式资产负债表直接根据会计等式“资产 = 负债 + 所有者权益”，依照“T”形账户的格式，将报表分为左、右两部分。左边部分按照流动性强弱并区分货币性和非货币性依次列示企业的各种资产项目，右边的上面部分按照流动性强弱并区分货币性和非货币性依次列示企业的各种负债项目，右边下面部分列示企业的所有者权益项目。左边所有资产项目的合计数等于右边所有负债项目和所有者权益项目的合计数。因此，账户式结构也通常称为左右式结构。

账户式资产负债表的优点是资产和权益之间的恒等关系一目了然。它是目前通行的资产负债表结构，也是我国会计准则推荐使用的结构。我国《〈企业会计准则第 30 号——财务报表列报〉应用指南》《财政部关于修订印发 2019 年度一般企业财务报表格式的通知》规定，对已执行新金融准则或新收入准则的企业，其资产负债表的结构如表 6－1 所示。

表 6-1　　资产负债表（账户式）

会企01表

编制单位：　　____年____月____日　　单位：元

资产	期末余额	年初余额	负债和所有者权益（或股东权益）	期末余额	年初余额
流动资产：			流动负债：		
货币资金			短期借款		
交易性金融资产			交易性金融负债		
衍生金融资产			衍生金融负债		
应收票据			应付票据		
应收账款			应付账款		
应收款项融资			预收款项		
预付款项			合同负债		
其他应收款			应付职工薪酬		
存货			应交税费		
合同资产			其他应付款		
持有待售资产			持有待售负债		
一年内到期的非流动资产			一年内到期的非流动负债		
其他流动资产			其他流动负债		
流动资产合计			流动负债合计		
非流动资产：			非流动负债：		
债权投资			长期借款		
其他债权投资			应付债券		
长期应收款			其中：优先股		
长期股权投资			永续债		
其他权益工具投资			租赁负债		
其他非流动金融资产			长期应付款		
投资性房地产			预计负债		
固定资产			递延收益		
在建工程			递延所得税负债		
生产性生物资产			其他非流动负债		
油气资产			非流动负债合计		
使用权资产			负债合计		
无形资产			所有者权益（或股东权益）		
开发支出			实收资本（或股本）		
商誉			其他权益工具		
长期待摊费用			其中：优先股		
递延所得税资产			永续债		
其他非流动资产			资本公积		
非流动资产合计			减：库存股		
			其他综合收益		
			专项储备		
			盈余公积		
			未分配利润		
			所有者权益（或股东权益）合计		
资产总计			负债和所有者权益（或股东权益）总计		

2. 报告式结构。报告式资产负债表是将资产负债表的所有项目自上而下垂直排列，最上面是资产项目，下面依次是负债项目和所有者权益项目，所以又称为上下式结构。报告式资产负债表的优点是便于编制比较资产负债表。因为这种格式的报表在表的右方有较多空间，可以用来增设栏目。报告式资产负债表的格式如表6－2所示。

表6－2　　　　资产负债表（报告式）

会企01表

编制单位：　　　　____年____月____日　　　　单位：元

项目	××年余额	××年余额	××年余额	××年余额	××年余额
资产：					
各项目明细					
……					
资产合计					
负债：					
各项目明细					
……					
负债合计					
所有者权益：					
各项目明细					
……					
所有者权益合计					
负债及所有者权益合计					

三、资产负债表的编制

资产负债表通常需要列示连续两年的资料，即“年初余额”和“期末余额”两栏。“年初余额”内的数字一般根据上年末资产负债表中的年末余额填列。如果本年资产负债表项目的内容和排列与上年度有所不同，或者报表披露的对象范围发生了重大变化，则需要对上年的年末余额数进行调整，再填入本年资产负债表的“年初余额”栏内。资产负债表的“期末余额”数则根据各报表项目涉及的账户的期末余额直接填列或计算分析填列。

1. 根据有关科目余额减去其备抵科目余额后的净额填列。对于固定资产和无形资产，在会计核算上是通过单独设立“累计折旧”和“累计摊销”两个备抵科目，来反映其随着生产经营的进行而发生的价值转移或消耗。此外，对于计提了资产减值准备的资产项目，例如应收票据、应收账款、存货、长期股权投资、固定资产、无形资产等，在会计核算上，既设置了反映其历史成本的总分类科目，又设置了反映其资产减值情况的备抵科目，因此，在填制资产负债表时，需要先将相关资产的期末余额减去对应备抵科目的期末余额后，以净值填列。例如，在填列资产负债表的“应收票据”“应收账款”项目时，应根据“应收票据”和“应收账款”科目的期末余额，减去“坏账准备”科目中相关坏账准备期末余额后的金额分析填列。“其他应收款”项目，应根据“应收利息”“应收股利”“其他应收款”科目的期末余额合计数，减去“坏账准备”科目中相关坏账准备期末余额后的金额填列。“固定资产”项目，应当根据“固定资产”科目的期末余额，减去“累计折旧”和“固定资产减值准备”科目的期末余额后的金额以及“固定资产清理”科目的期末余额填列。“无形资产”项目，应当根据“无形资产”科目的期末余额，减去“累计摊销”“无形资产减值准备”科目期末余额后的金额填列。

2. 根据相关总账科目期末余额的合计数填列。资产负债表中的有些报表项目，在内容上对应了多个总账科目。例如，“货币资金”项目，包括“库存现金”“银行存款”“其他货币资金”等总账科目的内容；“其他应收款”项目，包括“应收利息”“应收股利”“其他应收款”等总账科目的内容；“存货”项目，包括“材料采购”“在途物资”“原材料”“库存商品”“周转材料”“材料成本差异”等总账科目的内容；“在建工程”项目，包括“在建工程”“工程物资”等总账科目的内容；“其他应付款”项目，包括“应付利息”“应付股利”“其他应付款”等总账科目的内容。在填制的时候，需要根据有关总账科目的期末余额分析汇总填列。

3. 根据有关明细账科目期末余额分析计算填列。如果企业将预收账款的内容记入“应收账款”账户的贷方，或将预付账款的内容记入“应付账款”账户的借方，则在编制资产负债表时就不能按总账科目的期末余额直接填列，而需根据有关明细账科目的余额重新分类列示。例如，资产负债表中的“应收账款”项目，应根据“应收账款”和“预收账款”两个科目所属明细科目的期末借方余额合计填列。资产负债表中的“预付款项”项目，应根据“应付账款”和“预付账款”两个科目所属的明细科目的期末借方余额合计填列。资产负债表中的“应付账款”项目，应根据“应付账款”和“预付账款”两个科目所属明细科目的期末贷方余额合计填列。资产负债表中的“预收款项”项目，应根据“应收账款”和“预收账款”两个科目所属明细科目的期末贷方余额合计填列。

4. 年内到期转列为流动项目。资产和负债的流动性是一个时间概念，因而会随着时间的推移不断地变化。为了合理反映资产、负债的流动性，对于一些原本属于长期资产或长期负债的非流动项目，当它们随着时间的变化而转化为流动性项目时，就需要从原来的属类中剥离出来单独列示，在资产负债表上反映为“一年内到期的非流动资产”和“一年内到期的非流动负债”。此时，就需要同时根据总账科目和明细账科目的期末余额分析计算填列。

5. 根据总分类账户的期末余额直接填列。除上述项目外，资产负债表的其他项目一般按照对应总账科目的期末余额直接填列。如长期待摊费用、短期借款、交易性金融负债、实收资本等。值得注意的是，当这些账户出现非记账错误原因的非正常方向余额时，应以“-”号填列。例如，当未分配利润出现借方余额时，表示尚未弥补的亏损，此时就应以负数列示该项目。可能出现负数的项目还有应交税费、应付职工薪酬等。

下面举例说明资产负债表的编制。

【例6-1】 A股份有限公司2×20年12月31日的资产负债表（年初余额略）及2×21年12月31日的科目余额表分别如表6-3和表6-4所示。

表 6 - 3 **资产负债表**

会企 01 表

编制单位：A 股份有限公司 2×20 年 12 月 31 日 单位：元

资产	期末余额	年初余额	负债和所有者权益（或股东权益）	期末余额	年初余额
流动资产：			流动负债：		
货币资金	1 406 300		短期借款	300 000	
交易性金融资产	15 000		交易性金融负债		
衍生金融资产			衍生金融负债		
应收票据	246 000		应付票据	200 000	
应收账款	299 100		应付账款	953 800	
应收款项融资			预收款项		
预付款项	100 000		合同负债		
其他应收款	5 000		应付职工薪酬	110 000	
存货	2 580 000		应交税费	36 600	
合同资产			其他应付款	51 000	
持有待售资产			持有待售负债		
一年内到期的非流动资产			一年内到期的非流动负债	1 000 000	
其他流动资产	100 000		其他流动负债		
流动资产合计	4 751 400		流动负债合计	2 651 400	
非流动资产：			非流动负债：		
债权投资			长期借款	600 000	
其他债权投资			应付债券		
长期应收款			其中：优先股		
长期股权投资	250 000		永续债		
其他权益工具投资			租赁负债		
其他非流动金融资产			长期应付款		
投资性房地产			预计负债		
固定资产	1 100 000		递延收益		
在建工程	1 500 000		递延所得税负债		
生产性生物资产			其他非流动负债		
油气资产			非流动负债合计	600 000	
无形资产	600 000		负债合计	3 251 400	
使用权资产			所有者权益（或股东权益）		
开发支出			实收资本（或股本）	5 000 000	
商誉			其他权益工具		
长期待摊费用			其中：优先股		
递延所得税资产			永续债		
其他非流动资产	200 000		资本公积		
非流动资产合计	3 650 000		减：库存股		
			其他综合收益		
			专项储备		
			盈余公积	100 000	
			未分配利润	50 000	
			所有者权益（或股东权益）合计	5 150 000	
资产总计	8 401 400		负债和所有者权益（或股东权益）总计	8 401 400	

表 6-4 **科目余额表**

2×21 年 12 月 31 日 单位：元

科目名称	借方余额	科目名称	贷方余额
库存现金	2 000	短期借款	50 000
银行存款	786 135	应付票据	100 000
其他货币资金	7 300	应付账款	953 800
交易性金融资产	0	其他应付款	50 000
应收票据	66 000	应付职工薪酬	180 000
应收账款	600 000	应交税费	226 731
坏账准备	-1 800	应付利息	0
预付账款	100 000	应付股利	32 215.85
其他应收款	5 000	一年内到期的长期负债	0
材料采购	275 000	长期借款	1 160 000
原材料	45 000	股本	5 000 000
周转材料	38 050	盈余公积	124 770.40
库存商品	2 122 400	利润分配（未分配利润）	190 717.75
材料成本差异	4 250		
其他流动资产	90 000		
长期股权投资	250 000		
固定资产	2 401 000		
累计折旧	-170 000		
固定资产减值准备	-30 000		
在建工程	578 000		
工程物资	150 000		
无形资产	600 000		
累计摊销	-60 000		
递延所得税资产	9 900		
其他非流动资产	200 000		
合 计	8 068 235	合 计	8 068 235

根据上述资料，编制 A 股份有限公司 2×21 年 12 月 31 日的资产负债表，如表 6-5 所示。

表 6-5 **资产负债表**

会企 01 表

编制单位：A 股份有限公司 2×19 年 12 月 31 日 单位：元

资产	期末余额	年初余额	负债和所有者权益（或股东权益）	期末余额	年初余额
流动资产：			流动负债：		
货币资金	795 435	1 406 300	短期借款	50 000	300 000
交易性金融资产	0	15 000	交易性金融负债		
衍生金融资产			衍生金融负债		
应收票据	66 000	246 000	应付票据	100 000	200 000
应收账款	598 200	299 100	应付账款	953 800	953 800

续表

资产	期末余额	年初余额	负债和所有者权益（或股东权益）	期末余额	年初余额
应收款项融资			预收款项		
预付款项	100 000	100 000	合同负债		
其他应收款	5 000	5 000	应付职工薪酬	180 000	110 000
存货	2 484 700	2 580 000	应交税费	226 731	36 600
合同资产			其他应付款	82 215.85	51 000
持有待售资产			持有待售负债		
一年内到期的非流动资产			一年内到期的非流动负债		1 000 000
其他流动资产	90 000	100 000	其他流动负债		
流动资产合计	4 139 335	4 751 400	流动负债合计	1 592 746.85	2 651 400
非流动资产：			非流动负债：		
债权投资			长期借款	1 160 000	600 000
其他债权投资			应付债券		
长期应收款			其中：优先股		
长期股权投资	250 000	250 000	永续债		
其他权益工具投资			租赁负债		
其他非流动金融资产			长期应付款		
投资性房地产			预计负债		
固定资产	2 202 000	1 100 000	递延收益		
在建工程	728 000	1 500 000	递延所得税负债		
生产性生物资产			其他非流动负债		
油气资产			非流动负债合计	1 160 000	600 000
使用权资产			负债合计	2 752 746.85	3 251 400
无形资产	540 000	600 000	所有者权益（或股东权益）		
开发支出			实收资本（或股本）	5 000 000	5 000 000
商誉			其他权益工具		
长期待摊费用			其中：优先股		
递延所得税资产	9 900		永续债		
其他非流动资产	200 000	200 000	资本公积		
非流动资产合计	3 928 900	3 650 000	减：库存股		
			其他综合收益		
			专项储备		
			盈余公积	124 770.40	100 000
			未分配利润	190 717.75	50 000
			所有者权益（或股东权益）合计	5 315 488.15	5 150 000
资产总计	8 068 235	8 401 400	负债和所有者权益（或股东权益）总计	8 068 235	8 401 400

第三节　利润表

一、利润表的定义和作用

利润表又称为损益表、收益表，是反映企业一定期间经营成果的财务报表。通过利润表，可以从整体上了解企业经营的所得与所费以及最终的净结果。利润表所报告的信息对信息使用者而言具有举足轻重的作用，一直是人们关注的重点。

首先，利润表是评价企业经营成果的有效工具。通过利润表提供的收入、费用等项目的绝对数和相对数的比较分析，可以分析企业的获利能力，了解投资者投入资本的保值增值情况，便于投资者和债权人做出有效的决策。

其次，利润表是预测企业未来盈利和现金流量的基础。尽管利润表揭示的是企业过去的经营成果，但企业的经营能力有一定的连续性，通过这种关联假设，就可以预测企业未来的盈利趋势和现金流量趋势，为评价公司的价值提供基础数据。

最后，利润表是评价管理人员经营效率的工具。在推动企业资产赚取利润的过程中能够获得多大的总资产报酬率，最终能够为投资者带来多大的净资产报酬率都是综合评价管理能力的重要指标。而决定投资报酬率的因素之一就是利润，利润从一方面反映了企业经营管理的效率。

二、利润表的结构

利润表的常用结构分为单步式和多步式两种。

1. 单步式结构。采用单步式结构的利润表，首先将企业所有的收入列在一起，计算出合计数；其次将所有的费用列在一起，也计算出合计数；最后，根据会计等式“收入－费用＝利润”计算出当期净利润。单步式利润表的优点是简单、直观、便于编制；缺点是无法反映出收入和费用之间的配比关系，也无法从不同的层次揭示利润的构成情况，不利于信息使用者的使用。单步式利润表的结构如表6－6所示。

表6－6　　利润表（单步式）

会企02表

编制单位：　　________年________月　　单位：元

项目	本期金额	上期金额
一、收入		
主营业务收入		
其他业务收入		

续表

项目	本期金额	上期金额
其他收益		
投资收益		
公允价值变动收益		
资产处置收益		
营业外收入		
收入合计		
二、费用		
主营业务成本		
其他业务成本		
税金及附加		
销售费用		
管理费用		
研发费用		
投资损失		
公允价值变动损失		
信用减值损失		
资产减值损失		
资产处置损失		
营业外支出		
所得税费用		
费用合计		
三、净利润		

2. 多步式结构。采用多步式结构的利润表将收入和费用项目加以分类配比，多次运用会计等式“收入－费用＝利润”计算出具有不同内涵的利润，以便分别反映不同经营环节的利润实现情况。因此，相对于单步式利润表，多步式利润表提供了更多有关企业经营成果的会计信息，便于信息使用者对企业情况进行分析，也有利于不同企业之间的横向比较。

我国会计准则推荐使用的利润表结构就是多步式，主要包括五个步骤：

第一步，以营业收入为基础，减去营业成本、税费、期间费用、减值损失，再加上其他收益、投资收益、净敞口套期收益、公允价值变动收益和资产处置收益，得到营业利润。

第二步，以营业利润为基础，加上营业外收入，减去营业外支出，得到利润总额。

第三步，以利润总额为基础，减去所得税费用，得到净利润。

第四步，净利润加上其他综合收益的税后净额，得到综合收益总额。

第五步，以净利润和企业普通股股数为基础，计算出每股收益。

根据我国《〈企业会计准则第30号——财务报表列报〉应用指南》《财政部关于修订印发2019年度一般企业财务报表格式的通知》的规定，对已执行新金融准则或新收入准则的企业，其多步式利润表格式如表6－7所示。

表6－7　　　　　　　　　　利润表

会企02表

编制单位：　　　　　　　　＿＿＿＿年＿＿＿＿月　　　　　　　　单位：元

项目	本期金额	上期金额
一、营业收入		
减：营业成本		
税金及附加		
销售费用		
管理费用		
研发费用		
财务费用		
其中：利息费用		
利息收入		
加：其他收益		
投资收益（损失以“－”号填列）		
其中：对联营企业和合营企业的投资收益		
以摊余成本计量的金融资产终止确认收益		
净敞口套期收益（损失以“－”号填列）		
公允价值变动收益（损失以“－”号填列）		
信用减值损失		
资产减值损失		
资产处置收益（损失以“－”号填列）		
二、营业利润（亏损以“－”号填列）		
加：营业外收入		
减：营业外支出		
三、利润总额（亏损总额以“－”号填列）		
减：所得税费用		
四、净利润（净亏损以“－”号填列）		
（一）持续经营净利润（净亏损以“－”号填列）		
（二）终止经营净利润（净亏损以“－”号填列）		
五、其他综合收益的税后净额		
六、综合收益总额		
七、每股收益：		
（一）基本每股收益		
（二）稀释每股收益		

三、利润表的编制

利润表的编制基础是会计等式“收入－费用＝利润”，因此，利润表项目应当来源于收入与费用类账户的本期发生额。对于利润表的“上期金额”栏内的各项数字，应当根据上年该期利润表“本期金额”栏类的所列数字填列。如果上年该期利润表规定的各个项目名称和内容同本期的不相一致，应对上年该期利润表各项目的名称和数字按本期的规定进行调整。对于利润表“本期金额”栏内各项数字，一般情况下都是根据对应账户的本期发生额直接填列。

1. “营业收入”项目。本项目反映企业在经营活动中取得的收入总额，包括主营业务收入和其他业务收入。本项目应根据“主营业务收入”账户发生额和“其他业务收入”账户发生额的合计数填列。如果这两个账户的借方记录有销售退回，应抵减本期销售收入，按销售收入的净额填列本项目。

2. “营业成本”项目。本项目反映企业在经营活动中发生的实际成本总额，包括主营业务成本和其他业务成本。本项目应根据“主营业务成本”账户发生额和“其他业务成本”账户发生额的合计数填列。如果这两个账户的贷方记录有销售退回等事项，应抵减本期营业成本，按经营的实际成本填列本项目。

3. “税金及附加”项目。本项目反映企业在日常经营活动中应负担的各种税费，包括消费税、城市维护建设税、资源税和教育费附加等。本项目根据“税金及附加”账户的发生额分析填列。

4. “销售费用”项目。本项目反映企业在销售商品和材料、提供劳务的过程中发生的各种销售费用。本项目应根据“销售费用”账户的发生额分析填列。

5. “管理费用”“研发费用”项目。“管理费用”项目反映企业为组织和管理企业生产经营所发生的管理费用。本项目应根据“管理费用”账户的发生额减去其“研发费用”明细账户的发生额分析填列。

“研发费用”行项目，反映企业进行研究与开发过程中发生的费用化支出，以及计入管理费用的自行开发无形资产的摊销。本项目应根据“管理费用”账户下的“研发费用”明细账户的发生额，以及“管理费用”账户下的“无形资产摊销”明细账户的发生额分析填列。

6. “财务费用”项目。本项目反映企业为筹集生产经营资金而发生的筹资费用。本项目应根据“财务费用”账户的发生额分析填列。

“其中：利息费用”项目，反映企业为筹集生产经营所需资金等而发生的应予费用化的利息支出。本项目应根据“财务费用”账户的相关明细账户的发生额分析填列。

“利息收入”项目，反映企业按照相关会计准则确认的应冲减财务费用的利息收入。本项目应根据“财务费用”账户的相关明细账户的发生额分析填列。

7. “其他收益”项目。本项目反映与企业日常活动相关的且按经济业务实质计入其他收益的政府补助，以及其他与日常活动相关且计入其他收益的项目。本项目应根据“其他收益”账户的发生额分析填列。

8. “投资收益”项目。本项目反映企业各种形式的对外投资所取得的扣除投资损失后的净收益，根据“投资收益”账户的发生额分析填列。如果为投资净损失，则本项目以“-”号填列。

9. “净敞口套期收益”项目。本项目反映净敞口套期下被套期项目累计公允价值变动转入当期损益的金额或现金流量套期储备转入当期损益的金额。本项目应根据“净敞口套期损益”账户的发生额分析填列；如为套期损失，以“－”号填列。

10. “公允价值变动收益”项目。本项目反映用公允价值计量的企业资产在当期发生的价值变动金额，根据“公允价值变动损益”账户的发生额分析填列。如果公允价值变动为净损失，则本项目以“－”号填列。

11. “信用减值损失”项目。本项目反映企业按照《企业会计准则第22号——金融工具确认和计量》（2017年修订）的要求计提的各项金融工具减值准备所形成的预期信用损失。本项目应根据“信用减值损失”账户的发生额分析填列。

12. “资产减值损失”项目。本项目反映企业除金融工具以外的资产在当期发生的减值金额，根据“资产减值损失”账户的发生额分析填列。

13. “资产处置收益”项目。本项目反映企业出售划分为持有待售的非流动资产（金融工具、长期股权投资和投资性房地产除外）或处置组（子公司和业务除外）时确认的处置利得或损失，以及处置未划分为持有待售的固定资产、在建工程、生产性生物资产及无形资产而产生的处置利得或损失。债务重组中因处置非流动资产产生的利得或损失和非货币性资产交换中换出非流动资产产生的利得或损失也包括在本项目内。该项目应根据“资产处置损益”账户的发生额分析填列；如为处置损失，以“－”号填列。

14. “营业外收入”项目。本项目反映企业发生的除营业利润以外的收益，主要包括与企业日常活动无关的政府补助、盘盈利得、捐赠利得（企业接受股东或股东的子公司直接或间接的捐赠，经济实质属于股东对企业的资本性投入的除外）等。本项目应根据“营业外收入”账户的发生额分析填列。

15. “营业外支出”项目。本项目反映企业发生的除营业利润以外的支出，主要包括公益性捐赠支出、非常损失、盘亏损失、非流动资产毁损报废损失等。本项目应根据“营业外支出”账户的发生额分析填列。

16. “所得税费用”项目。本项目反映企业当期应承担的所得税，根据“所得税费用”账户的发生额分析填列。

17. “（一）持续经营净利润”和“（二）终止经营净利润”项目。这两个项目，分别反映净利润中与持续经营相关的净利润和与终止经营相关的净利润；如为净亏损，以“－”号填列。这两个项目应按照《企业会计准则第42号——持有待售的非流动资产、处置组和终止经营》的相关规定分别列报。

18. “其他综合收益的税后净额”项目。本项目是指企业根据其他会计准则规定未在当期损益中确认的各项利得和损失，具体分为“不能重分类进损益的其他综合收益”和“将重分类进损益的其他综合收益”两类，并以扣除相关所得税影响后的净额列报。

19. “综合收益总额”项目。本项目是指企业在某一期间除与所有者以其所有者身份进行的交易之外的其他交易或事项所引起的所有者权益变动。综合收益总额项目反映净利润和其他综合收益扣除所得税影响后的净额相加后的合计金额。

20. “每股收益”项目。对于普通股或潜在普通股已经公开交易的企业，以及正处于公开发行普通股或潜在普通股过程中的企业，还需要在利润表中提供“每股收益”的信息。本项目应当根据归属于普通股股东的当期净利润除以发行在外普通股的加权平均数计算而得。

下面举例说明利润表的编制。

【例6-2】 A股份有限公司2×21年度有关损益类科目本年累计发生净额如表6-8所示。

表6-8　　损益类科目2×21年度累计发生净额　　单位：元

科目名称	借方发生额	贷方发生额
主营业务收入		1 250 000
主营业务成本	750 000	
税金及附加	2 000	
销售费用	20 000	
管理费用	157 100	
财务费用	41 500	
资产减值损失	30 900	
投资收益		31 500
营业外收入		50 000
营业外支出	19 700	
所得税费用	112 596	

根据上述资料，编制A股份有限公司2×21年度利润表，如表6-9所示。

表6-9　　利润表

会企02表

编制单位：A股份有限公司　　2×21年12月　　单位：元

项目	本期金额	上期金额（略）
一、营业收入	1 250 000	
减：营业成本	750 000	
税金及附加	2 000	
销售费用	20 000	
管理费用	157 100	
研发费用		
财务费用	41 500	
其中：利息费用		
利息收入		
加：其他收益		
投资收益（损失以“-”号填列）	31 500	
其中：对联营企业和合营企业的投资收益		
以摊余成本计量的金融资产终止确认收益		

续表

项目	本期金额	上期金额（略）
净敞口套期收益（损失以“-”号填列）		
公允价值变动收益（损失以“-”号填列）		
信用减值损失		
资产减值损失	30 900	
资产处置收益（损失以“-”号填列）		
二、营业利润（亏损以“-”号填列）	280 000	
加：营业外收入	50 000	
减：营业外支出	19 700	
三、利润总额（亏损总额以“-”号填列）	310 300	
减：所得税费用	112 596	
四、净利润（净亏损以“-”号填列）	197 704	
（一）持续经营净利润（净亏损以“-”号填列）	（略）	
（二）终止经营净利润（净亏损以“-”号填列）	（略）	
五、其他综合收益的税后净额		
六、综合收益总额	197 704	
七、每股收益：	（略）	
（一）基本每股收益		
（二）稀释每股收益		

第四节　现金流量表

一、现金流量表的定义和作用

现金流量表是反映企业在一定会计期间现金和现金等价物流入和流出的报表。这里的“现金”，是指企业的库存现金以及可以随时用于支付的存款。不能随时用于支付的存款不属于现金。这里的“现金等价物”，是指企业持有的期限短、流动性强、易于转换为已知金额现金、价值变动风险很小的投资。期限短，一般是指从购买日起3个月内到期，如3个月到期的债券投资等。权益性投资变现的金额一般不确定，因此不属于现金等价物。现金流量表的编制对象是“现金流量”，包括现金和现金等价物的流入和流出。

现金流量信息对于外部信息使用者而言具有重要意义。企业的运行离不开现金，不论是购买原材料、设备、支付工资还是日常耗费，都要用现金支付。企业一旦陷入缺乏现金的泥潭，既无法抓住有利的机会，也无法应对到期的债务，即使发展前景很好，也只有死路一条。而企业对外提供的资产负债表和利润表都是以权责发生制为基础编制的。权责发生制能够较好地反映企业持续经营前提下的财务状况和盈利能力，不过，在企业面临现金流缺乏、持续经营前提受到威胁的情况下，权责发生制便不能反映出这种财务危机。此时的资产负债表和利润表基于企业可以长期经营下去的假设，可能依然报告了丰厚的盈利，从而误导了外部信息使用者。在资产负债表和利润表之外，如果企业还提供一种以收付实现制为基础的反映企业现金流的报表，则可以帮助外部信息使用者更加完整、客观地了解企业的运营，从而作出有效的决策。

现金流量表的作用主要表现在以下五个方面。

（1）有利于评估企业在未来创造有利的净现金流量的能力；

（2）更好地说明企业的偿债能力、分配股利的能力和融资的需求；

（3）说明了净利润与相关现金收支产生差异的原因，能够从另一个侧面评价企业利润的质量；

（4）有利于评估当期的现金和非现金投资理财事项对企业财务状况的影响；

（5）以收付实现制为基础，编制基础明确，不易被操纵，能更有效地衡量企业财务状况和经营成果的质量。

二、现金流量的分类

企业在一定时期内发生的现金流入和流出是由各种企业活动带来的，如用现金购买原材料、支付职工工资和销售产品收到现金等。按照产生现金的业务活动的性质，可将企业在一定时间产生的现金流量划分为三类。

1. 经营活动现金流量。经营活动现金流量是指企业在投资和筹资活动以外的所有交易和事项中产生的现金流入量和现金流出量。经营活动现金流量的具体项目与企业的经营内容有关，对于一般工业企业而言，经营活动的现金流入项目包括销售商品、提供劳务收到的现金，以及收到的税费返还等。经营活动的现金流出项目包括购买商品、接受劳务支付的现金，支付给职工以及为职工支付的现金，支付的各项税费等。一般而言，经营活动现金流量应当是企业最主要、最稳定的现金流来源。通过分析现金流量表提供的经营活动现金流量信息，可以判断企业经营活动创造现金流的能力是否正常。

2. 投资活动现金流量。投资活动现金流量是指企业在长期资产的购建和不包括在现金等价物范围的投资及其处置活动中产生的现金流入量和现金流出量。投资活动现金流入项目包括收回投资收到的现金，取得投资收益收到的现金，处置固定资产、无形资产和其他长期资产收回的现金净额，购买或处置子公司及其他营业单位产生的现金净额等。投资活动现金流出项目包括购建固定资产、无形资产和其他长期资产支付的现金，投资支付的现金等。通过现金流量表提供的投资活动现金流量信息，可以分析企业通过投资获取现金流量的能力或为维持投资需要的现金流规模，以及投资产生的现金流量对企业现金净流量的影响程度。

3. 筹资活动现金流量。筹资活动现金流量是指在导致企业资本及债务规模和构成发生变化的活动中产生的现金流入量和现金流出量。筹资活动产生的现金流入项目包括吸收投资收到的现金、取得借款收到的现金等。筹资活动产生的现金流出项目包括偿还债务支付的现金，分配股利、利润或偿付利息支付的现金等。通过现金流量表提供的筹资活动现金流量信息，可以分析企业通过筹资活动获取现金流量的能力，以及筹资产生的现金流量对企业现金净流量的影响程度。

三、现金流量表的结构

现金流量表包括主表和补充资料。我国《〈企业会计准则第31号——现金流量表〉应用指南》中提供的现金流量表及其补充资料的结构分别如表6－10和表6－11所示。

表6－10　　　　现金流量表

会企03表

编制单位：　　　　　　　＿＿＿年＿＿＿月　　　　　　　单位：元

项目	本期金额	上期金额
一、经营活动产生的现金流量：		
销售商品、提供劳务收到的现金		
收到的税费返还		
收到其他与经营活动有关的现金		
经营活动现金流入小计		
购买商品、接受劳务支付的现金		
支付给职工以及为职工支付的现金		
支付的各项税费		
支付其他与经营活动有关的现金		
经营活动现金流出小计		
经营活动产生的现金流量净额		
二、投资活动产生的现金流量：		
收回投资收到的现金		
取得投资收益收到的现金		
处置固定资产、无形资产和其他长期资产收回的现金净额		
处置子公司及其他营业单位收到的现金净额		
收到其他与投资活动有关的现金		
投资活动现金流入小计		
购建固定资产、无形资产和其他长期资产支付的现金		
投资支付的现金		
取得子公司及其他营业单位支付的现金净额		
支付其他与投资活动有关的现金		
投资活动现金流出小计		
投资活动产生的现金流量净额		
三、筹资活动产生的现金流量：		
吸收投资收到的现金		
取得借款收到的现金		
收到其他与筹资活动有关的现金		
筹资活动现金流入小计		

续表

项目	本期金额	上期金额
偿还债务支付的现金		
分配股利、利润或偿付利息支付的现金		
支付其他与筹资活动有关的现金		
筹资活动现金流出小计		
筹资活动产生的现金流量净额		
四、汇率变动对现金及现金等价物的影响		
五、现金及现金等价物净增加额		
加：期初现金及现金等价物余额		
六、期末现金及现金等价物余额		

表 6-11　　现金流量表补充资料　　单位：元

补充资料	本期金额	上期金额
1. 将净利润调整为经营活动现金流量：		
净利润		
加：资产减值准备		
固定资产折旧、油气资产折耗、生产性生物资产折旧		
无形资产摊销		
长期待摊费用摊销		
处置固定资产、无形资产和其他长期资产的损失（收益以“－”号填列）		
固定资产报废损失（收益以“－”号填列）		
公允价值变动损失（收益以“－”号填列）		
财务费用（收益以“－”号填列）		
投资损失（收益以“－”号填列）		
递延所得税资产减少（增加以“－”号填列）		
递延所得税负债增加（减少以“－”号填列）		
存货的减少（增加以“－”号填列）		
经营性应收项目的减少（增加以“－”号填列）		
经营性应付项目的增加（减少以“－”号填列）		
其他		
经营活动产生的现金流量净额		
2. 不涉及现金收支的重大投资和筹资活动：		
债务转为资本		
一年内到期的可转换公司债券		
融资租入固定资产		
3. 现金及现金等价物净变动情况：		
现金的期末余额		
减：现金的期初余额		
加：现金等价物的期末余额		
减：现金等价物的期初余额		
现金及现金等价物净增加额		

四、现金流量表的编制

编制现金流量表时，对经营活动产生的现金流量的填列方法有两种，即直接法和间接法。不论采用哪种方法，经营活动产生的现金流量净额应该是相等的。

（一）直接法

直接法通过现金收入和支出的主要类别，反映来自企业经营活动的现金流量。一般是以利润表中营业收入、营业成本等数据为基础，将权责发生制下的收入调整为实际收现数，将权责发生制下的费用调整为实际付现数。

直接法的优点是直观，经营活动产生的现金从何而来、向何处去，一目了然。我国会计准则规定现金流量表的编制必须采用直接法。表6-10列示的现金流量表的表体部分就是采用直接法编制的。

（二）间接法

间接法以利润表上的净利润为基础，以是否影响现金流量为标准进行调整，将减少净利润但不影响现金流的项目加回，将增加净利润但不增加现金流的项目扣除，再辅以非现金流动项目增减对现金的影响，以及与投资筹资现金流量有关的收入、费用项目对净利润影响的调整，计算出经营活动现金流量。

采用间接法将净利润调整为经营活动现金流量，必须对以下三个项目进行调整。

1. 不涉及现金的经营性费用与收入项目的调整。不涉及现金的经营性收入项目按权责发生制原则记入利润表，但并未流入现金，调整时必须扣除。对于不涉及现金的经营性费用、损失项目，在计算净利润时已作扣除，但这部分费用、损失并不流出现金，故须加回到净利润中。

2. 不属于经营活动的损益。在利润表中，净利润计算时包括一些非经营活动的项目，如投资收益、筹资引起的财务费用等。这些项目将在投资活动和筹资活动现金流量中列示，故须予以剔除。

3. 非现金流动项目的调整。非现金流动资产与现金之间发生变化，会引起现金流量的增减变动。非现金流动资产的增加会减少现金流量，反之则会增加现金流量，如应收账款的收回会带来现金的流入。流动负债的增加会增加现金流量，反之则减少现金流量，如借入短期借款将增加现金流入。

间接法的优点在于它能直观地说明企业净利润与经营活动现金流量之间的差异以及产生差异的原因。此外，将利润表和资产负债表紧密地联系在一起，便于企业外部信息使用者对企业盈余的质量、未来现金流量及其趋势做出判断和预测。

我国会计准则要求在现金流量表的附注中披露由间接法编制的经营活动现金流量信息。表6－11列示的现金流量表的补充资料部分就是采用间接法编制的。

第五节　所有者权益变动表

一、所有者权益变动表的定义和作用

所有者权益变动表是反映构成所有者权益的各组成部分当期的增减变动情况的财务报表。所有者权益变动表应当全面反映一定时期所有者权益变动的情况，不仅包括所有者权益总量的增减变动，还包括所有者权益增减变动的重要结构性信息，特别是无法在利润表上反映的直接计入所有者权益的利得和损失。让报表使用者准确理解所有者权益增减变动的根源。

所有者权益的变化可以用公式“期末所有者权益＝期初所有者权益＋综合收益－对所有者的净支付”来表示。其中，综合收益是指企业在某一期间除与所有者以其所有者身份进行的交易之外的其他交易或事项所引起的所有者权益变动，它由两部分组成，一是净利润，二是其他综合收益的税后净额，即企业根据其他会计准则规定未在当期损益中确认的各项利得和损失扣除所得税影响后的净额。净利润与其他综合收益的税后净额均可从利润表中获得。所有者的净支付则是对所有者支付的金额减去所有者对企业直接投资的金额。这是所有者权益存量与流量的关系等式，它用所有者权益的流量说明了所有者权益的变化。由于经营活动中的价值增加，所有者权益增加；如果对所有者有净支付，那么所有者权益就减少。所有者权益变动表的作用主要表现在以下四个方面。

1. 揭示了一定时期内所有者权益变化的数量和原因。所有者权益变动表区分了综合收益带来的所有者权益变动和资本交易带来的权益变动，有助于所有者评价在其权益的增长中哪些是企业管理层的努力带来的，哪些不是。所有者权益变动表还揭示了企业当年利润分配的细节，有利于外部信息使用者了解企业的股利分配政策。

2. 提供综合收益信息有助于投资者评价企业价值。企业经过一段时间的经营，耗费掉一些资源，同时又赚到另一些资源，从资产的角度看，企业的利润就应当是企业资产价值的净增加，也称为综合收益。不过，由于一些现实条件的限制，当前会计体系对利润的计量并不是从资产价值净增加的角度出发的，而是基于收入的“实现原则”和费用的“配比原则”。也就是说，企业的利润是经由会计准则认可的收入确认和费用确认的净结果。在这种会计体系里，由于考虑到控制会计操纵或者公允价值计量属性的主观估计性，有一些资产价值的变化不允许计入收入或费用中，而是直接计入了所有者权益里，其结果就是企业当年资产价

值的净变化额（综合收益）不等于当年的净利润。

以收入和费用为基础计算当期净利润的会计核算方法更稳健，比较适合现实环境。不过，由于利润表列示的净利润并不能反映企业资产价值变化的全部，因此不利于外部信息使用者用于评估企业的价值。关于企业估值的研究表明，与企业价值评估有关的不是企业获取净利润能力，而是企业获取综合收益的能力。因此，通过所有者权益变动表提供综合收益信息，就能弥补当前会计核算体系的不足。

3. 提供资本交易信息有助于分析企业的发展趋势。所有者权益的变动除了受到企业赚取综合收益的能力的影响外，还受到所有者与企业之间的资本交易的影响。这些资本交易包括所有者向企业投入资本和企业向所有者支付股利等。通过对资本交易进行分析，比如计算股利支付率或者留存比率，可以分析股东对企业的投资态度和企业对资本的利用态度，而这些都与企业的发展趋势有关。此外，从资本交易信息中还可以反映企业控制权的变动，而企业的控制权与企业高层管理人员的变动密切相关。所有者权益变动表通过提供这些信息，将有助于投资者预测企业未来的发展态势。

4. 是联系利润表和资产负债表的纽带。所有者权益变动表反映了企业一定期间已实现利润的分配情况或企业亏损弥补情况以及当年利润的留存情况，其中既包含来自利润表的“净利润”项目，也包括来自于资产负债表的各项所有者权益项目。通过各项目之间的计算关系，也展现了利润表和资产负债表之间的联系，由此进一步加深信息使用者对财务报表所描述的企业经营情况的理解。

二、所有者权益变动表的结构

为了清楚地表明构成所有者权益的各组成部分当期的增减变动情况，所有者权益变动表应当以矩阵的形式列示：一方面，列示导致所有者权益变动的交易或事项；另一方面，按照所有者权益各组成部分（实收资本、其他权益工具、资本公积、其他综合收益、盈余公积、未分配利润和库存股）及其总额列示交易或事项对所有者权益的影响。这改变了以往仅仅按照所有者权益的各组成部分反映所有者权益变动情况的做法，而是从所有者权益变动的来源对一定时期所有者权益变动情况进行全面反映。

按照我国《企业会计准则第30号——财务报表列报》（2014年修订）的规定，在所有者权益变动表中，企业至少应当单独列示反映下列信息：（1）综合收益总额；（2）会计政策变更和前期差错更正的累积影响金额；（3）所有者投入资本和向所有者分配利润等；（4）按照规定提取的盈余公积；（5）所有者权益各组成部分的期初和期末余额及其调节情况。所有者权益变动表具体结构如表6－12所示。

表 6－12

所有者权益变动表

会企 04 表

编制单位： ____________年度 单位：元

项目	本年金额										上年金额									
	实收资本（或股本）	其他权益工具			资本公积	减：库存股	其他综合收益	专项储备	盈余公积	未分配利润	所有者权益合计	实收资本（或股本）	其他权益工具			资本公积	减：库存股	其他综合收益	专项储备	盈余公积	未分配利润	所有者权益合计
		优先股	永续债	其他									优先股	永续债	其他							
一、上年年末余额																						
加：会计政策变更																						
前期差错更正																						
其他																						
二、本年年初余额																						
三、本年增减变动金额（减少以“－”号填列）																						
（一）综合收益总额																						
（二）所有者投入和减少资本																						
1. 所有者投入的普通股																						
2. 其他权益工具持有者投入资本																						
3. 股份支付计入所有者权益的金额																						
4. 其他																						

续表

项目	本年金额												上年金额											
	实收资本（或股本）	其他权益工具			资本公积	减：库存股	其他综合收益	专项储备	盈余公积	未分配利润	所有者权益合计	实收资本（或股本）	其他权益工具			资本公积	减：库存股	其他综合收益	专项储备	盈余公积	未分配利润	所有者权益合计
		优先股	永续债	其他									优先股	永续债	其他							
（三）利润分配																						
1. 提取盈余公积																						
2. 对所有者（或股东）的分配																						
3. 其他																						
（四）所有者权益内部结转																						
1. 资本公积转增资本（或股本）																						
2. 盈余公积转增资本（或股本）																						
3. 盈余公积补亏																						
4. 设定受益计划变动额结转留存收益																						
5. 其他综合收益结转留存收益																						
6. 其他																						
四、本年年末余额																						

三、所有者权益变动表的编制

所有者权益变动表的编制基础是等式“期末所有者权益 = 期初所有者权益 + 综合收益总额 + 所有者投入资本 - 所有者减少资本 - 利润分配”。其中“期初所有者权益 = 上期期末所有者权益 + 调整项目”。

对于“上年金额”栏内各项数字，应根据上年度所有者权益变动表“本年金额”栏内的所列数字填列。如果上年度所有者权益变动表规定的各个项目名称和内容同本年度的不一致，应对上年所有者权益变动表各项目的名称和数字按本期的规定进行调整。

对于“本年金额”栏内的各项数字，应根据相关会计科目的发生额分析填列。

1. “上年年末余额”项目。本项目根据上一年度所有者权益变动表的期末余额或者上年年末的资产负债表的所有者权益部分的数据填列。

2. “会计政策变更”“前期差错更正”项目。本项目反映当年发生的调整以前年度损益的事项以及当年发生的重要差错更正涉及调整以前年度所有者权益的事项，这些事项的发生使得所有者权益的期初余额不同于上年年末余额。通过详细反映这些事项，该表提供了关于所有者权益在一个会计年度中发生变动的全貌。本项目根据“以前年度损益调整”“利润分配——未分配利润”“盈余公积”等账户的发生额分析填列。

3. “综合收益总额”项目。本项目根据当年利润表的“综合收益总额”项目填列。

4. “所有者投入资本”项目。本项目根据“实收资本”“资本公积”账户及其所属明细账的记录分析填列。

5. “其他权益工具持有者投入资本”项目。本项目根据“其他权益工具”账户及其所属明细账的记录分析填列。

6. “股份支付计入所有者权益的金额”。本项目反映以权益结算的股份支付，根据“资本公积”“实收资本”账户及其所属明细账的记录分析填列。

7. “利润分配”项目。本项目反映企业一定会计期间对已实现净利润的分配情况或企业亏损弥补情况，根据“本年利润”“利润分配”账户及其所属明细账的记录分析填列。

8. “所有者权益内部结转”项目。本项目反映企业所有者权益内部结构的变化，包括资本公积转增资本、盈余公积转增资本、盈余公积补亏等。该项目不影响所有者权益的合计数，但影响所有者权益下各个细项的金额。本项目根据“实收资本”“资本公积”“其他综合收益”“盈余公积”账户及其所属明细账的记录分析填列。

下面具体说明所有者权益变动表的编制。

【例6-3】沿用〖例6-1〗和〖例6-2〗中的资料，A股份有限公司相关资料如下：提取盈余公积24 770.4元，向投资者分配现金股利32 215.85元。

根据上述资料，A股份有限公司编制2×21年所有者权益变动表，如表6-13所示（省略上年金额栏）。

表6-13　　所有者权益变动表

会企04表

编制单位：A股份有限公司　　2×21年度　　单位：元

项目	本年金额										
	实收资本（或股本）	其他权益工具			资本公积	减：库存股	其他综合收益	专项储备	盈余公积	未分配利润	所有者权益合计
		优先股	永续债	其他							
一、上年年末余额	5 000 000								100 000	50 000	5 150 000
加：会计政策变更											
前期差错更正											
其他											
二、本年年初余额	5 000 000								100 000	50 000	5 150 000
三、本年增减变动金额（减少以“-”号填列）											
（一）综合收益总额										197 704	197 704
（二）所有者投入和减少资本											
1. 所有者投入的普通股											
2. 其他权益工具持有者投入资本											
3. 股份支付计入所有者权益的金额											
4. 其他											
（三）利润分配											
1. 提取盈余公积									24 770.40	-24 770.40	0
2. 对所有者（或股东）的分配										-32 215.85	-32 215.85
3. 其他											
（四）所有者权益内部结转											
1. 资本公积转增资本（或股本）											
2. 盈余公积转增资本（或股本）											
3. 盈余公积补亏											
4. 设定受益计划变动额结转留存收益											
5. 其他综合收益结转留存收益											
6. 其他											
四、本年年末余额	5 000 000								124 770.40	190 717.75	5 315 488.15

第六节　会计信息的披露

前面介绍了资产负债表等基本会计报表的内容和编制方法。这些报表为外部信息使用者提供了大量概括性的数据信息，对于相关的决策具有重要意义。不过，企业的经济业务涉及各个方面，它对企业经营状况的影响仅仅用概括性的数据信息来描述是不够的。例如，通过报表我们知道了企业应收票据及应收账款的金额，但是应收票据及应收账款的质量到底如何呢？这又与应收票据及应收账款的账龄结构、客户结构有关系。这些关于应收票据及应收账款的详细信息无法在高度浓缩的会计报表中呈报，但是可以通过报表附注或其他说明报告的方式进行呈报。对于后者，我们称之为会计信息的披露。

相对于会计信息在基本会计报表中的列示，会计信息的披露受到的规制要小得多，尤其是不再受限于货币计量的假设，使得会计信息的披露可以包含更多的定性信息。因此，会计信息披露具有方式灵活、信息含量丰富等优点。会计信息的披露方式一般有两种，即附注的方式和其他财务报告的方式。

一、附注

（一）附注的概念及作用

附注是对在资产负债表、利润表、现金流量表和所有者权益变动表等报表中列示项目的文字描述或明细资料，以及对未能在这些报表中列示项目的说明等。附注是财务报表的重要组成部分，其作用主要表现在以下三个方面。

1. 提高会计信息的可比性。会计报表是根据会计准则编制而成的。为了保持其适应性和灵活性，会计准则在许多方面规定了多种处理方法，并允许企业根据企业的实际情况进行选择。这在客观上导致了不同企业之间的会计信息可能存在不完全可比的情况。即便是同一个企业，虽然会计准则要求其不得随意变更会计政策、程序和方法，但是如果的确发生了新的情况使得原来的会计政策、程序和方法不再适用，那么变更会计政策等仍然是合理的。此时，其前后期的会计报表数据也存在不完全可比的情况。因此，在财务会计报告中通过附注的方式来说明会计报表编制所基于的会计政策、程序和方法等，有利于信息使用者在分析信息的过程中进行修正，从而提高不同会计报表之间的可比性。

2. 增进会计信息的可理解性。会计报表的项目有限，给出的信息是高度浓缩的，是会计核算系统经过分类加工处理后得到的一些合计数。合计数能够提供关于企业的整体信息，但是丧失了提供细节信息的能力。一个企业的价值之所以不同于另外一个企业，在于它的经营特色，而这些经营特色的信息更多地可能是一些细节的信息。对于外部信息使用者而言，由于身处企业之外，缺乏对企业经营情况的了解，如果仅仅根据丧失了细节信息的会计报表数据做出决策，很可能出现偏差。因此，在财务会计报告中通过附注的方式来说明会计报表中各项重要的合计数的细节信息，将有利于信息使用者更深入地了解企业的价值所在，从而提高决策效率。

3. 突出会计报表信息的重要性。会计报表列示的信息只是平均地涉及企业的每个方面，因此，对于一般的信息使用者而言可能抓不住重点。不过，对于特定的企业，往往其中某个方面特别值得关注。因此，通过会计报表附注对会计报表的某一方面进行重点描述和强调，有助于信息使用者了解哪些是重要信息，并加大决策权重。

（二）附注的主要内容

根据我国有关会计准则的规定，附注一般应当按照如下顺序至少披露下列内容。

1. 企业的基本情况。

（1）企业注册地、组织形式和总部地址。

（2）企业的业务性质和主要经营活动。

（3）母公司以及集团最终母公司的名称。

（4）财务报告的批准报出者和财务报告批准报出日，或者以签字人及其签字日期为准。

（5）营业期限有限的企业，还应当披露有关其营业期限的信息。

2. 财务报表的编制基础。它包括在确认过程使用的权责发生制原则，在计量过程中使用的主要计量属性等。

3. 遵循企业会计准则的声明。企业应当声明所编制的财务报表符合有关会计准则的规定，真实、完整地反映了企业的财务状况、经营成果和现金流量等有关信息，以此明确企业编制财务报表所依据的制度基础。

如果企业编制的财务报表只是部分地遵循了企业会计准则，附注中不得作出这种表述。

4. 重要会计政策和会计估计。会计政策是指企业在会计确认、计量和报告中所采用的原则、基础和会计处理方法。会计估计则是基于对未来事项的特定假设和计划，对资产或负债的账面价值或者资产的定期消耗金额进行的估计。会计政策和会计估计有时候会不容易区分，此时应当将其作为会计估计来看。

企业应当结合其具体、实际情况披露其所采用的重要会计政策和会计估计，不重要的会计政策和会计估计可以不披露。其中：重要会计政策的说明，包括财务报表项目的计量基础和在运用会计政策过程中所做的重要判断等；重要会计估计的说明，包括可能导致下一个会计期间内资产、负债账面价值重大调整的会计估计的确定依据等。

5. 会计政策和会计估计变更以及差错更正的说明。企业应当披露会计政策和会计估计变更的原因、内容和对会计报表项目的影响，以及前期差错的性质、对报表项目的影响等。

6. 报表重要项目的说明。企业应当按照资产负债表、利润表、现金流量表、所有者权益变动表及其项目列示的顺序，对报表重要项目的说明采用文字和数字描述相结合的方式进行披露。报表重要项目的明细金额合计，应当与报表项目金额相衔接。

此外，企业应当在附注中披露费用按照性质分类的利润表补充资料，可将费用分为耗用的原材料、职工薪酬费用、折旧费用、摊销费用等。

7. 或有事项。或有事项是指过去的交易或者事项形成的，其结果须由某些未来事项的发生或不发生才能决定的不确定事项。或有事项会给企业带来预计负债、或有负债、或有资产。企业应当披露预计负债和或有负债的种类、形成原因及其财务影响。企业一般不应披露或有资产，但是或有资产如可能会给企业带来经济利益，则应当披露其形成的原因、预计产生的财务影响等。

8. 资产负债表日后事项。资产负债表日后事项，是指资产负债表日至财务报表批准报出日之间发生的有利或不利事项。资产负债表日后事项包括资产负债表日后调整事项和资产负债表日后非调整事项两种类型。资产负债表日后调整事项，是指对资产负债表日已经存在的情况提供了新的或进一步证据的事项，因此需要调整资产负债表中的有关项目。资产负债表日后非调整事项，是指表明资产负债表日后发生的情况的事项，不需要调整资产负债表项目，但需要在附注中披露该事项的性质、内容及其对财务状况和经营成果的影响。

9. 关联方关系及其交易。一方控制、共同控制另一方或对另一方施加重大影响，以及两方或两方以上同受一方控制、共同控制或重大影响的企业，构成关联方。企业应当在财务报表中披露所有关联方关系及其交易的相关信息，包括其母公司、子公司、合营企业的有关信息，以及与关联方发生交易的类型、金额、结算、定价政策等信息。

10. 其他综合收益。企业应当在附注中披露其他综合收益各项目的信息：①其他综合收益各项目及其所得税影响；②其他综合收益各项目原计入其他综合收益、当期转出计入当期损益的金额；③其他综合收益各项目的期初和期末余额及其调节情况。

11. 终止经营的信息。某一组成部分已被企业处置或被企业划归为持有待售的，并且该部分经营和编制财务报表时能够单独区分，则该部分视为终止经营。企业应当在附注中披露终止经营的收入、费用、利润总额、所得税费用和净利润，以及归属于母公司所有者的终止经营利润。

二、其他财务报告

在会计报表附注之外，企业还需要将企业生产经营的基本情况、利润实现和分配情况、资金增减和周转情况，以及其他对企业财务状况、经营成果和现金流量有重大影响的事项向外部信息使用者披露。除了上市公司外，一般企业都通过

“财务情况说明书”的形式披露这些信息。而上市公司则根据我国证监会的有关规定，采用其他报告形式披露这些信息。在上市公司的年度报告中，披露财务报表之外的其他信息和资料的形式有盈利预测报告、董事会报告、监事会报告、注册会计师报告等。相对而言，上市公司披露的其他信息和资料更加丰富。

本章小结

财务会计报告是指企业对外提供的反映企业某一特定日期的财务状况和某一会计期间的经营成果、现金流量等会计信息的文件。企业对外提供的财务会计报告至少应当包括会计报表及其附注，以及其他应当在财务会计报告中披露的相关信息和资料。

财务会计报告的编制，应当客观可靠、相关可比、全面完整和便于理解。

资产负债表是反映企业在某一特定日期的财务状况的会计报表，又被称为财务状况表。按照资产负债表主体部分排列形式的不同，资产负债表的常用格式主要有账户式和报告式两种。账户式资产负债表是我国会计准则推荐使用的格式。资产负债表各项目根据相关账户的期末余额直接填列或计算分析填列。

利润表又称为损益表、收益表，是反映企业一定期间经营成果的财务报表。根据表体部分排列形式的不同，利润表的常用格式分为单步式和多步式两种。我国会计准则推荐使用的利润表格式是多步式。在多步式利润表中，将企业的利润分为六个层次进行反映，即营业利润、利润总额、净利润、其他综合收益的税后净额、综合收益总额和每股收益。利润表项目在一般情况下都是根据对应账户的本期发生额直接填列。

现金流量表是反映企业在一定会计期间现金和现金等价物流入和流出的报表。按照产生现金的企业经营业务的性质，可将企业在一定时间产生的现金流量划分为经营活动现金流量、投资活动现金流量、筹资活动现金流量。编制现金流量表时，对经营活动产生的现金流量的填列方法有两种，即直接法和间接法。

所有者权益变动表是反映构成所有者权益的各组成部分当期的增减变动情况的财务报表。作为联系利润表和资产负债表的纽带，所有者权益变动表通过提供综合收益信息、资本交易信息进一步帮助外部信息使用者评价企业价值。

会计信息的披露是财务会计报告中的重要内容。相对于会计信息在基本会计报表中的列示，会计信息的披露受到的规制要小得多，可以包含更多的定性信息。会计信息的披露方式一般有两种，即附注方式和其他财务报告方式。

重要名词概念

财务会计报告	报表附注	资产负债表	流动性
利润表	营业利润	利润总额	净利润

其他综合收益的税后净额　　综合收益　　现金流量表
现金　　现金等价物　　现金流量　　所有者权益变动表

思考题

1. 什么是财务会计报告？为什么要编制财务会计报告？
2. 财务会计报告编制的基础是什么？
3. 资产负债表的结构是如何确定的？有何意义？
4. 什么是多步式利润表？其功能是什么？
5. 什么是现金流量表？对信息使用者而言有什么重要意义？
6. 什么是所有者权益变动表？它有什么作用？
7. 会计信息披露的主要内容有哪些？
8. 资产负债表有什么局限性？

自测题

一、单项选择题

1. 提供企业资产的流动性和偿债能力情况的报表是（　　）。
   A. 资产负债表　　B. 利润表
   C. 现金流量表　　D. 利润分配表
2. “应收账款”明细账户中如有贷方余额，应将其计入资产负债表的（　　）项目。
   A. 应收票据及应收账款　　B. 预收款项
   C. 应付票据及应付账款　　D. 其他应付款
3. 资产负债表中，排列资产项目顺序的首要依据是（　　）。
   A. 项目的重要性　　B. 项目的流动性
   C. 项目的时间性　　D. 项目的货币性
4. 对固定资产少提折旧，将使企业资产负债表中的（　　）。
   A. 资产净值减少　　B. 资产净值增加
   C. 负债增加　　D. 负债减少
5. 利润表反映的是（　　）。
   A. 企业一定期间的经营成果　　B. 某一特定日的财务状况
   C. 某一特定日的经营成果　　D. 现金流入流出的信息
6. 下列项目中，不包括在利润表中的是（　　）。
   A. 营业费用　　B. 管理费用
   C. 待摊费用　　D. 财务费用
7. 现金流量表中，现金的正确分类方法是（　　）。
   A. 经营活动、投资活动和筹资活动

B. 现金流入、现金流出和非现金活动
C. 直接现金流量及间接现金流量
D. 营业活动现金流量和非营业活动现金流量

8. 下列属于现金等价物的是（　　）。
A. 银行存款
B. 库存现金
C. 从购入至变现不超过3个月的债券投资
D. 从购入至变现不超过3个月的股票投资

9. 综合收益等于（　　）。
A. 净利润
B. 净利润加其他综合收益的税后净额
C. 总利润
D. 总利润加留存收益

10. 联系利润表和资产负债表的纽带是（　　）。
A. 现金流量表　　B. 财务状况说明书
C. 财务状况表　　D. 所有者权益变动表

11. 某企业年末“应收账款”账户的借方余额为600万元，其中“应收账款”明细账户的借方余额为800万元，贷方余额为200万元，年末“坏账准备”账户的贷方余额为50万元，“应收票据”账户的余额为0。该企业年末资产负债表中“应收票据及应收账款”项目的金额为（　　）万元。
A. 750　　B. 600
C. 550　　D. 950

12. 企业一年内到期的长期应收款，应在资产负债表中的（　　）项目列示。
A. 长期应收款　　B. 应收票据及应收账款
C. 其他长期资产　　D. 一年内到期的非流动资产

13. 反映企业在某一定特定日期的财务状况的会计报表是（　　）。
A. 资产负债表　　B. 利润表
C. 现金流量表　　D. 所有者权益变动表

14. 下列各项中，不属于筹资活动产生的现金流量的是（　　）。
A. 借入短期借款所收到的现金　　B. 发行债券所收到的现金
C. 发行股票收到的现金　　D. 收到的现金股利

15. 下列项目中，不影响当期所有者权益变动额的项目是（　　）。
A. 净利润　　B. 所有者投入和减少资本
C. 所有者权益内部结转　　D. 利润分配

二、多项选择题

1. 企业对外提供的财务会计报告至少应当包括（　　）。
A. 财务情况说明书　　B. 会计报表附注
C. 资产负债表　　D. 利润表

E. 现金流量表

2. 会计报表按反映内容的状态可分为（　　）。

A. 个别报表　　B. 合并报表

C. 静态报表　　D. 动态报表

E. 中期报表

3. 下列属于财务会计报告的编制原则的有（　　）。

A. 数字客观可靠　　B. 手续完备

C. 内容与使用者决策相关　　D. 计算准确

E. 及时呈报

4. 企业期末编制资产负债表时，下列各项中应包括在“存货”项目的有（　　）。

A. 生产成本　　B. 库存商品

C. 为生产购入的周转材料　　D. 未来约定购入的商品

E. 已付款但正在运输途中的材料

5. 编制资产负债表时，需根据有关资产科目与其备抵科目抵减后的净额填列的项目有（　　）。

A. 应收票据及应收账款　　B. 长期股权投资

C. 长期借款　　D. 无形资产

E. 应交税费

6. 多步式利润表的好处有（　　）。

A. 表式简单、易于理解

B. 能提供不同层次的利润指标

C. 有利于对同行业企业盈利状况进行分析

D. 对收入、费用无须进行不同层次的配比

E. 能直观反映营业利润与非营业利润对企业利润总额的影响

7. 利润表中的“营业成本”项目包括（　　）。

A. 主营业务成本　　B. 其他业务成本

C. 营业外支出　　D. 管理费用

E. 销售费用

8. 现金流量表的作用包括（　　）。

A. 有助于评价企业的支付能力　　B. 有助于评价企业的盈利能力

C. 可分析企业收益的质量　　D. 有助于预测企业未来的现金流量

E. 有利于评估非现金投资、融资活动对企业的财务状况的影响

9. 所有者权益变动表的作用有（　　）。

A. 揭示了利润分配的细节

B. 提供了利润表所不能提供的综合收益信息

C. 提供了关于利润质量的信息

D. 提供了关于资产质量的信息

E. 提供了企业和投资者之间的资本交易信息

10. 会计报表附注的主要内容有（　　）。
A. 重要会计政策和会计估计
B. 会计政策和会计估计变更以及差错更正的说明
C. 报表重要项目的说明
D. 资产负债表日后事项
E. 关联方交易

练 习 题

练习一

一、目的：练习资产负债表的编制。

二、资料：红日有限公司2×21年12月31日有关总账和明细账的余额如下表所示。

账户名称	借方余额	账户名称	贷方余额
库存现金	1 500	短期借款	250 000
银行存款	800 000	应付票据	25 500
其他货币资金	90 000	应付账款	71 000
交易性金融资产	115 000	——丙企业	91 000
应收票据	20 000	——丁企业	-20 000
应收账款	75 000	预收账款	14 700
——甲公司	80 000	——C公司	14 700
——乙公司	-5 000	其他应付款	12 000
坏账准备	-2 000	应交税费	28 000
预付账款	36 100	长期借款	506 000
——A公司	31 000	应付债券	563 700
——B公司	5 100	其中：一年内到期的应付债券	23 000
其他应收款	8 500	实收资本	4 040 000
原材料	816 600	盈余公积	158 100
生产成本	265 400	利润分配	1 900
库存商品	193 200	——未分配利润	1 900
材料成本差异	-42 200	本年利润	36 700
固定资产	2 888 000		
累计折旧	-4 900		
在建工程	447 400		
资产合计	5 707 600	负债和所有者权益合计	5 707 600

三、要求：帮助红日有限公司完成2×21年12月31日资产负债表的编制。

资产负债表（简表）

会企 01 表

编制单位：红日有限公司　　　　2×21 年 12 月 31 日　　　　单位：元

资产	期末余额	年初余额	负债和所有者权益	期末余额	年初余额
流动资产：			流动负债：		
货币资金			短期借款		
交易性金融资产			应付票据		
应收票据			应付账款		
应收账款			预收款项		
预付款项			应交税费		
其他应收款			其他应付款		
存货			一年内到期的非流动负债		
流动资产合计			流动负债合计		
非流动资产：			非流动负债：		
固定资产			长期借款		
在建工程			应付债券		
非流动资产合计			非流动负债合计		
			负债合计		
			所有者权益：		
			实收资本		
			盈余公积		
			未分配利润		
			所有者权益合计		
资产总计			负债和所有者权益合计		

练习二

一、目的：练习资产负债表的编制。

二、资料：某企业 2×21 年 11 月 30 日的试算平衡表如下表所示。

账户名称	借方余额	贷方余额	账户名称	借方余额	贷方余额
库存现金	6 000		短期借款		200 000
银行存款	30 600		应付账款		130 000
应收账款	120 000		其他应付款		20 000
坏账准备		600	长期借款		420 000
预付账款	20 000		实收资本		500 000
其他应收款	12 000		资本公积		106 000
原材料	200 000		盈余公积		80 000
库存商品	140 000				
长期股权投资	320 000				
固定资产	700 000				
累计折旧		92 000			
合计	1 548 600	92 600			1 456 000

2×21 年 12 月，该企业发生如下经济业务：

（1）接受投资者追加现款投资 200 000 元，存入银行。

（2）从银行借入半年期借款 150 000 元，存入银行。

（3）从甲公司购入 A 材料 100 吨，单价 200 元；B 材料 200 吨，单价 150 元，增值税税率 16%，货款及税款尚未支付。运杂费 180 元已由银行转账支付，材料已验收入库。（运杂费按材料重量分摊）

（4）本月归还长期借款 140 000 元。

（5）向乙公司预付材料款 20 000 元，以银行存款转账支付。

（6）以银行存款支付预订下一年全年报纸杂志费 1 800 元。

（7）销售产品 1 500 件，单价 80 元，增值税税率 16%，全部款项均已收存银行。

（8）计算本月应缴纳城市建设维护税 600 元。

（9）生产车间使用的机器设备及房屋应计提折旧 2 000 元，行政管理部门使用的房屋应计提折旧 800 元。

（10）年初曾支付一年期的财产保险费 2 400 元，每月均匀负担，分摊本月应负担的部分。

（11）计算本月应付所得税 1 800 元。

（12）计算 12 月应付的短期借款利息 1 500 元；

（13）本月出租包装物，预收三个月的租金共计 900 元，款项存入银行；

（14）结转本月已销售产品的实际生产成本 60 000 元。

（15）根据年度利润分配计划，应向投资者分配现金利润 100 000 元，下一年度的 5 月付款。

注：未归还的长期借款中，2×19 年 6 月 1 日借入 80 000 元，期限为 3 年；2×19 年 12 月 1 日借入 200 000 元，期限为 5 年。

三、要求：

（1）根据上述经济业务，编制会计分录。

（2）编制该企业 2×21 年 12 月 31 日的资产负债表（见下表）。

资产负债表

会企 01 表

编制单位：　　　　2×21 年 12 月 31 日　　　　单位：元

资产	期末余额	年初余额	负债和所有者权益（或股东权益）	期末余额	年初余额
流动资产：			流动负债：		
货币资金			短期借款		
交易性金融资产			交易性金融负债		
衍生金融资产			衍生金融负债		
应收票据			应付票据		
应收账款			应付账款		
应收款项融资			预收款项		

续表

资产	期末余额	年初余额	负债和所有者权益（或股东权益）	期末余额	年初余额
预付款项			合同负债		
其他应收款			应付职工薪酬		
存货			应交税费		
合同资产			其他应付款		
持有待售资产			持有待售负债		
一年内到期的非流动资产			一年内到期的非流动负债		
其他流动资产			其他流动负债		
流动资产合计			流动负债合计		
非流动资产：			非流动负债：		
债权投资			长期借款		
其他债权投资			应付债券		
长期应收款			其中：优先股		
长期股权投资			永续债		
其他权益工具投资			租赁负债		
其他非流动金融资产			长期应付款		
投资性房地产			预计负债		
固定资产			递延收益		
在建工程			递延所得税负债		
生产性生物资产			其他非流动负债		
油气资产			非流动负债合计		
使用权资产			负债合计		
无形资产			所有者权益（或股东权益）		
开发支出			实收资本（或股本）		
商誉			其他权益工具		
长期待摊费用			其中：优先股		
递延所得税资产			永续债		
其他非流动资产			资本公积		
非流动资产合计			减：库存股		
			其他综合收益		
			专项储备		
			盈余公积		
			未分配利润		
			所有者权益（或股东权益）合计		
资产总计			负债和所有者权益（或股东权益）总计		

练习三

一、目的：练习利润表的编制。

二、资料：华天公司所得税税率是25%，该公司2×21年1～11月损益类账户的累计发生额和12月末转账前各损益类账户的发生额如下表所示。

损益类账户当期发生额　　单位：元

账户名称	2×21年12月发生数		2×21年1~11月累计数	
	借方	贷方	借方	贷方
主营业务收入		318 000		5 000 000
主营业务成本	252 500		2 800 000	
税金及附加	1 000		29 000	
其他业务成本	7 500		32 500	
营业外支出	2 000		11 000	
管理费用	4 400		50 000	
财务费用	3 000		30 000	
销售费用	2 600		10 000	
其他业务收入		9 500		45 000
营业外收入		3 000		
投资收益		20 000		

三、要求：编制华天公司2×21年的利润表。

练习四

一、目的：练习利润表的编制。

二、资料：华生公司2×21年1月、2月发行在外的普通股有600 000股，在此期间股份没有发生任何变动，暂不考虑研发费用、利息费用和利息收入。其他损益类账户的记录如下表所示。

损益类账户当期发生额　　单位：元

账户	2×21年1月		2×21年2月	
	借方余额	贷方余额	借方发生额	贷方发生额
主营业务收入		1 400 000		1 200 000
主营业务成本	980 000		840 000	
税金及附加	20 000		18 000	
销售费用	25 000		12 700	
管理费用	80 000		70 500	
财务费用	90 000		67 000	
其他业务收入		47 000		21 000
其他业务成本	28 000		13 000	
资产减值损失	12 000		2 500	
公允价值变动损益		24 000	3 300	
营业外收入		12 000		
营业外支出	19 000		5 100	
投资收益		3 000	800	
所得税费用	70 000		60 000	

三、要求：编制华生公司2×21年2月的利润表。

练习五

一、目的：练习所有者权益变动表的编制。

二、资料：大华公司2×21年的净利润为300 000元，其他综合收益18 000元，当年不存在任何会计政策变更和前期差错更正，本年所有者权益账户有关数据如下表所示。

所有者权益账户汇总表

单位：元

账户名称	年初余额	借方发生额	贷方发生额	年末余额	备注
实收资本	725 000	0	200 000	925 000	盈余公积转增资本
资本公积	24 000	0	5 200	29 200	其他权益工具投资公允价值变动损益（其他综合收益）增加5 200元
盈余公积	225 000	200 000	60 000	85 000	提取盈余公积60 000元，盈余公积转增资本200 000元
未分配利润	32 000	280 000	300 000	52 000	其中向股东分配股利220 000元

三、要求：编制大华公司2×21年的所有者权益变动表（只填列本年金额一栏），且忽略其他综合收益的所得税影响。

案　例

案例一　侦破“蓝田神话”

蓝田股份有限公司是以农业为主的综合性上市公司，于1996年上市。从蓝田公司提供的财务会计报告来看，1996~2000年的业绩一直持续高增长。历年利润表的数据显示，主营业务收入从4.6亿元大幅增长到了18.4亿元，3年间利润翻了3倍多，由5 936万元增长到4.3亿元，每股收益则从1996年的0.61元上升到2000年的0.95元。2000年的资产负债表数据则显示，公司流动负债对流动资产的比例为0.77，负债总额对资产总额的比例为0.23，这表明蓝田公司的资产对负债的保障比较有利，资产充分，偿债能力强。2000年的现金流量表数据显示，公司每股经营活动产生的现金流量为1.76元，说明公司现金流充裕而可靠。因此，蓝田股份有限公司被有关部门当作农业产业化的一面旗帜，创造了中国农业企业罕见的“蓝田神话”。

相对于财务会计报表述说的美丽故事，蓝田股份在二级市场上的表现却不太好。上市以来，蓝田股份的股价和市盈率（股价与每股收益的比值）相对于其他股票一直走低，表明投资者对蓝田股份并不看好，对其未来的发展没有信心。

到了2001年，社会上对蓝田股份各种的质疑频频出现在媒体上，这些分析大多数以财务会计报告为基础，通过比较蓝田股份各年之间、蓝田股份与其他企业之间在偿债能力、盈利能力、营运能力以及在现金流量方面的差异，人们提出，蓝田股份的财务数据存在大量水分。到2002年1月，蓝田股份3名高管和7名中层干部因“涉嫌制造虚假利润”被拘传，至此，蓝田股份的财务造假问题终于大白于天下。

案例二　绿大地的财务欺诈

云南绿大地生物科技股份有限公司（股票代码002 200，下称“绿大地”）成立于1996年6月，注册资本1.5亿元，2001年3月以整体变更方式设立为股份有限公司，2007年12月21日在深交所挂牌上市。然而，上市不到三年，绿大地就因信息披露严重违规等问题被证监会调查，继而发现其存在严重的财务欺诈。绿大地的造假手段包括虚增资产、虚构收入与关联方交易等。

在上市前的2004年至2007年6月间，绿大地使用虚假的合同、财务资料，虚增马龙县旧县村委会960亩荒山使用权、马龙县马鸣乡3 500亩荒山使用权以及马鸣基地围墙、灌溉系统、土壤改良工程等项目的资产共计7 011.4万元。在上市之后，绿大地仍然没有停止造假的脚步。2007～2009年绿大地通过伪造合同和会计资料，虚增马龙县月望乡猫猫洞9 000亩荒山土地使用权、月望基地土壤改良及灌溉系统工程、文山州广南县12 380亩林业用地土地使用权的资产共计2.88亿元。

绿大地采用虚假苗木交易销售，编造虚假会计资料，或者通过其实际控制的公司将销售款转回等内部交易手段虚增收入。绿大地在招股说明书中披露2004年至2007年1～6月累计收入为62 629.51万元，虚增收入29 610.29万元。绿大地2007年度会计报告披露营业收入25 746.55万元，其中虚增收入9 659.90万元；2008年度会计报告披露营业收入34 194.76万元，其中虚增收入8 564.68万元；2009年度会计报告披露营业收入43 949.59万元，其中虚增收入6 856.09万元。自2007年至2009年累计虚增收入25 080.68万元。

关联方交易是绿大地财务造假的另一个常用手段。绿大地先后注册过35家关联公司，通过资金循环的方式，编造自己所需要的财务数据。就如绿大地原董事长郑亚光所说，公司向关联公司买一块地，实际成本为1 000万元，但账面上花了1个亿；关联公司再用套出来的9 000万元向绿大地购买苗木，这样绿大地的资产、收入都虚增了9 000万元。

第七章　会计信息系统

【学习目标】

- 理解并掌握会计循环各阶段的主要内容。
- 理解并掌握各种不同账务处理程序的特点和适用范围。
- 了解手工会计信息系统和电子计算机信息系统的异同。
- 了解影响未来电子计算机会计信息系统的因素。

第一节　会计循环

企业在持续经营的情况下，必须通过划分会计期间，定期编制会计报表，从而为相关决策者提供评估企业经营绩效及预测未来情况的信息。将企业一定期间的经济活动转化成会计报表，必须经过许多会计程序。这些程序在每一会计期间里周而复始、循环往复，因此称之为会计循环。

会计循环的基本步骤包括：①编制分录；②过账；③编制调整前试算平衡表；④编制期末调整分录并过账；⑤编制调整后试算平衡表；⑥编制会计报表；⑦结账。

一、编制分录

每一项真实合法的经济业务发生后，都要编制会计分录，也就是分析该业务对哪些账户有影响、影响数量是多少、影响方式如何等，然后运用复式记账原理，将其记录下来。为确保即将记录的每项经济业务都是真实合法的，必须对证明经济业务发生的原始凭证进行审核。

我国自 20 世纪 50 年代初引进苏联的会计记账程序后，习惯上使用记账凭证将发生的经济业务记录下来；以美国为代表的西方会计体系则习惯使用日记账来完成编制分录的这一程序。

二、过账

无论是记账凭证还是日记账中所编制的会计分录，都是按经济业务发生的先后顺序登记的。会计分录将一个完整的经济业务一分为二，分别记入两个或更多的账户。因此，仅仅编制会计分录不能体现一定时期某一账户应该记载的经济内容增减变化的结果。为满足相关决策者的需求，连续、完整地反映企业经济业务的影响，将会计分录所记载的有关账户的变化金额登记到相应的分类账簿中，就是过账。

三、编制调整前试算平衡表

为检查编制分录和过账程序是否有错误，需要编制调整前试算平衡表。试算平衡表是检验全部账户借方余额合计与贷方余额合计是否相等，或者借方发生额合计与贷方发生额合计是否相等的测算表格。一些在编制分录和过账程序中发生的错误可以通过编制试算平衡表检查出来，但试算平衡表不能保证检查出编制分录和过账程序中的所有错误。

四、编制期末调整分录并过账

由于会计分期假设的存在，为了使收入与费用相配比，从而计算企业的期间损益，客观上就要求明确以下问题：某项具体经济业务所发生的后果究竟应归入哪一期间？是归入与该项经济业务有关的现金收支发生期间，还是归入该项经济业务产生实际影响的期间？

按照经济业务所发生的后果归入期间的不同，会计核算有两个核算基础，即收付实现制和权责发生制。收付实现制，是以现金收到或付出为标准来记录收入的实现或费用的发生。按照收付实现制，收入和费用的归属期间将与现金收支行为的发生与否紧密联系在一起。换言之，现金收支行为在其发生的期间全部记作收入和费用，而不考虑与现金收支行为相连的经济业务实质上是否发生。例如，企业于2×20年7月出租闲置的厂房，租期半年，但到2×21年1月才收到租金。按收付实现制的要求，这笔租金收入应计入2×21年1月的收入，而不管赚取收入的活动是在什么时候完成的。相应地，对租入设备那一方来说，即使它是在2×20年7~12月使用了租入的设备，但支付租金的行为发生在2×21年1月，因此，这笔租金只能记作2×21年1月的费用。

权责发生制是以权利或责任的发生与否为标准来确认收入和费用，即凡是收取一项收入的权利已经具备，不论企业是否取得这项收入上的现金，都应该确认为收入。同样，只要已经承担某项费用的义务，即使与该项义务相关联的现金支出行为尚未发生，也应入账并确认为费用。接上例，假定这笔租金收入共6 000元，即每月1 000元。按照权责发生制，出租厂房的那一方应在2×20年7~12月每月末确认未收取现金的收入1 000元。同样，对设备租入方而言，它应将这笔租入设备的费用确认为实际使用该设备的期间，即2×20年7~12月的费用，因为此时支付这笔费用的义务已经形成。

根据我国《企业会计准则——基本准则》的要求，企业应当以权责发生制为基础进行会计核算。但如果企业在日常的会计工作中，对每项经济业务都按权责发生制来记录，将会带来很多的麻烦。例如，企业购入一台设备（属固定资产），该设备可以使用5年，按照权责发生制，就应当将这台设备的成本平均地分摊到每年中去。试想，在购入设备之初，就将后5年的会计分录全部编制完毕，这显然是不现实的。因此，在日常会计处理中，企业从方便的角度出发，往往按其现金收支行为发生的期间进行经济业务的记录。在每一会计期间结束时，再对其中不符合权责发生制要求的账项进行调整。

调整就是按照应予归属这一标准，合理地反映相互连接的各会计期间应得的收入和应负担的费用，使各期的收入和费用能在相互适应的基础上进行配比，从而比较正确地计算出各期的盈亏。期末进行账项调整，虽然主要是为了在利润表中正确地反映本期的经营成果，但是收入和费用的调整，必然会导致有关资产、负债和所有者权益项目发生相应的增减变动。因此，期末账项调整也与比较正确地反映企业期末财务状况密切有关。

期末账项调整一般分为以下几类：①递延项目，包括预付费用和预收收入；②应计项目，包括应计费用和应计收入；③估计项目。

（一）递延项目

所谓“递延”，是指推迟确认已收到款项的收入和已支付款项的费用，即款项虽已收到，或款项虽已支付，但收入和费用应在以后期间确认。递延项目包括预付费用和预收收入两种。递延项目随着营业活动的进行，会逐渐转为已实现的收入或已发生的费用，这样，原记录的性质因实际情况的变动而有所变化，应在期末将已实现的收入从预收收入账（负债账）转为收入账，将已发生的费用从预付费用账（资产账）转为有关费用账。

1. 预付费用。企业在经营过程中会出现大量先支付后受益的事项，这种支付在先、发生在后的费用就是预付费用。在支出时，如果预计支付和受益相差的时间不超过一个会计年度，这种支出称为收益性支出。例如，企业在2×21年6月以银行存款预付下半年的办公房屋租金12 000元，支付发生在2×21年6月，受益期是2×21年7~12月，就是收益性支出。收益性支出在实际支付时，形成待摊费用。待摊费用是一项资产。收益性支出应在一个会计年度内按照实际发生或者受益的情况逐步转为费用。收益性支出的会计核算参见〖例7－1〗。

【例7－1】甲公司于2×21年6月以银行存款预付下半年的办公房屋租金12 000元。

①预付房屋租金时的会计分录为：

借：待摊费用　　　　12 000

　贷：银行存款　　　　12 000

②2×21年7～12月每月末应编制的调整分录为：

借：管理费用　　2 000

　贷：待摊费用　　2 000

在支出时，如果预计支付和受益相差的时间超过一个会计年度，这种支出称为资本性支出，例如企业购买固定资产、无形资产等。资本性支出在发生时，企业的固定资产、无形资产等增加。按照可能的受益期间，资本性支出逐步转为费用，固定资产称之为折旧，无形资产等称之为摊销。下面以固定资产的折旧为例来说明。

由于固定资产的金额比较巨大，且使用寿命一般长于一年，有的甚至达到数十年之久，因此，从经济意义上来讲，企业购买固定资产的支出，是一种支付在先、受益在后且受益年度超过一个会计期间的巨额预付费用。固定资产上的支出应作为一项资本性支出，通过折旧方式分期转为费用。

所谓折旧，就是固定资产等生产资料在使用过程中因损耗而转移到最终完工产品（或劳务）价值中去的价值部分。它实际上是固定资产价值上的减少，折旧发生时理论上可以直接贷记“固定资产”账户，减少固定资产价值。但在现实经济生活中，固定资产价值的高低代表了一个企业的生产规模或生产能力的大小，如果账面上固定资产的价值随折旧的计提而降低，将给人以企业规模在不断萎缩的印象。但实际上，固定资产在其有效使用寿命期内，只要维护适度，都能基本保持生产能力或水平。这样就要求固定资产账户能反映各固定资产购入或取得时的价值，对折旧的计提则另设“累计折旧”账户予以反映。

“累计折旧”账户相当于“固定资产”账户的一种抵减账户，用来登记所有折旧费用的计提。这样，“固定资产”账户能够反映企业固定资产购入或取得时的原始价值，相当于是企业的生产能力或生产规模；“固定资产”账户与“累计折旧”账户相抵减，就得出固定资产净值，它与原值相比较，就可以确定企业固定资产的新旧程度。

【例7－2】甲公司2×21年6月购买机器设备，价值1 000 000元，增值税税率13%，以银行存款支付。甲公司2×21年7月应计提的机器设备折旧费4 000元。

①2×21年6月购买机器设备的会计分录为：

借：固定资产　　1 000 000

　　应交税费——应交增值税（进项税额）　　130 000

　贷：银行存款　　1 130 000

②2×21年7月计提折旧的调整分录为：

借：制造费用　　4 000

　贷：累计折旧　　4 000

2. 预收收入。在提供产品或劳务前，企业有时会预先收到客户的货款。这种本期已收到货款但必须在本期和以后各期才能确认的收入即为预收收入。发生这种情况时，企业收到的款项不能算是企业的当期收入，而只是一种属于预收性质的负债，表示有继续提供产品或劳务的义务。

对于这种预收收入，如果所需提供的产品或劳务不能在本期内全部完成，就不能作为本期的收入。因此，这类经济业务发生时，应先记入“预收账款”账户；等到期末，再按本期完工的程度，将已经获得的部分转作本期的收入。

【例7-3】甲公司2×21年6月预收乙公司货款339 000元，7月20日向乙公司发送产品，售价300 000元，增值税税率13%。

①2×21年6月预收货款时的会计分录为：

借：银行存款	339 000	
贷：预收账款		339 000

②2×21年7月应编制的调整分录为：

借：预收账款	339 000	
贷：主营业务收入		300 000
应交税费——应交增值税（销项税额）		39 000

（二）应计项目

应计，是指本期虽未收到和支付款项，但从归属标准来看，应确认为本期的收入和费用。在日常账簿记录中，由于未收到款项，许多应计项目并没有登记入账，所以在期末应进行账项调整。

1. 应计费用。应计费用又称应付费用，是指本期虽未支付，但已在本期耗用或已由本期受益，从而应由本期负担的费用。应付费用或者要在以后会计期内支付，或者要在本期账项调整后补付，均应调整入账，以正确计算本期的费用。企业的应付费用内容较多，主要包括预提修理费用、应付利息费用、应付职工薪酬、应付水电费、应付租金等。

应计费用的实质是企业必须在将来支付款项，或消耗其他资产，所以它是一项负债。下面以通过“应付职工薪酬”账户核算的经济业务的例子来说明应计费用的核算。

企业需要支付的职工工资、职工福利、工会经费、教育经费等都属于职工薪酬。虽然职工劳动后就有获得薪酬的权利，但在大多数情况下企业支付职工薪酬的期间与企业获得职工劳动的期间并不一致。因此，企业对本期虽未支付、但本期已经使用的职工劳动应由本期负担的职工薪酬，需要预先计提。

企业在预提职工薪酬时，需设置“应付职工薪酬”账户，按预提的金额记入该账户的贷方，同时借记有关的费用账户。“应付职工薪酬”是一个负债类账户，其贷方余额表示企业已预提而尚未支付的职工薪酬。

预提的职工薪酬，在实际支付时，就不能再记入有关的费用账户，以免费用重复记录。应记入“应付职工薪酬”账户的借方，冲销已预提的数额，一方面表示企业已实际支付款项或耗费了资产，另一方面表示负债的消失。

【例7-4】甲公司2×21年9月末计算出计入生产成本的职工薪酬2 500 000元，计入制造费用的职工薪酬500 000元，计入管理费用的职工薪酬300 000元。

2×21年10月10日支付生产工人工资2 500 000元，支付车间管理人员工资500 000元，支付管理人员工资300 000元。

①2×21年9月末预提职工薪酬时的调整分录为：

借：生产成本　　2 500 000
　　制造费用　　500 000
　　管理费用　　300 000
　贷：应付职工薪酬　　3 300 000

②2×21年10月10日实际支付职工薪酬的会计分录为：

借：应付职工薪酬　　3 300 000
　贷：银行存款　　3 300 000

有些应从销售收入中抵扣的流转税金，是销售收入的减项，在平时账簿上并未登记，也应在期末进行账项调整，以正确计算当期的盈亏。这些流转税金包括消费税和资源税等，这里仅仅以消费税为例说明应付税金的会计处理。

应纳消费税的企业有义务向国家缴纳消费税，根据企业的当月销售额，一般按规定税率计算，于下月初缴纳。为了正确计算本月应纳消费税业务的销售利润，必须于月末调整账项，将本月的消费税税金计算入账。对消费税税金一般设置“税金及附加”和“应交税费”账户加以反映。计算和确定当期应负担的消费税税金费用时，记入“税金及附加”账户的借方；应于下月初缴纳的消费税税金，记入“应交税费”账户的贷方。“应交税费”账户是企业对征税机关所负债务的一个负债账户，用以记录各种税款的应计和缴纳情况。它可以按照税种分设各种明细分类账。下月份缴纳消费税税金时，应记入“应交税费”账户的借方，表示企业纳税业务的解除。

【例7-5】甲公司2×21年6月取得应税消费品收入10 000元，消费税税率为5%。于7月初缴纳消费税500元。

①2×21年6月末计提消费税的调整分录为：

借：税金及附加　　500
　贷：应交税费——应交消费税　　500

②2×21年7月缴纳消费税的会计分录为：

借：应交税费——应交消费税　　500
　贷：银行存款　　500

2. 应计收入。应计收入也称应收收入，是指本期已实现但尚未收到款项的收入。它主要是企业向外界提供劳务或资产使用权，因尚未结算、尚未入账的收入，如应收债券投资利息收入、应收贷款利息收入、应收出租包装物的租金收入等。在许多业务中，应计收入与应计费用相对应。

应计收入虽在期末未能收到款项，但产生收入的劳务或资产的使用权已经被提供，本期的收入已经实现，因此，期末应将其调整入账，确认为本期的收入。

【例7-6】甲公司于2×21年1月出租暂时闲置的柜台1年，每月租金6 000元，增值税税率为13%，年末收全年租金。

①每月末租金收入的调整分录为：

借：其他应收款　　6 780

　贷：其他业务收入　　6 000

　　　应交税费——应交增值税（销项税额）　　780

②2×21 年末收到全年租金时的会计分录为：

借：银行存款　　81 360

　贷：其他应收款　　81 360

（三）估计项目

为了正确计算各期盈亏，在会计期末，企业除对上述递延和应计项目进行账项调整之外，还需要对其他一些账项进行调整，主要是根据会计准则对一些资产和负债项目进行调整。最常见的估计项目是各种资产减值准备的计提，如存货跌价准备的计提、固定资产减值准备的计提、应收项目坏账准备的计提等。下面以应收项目坏账准备的计提为例来说明。

企业因赊销产品或劳务而应向客户收取的款项，称为应收款项或应收项目，主要包括应收账款、应收票据、其他应收款等。应收款项可能因债务人无力偿还欠款，使债权人收不回账款而遭受损失。收不回的应收款项称为坏账，坏账损失是企业的一项费用。对于应收款项的坏账损失，通常有两种处理方法。

1. 直接转销法。这是在实际发生坏账时确认坏账损失的一种方法。通常认为，坏账损失是企业管理不善所引起的，如对客户缺乏足够的调查，就盲目赊销产品，故列为信用减值损失。在实际发生坏账时，记入“信用减值损失”账户的借方，同时注销应收款项。

【例7-7】甲公司2×21年6月发生坏账损失2 500元。其调整分录为：

借：信用减值损失　　2 500

　贷：应收账款　　2 500

采用直接转销法，会计处理较为简单，但忽略了坏账损失与赊销业务的关系，赊销可以增加销售收入，但使发生坏账损失的可能性增大；本期实际发生的坏账损失，往往是由前期赊销业务引起的。在发生赊销业务的当期，不确认坏账损失，显然不符合权责发生制的要求，没有将相关的费用与收入进行配比，也夸大了应收款项的数额。

2. 备抵法。此法是指在发生赊销业务的当期就估计可能发生的坏账损失，计入当期费用。一方面，将估计的坏账损失记作费用；另一方面，应设置“坏账准备”账户，作为“应收账款”等账户的备抵账户。以“应收账款”等账户的借方余额，减去“坏账准备”账户的贷方余额，其差额就是应收项目净值。之所以要另设“坏账准备”账户，是因为计提坏账准备时，并没有发生实际的坏账损失，不能直接冲销“应收账款”账户。在备抵法下，实际发生坏账时，不能再记入“信用减值损失”账户的借方，而是冲销已记的“坏账准备”账户，以免重复计算费用。

【例7-8】甲公司2×20年末应收账款余额为800 000元，经估计约有5‰无法收回。2×21年6月实际发生坏账损失2 500元。

①2×20年末计提坏账准备的调整分录为：

借：信用减值损失　　4 000

　贷：坏账准备　　4 000

②2×21年6月实际发生坏账损失时的会计分录为：

借：坏账准备　　2 500

　贷：应收账款　　2 500

五、编制调整后试算平衡表

编制调整分录后再次进行试算平衡，一方面可以检验调整分录的过账是否正确，另一方面是为正式编制会计报表提供一个账户余额，以方便检索。

六、编制会计报表

编制调整后试算平衡表后，就可以进行会计报表的编制工作了。会计报表是会计信息系统对企业会计信息的输出，反映的是企业财务状况、经营成果和现金流量情况。

七、结账

会计报表编制完成后，这一期间的会计工作已经基本完成。会计循环的最后一步是结束本期的会计工作，从而为下一期间的会计工作做好准备。

前面在介绍账户设置时曾说明，账户实际上就是对会计要素的再分类。会计要素分为资产负债表要素和利润表要素，前者包括资产、负债和所有者权益，后者包括收入、费用和利润。这样，账户可分为资产负债表账户和利润表账户。其中，资产负债表账户反映的是某一时点企业的资产分布状态及其相应的来源。除非企业不再经营，否则，就必然会拥有一定数量的资产，对这些资产的要求权自然也存在。因此，资产负债表账户期末一般都会有余额，该余额随着经营活动的延续而递延到下一个会计期间。资产负债表账户也被称为永久性账户。期末，对资产负债表账户结出期末余额，并将其转入下一个会计期间。本期资产负债表账户的结束不需要编制会计分录。

与资产负债表相反，利润表总是反映某一期间企业经营活动的成果。无论过去取得的成果是高或低，上一会计期间的成果都不能带到下一会计期间。每一个会计期间开始时，经营成果的计算都是“从零开始”。一个会计期间结束时，与该期间相关联的利润表账户就应该被结平，到下一会计期间再重新开设。利润表账户也被称为临时性账户。对利润表账户编制结账分录，使其余额为零。

结账就是在月末编制结账分录，将各临时性账户的余额转入永久性账户，以便能进行下一个会计程序的工作。具体而言，结账分录包括：

（1）将所有的收入类账户的本期发生额结转至本年利润账户，即借记“收入类”账户，贷记“本年利润”账户。

（2）将所有费用类账户的本期发生额结转至本年利润账户，即借记“本年利润”账户，贷记“费用类”账户。

（3）将本年利润账户这一临时性账户借贷方之间的差额结转至“利润分配——未分配利润”账户。若为盈利，则借记“本年利润”账户，贷记“利润分配——未分配利润”账户；若为亏损，则借记“利润分配——未分配利润”账户，贷记“本年利润”账户。

第二节　手工会计核算下的账务处理程序

在会计循环中，编制分录、过账和编制会计报表是其中的重要环节。在我国，编制分录、过账和编制会计报表需要使用记账凭证、会计账簿和会计报表这些会计核算工具。在手工会计核算下，各种类型的企业出于为经济管理活动提供及时有效的会计信息的共同目的，在实践中形成了不同的编制记账凭证、登记明细分类账和总分类账、编制会计报表的工作程序和方法，这就是所谓的账务处理程序。账务处理程序，也称会计核算形式或会计核算组织程序，是指会计凭证、会计账簿和会计报表相结合的方式。

会计凭证、会计账簿和会计报表之间的结合方式不同，因此形成了不同的账务处理程序。我国在实践中形成的账务处理程序主要有：记账凭证账务处理程序、科目汇总表账务处理程序、汇总记账凭证账务处理程序和多栏式日记账账务处理程序。

不同的账务处理程序有不同的方法、特点和适用范围。科学、合理的会计账务处理程序可以使会计核算的各工具、各环节有机结合，密切配合，能够规范会计核算组织工作，有效提高会计工作的效率，帮助凭证、账簿、报表更好地发挥作用，充分体现会计在经济管理中的重要作用。

为了把会计核算工作科学地组织起来，任何单位都应根据会计制度的要求，结合本单位的实际情况和具体条件，设计适应本单位特点的账务处理程序。这对于提高会计工作质量和效率，充分发挥会计在经济管理中的作用，都具有重要意义。

一、记账凭证账务处理程序

（一）记账凭证账务处理程序的特点

记账凭证账务处理程序，是指对发生的经济业务都要根据原始凭证或原始凭证汇总表编制记账凭证，并根据记账凭证逐笔登记总分类账的账务处理程序。其主要特点是：直接根据记账凭证，逐笔登记总分类账。记账凭证账务处理程序是最基本的账务处理程序，其他账务处理程序都是在记账凭证账务处理程序的基础上发展而成的。

在记账凭证账务处理程序下，记账凭证一般采用收款凭证、付款凭证和转账凭证三种专用记账凭证，也可采用通用记账凭证。设置的账簿主要有库存现金日记账、银行存款日记账，总分类账和各种明细账。总分类账和日记账的格式均可采用借、贷、余三栏式。总分类账应按总账科目设置，明细账可以根据管理的需要按明细科目设置，采用三栏式、数量金额式或多栏式等。

为了尽量减少记账凭证的数量，减轻登记总分类账的工作量，简化核算手续，在采用记账凭证账务处理程序时，应尽可能地将业务内容相同的原始凭证先编制成原始凭证汇总表，再根据原始凭证汇总表编制记账凭证，登记总分类账。

（二）记账凭证账务处理程序的步骤

记账凭证账务处理程序的步骤一般可归纳如下：

（1）根据原始凭证或原始凭证汇总表填制记账凭证。

（2）根据收款凭证、付款凭证登记库存现金日记账和银行存款日记账。

（3）根据原始凭证、原始凭证汇总表和记账凭证登记各种明细分类账。

（4）根据记账凭证登记总分类账。

（5）月末，将日记账、明细账的余额与有关总分类账的余额相核对。

（6）月末，依据总分类账和明细分类账的资料编制会计报表。

其步骤如图7－1所示。

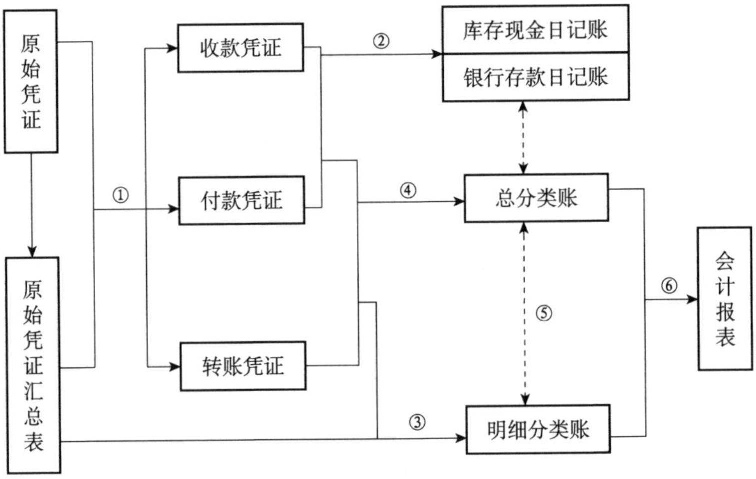

图7－1　记账凭证账务处理程序的步骤

（三）记账凭证账务处理程序的优缺点及适用范围

记账凭证账务处理程序简单明了，易于理解和掌握。而且，总分类账能具体、详细地反映每项经济业务的发生情况，便于分析和检查。但是，根据记账凭证逐笔登记总账，工作量比较大，也不便于会计核算工作的分工，所以这种账务处理程序一般只适用于经营规模较小、业务量不大、凭证数量不多的单位。

二、科目汇总表账务处理程序

（一）科目汇总表账务处理程序的特点

科目汇总表账务处理程序，又称记账凭证汇总表账务处理程序，它是先根据记账凭证定期编制科目汇总表，然后根据科目汇总表登记总分类账的一种账务处理程序。其主要特点是：定期地根据记账凭证汇总编制科目汇总表，然后根据科目汇总表登记总账。

科目汇总表又称记账凭证汇总表，是根据记账凭证定期汇总编制，列示有关总分类账户的本期发生额合计数，据以登记总分类账的一种汇总记账凭证。科目汇总表如表 7 - 1 所示。

表 7 - 1 **科目汇总表**

年　月　日至　日　　　　第　号

会计科目	账页	本期发生额		记账凭证起讫号数
		借方	贷方	
合计				

科目汇总表的编制方法为：根据一定时期内的全部记账凭证，按相同的会计科目归类，定期汇总每一会计科目的本期借方发生额和贷方发生额，并将发生额填入科目汇总表内；会计科目可以每月汇总一次编制一张，也可以按旬汇总一次，每旬编一张。

在科目汇总表账务处理程序下，除了要分别设置收款凭证、付款凭证和转账凭证外，还要设置科目汇总表，设置的账簿主要有库存现金日记账、银行存款日记账、总分类账和各种明细账，其格式与在记账凭证账务处理程序下采用的格式基本相同。

（二）科目汇总表账务处理程序的步骤

科目汇总表账务处理程序的步骤一般可归纳如下：

（1）根据原始凭证或原始凭证汇总表填制记账凭证。

（2）根据收款凭证、付款凭证登记库存现金日记账和银行存款日记账。

（3）根据原始凭证、原始凭证汇总表和记账凭证登记各种明细分类账。

（4）根据记账凭证定期编制科目汇总表。

（5）根据科目汇总表登记总分类账。

（6）月末，将日记账和明细账的余额与有关总分类账的余额相核对。

（7）月末，根据总分类账和明细分类账的记录编制会计报表。

其步骤如图7－2所示。

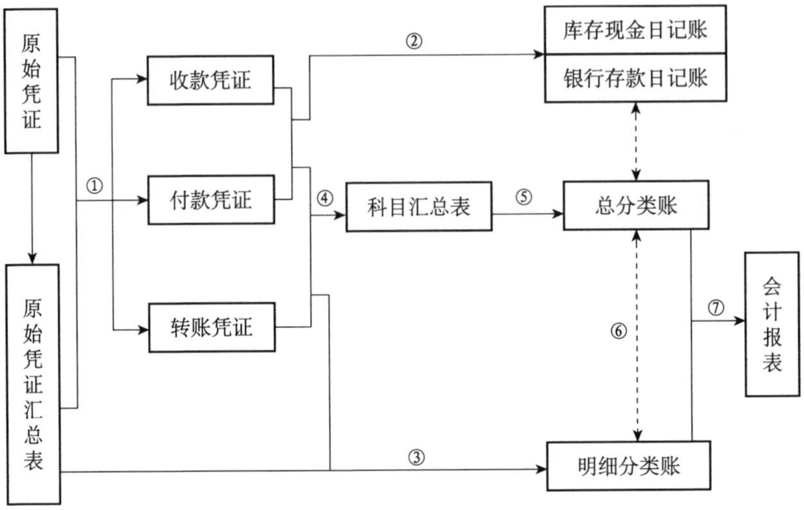

图7－2　科目汇总表账务处理程序的步骤

（三）科目汇总表账务处理程序的优缺点及适用范围

科目汇总表账务处理程序根据科目汇总表登记总账，因而可以大大减少登记总账的工作量。同时，在编制科目汇总表的过程中，可以进行总账账户本期借、贷方发生额的试算平衡。而且，这种账务处理程序手续简便，容易掌握，运用方便。但是，科目汇总表不能反映科目之间的对应关系，不便于分析经济业务的来龙去脉，也不便于查对账目。这种账务处理程序广泛地应用于规模较大、业务较多的企业。

三、汇总记账凭证账务处理程序

（一）汇总记账凭证账务处理程序的特点

汇总记账凭证账务处理程序是定期根据全部记账凭证，按照账户的对应关系进行汇总，分别编制汇总记账凭证，并据以登记总分类账的一种账务处理程序。其主要特点是：定期将所有记账凭证按科目对应关系汇总编制成汇总记账凭证，然后再根据汇总记账凭证登记总分类账。

在汇总记账凭证账务处理程序下，除了要分别设置收款凭证、付款凭证和转账凭证外，还要分别设置汇总收款凭证、汇总付款凭证和汇总转账凭证。设置的账簿主要有库存现金日记账、银行存款日记账、总分类账和各种明细账，其格式与在记账凭证账务处理程序下采用的格式基本相同。

汇总记账凭证的编制方法：与科目汇总表账务处理程序相比，汇总记账凭证主要是按照会计科目的对应关系进行汇总。因此，在这种账务处理程序下，应设置按对应关系反映的各种汇总记账凭证。

1. 汇总收款凭证。汇总收款凭证按库存现金或银行存款科目的借方分别设置，按贷方科目加以归类汇总，5 天或 10 天汇总填列一次，通常每月编制一张；月末结出汇总收款凭证的合计数，据以登记总分类账。汇总收款凭证格式如表 7－2 所示。

表 7－2 **汇总收款凭证**

借方科目：库存现金 年 月 汇收字第 号

贷方科目	金额				总账页数	
	1～10 日收款凭证 第 号至第 号	11～20 日收款凭证 第 号至第 号	21～30 日收款凭证 第 号至第 号	合计	借方	贷方
合计						

2. 汇总付款凭证。汇总付款凭证按库存现金或银行存款科目的贷方分别设置，按借方科目加以归类汇总，5 天或 10 天汇总填列一次，每月编制一张；月末结出汇总付款凭证的合计数，据以登记总分类账。汇总付款凭证格式如表 7－3 所示。

表 7－3 **汇总付款凭证**

贷方科目：银行存款 年 月 汇付字第 号

借方科目	金额				总账页数	
	1～10 日付款凭证 第 号至第 号	11～20 日付款凭证 第 号至第 号	21～30 日付款凭证 第 号至第 号	合计	借方	贷方
合计						

3. 汇总转账凭证。汇总转账凭证按每一贷方科目分别设置，并根据转账凭证按借方科目加以归类汇总，5 天或 10 天汇总填列一次，每月编制一张；月末结出汇总转账凭证的合计数，据以登记总分类账。汇总转账凭证格式如表 7－4 所示。

表 7－4 **汇总转账凭证**

贷方科目： 年 月 汇转字第 号

借方科目	金额				总账页数	
	1～10 日转账凭证 第 号至第 号	11～20 日转账凭证 第 号至第 号	21～30 日转账凭证 第 号至第 号	合计	借方	贷方
合计						

因为汇总转账凭证上的科目对应关系是一个贷方科目与一个或几个借方科目

相对应，所以，在汇总记账凭证账务处理程序下，为了便于编制汇总转账凭证，要求所有转账凭证只能按一个贷方科目与一个或几个借方科目相对应来填列，不得填制一个借方科目与几个贷方科目相对应的转账凭证，否则就不能以贷方科目为主进行汇总。

（二）汇总记账凭证账务处理程序的步骤

汇总记账凭证账务处理程序的步骤，一般可归纳如下：

（1）根据原始凭证或原始凭证汇总表填制记账凭证。

（2）根据收款凭证、付款凭证登记库存现金日记账和银行存款日记账。

（3）根据记账凭证和原始凭证或原始凭证汇总表登记各种明细分类账。

（4）根据收款凭证、付款凭证和转账凭证，定期编制汇总收款凭证、汇总付款凭证和汇总转账凭证

（5）根据各种汇总记账凭证登记总分类账。

（6）月末，将日记账和明细分类账的余额与有关总分类账的余额相核对。

（7）月末，根据总分类账和明细分类账的资料编制会计报表。

汇总记账凭证账务处理程序的步骤如图7－3所示。

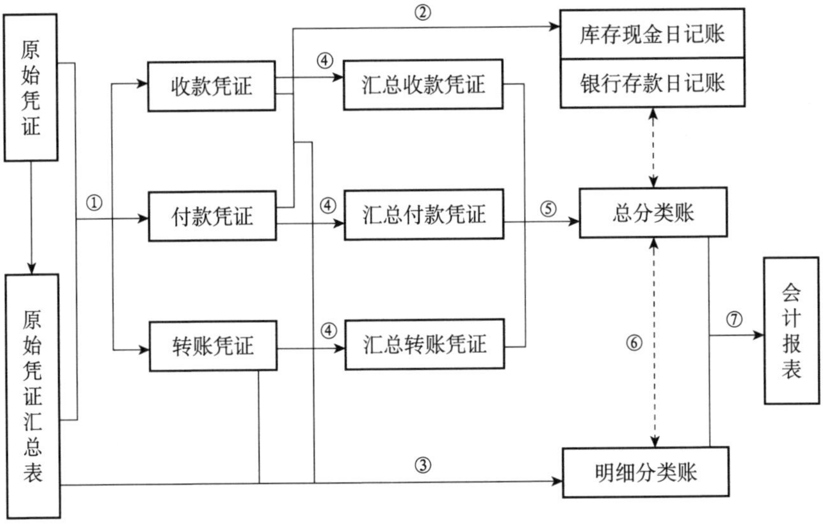

图7－3　汇总记账凭证账务处理程序的步骤

（三）汇总记账凭证账务处理程序的优缺点及适用范围

在汇总记账凭证账务处理程序下，根据定期编制的汇总记账凭证登记总分类账簿，减少了登记总账的工作量。汇总记账凭证能够清晰地反映各科目之间的对应关系和经济业务的来龙去脉，便于对经济业务进行分析和检查，从而克服了科目汇总表账务处理程序的不足。然而，由于这种账务处理程序的转账凭证是按每一账户贷方账户归类汇总，而不是按经济业务的性质归类汇总，因此，不利于日

常核算工作的合理分工。在经济业务比较零星、同一贷方科目的转账凭证数量不多的情况下，汇总工作量比较大，又起不到简化记账工作的作用。所以它适用于规模较大、业务较多的大中型企业或单位。

四、多栏式日记账账务处理程序

（一）多栏式日记账账务处理程序的特点

多栏式日记账账务处理程序是指根据多栏式日记账和转账凭证登记总分类账的账务处理程序。其主要特点是：设置多栏式库存现金和银行存款日记账，对于收款和付款业务，根据多栏式日记账登记总分类账；对于转账业务，直接根据转账凭证登记总分类账。

在多栏式日记账账务处理程序下，设置的记账凭证有收款凭证、付款凭证和转账凭证；设置的账簿有多栏式库存现金日记账、多栏式银行存款日记账、各种明细分类账和总分类账。多栏式库存现金日记账、多栏式银行存款日记账分别如表7－5和表7－6所示。

表7－5　多栏式库存现金日记账

20××年		凭证号数	摘要	收入			支出					余额
月	日			主营业务收入	应交税费	合计	在途物资	销售费用	应交税费	银行存款	合计	
			本月合计									

表7－6　多栏式银行存款日记账

20××年		凭证号数	摘要	收入			支出					余额
月	日			主营业务收入	应交税费	合计	在途物资	销售费用	应交税费	库存现金	合计	
			本月合计									

多栏式库存现金和银行存款日记账按照库存现金或银行存款收支相对应的科目设置专栏，反映库存现金或银行存款收入的来源及其支出去向。月终，多栏式库存现金日记账和银行存款日记账各专栏的合计数，起到了汇总库存现金、银行存款收付凭证的作用，可直接据以登记总分类账户。

多栏式库存现金日记账和银行存款日记账收入栏的本月发生额合计记入库存现金（或银行存款）总分类账户的借方，并将收入栏下各专栏对应科目的本月发生额合计数，记入相应总分类账户的贷方。多栏式库存现金日记账和银行存款日记账支出栏的本月发生额合计记入库存现金（或银行存款）总分类账户的贷方，并将支出栏下各专栏对应科目的本月发生额合计数，记入相应总分类账户的借方。对于库存现金和银行存款之间相互划转的经济业务，只需根据多栏式日记账的支出栏分别登记库存现金和银行存款总账，收入栏的数据不予过总账。

（二）多栏式日记账账务处理程序的步骤

多栏式日记账账务处理程序的步骤，一般可归纳如下：

（1）根据原始凭证或原始凭证汇总表编制收款凭证、付款凭证和转账凭证。

（2）根据收款凭证、付款凭证登记多栏式库存现金日记账和多栏式银行存款日记账。

（3）根据收款凭证、付款凭证、转账凭证和原始凭证或原始凭证汇总表登记各种明细账。

（4）根据转账凭证编制转账凭证科目汇总表。

（5）月末，根据多栏式库存现金日记账和银行存款日记账登记总分类账，同时，根据转账凭证或转账凭证科目汇总表登记各种总分类账。

（6）月末，将各种明细分类账余额的合计数，分别与相应的总分类账户余额核对相符。

（7）月末，根据核对无误的总分类账和明细分类账的记录，编制会计报表。

多栏式日记账账务处理程序步骤如图7－4所示。

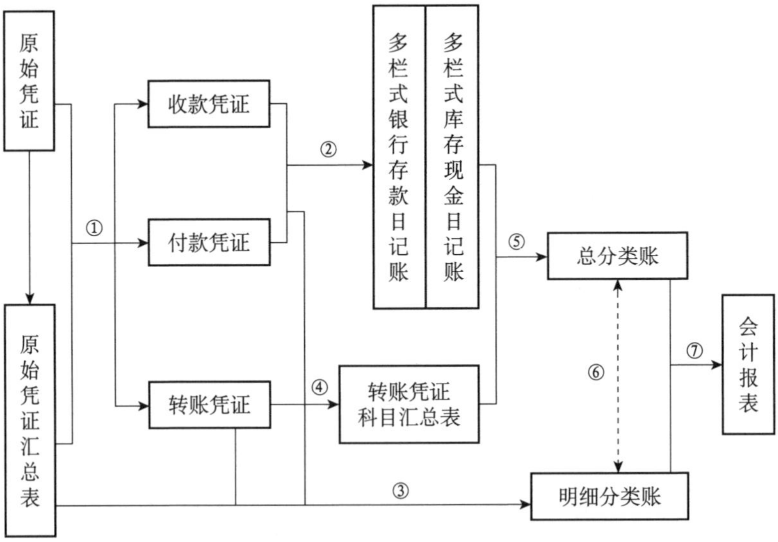

图7－4　多栏式日记账账务处理程序的步骤

（三）多栏式日记账账务处理程序的优缺点及适用范围

在多栏式日记账账务处理程序下，序时核算与总分类核算结合进行，核算程序简便易行；全部账户集中在一张账页上，使核算清晰，账户对应关系清楚。但是，如果企业的规模较大，运用的会计科目较多，日记账的账户栏次就会过多，账页宽幅就会过长，这就不便于记账和查阅。因此，多栏式日记账账务处理程序只适用于经济业务比较简单、涉及会计科目较少的单位。

五、账务处理程序的比较

以上各种账务处理程序的主要区别在于，记录在记账凭证上的会计分录过账到总分类账的过程不同。除了记账凭证账务处理程序之外，其他的账务处理程序都需要利用诸如科目汇总表之类的其他工具。

多栏式日记账账务处理程序相对其他账务处理程序，在账簿的设置上比较特殊，要设置多栏式库存现金日记账和多栏式银行存款日记账。

第三节　会计信息系统的演变与发展

按照系统的观念，从企业发生的经济活动中采集到数据，将数据记录下来并转化为供相关决策者使用的会计信息，这一过程可以视为一个会计信息系统。美国会计学会最早提出会计是一个信息系统。1966 年，美国会计学会出版的《论会计基本理论》中指出“会计是为便于信息使用者有根据地进行判断和决策而鉴别、计量、传输信息的过程”。会计信息系统的观念从西方传入我国并为我国学者所接受的时间大约是在20 世纪80 年代。1986 年王景新教授主编的《会计信息系统的分析与设计》是较早从系统的观念来研究会计的专著之一。

会计通过确认和计量经济活动，向信息使用者提供与决策相关的信息：取得原始凭证是获取数据，填制记账凭证和登记账簿是将数据转化为会计信息，提供会计报表是对会计信息的输出，阅读和分析会计报告是对会计信息的使用。所有这些活动都紧密相连，形成一个有序的信息输入、处理、存储和输出的过程。这一过程可以分为若干部分，每一部分都有各自的任务，但都服从一个统一的目标，构成一个有机整体，从而形成会计信息系统。

一、技术的演变和会计信息系统的发展

会计信息系统要采用一定的信息处理技术。会计信息处理技术是指对会计数据进行采集、存储、加工、传输等过程中所用的方法和技术。根据处理技术的不同，会计信息可以分成不同的模式。最古老的会计信息系统是以纸张为介质、以笔为书写工具来提供会计信息的。随着科学技术的发展，尤其是电子计算机的出现，新的会计信息系统模式不断出现。到目前为止，随机会计信息处理技术从落后到先进，大致出现了手工会计信息系统、机械会计信息系统和电子计算机会计

信息系统三种模式。

（一）手工会计信息系统

手工会计信息系统是指会计人员以纸来记录和存储数据与信息，用笔、算盘或者计算器等工具，按照会计处理程序在人脑的指挥下进行分类、计算等数据处理工作，实现会计循环的会计系统。这一模式历史悠久，其起源可以追溯到十三四世纪意大利银行界使用借贷记账法记录经济业务这一行为。其后，由意大利数学家卢卡·帕乔利在其著作《数学大全》（又译为《算术、几何、比及比例概要》）中对借贷记账法加以系统论述，帕乔利也因此被称为“近代会计之父”。

手工会计信息系统逐渐发展，形成了从编制会计分录到过账再到编制报表这一系列会计程序。在每个会计期间，这些程序反复应用，被称为会计循环。不同业务特点的企业在具体应用手工会计信息系统时，逐渐形成不同的编制记账凭证、登记分类账和编制报表的组织程序，即所谓的手工账务处理程序。手工会计信息系统的会计循环的步骤和账务处理程序，参见本章第一、二节的内容。手工会计信息系统一直沿用至今，即使是在计算机信息化的今天，也仍然有大量的企业使用这一信息系统。

（二）机械会计信息系统

机械会计信息系统就是运用机械手段来进行会计数据的处理。19 世纪末 20 世纪初，会计人员借助穿孔机、卡片分类机、机械式计算机、机械制表机等机械设备实现数据的记录和处理工作，减少了手工的工作量。机械会计信息系统仅仅是简单地用机械工具代替部分人工操作，并未改变会计操作的具体流程。也就是说，在机械会计信息系统中，会计循环的步骤和账务处理程序与手工会计信息系统一致。机械会计信息系统在计算机出现后很快就消失了。在国外，只有少数大型企业运用过机械会计信息系统，而我国没有经历这一阶段。

（三）电子计算机会计信息系统

电子计算机会计信息系统就是使用电子计算机来进行会计信息的处理。1946 年，第一台电子计算机诞生时，其主要功能还仅限于计算。1954 年，美国通用电气公司第一次使用计算机计算职工工资，引发了会计处理方式的变革，标志着电子计算机会计信息系统模式的开始。随着电子计算机功能的改善和不断普及，电子计算机会计信息系统逐渐代替手工会计信息系统，成为应用最广泛的会计信息系统。因此，现在提到电子计算机会计信息系统，很多时候直接简称为“会计信息系统”。

在手工会计信息系统阶段，由于信息存储和处理技术停滞，手工会计信息系统的形式和内涵在其形成的数百年间变化不大；而电子计算机会计信息系统的形式和内涵却伴随着电子计算机硬件、操作系统和相关软件、网络通信等技术的飞速发展不断发展变化。目前，在美国等发达国家，电子计算机会计信息系统已经和整个企业管理信息系统相融合。在电子计算机会计信息系统中，会计信息的处理流程已经发生了很大变化。例如，根据目前的电子计算机会计信息系统软件，从会计循环步骤上看，根据审核的原始凭证登记了会计分录之后，系统可以自动对数据进行整理，并根据需要输出记账凭证、账页或报表，过账类似于对会计分录的审核，不再是一个关键的步骤；从账务处理程序上看，也不再需要汇总记账凭证、科目汇总表或多栏式日记账了，以会计分录为基础的数据分类和加工也将由有关的软件自动完成。因此，手工信息系统下以简化处理等为目的而形成的各种账务处理程序，在电子计算机会计信息系统中不再有存在的必要。

在我国，1979 年长春第一汽车制造厂最早在会计信息系统中应用电子计算机。1981 年，在长春第一汽车制造厂召开的“财务、会计、成本应用电子计算机问题讨论会”上，提出了具有中国特色的概念——会计电算化。会计电算化作为一个约定俗成的术语，在其形成过程的具体实践中，大量表述为核算方法的计算机化。因此，在一般会计人员心目中，会计电算化仅仅是代替手工账，增加核算的自动化程度而已。虽然最初的会计软件确实在模拟手工会计循环，但随着技术的发展，如今的会计软件已经远远不限于手工会计信息系统涉及的内容。中国会计学会第四届全国会计信息化年会上提出会计信息化的概念，与原来会计电算化概念相比，在内容、方法、手段上都有所创新。用“会计信息化”替代“会计电算化”，不仅仅是名词的简单替换，更标志着电子计算机会计信息系统进入了一个新的发展阶段。

二、手工会计信息系统与电子计算机会计信息系统的比较

随着信息技术和软件的不断发展，电子计算机会计信息系统的具体形式也不断发展和变化。在现阶段，无论电子计算机会计信息系统采取何种形式，账务处理子系统是其不可缺少的中心环节。账务处理子系统基本模拟手工会计信息系统，用计算机实现手工系统下的会计循环。这里的手工会计信息系统与电子计算机会计信息系统的比较，主要是与电子计算机会计信息系统下的账务处理子系统的比较。

（一）两者的相同点

1. 基本目标一致。两者都对企业的经济活动进行记录和核算，最终目标都是给信息使用者提供与决策相关的信息。

2. 基本会计理论与方法一致。两者都要遵循基本的会计理论和方法，都采用复式记账的基本原理。

3. 遵循的基本法规一致。两者都要遵守国家的各项会计法规，遵循会计准则。

4. 系统的基本功能相同。两者都是信息系统。任何一个信息系统，都应具

备信息的采集输入、存储、加工处理、传输和输出这五项功能。

（二）两者的区别

从根本上看，电子计算机会计信息系统与手工会计信息系统的区别在于信息的处理技术不同，因此电子计算机会计信息系统可以更快捷、更准确地提供更详细的信息。除此之外，两者的差别还体现在以下五个方面。

1. 系统初始化。手工会计信息系统的初始工作包括设置会计科目，开设总账，登录余额等；而电子计算机会计信息系统的初始化设置工作则比较复杂，除设置会计科目等与手工会计信息系统类似的工作外，电子计算机会计信息系统还需要将与组织的管理流程相关的信息输入计算机。在手工会计信息系统下，人在处理会计信息前已经掌握了组织中相关的管理流程规定。电子计算机会计信息系统要计算机自动进行相关处理，就必须先告诉计算机处理的规则是什么。因此，电子计算机会计信息系统的初始化工作非常烦琐，涉及大量的数据输入和功能设置。

2. 账务处理程序。在手工会计信息系统中，总账和明细账平行登记，以便减少错误。而电子计算机会计信息系统下，过账则由计算机自动完成，不需要平行登记。因此，电子计算机会计信息系统不存在多种账务处理程序。

3. 信息的存储方式。在手工会计信息系统中，凭证、账簿和报表有其特定的格式，存储介质是看得见、摸得着的纸张。在电子计算机会计信息系统中，类似手工的凭证、账簿和报表的格式及数据在计算机中并不完全存在或并不永久存在，账簿、报表所需的数据是以数据库文件的形式保存在光、电、磁介质上的。当需要查看这些账簿或报表时，系统按事先设计的程序，自动从数据库文件中取得数据并进行筛选、分类、计算、汇总，然后按照规定的格式，将指定的凭证、账簿或报表在计算机屏幕上显示或用打印机输出。

4. 内部控制制度。在计算机会计信息系统中，原来使用的靠账簿之间互相核对来实现的差错纠正控制已经不复存在，计算机电磁介质也不同于纸张介质，它能不留痕迹地进行修改和删除。此外，计算机在硬件和软件结构、环境要求、文档保存等方面的特点决定了计算机会计信息系统的内部控制必然具有新的内容。控制范围已经从财务部门扩大到财会部门和计算机处理部门；控制的方式也从单纯的手工控制转化为组织控制、手工控制和程序控制相结合的全面内部控制。计算机信息系统本身已建立起新的岗位责任制和严格的内部控制制度，电子计算机会计信息系统岗位设置系统管理员、系统操作员、凭证审核员、系统维护员、会计档案资料保管员等岗位；会计软件增加了安全可靠性措施，以防止非指定人员擅自使用功能，各类会计人员必须有自己的操作密码和操作权限，并定期对会计数据进行强制备份，系统本身也增加各种自动平衡校验措施等。

5. 会计的管理职能。在手工会计信息系统下，会计的主要职能是事后反映和监督。会计信息系统虽然可以为管理者提供一些基础数据，但大部分预测、决策工作仍然依赖管理者个人的主观判断。而电子计算机会计信息系统可以方便地建立与其他系统的数据接口，因此可以建立许多复杂、实用的经济模型，如最优经济订货批量模型、多元回归分析模型等。管理人员利用模型迅速地存储、传递以及取出大量会计信息，并代替人脑进行各种复杂的数量分析，及时、准确、全面地进行会计管理和决策工作。这样可以使会计活动成为一种跨事前、事中和事后三个阶段，集核算、监督、控制、分析、预测于一体的全方位、多功能的管理活动。

第四节 电子计算机会计信息系统

电子计算机会计信息系统的概念有广义和狭义之分。狭义的电子计算机会计信息系统，是指将电子计算机应用到传统的手工会计信息系统中，实现会计数据采集、信息处理和信息输出的自动化。广义的电子计算机会计信息系统逐渐和管理信息系统相融合，涉及供应链、资金链、人力资源和技术开发等，其形式随着计算机硬件、软件、网络通信技术和管理思想的发展而不断变化。由于通常提到电子计算机会计信息系统都是指广义上的电子计算机会计信息系统，本节探讨的也是广义上的电子计算机会计信息系统。

一、电子计算机会计信息系统的发展阶段

电子计算机会计信息系统的产生和发展，离不开计算机技术、数据库技术、网络技术和管理思想的发展。按照不同的分类标准，电子计算机会计信息系统可以分成不同的发展阶段。

（一）按数据存储不同划分

1953 ~ 1965 年为第一阶段。在这个阶段，主要是用计算机帮助进行会计数据的计算，数据是相应程序的一部分，不能独立存储。

1965 ~ 1970 年为第二阶段。会计数据已可存储于单独的数据文件中，有一定的数据结构，不再是程序的组成部分，修改数据无须修改程序。

1970 年以后为第三阶段。数据库管理系统的出现，可以把多个相对独立的功能组成一个统一的会计信息系统，也可以方便地与其他系统建立数据接口。

（二）按系统功能不同划分

1. 电子数据处理阶段。电子数据处理阶段是计算机会计信息系统的初级阶段。此阶段的主要目标是用计算机代替手工操作，实现会计核算工作的自动化或半自动化，以提高会计工作的效率。其主要特点是：会计软件以模拟手工会计信息系统为主，各项业务之间相互独立，没有形成一个整体的系统。

2. 会计管理信息系统阶段。会计管理信息系统以计算机为工具，利用系统

中的基础数据，运用各种经济模型，帮助相关人员进行管理决策。

二、会计管理信息系统的发展阶段

会计管理信息系统是会计信息系统和管理信息系统相融合的产物。管理信息系统是计算机和管理科学综合运用的结果，是利用相关系统中的基础数据和大量定量化的科学管理方法，实现对生产、经营、管理过程的预测、管理、调节、规划和控制。一般认为，管理信息系统大致经历了物料需求计划（MRP）、闭环物料需求计划（闭环 MRP）、制造资源计划（MRPⅡ）和企业资源计划（ERP）四个阶段。

（一）物料需求计划阶段

早期控制库存量的基本方法是订货点法。20 世纪60 年代中期，随着新产品、新材料的不断涌现，以及客户对产品的要求越来越高，传统的订货点法已不能适应新形势的需要。美国 IBM 公司的约瑟夫·奥列基博士打破产品品种之间的界限，把企业生产过程中涉及的所有产品、零部件、原材料、中间件等，在逻辑上视为相同的物料，再把企业生产中需要的各种物料分为独立需求和相关需求两种类型，并按时间阶段确定不同时期的物料需求，产生了解决库存订货的新方法，这就是物料需求计划。其基本原理是：根据需求和预测来制定未来物料供应和生产计划，从而提供物料需求的准确时间和数量。

（二）闭环物料需求计划阶段

人们虽然能够根据主生产计划和物料清单编制出所有物料需求计划，从而解决了在生产过程中需要什么、需要多少和什么时间需要等问题，但在编制生产计划时未考虑企业的生产能力和采购能力，以及在计划执行过程中遇到意外该如何调整生产计划等问题。正是为了解决以上问题，物料需求计划在 20 世纪 70 年代发展为闭环物料需求计划。闭环物料需求计划除了物料需求计划外，还将生产能力需求计划、车间作业计划和采购作业计划也全部纳入会计信息系统，从而形成一个封闭的、完整的生产计划与控制系统。闭环物料需求计划根据生产规划制订短期主生产计划，而这个主生产计划要经过产能负荷分析才能判定是否能够真正实施，然后再执行物料需求计划、能力需求计划及车间作业计划。闭环物料需求计划是一个集计划、推行、反馈为一体的综合性系统，它能对生产中的人力、机器和材料等各项资源进行控制，使生产管理应变性增强。

（三）制造资源计划阶段

制造资源计划的概念产生于 1977 年 9 月，由美国生产管理专家怀特提出。制造资源计划“主要侧重对企业内部人、财、物等资源的管理”，其基本思想就是把企业作为一个有机整体，从整体最优的角度出发，通过运用科学方法对企业各种制造资源和产、供、销、财等各个环节进行有效的计划、组织和控制，使它们得以协调发展，并充分地发挥作用。闭环物料需求计划和会计信息系统、企业的经营计划紧密联系起来，就发展成了制造资源计划。制造资源计划将生产制造、财务会计、市场营销、工程管理、采购供应、信息管理等各个部门纳入整体管理之中，使部门之间的协作水平达到新的高度。制造资源计划可在周密的计划下有效地利用各种制造资源，控制资金占用，缩短生产周期，降低成本，提高生产率。

（四）企业资源计划阶段

企业资源计划的概念产生于20世纪90年代初，由美国加特纳公司（Gartner Group Inc.）提出。进入90年代，随着全球化竞争的进一步加剧，市场需求波动的加速，信息化技术的飞速发展，电子商务时代的来临，企业竞争空间与范围的进一步扩大，企业不得不作自我调整和进行创新、变革，以使自己立于不败之地。这种创新表现在最大限度地发挥企业所有资源的作用，将所有资源的潜力都调动起来，即进行企业资源的最佳组合，以产生最大的效益。80年代制造资源计划主要面向企业内部资源进行全面计划管理，企业资源计划的管理思想是怎样才能有效地利用和管理企业的整体资源。企业资源计划有力地扩展了管理范围，给出了新的管理结构，对企业所有资源进行整合集成管理，将企业的物流、资金流、信息流进行全面一体化的管理。企业资源计划不但使企业将资源管理的范畴扩大到企业之外，面向整个供应链进行管理，而且也使企业内部资源被集成出去而得到充分共享，所有功能的发挥以客户为中心而展开。

综上所述，制造资源计划和企业资源计划是在闭环物料需求计划基础上发展起来的，因为融合了会计信息系统，所以它既是管理信息系统的发展阶段，又是会计管理信息系统的发展阶段。

三、电子计算机会计信息系统的发展趋势

（一）网络技术发展对会计信息系统的影响

信息技术的发展，使会计环境发生了极大的改变。未来的电子计算机会计信息系统将是一个基于企业内部网（intranet）、企业外部网（extranet）和国际互联网（internet）的网络信息系统，发展空间无限广阔。

1. 会计信息数据高度共享。企业利用现代网络通信技术和数据交换技术实现会计资源高度共享，主要表现在以下三方面：①财务会计和管理会计对会计数据的共享；②企业内部各子系统之间的会计信息共享；③会计信息系统与企业外部其他信息系统之间的信息共享。

2. 会计信息联机实时处理。电子数据交换技术将证明经济交易或事项发生和完成情况的电子单据迅速从企业内部其他职能部门或企业外部传递到会计信息

系统；会计信息系统将适合程序化、规范化、条理化的会计规则编制成计算机程序，这就可以实现会计信息联机实时处理。同时，会计数据的高度共享，使会计信息系统处理和披露由传统的及时性提升为实时性，从而避免了会计信息系统由于披露不及时而造成的失真。

3. 会计信息处理交换的电子化和无形化。计算机以二进制代码的形式，通过电子方法存储和交换信息，这个传输过程可以跟踪，但无法看到。会计信息处理交换的电子化、无形化，对会计工作产生了很大冲击：按关键词建立的索引数据库使会计信息查询起来非常方便、快捷；电子商务、网上采购的实现还必须取决于网上结算的安全性和网上结算银行的普遍性；会计人员必须会使用会计软件才能阅读计算机内的会计信息等。另外，如会计人员操作不当或者黑客侵入，会计信息系统就可能发生瘫痪，存储在数据库中的会计数据有可能被毁于一旦。因此，信息技术给会计信息系统的内部控制带来了许多新的课题，诸如会计信息系统计算机程序的管理和维护、会计数据库文件的管理、系统安全防范等。

4. 会计信息系统开放化和网络化。建立 Intranet、Extranet 和 Internet 三个层次上的会计信息交流，使电子计算机会计信息系统处于一个开放的空间。企业内部各部门使用者及企业外部各会计信息用户可以通过网络技术主动获取信息，不再处于被动等待会计报告的地位；企业可以给不同的会计信息用户以不同的访问权限，使其通过网络很容易就能在企业信息库中提取到有关的会计信息；政府各部门特别是审计部门可以主动获取会计信息，并需要有新的方法监督和跟踪会计处理过程，使企业非法篡改会计信息得到一定程度的约束和限制，有利于对企业电子计算机会计信息系统的社会监督和政府监督。

（二）会计理论发展对会计信息系统的影响

1. 事项会计。传统的会计信息属于价值信息，以通用报表为载体，将信息传递给使用者。事项会计的思想，起源于1969年美国会计学家索特发表的《构建基本会计理论的事项法》一文。所谓事项，是指可观察的、可以用会计数据来表现其特征的具体活动、交易和事件。事项会计理论认为，会计的目标在于提供与各种可能决策模型相关的、不经过加工汇总的原始事项，由使用者从中选择并在自己的决策模型运用。因为，一套通用的价值信息并不能满足所有使用者的决策需要，加工后的价值信息可能失真，单一货币计量丢掉了许多有用的非财务信息。

由于事项会计要反映多重属性，而不只是局限于价值量，因此，事项会计信息系统包含大量基础数据以反映组织活动的全部事项。这在传统的手工会计信息系统中是不可能实现的。计算机和数据库技术的发展，使得事项会计的实现成为可能。

2. 数据库会计。数据库会计的理论模型可以追溯到1939年，由戈茨提出。数据库会计理论认为，会计信息系统应该保存最原始状态的数据，以便数据可以按照最切合每一个用户需求的形式进行组织。20世纪60年代末数据库系统产生后，许多学者尝试将数据库技术应用于该理论模型，以建立储存强大的、分解的、多计量属性数据的会计信息系统。遗憾的是，在建立数据模型时，他们主要是按传统会计理论的数据逻辑模型组织数据，未能利用数据库技术对数据进行更多的分类操作；只描述与复式记账会计体系有关的数据，未能用先进的数据结构描述会计处理的对象本身，以便系统能产生更多的视图。

3. REAL 模型。1982 年 7 月，美国密歇根州立大学会计系教授麦卡锡发表了题为“REA 会计模型：共享数据环境中的会计系统的一般框架”的论文，提出了 REA 模型。REA 表示资源（resources）、事件（events）、参与者（agents），后来加入了地点（location），变成了 REAL 模型。REAL 是以业务流程重组为基础或前提的事件驱动处理模式，它采集业务事件（例如采购订货、验收材料、支付货款）以及事件涉及的资源（例如材料、现金）、参与者（例如公司职员、供应商、银行）、发生时间和地点等原始的未经处理的详细数据，存放于包含事件表、资源表、参与者表和地点表的集成数据库中，通过报告工具生成用户所需的视图，包括财务信息和非财务信息。输出可以是固定格式的，也可以由用户自己定义。系统中可以不再有日记账、分类账、会计科目、分录等元素。

REAL 的核心是集成，集成业务处理、信息处理、实时控制和管理决策。它不仅仅局限于会计信息系统，而是面向整个企业，从详细记录最原始的经济业务事件的属性或语义表述于数据库中开始，而不是从记录经过人为加工后的会计分录开始，其基本元素不再是科目、分录、账簿。

（三）管理思想发展对会计信息系统的影响

当前，企业管理的信息化是一场革命，是信息技术的发展所推动的革命。日益激化的竞争市场将使企业越来越感到原有的组织结构和环节复杂的业务流程已无法应付面临的挑战。ERP 系统虽然考虑了企业怎样适应市场需求的变化以及怎样利用全社会一切市场资源快速高效地进行生产经营的需求，但并未从根本上考虑合成社会化持续创新以及市场竞争环境的迅速变化对企业生产流程与业务管理流程的动态调整的要求。因此，新的管理思想会带来会计信息系统的新发展。

1. 动态企业建模技术。动态企业建模技术（dynamic enterprise module，DEM）的提出就是为了满足企业不断增长的动态重整过程的需求，它具有能够消除 ERP 软件与企业管理“捆绑”的功能（如同开放的计算机软件系统与计算机硬件环境间的分离），可支持企业的管理结构和流程灵活地紧跟瞬息万变的市场发展和不断改变，有助于动态实现企业重整过程。它是 21 世纪 ERP 系统改进和进一步发展的一个方向。

2. 智能资源计划。智能资源计划（intelligent resource planning，IRP）是指对企业生产经营所需要的信息，从采集、处理、传输到使用的全面规划。它是一种具有智能及优化功能的管理思想和模式，打破了以前所有那些“面向事务处理”的管理模式，可使管理人员按照设定的目标去寻找一种最佳的方案并迅速执行。

这样就可紧紧跟踪甚至超前于市场的需求变化，快速做出正确的决策，随之改变原有的计划，并以最快的速度适应这些变化。此外，IRP 还将解决以前无法解决的“协同制造”以及“约束资源”等问题。

本章小结

本章是从整体的角度，将前面各章节涉及的会计核算方法进行串联组织，形成会计信息系统。本章首先介绍了传统手工会计信息的加工处理流程——会计循环，以及手工会计信息系统中会计凭证、会计账簿和会计报表相结合所形成的各种不同的账务处理程序；其次介绍了由于会计信息加工手段的演变带来的会计信息系统模式的演变；最后介绍了电子计算机会计信息系统的演变和发展趋势。

重要名词概念

会计循环　　收付实现制　　权责发生制　　调整分录
结账　　账务处理程序　　会计信息系统

思考题

1. 什么是会计循环？会计循环包括哪些步骤？
2. 收付实现制和权责发生制的区别是什么？
3. 永久性账户和临时性账户的区别是什么？结账针对的是哪种账户？如何结账？
4. 什么是会计账务处理程序？合理组织会计账务处理程序的意义是什么？
5. 会计账务处理程序有哪几种？各自有哪些特点和适用性？它们有什么共同点？根本的区别是什么？
6. 技术的发展带来会计信息系统的演变分为哪几个阶段？手工会计信息系统和电子计算机会计信息系统有哪些异同？
7. 电子计算机会计信息系统的发展阶段和未来的发展趋势如何？

自测题

一、单项选择题

1. 下列关于会计循环的基本步骤的描述，顺序正确的是（　　）。

A. 编制分录—过账—结账—编制调整分录

B. 编制分录—试算平衡—过账—编制会计报表

C. 编制调整分录—过账—结账—编制会计报表

D. 编制分录—过账—试算平衡—编制会计报表

2. 某企业2×21年6月29日销售产品80 000元，7月13日收到货款并存入银行。按照收付实现制核算时，该项业务应于（　　）确认为收入。

A. 2×21年6月　　B. 2×21年7月

C. 2×22年　　D. 视情况而定

3. 某企业2×21年12月为2×22年即将推出的新产品支付了广告费用120 000元。按照权责发生制，2×21年12月应该将这笔广告费用中的（　　）元作为当期费用。

A. 0　　B. 10 000

C. 60 000　　D. 120 000

4. 企业的某些应属于当期的收入，因未收到对方的付款或其他的原因而没有计入有关账户。期末，对这些收入加以确认，编制会计分录，并过入有关账户，这称为（　　）。

A. 应计收入的调整　　B. 预收收入的调整

C. 应计费用的调整　　D. 预付费用的调整

5. 企业有些属于当期的费用，由于尚未支付或其他原因，没有记账。期末，应当对这些费用加以确认，编制会计分录并过账，这称为（　　）。

A. 应计收入的调整　　B. 预收收入的调整

C. 应计费用的调整　　D. 预付费用的调整

6. 企业有时会收到客户预付的款项。在这种款项中，本期提供相应的商品或劳务从而应该确认为收入的部分，应计入本期的收入。期末，应对这些收入加以确认，编制会计分录，并过入有关账户，这称为（　　）。

A. 应计收入的调整　　B. 预收收入的调整

C. 应计费用的调整　　D. 预付费用的调整

7. 预付费用在支出时，如果预计支付和受益相差的时间不超过一个会计年度，那么这种支出称为（　　）。

A. 收益性支出　　B. 资本性支出

C. 临时性支出　　D. 永久性支出

8. 会计循环的最后一步是（　　），结束本期的会计工作，从而为下一期间的会计工作做好准备。

A. 过账　　B. 转账

C. 结账　　D. 编制报表

9. 将本年利润账户借贷方之间的差额结转至未分配利润账户时，若为（　　），则借记“本年利润”账户，贷记“利润分配——未分配利润”账户。

A. 亏损　　B. 盈利

C. 不盈不亏　　D. 不能确定盈亏

10. 在手工会计信息系统中，（　　）账务处理程序要设置多栏式库存现金日记账和多栏式银行存款日记账。

A. 记账凭证账务处理程序　　B. 科目汇总表账务处理程序

C. 汇总记账凭证账务处理程序　　D. 多栏式日记账账务处理程序

二、多项选择题

1. 按照经济业务所发生的后果归入期间的不同，会计核算的基础有（　　）。
A. 公允价值原则　　B. 历史成本原则
C. 权责发生制　　D. 配比原则
E. 收付实现制

2. 企业编制试算平衡表的形式包括（　　）。
A. 累计借方发生额试算平衡　　B. 累计贷方发生额试算平衡
C. 发生额试算平衡　　D. 余额试算平衡
E. 期初余额试算平衡

3. 按照权责发生制的要求，应作为本期收入的项目有（　　）。
A. 收到国家投资100 000元，存入银行
B. 销售商品一批计100 000元，货款尚未收到
C. 收到外单位还来的上月欠款550元，存入银行
D. 预收某单位的订货款50 000元，存入银行，商品现已发出
E. 收取外单位租用包装物的押金200元，存入银行

4. 下面关于结账的说法，正确的有（　　）。
A. 结账就是在月末编制结账分录，将各临时性账户的余额转入永久性账户，以便能进行下一个会计程序的工作
B. 将所有收入类账户的本期发生额结转至本年利润账户，即借记收入类账户，贷记"本年利润"账户
C. 将所有费用类账户的本期发生额结转至本年利润账户，即借记"本年利润"账户，贷记费用类账户
D. 将"本年利润"账户这一临时性账户借贷方之间的差额结转至"利润分配——未分配利润"账户
E. 若为盈利，则借记"本年利润"账户，贷记"利润分配——未分配利润"账户；若为亏损，则借记"利润分配——未分配利润"账户，贷记"本年利润"账户

5. 手工会计信息系统中使用的账务处理程序包括（　　）。
A. 记账凭证账务处理程序　　B. 科目汇总表账务处理程序
C. 汇总记账凭证账务处理程序　　D. 多栏式日记账账务处理程序
E. 日记账账务处理程序

练 习 题

练习一

一、目的：练习各种账务处理程序。

二、资料：利达股份公司2×21年12月发生下列业务：

（1）从银行取得临时借款 500 000 元存入银行。

（2）接受投资人投入的设备一台，原价 100 000 元，评估作价 80 000 元投入使用。（不考虑增值税）

（3）接受某单位投资 10 000 元存入银行。

（4）用银行存款 6 500 元交 11 月税金。

（5）收回某单位所欠本企业货款 8 000 元存入银行。

（6）用银行存款 2 400 元预付明年的房租。

（7）企业销售 A 产品总价款 282 500 元（含税），增值税税率 13%，已收款。

（8）供应单位发来甲材料 38 000 元，增值税进项税额为 4 940 元，款已预付。材料验收入库。

（9）生产 A 产品领用甲材料 3 600 元，乙材料 2 400 元。

（10）车间一般性消耗材料 1 200 元。

（11）车间设备发生修理费 800 元，用现金支付。

（12）从银行提取现金 30 000 元直接发放工资。

（13）银行转来通知，企业被收取职工药费 2 200 元。

（14）车间领用甲材料 5 000 元用于 B 产品的生产。

（15）用银行存款 1 000 元支付销售 A 产品的广告费。

（16）企业销售 B 产品的价款为 50 000 元，增值税销项税额为 6 500 元，款项暂未收到。

（17）按 5% 的税率计算 B 产品的消费税。

（18）企业购买一台车床，买价 240 000 元，增值税税额 31 200 元，运杂费 1 000 元，款项暂未支付，设备已交付使用。

（19）开出现金支票购买车间办公用品 780 元。

（20）提取本月折旧，其中车间 8 100 元，厂部 3 200 元。

（21）计提应由本月负担的银行借款利息 980 元。

（22）用银行存款 3 400 元支付上年分配给投资者的利润。

（23）分配工资费用，其中 A 产品工人工资 12 000 元，B 产品工人工资 10 000元，车间管理人员工资 8 000 元。

（24）分配本月职工福利费，其中：A 产品负担 1 680 元，B 产品负担 1 400 元，车间管理人员负担 1 120 元。

（25）经批准将资本公积金 60 000 元转增资本。

（26）本月发生制造费用 20 000 元，按生产工时（A 产品 6 000 个，B 产品 4 000个）分配计入 A、B 产品成本。

（27）本月生产的 A 产品 15 台现已完工，总成本 38 500 元，验收入库，结转成本。

（28）用银行存款 5 400 元支付罚款支出。

（29）用现金 4 300 元支付行政管理部门办公用品费。

（30）结转已销A产品成本138 000元。

（31）将本月实现的产品销售收入300 000元，发生的产品销售成本138 000元，产品销售费用1 000元，产品销售税金2 500元，管理费用7 500元，财务费用980元，营业外支出5 400元转入“本年利润”账户。

（32）本月实现利润总额144 620元，按25%的税率计算所得税并予以结转。

（33）按税后利润的10%提取盈余公积。

（34）将剩余利润的40%分配给投资者。

（35）年末结转本年利润。

三、要求：

（1）根据上述资料编制收款凭证、付款凭证和转账凭证。

（2）练习记账凭证账务处理程序。根据上述资料开设相应三栏式总账，将凭证逐笔记入总账。

（3）练习汇总记账凭证账务处理程序。根据编制好的收款凭证、付款凭证和转账凭证，分别编制汇总收款凭证、汇总付款凭证和汇总转账凭证，再登记总账。

（4）练习科目汇总表账务处理程序。根据编制好的收款凭证、付款凭证和转账凭证，编制科目汇总表，再登记总账。

（5）练习多栏式日记账账务处理程序。根据上述资料开设多栏式库存现金日记账和多栏式银行存款日记账，根据编制好的收款凭证和付款凭证进行登记，再根据多栏式日记账和转账凭证登记总账。

练习二

一、目的：练习期末调整业务的核算。

二、资料：2×21年12月末，某企业如下经济业务尚未按照权责发生制进行期末调整。

（1）企业于6月20日预付了下半年的财产保险费1 200元。12月的费用尚未摊销。

（2）企业12月的仓库租金20 000元尚未支付。

（3）12月20日销售A产品收入30 000元，增值税销项税额3 900元，款项未收到。该批产品成本为20 000元。

（4）12月的借款利息1 500元尚未支付。

（5）企业11月20日收到长城公司预付的货款2 000 000元。12月发出A产品价值1 130 000元，其中增值税销项税额130 000元。

三、要求：根据上述业务，编制期末调整分录。

第八章　会计规范体系与会计工作组织

【学习目标】

- 掌握我国的会计规范体系。
- 熟知会计机构的设置和会计人员的配备。
- 熟知会计专业技术人员继续教育的规定。
- 了解会计档案的管理要求。
- 理解会计职业道德的内容。

第一节　会计规范体系

会计规范是一个广义的术语，它包括所有对会计的确认、计量、记录和报告具有制约、限制和引导作用的法律、法规、原则、准则、制度等。

会计作为一个经济信息系统和一项管理活动，具有核算、监督和参与决策等职能，要实现其向会计主体的利益相关者提供反映受托责任和供投资者决策有用的会计信息的目标，保证会计信息的真实性、完整性，这就要求建立健全会计规范体系。首先，会计规范体系是会计人员从事会计工作、提供会计信息的基本依据。会计要连续、系统、全面地反映特定经济实体的经济活动。会计信息的产生不能是随意的和无规则的，否则，会计信息对于使用者就毫无意义，甚至会由于其误导作用而对社会造成危害。因此，会计规范体系为组织会计工作及会计人员对外提供会计信息提供了基本依据。其次，会计规范体系为评价会计工作和会计信息质量确定了客观标准。会计信息使用者需要使用会计信息进行决策，其必然关注会计工作和会计信息的质量，这就要求在全社会范围内用一个基本一致的标准，对会计工作和会计信息质量进行客观评价。最后，会计规范体系是维护社会经济秩序的重要保证。全社会统一的会计规范体系是市场经济运行规则的重要组成部分，它是社会各方从事与会计主体有关的经济活动和进行相应经济决策的重要基础，对于国家维护和保证财政利益、进行宏观经济调控、管理国有资产具有十分重要的作用。

目前，我国已经建立了以《中华人民共和国会计法》（以下简称《会计法》）为核心、以行政法规和部门规章为支持的完整的会计规范体系，将会计标准建设纳入法制化、规范化轨道。我国的会计规范体系主要包括以下三个层次。

第一个层次是会计法律，由国家最高的权力机关——全国人民代表大会或常务委员会颁布实施。专门的会计法律即《会计法》，它在会计法规体系中居于最高层次，是制定其他一切会计法规、制度的法律依据，是会计工作的最高准则。

第二个层次是行政法规，由国务院制定发布。如《企业财务会计报告条例》《总会计师条例》等。会计法规根据《会计法》制定，规范经济生活中某些方面的会计关系。

第三个层次是部门规章，由财政部依据会计法律和会计法规的规定制定并颁布。如《企业会计准则》《企业会计制度》《会计基础工作规范》《会计档案管理办法》《代理记账管理办法》《企业会计信息化工作规范》等，是规范会计有关方面的具有法律效力的规范性文件。

综上所述，我国会计规范体系的构成如图8-1所示。

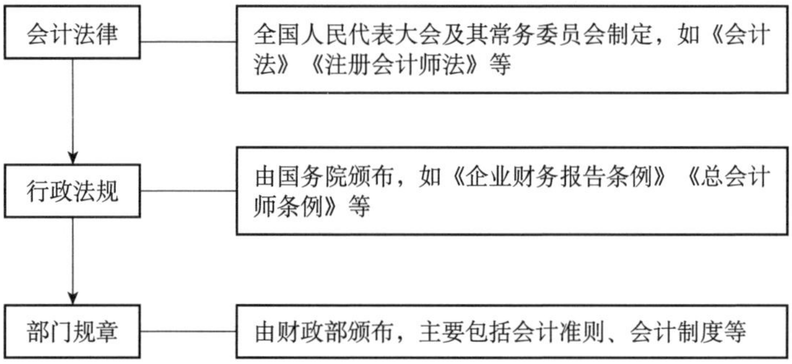

图8-1　我国会计规范体系的构成

除了以上专门规范会计的法规之外，其他有关法律中对财务会计核算、财务会计报告编制、信息披露等方面的规定，也为会计核算与监督提供了法律支持。如在《中华人民共和国公司法》中，对公司财务、会计制度的建立和财务会计报告的编制及审计等作了规范；在《中华人民共和国证券法》中，对公开发行股票和债券公司的财务会计信息披露要求作了规范；在《中华人民共和国刑法》中，对提供虚假财务会计报告和其他会计违法行为应负的刑事责任作了规定。这些法律法规同样是会计法规体系的组成部分。

一、会计法

《会计法》是我国会计工作的基本法规。制定《会计法》的目的是规范会计行为，保证会计资料真实、完整，加强经济管理和财务管理，提高经济效益，维护社会主义市场经济秩序。1985年1月21日，第六届全国人民代表大会常务委员会第九次会议通过我国第一部《会计法》，自同年5月1日起施行。此后，分别于1993年12月29日、1999年10月31日和2017年11月4日进行修订或修正。2017年11月4日修正后的《会计法》共七章五十二条，自2000年7月1日起施行。

第一章“总则”共八条，主要包括：立法宗旨，适用范围，会计机构、会计人员的基本职责和任务，会计工作的主管部门，国家实行统一的会计制度。

第二章“会计核算”共十五条，主要包括：会计核算的依据，会计核算的对象，会计年度，记账本位币，会计资料的要求，会计核算的基本要求、程序和方法，财务报告的内容和呈报，会计档案保管等内容。

第三章“公司、企业会计核算的特别规定”共三条，主要规定了公司、企业会计要素的确认、计量和记录，公司、企业会计核算行为规范等内容。

第四章“会计监督”共九条，主要包括：单位内部会计监督，对违反会计法规行为的检举，注册会计师的会计监督，财政部门的会计监督，审计、税务等部门的会计监督。各单位应当建立健全本单位内部会计监督制度。

第五章“会计机构和会计人员”共六条，主要包括：会计机构的设置和会计人员的配备，稽核制度的建立，会计人员专业能力，会计人员职业道德，会计人员后续教育，会计人员工作交接。

第六章“法律责任”共八条，规定了违反会计法规所应承担的行政、刑事法律责任。

第七章“附则”共三条，主要包括：《会计法》中重要用语的含义，个体工商户会计管理的具体办法由国务院财政部门根据本法的原则另行规定和本法的施行日期。

二、会计准则

（一）会计准则的产生及其国际化

会计准则是会计核算和会计工作的基本规范，是一套用来规范、界定财务会计方法选择的标准或规则。会计准则 20 世纪 30 年代最早出现在美国，被称为 accounting standards。早在 1909 年，美国就开始进行关于会计规范化的尝试，但真正意义上的会计准则制定则是起源于 1929 年美国爆发的股灾和之后的全球性经济危机，这两个事件暴露了上市公司会计信息披露中存在的种种缺陷，使人们认识到统一会计标准的重要性。之后美国政府开始着手制定一些旨在限定上市公司会计方法的立法，如《证券法》《证券交易法》等，并成立证券交易委员会（SEC），对上市公司进行管制。证券交易委员会则将会计原则的制定权授予会计职业界。从 20 世纪 30 年代至今，美国先后成立了三个会计准则制定机构，它们是会计程序委员会（CAP）、会计原则委员会（APB）和财务会计准则委员会（FASB），先后发布了 51 份《会计研究公报》（ARB）、31 份《会计原则委员会意见书》（APB opinions）、168 项《财务会计准则公告》（SFAS），这些共同构成了美国的《公认会计原则》（GAAP）。这些准则对规范企业会计处理方法和程序，提高会计信息的真实公允性和可比性，促进资本市场繁荣和美国经济发展发挥了积极的作用。

美国制定会计准则的成功，很快在其他国家得到响应。此后，英国、澳大利亚、加拿大、日本等国先后制定了各自的会计准则。目前，世界各国都不同程度地制定并发布了会计准则，以规范和统一本国的会计核算。

第二次世界大战后，随着经济全球化趋势的形成和国际资本流动的加快，不同国家和不同区域之间会计标准的差异成为国际经济交往的重要障碍。在这种背景下，产生了会计准则国际化的需要，即需要有一套打破国界，为世界各国所认可，具有可靠性、相关性、可比性和透明度的国际会计准则。1973 年国际会计准则委员会 IASC（2001 年改组为国际会计准则理事会，IASB）应运而生。作为国际性的民间组织，它的目标是制定国际会计准则（现改名国际财务报告准则），推动其在世界范围内被接受和遵守；协调各国会计准则，努力提高可比性。至今，已经发布了 41 项国际会计准则（IAS）和 17 项国际财务报告准则（IFRS），在全球范围内得到广泛的认可与使用，对国际会计实务产生了重要影响。

（二）我国会计准则

20 世纪 80 年代末，为适应经济体制改革和国际会计趋同的需要，我国开始着手会计准则的研究与制定。自 1981 年，中国会计学会就开始了对国际财务报告准则的关注，积极组织翻译了所有的国际财务报告准则。1987 年，中国会计学会成立了“会计原则与会计基本理论研究组”，研究组的任务是研究中国会计原则（准则），起草研究报告，提交财政部。这是我国第一次有组织地进行会计准则的研究。1987～1991 年，我国对会计准则的重要性和必要性进行了深入的探讨，并于 1992 年出版了“企业会计准则丛书”。1992 年 11 月，财政部以部长令的形式正式发布了作为基本会计准则的《企业会计准则》，并从 1993 年 7 月 1 日起开始实施。《企业会计准则》的发布和实施，是我国会计准则建设的一个重要里程碑，标志着我国会计准则从理论研究进入会计实务，为我国会计准则体系的建立、发展和完善奠定了基础；标志着我国会计与国际会计惯例开始接轨，初步实现了我国会计的国际化。

1997 年，为了规范当时极度混乱的上市公司关联交易业务，我国颁布了《关联方关系及其交易的披露》，这是我国第一个具体会计准则。之后适应现实需求，财政部又陆续发布了“现金流量表”“资产负债表日后事项”等 15 项具体会计准则。至 2006 年之前，我国共颁布了 16 项具体会计准则，期间对其中 5 项准则进行了修订，在具体会计准则的制定和修订过程中大量地借鉴了国际惯例。

为了适应市场经济条件下对多元化会计信息的需要，适应经济全球化背景下会计准则国际趋同的要求，自 2005 年初开始，财政部在此前十多年制定会计准则和会计制度经验的基础上，借鉴国际财务报告准则，全面启动了中国企业会计准则体系的制定、修订和完善工作。2006 年 2 月 15 日，颁布了 1 项基本准则、38 项具体会计准则，要求上市公司自 2007 年 7 月 1 日起执行，并鼓励其他企业执行。其后，中国会计准则委员会分别于 2014 年、2017 年对上述部分准则进行了修订。同时，2014 年 1 ~ 3 月，财政部发布第 39 号、第 40 号和第 41 号具体会计准则，2017 年 4 月，财政部发布第 42 号具体会计准则。截至 2021 年 2 月 28 日，中国已发布 1 项基本准则和 42 项具体会计准则，如表 8 - 1 所示。

表 8 - 1　　中国企业会计准则一览表

准则编号	准则名称	备　注
企业会计准则——基本准则		2014 年 7 月 23 日修订，自 2014 年 7 月 1 日起施行
第 1 号	存货	
第 2 号	长期股权投资	2014 年 3 月 13 日修订，自 2014 年 7 月 1 日起施行
第 3 号	投资性房地产	
第 4 号	固定资产	
第 5 号	生物资产	
第 6 号	无形资产	
第 7 号	非货币性资产交换	2019 年 5 月 19 日修订，自 2019 年 6 月 10 日起施行
第 8 号	资产减值	
第 9 号	职工薪酬	2014 年 1 月 27 日修订，自 2014 年 7 月 1 日起施行
第 10 号	企业年金基金	
第 11 号	股份支付	
第 12 号	债务重组	2019 年 5 月 30 日修订，自 2019 年 6 月 17 日起施行
第 13 号	或有事项	
第 14 号	收入	2017 年 7 月 5 日修订，自 2018 年 1 月 1 日起施行
第 15 号	建造合同	
第 16 号	政府补助	2017 年 5 月 10 日修订，自 2017 年 6 月 12 日起施行
第 17 号	借款费用	
第 18 号	所得税	
第 19 号	外币折算	
第 20 号	企业合并	
第 21 号	租赁	2018 年 12 月 7 日修订，在境内外同时上市的企业以及在境外上市并采用国际财务报告准则或企业会计准则编制财务报表的企业，自 2019 年 1 月 1 日起施行；其他执行企业会计准则的企业自 2021 年 1 月 1 日起施行
第 22 号	金融工具确认和计量	2017 年 3 月 31 日修订，自 2018 年 1 月 1 日起施行
第 23 号	金融资产转移	2017 年 3 月 31 日修订，自 2018 年 1 月 1 日起施行
第 24 号	套期保值	2017 年 3 月 31 日修订，自 2018 年 1 月 1 日起施行
第 25 号	原保险合同	2020 年 12 月 19 日修订，在境内外同时上市的企业以及在境外上市并采用国际财务报告准则或企业会计准则编制财务报表的企业自 2023 年 1 月 1 日起执行；其他执行企业会计准则的企业自 2026 年 1 月 1 日起执行，同时，允许企业提前执行
第 26 号	再保险合同	2020 年 12 月 19 日修订，在境内外同时上市的企业以及在境外上市并采用国际财务报告准则或企业会计准则编制财务报表的企业自 2023 年 1 月 1 日起执行；其他执行企业会计准则的企业自 2026 年 1 月 1 日起执行，同时，允许企业提前执行
第 27 号	石油天然气开采	

续表

准则编号	准则名称	备　注
第28号	会计政策、会计估计变更和差错更正	
第29号	资产负债表日后事项	
第30号	财务报表列报	2014年1月26日修订，自2014年7月1日起施行
第31号	现金流量表	
第32号	中期财务报告	
第33号	合并财务报表	2014年2月17日修订，自2014年7月1日起施行
第34号	每股收益	
第35号	分部报告	
第36号	关联方披露	
第37号	金融工具列报	2014年6月20日第一次修订，2017年5月15日第二次修订，自2018年1月1日起施行
第38号	首次采用企业会计准则	2014年3月14日颁布，自2014年7月1日起施行
第39号	公允价值计量	2014年1月26日颁布，自2014年7月1日起施行
第40号	合营安排	2014年2月17日颁布，自2014年7月1日起施行
第41号	在其他主体中权益的披露	2014年3月14日颁布，自2014年7月1日起施行
第42号	持有待售的非流动资产、处置组和终止经营	2017年4月28日颁布，自2017年5月28日起施行

我国会计准则体系是我国法规体系的重要组成部分，属于国家法律法规和部门规章。因为我国基本上属于成文法国家，会计标准不像有些国家那样是公认会计原则。我国会计准则是以法律、法规和部门规章的形式确定下来，由政府部门发布而且必须执行的会计标准，具有强制性特点，如果相关的企业不执行，就属于违规行为。因此，通过建立与实施完备的会计准则体系，企业及其他组织的会计行为得到规范，会计信息的质量得到了基本保证，从而为我国市场经济的有效运行和资源配置效率的提高奠定了基础。

目前，我国会计准则包括企业会计准则、小企业会计准则和非企业会计准则。其中，企业会计准则由基本准则、具体准则、应用指南和解释组成。基本准则是指那些适用面广、对会计工作有着普遍指导意义的准则，在整个企业会计准则体系中扮演着概念框架的角色，起着统御的作用；具体准则是在基本准则的基础上对具体交易或者事项进行会计处理的规范；应用指南是对具体准则的一些重点难点问题作出的操作性规范；解释是随着企业会计准则贯彻实施，就实务中遇到的实施问题而对准则作出的具体解释。综上，我国会计准则的构成，如图8－2所示。

1. 企业会计准则。我国现行企业会计准则体系的基本框架是：以基本准则为指导原则，以存货、固定资产等一般业务准则为主线，兼顾石油、天然气、生物资产等特殊行业中的特定业务，按照“现金流量表”“合并财务报表”等报告

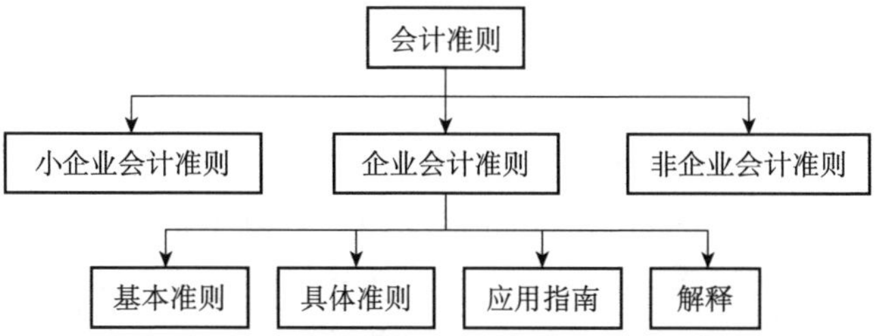

图 8－2　我国会计准则的构成

准则进行列报，涵盖了企业绝大部分经济业务的会计处理和相关信息披露，形成适应我国市场经济发展进程的、能够独立实施和执行的、与国际会计标准趋同的企业会计准则体系。

经过多年的完善，我国会计准则实现了与国际会计准则的趋同。按照国际通行惯例，我国会计准则严格界定了资产、负债、收入、费用等会计要素，明确规定了有关会计要素的确认条件，突出强调了资产负债表项目的真实性和可靠性，引入了公允价值计量模式等。在中国会计准则委员会与国际财务报告准则理事会签署的“联合声明”中，对我国会计准则与国际财务报告准则趋同的事实予以确认和肯定。同时，充分考虑我国实际情况，在资产减值转回、关联方关系及交易披露以及同一控制下的企业合并等方面，允许与国际会计准则存在差异性。

（1）基本准则。《企业会计准则——基本准则》共十一章五十条。其内容包括总则、会计信息质量要求、资产、负债、所有者权益、收入、费用、利润、会计计量、财务会计报告和附则。

第一章“总则”，主要明确基本会计准则的制定目的和依据，规定了适用范围、财务会计报告的目标、会计假设和记账方法。

第二章“会计信息质量要求”，主要规定了会计核算应遵循的真实性、相关性、明晰性、可比性等八项信息质量要求。

第三章到第八章“资产”“负债”“所有者权益”“收入”“费用”“利润”部分，分别对资产、负债、所有者权益、收入、费用、利润六要素的概念、确认和列报作出了规定。

第九章“会计计量”，明确了会计计量属性，包括历史成本、重置成本、可变现净值、现值和公允价值，规定企业一般应当采用历史成本，在保证所确定的会计要素金额能够取得并可靠计量的情况下，也可以采用其他会计计量属性。

第十章“财务会计报告”，规定了财务会计报告的概念、内容，财务报表的种类、内容以及资产负债表、利润表、现金流量表和附注的概念。

第十一章“附则”，规定了会计准则的解释权和施行日期。

（2）具体准则。具体准则按其规范对象的不同，可以分为共性业务准则、特殊业务准则和财务报告准则三大类。

共性业务准则用于规范各行各业所共有的经济业务的会计处理方法，如存货、投资、无形资产、收入等。

特殊业务准则用于规范一般行业的特殊业务和特殊行业的经济业务的会计处理方法，前者如租赁、所得税、外币折算、企业合并等，后者如银行、保险、农业等行业的具体会计准则。

财务报告准则用于规范会计信息的揭示与披露行为，如财务报表列报、现金流量表、资产负债表日后事项、中期财务报告、关联方披露等。

（3）应用指南和解释。由于具体准则规范的内容操作性不够，为了贯彻执行新的会计准则体系，财政部又颁布了与之配套的《企业会计准则——应用指南》（2006）。企业会计准则应用指南是对具体准则中的主要重点、难点、疑点的详细规范，列示了会计报表的基本格式、会计报表附注要求，并在附录中列示会计科目及各个科目的详细说明。此外随着《企业会计准则》的贯彻实施，为解决执行中出现的问题，同时实现企业会计准则持续趋同和等效，财政部陆续就实务中遇到的实施问题作出一些具体的解释，截至2021年2月28日，共发布了14项《企业会计准则解释》。

2. 小企业会计准则。为了规范小企业会计确认、计量和报告行为，促进小企业可持续发展，发挥小企业在国民经济和社会发展中的重要作用，根据《会计法》及其他有关法律和法规，财政部2011年11月18日制定并发布了《小企业会计准则》，自2013年1月1日起在小企业范围内施行，鼓励小企业提前执行。财政部于2004年4月27日发布的《小企业会计制度》同时废止。

该准则共十章九十条，对小企业的资产、负债、所有者权益、收入、费用、利润及利润分配、外币业务、财务报表等方面作了相关规定。

3. 非企业会计准则。非企业会计准则是企业之外的其他单位适用的会计准则，主要包括《事业单位会计准则（试行）》《政府会计准则》等。其中，《事业单位会计准则（试行）》1997年5月28日发布，自1998年1月1日起施行。该准则已于2012年12月5日进行修订，修订后的《事业单位会计准则》，自2013年1月1日起施行。修订后该准则共九章四十九条，对事业单位的会计核算原则、会计信息质量要求、资产、负债、净资产、收入、支出或者费用、财务会计报告等方面作了规定。另外，为了贯彻落实《国务院关于批转财政部权责发生制政府综合财务报告制度改革方案的通知》的要求，构建统一、科学、规范的政府会计准则体系，2015年10月23日，财政部发布了《政府会计准则——基本准则》，自2017年1月1日起施行。截至2021年2月28日，财政部发布了10项政府会计具体准则（如表8－2所示），并发布2项《政府会计准则制度解释》。

表8－2　　　　政府具体会计准则一览表

准则编号	准则名称	备　注
第1号	存货	2016年7月6日财政部发布，2017年1月1日施行
第2号	投资	2016年7月6日财政部发布，2017年1月1日施行
第3号	固定资产	2016年7月6日财政部发布，2017年1月1日执行。2017年2月21日印发相关应用指南，与《政府会计准则第3号——固定资产》同步施行

续表

准则编号	准则名称	备　注
第 4 号	无形资产	2016 年 7 月 6 日财政部发布，2017 年 1 月 1 日施行
第 5 号	公共基础设施	2017 年 4 月 17 日财政部发布，2018 年 1 月 1 日施行
第 6 号	政府储备物资	2017 年 7 月 28 日财政部发布，2018 年 1 月 1 日施行
第 7 号	会计调整	2018 年 10 月 21 日财政部发布，2019 年 1 月 1 日施行
第 8 号	负债	2018 年 11 月 9 日财政部发布，2019 年 1 月 1 日施行
第 9 号	财务报表编制和列报	2018 年 12 月 26 日财政部发布，2019 年 1 月 1 日施行
第 10 号	政府和社会资本合作项目合同	2019 年 12 月 17 日财政部发布，2021 年 1 月 1 日施行。2020 年 12 月 17 日印发应用指南，与《政府会计准则第 10 号——政府和社会资本合作项目合同》自 2021 年 1 月 1 日起同步施行

三、会计制度

会计制度是在会计准则的基础上制定的具体会计方法和程序的总称。我国的会计制度是国家财政部门通过一定的行政程序制定、具有一定强制性的会计规范的总称。根据《会计法》的规定，国家实行统一的会计制度，国家统一的会计制度由国务院财政部门制定并公布。会计制度与会计准则作为两种规范形式，是各有侧重的。会计准则以特定的经济业务（交易与事项）或特别的报表项目为对象，分析该业务或项目的特点，规定必须引用的定义，然后以确认和计量为中心并兼顾披露，对相关会计处理作出规范。而会计制度以企业等会计主体为对象，着重对会计科目的设置、使用、会计报表的格式及其编制加以详细规定。可以看出，二者有两个最主要的差别：一是规范对象不同，会计准则以经济业务或项目为规范对象，会计制度以企业为规范对象；二是规范重点不同，会计准则侧重于确认和计量，会计制度侧重于记录和报告。相比而言，会计准则是条款式的，比较抽象难懂，会计制度比较具体，落实到账务处理上，起到指导的作用，容易理解和操作。在实际会计工作中，两者可以互补，既提高会计人员的认识能力和职业判断能力，又有可以据以操作的标准，从而提高会计信息的可比性。

会计制度是我国一贯的会计规范形式。自中华人民共和国成立后，我国会计规范采取的就是“制度”的形式。1993 年我国实施《企业会计准则》后，为了解决企业会计核算与财务信息披露的具体操作问题，财政部根据会计准则的要求，分行业制定了 13 个行业的会计制度。2000 年 12 月 29 日，财政部发布了统一的《企业会计制度》，自 2001 年 1 月 1 日实施。这是一部企业通用的、统一的会计制度，打破了以往分行业、分企业组织形式制定会计制度的格局，对提高会计信息的真实性、统一性和有用性起着重要的作用。此后，财政部又陆续发布了《金融企业会计制度》和《小企业会计制度》以及非企业适用的会计制度，如《事业单位会计制度》《行政单位会计制度》《民间非营利组织会计制度》《社会保险基金会计制度》等。

需要注意的是，新《企业会计准则》体系自2007年1月1日起在上市公司范围内实施，同时鼓励其他企业执行。执行新《企业会计准则》体系的企业，不再执行原有的准则以及《企业会计制度》和《金融企业会计制度》。《小企业会计准则》自2013年1月1日起在小企业范围内施行，鼓励小企业提前执行，原2004年4月27日发布的《小企业会计制度》同时废止。

第二节　会计工作组织

要做好会计工作，保证会计信息质量，充分发挥会计职能，除了建立完善的会计规范体系外，还必须科学地设置会计机构，配备具有相应资格和素质的会计人员。同时，在会计工作中，形成了大量重要的会计档案资料，必须加强会计档案的管理，确保其安全和完整。

一、会计工作管理体制

会计工作管理体制是管理会计工作的制度，包括会计工作管理组织形式、管理权限划分、管理机构设置等内容。世界各国的会计管理体制因社会、政治和经济环境不同而具有不同的特点，但总体上均由法律性管制、行政性管制和社会性管制等要素构成。行政性管制是指政府部门或带有政府性质的有关机构通过一定形式的规范和约束行为而实施的对会计工作的一种管理机制。行政性管制是我国会计管理的主要形式，即国家采取行政手段对会计机构、会计人员进行直接管理，它对建立和完善我国会计规范体系、保证会计运行机制的正常运转具有不可替代的作用。《会计法》明确规定，国务院财政部门主管全国的会计工作，县级以上地方各级人民政府财政部门管理本行政区域内的会计工作。可见，我国会计在管理体制上实行“统一领导、分级管理”的原则。

我国财政部是负责管理全国会计工作的领导机构，其内部设置会计事务管理司，主管全国的会计工作。各级地方政府财政部门一般设置会计处、科、股等机构，主管本地区所属单位的会计工作。

二、会计机构

（一）会计机构的设置

1. 根据业务需要设置会计机构。会计机构是指各单位办理会计事务的职能机构。《会计法》规定：各单位应当根据会计业务的需要，设置会计机构，或者在有关机构中设置会计人员并指定会计主管人员。根据《会计法》的规定，各单位需要科学、合理地组织会计工作。在设置会计机构时主要考虑各单位的业务复杂程度和规模大小。从国务院财政主管部门的管理要求和各地、各部门的实践情况看，通常实行独立核算的大中型企业、实行企业化管理的事业单位以及财务收支数额较大、会计业务较多的机关团体和其他组织，都要设置由本单位领导人直接领导的财务会计机构，并配备必要的会计人员。对于规模小、财务收支数额不大、业务形式比较简单、会计核算不太复杂的单位，可以不设置专门的会计机构，而在有关机构中设置专职的会计人员。

2. 实行代理记账。代理记账，是指从事代理记账业务的社会中介机构接受委托人的委托办理会计业务。根据《会计法》规定，不具备（会计机构和会计人员）设置条件的，应当委托经批准设立从事会计代理记账业务的中介机构代理记账。为了加强代理记账资格管理，规范代理记账活动，促进代理记账行业健康发展，根据《会计法》等法律、行政法规的规定，财政部于1994年6月23日发布了《代理记账管理暂行办法》，自1994年7月1日起施行。此后，分别于2005年1月22日、2016年2月6日进行修订，并更名为《代理记账管理办法》。2016年2月6日修订的《代理记账管理办法》自2016年5月1日起施行。随后，因2017年11月4日发布的修正后《会计法》取消了会计从业资格行政审批，修改了涉及会计从业资格的相关条款，为贯彻落实新《会计法》，2019年3月14日财政部又对《代理记账管理办法》和《会计基础工作规范》中涉及会计从业资格的相关条款进行修改。根据《代理记账管理办法（2019）》第十条、第十二条的相关规定，未设置会计机构或配备会计人员的单位，应当委托会计师事务所或者持有代理记账许可证的其他代理记账机构办理会计业务。委托人委托代理记账机构代理记账，应当在相互协商的基础上，订立书面委托合同，明确委托人、受托人对会计资料真实性、完整性承担的责任等内容。

（二）会计机构的组织形式

各单位所设置的会计机构，一般称之为会计（或财务）处、科、室、组等，主要任务是组织和处理本单位的会计工作，严格贯彻和执行国家财经法规制度，如实反映经营活动情况和结果并及时向有关部门和人员提供有效的会计信息，参与企业经营管理的预测和决策，努力提高经济效益。会计机构组织在处理本单位会计业务时，可以根据内部经营管理需要实行集中核算和非集中核算。

1. 集中核算。集中核算就是把整个企业的主要会计工作集中在企业会计机构进行，企业内部其他部门和下属单位只对其发生的经济业务填制原始凭证，定期将原始凭证或原始凭证汇总表送交会计部门，由会计部门审核，然后据以填制记账凭证，登记账簿，编制会计报表。实行集中核算，便于会计部门集中掌握有关资料，了解企业的全面经济活动情况，减少核算层次。

2. 非集中核算。非集中核算又称分级核算，是相对于集中核算而言的。单位内部会计部门以外的其他部门和下属单位，可以在会计部门的指导下，对其所发生的经济业务填制原始凭证或原始凭证汇总表，然后分别登记总分类账和明细分类账，编制会计报表，并进行其他会计工作。实行非集中核算，可以使各职能部门和车间随时了解本部门、车间的经济活动情况，及时分析问题并解决问题。

一个单位是采用集中核算还是非集中核算，主要取决于企业内部经营管理上的需要，取决于企业内部是否实行分级管理、分级核算。集中核算与非集中核算是相对的，在一个企业内部，可以根据管理上的需要对其各个业务部门分别采用集中核算或非集中核算两种形式，集中核算或非集中核算的具体内容和方法也不一定完全相同。但无论采取哪种形式，企业对外现金收付、银行存款收付、应收和应付款项的结算等，都应集中在会计部门进行。

（三）会计机构内部的岗位责任制

岗位责任制是明确相关人员工作岗位并规定其权限和责任的制度。为了保证科学地组织会计工作、保证会计人员钻研业务、提高工作效率和质量，各单位可以在会计机构内部建立岗位责任制，明确会计岗位设置及各自的职责范围，实行定人员、定岗位、定职责的管理。会计工作岗位的设置，要从本单位会计业务量和会计人员配备的实际情况出发，兼顾效益和精简原则，同时应符合内部牵制制度的要求。会计工作岗位，可以一人一岗、一人多岗或者一岗多人。无论如何分工，在确定岗位时，应贯彻内部牵制原则，不相容的业务不得由同一会计人员执行，落实钱、账、物分管制度。出纳人员不得兼管稽核、会计档案保管，以及收入、支出、费用、债权债务账目的登记工作。有条件的单位应当有计划地进行定期轮岗。在规模较大的企业中，经济业务量大，会计人员较多，可以按经济业务的类别划分岗位，设立若干职能组，如工资组、成本组等，分别负责各项业务工作。

根据《会计基础工作规范》的规定，会计工作岗位一般可分为以下几种：

（1）会计机构负责人或者会计主管人员。负责领导本单位的会计工作，对本单位的会计工作全面负责，组织制定本单位的各项财务会计制度，并督促贯彻执行；参加生产经营管理会议，参与经营决策；审核与参与拟订经济合同、协议及其他有关经济文件；负责审查对外提供的会计报告；组织会计人员的理论学习与业务技术培训等。

（2）出纳。按照国家有关现金管理和银行结算制度规定，办理现金收付和银行结算业务；管理库存现金和各种有价证券；登记现金日记账和银行存款日记账；保管用于现金和银行存款收付业务的各种印章；保管各种尚未使用的空白支票、空白收据和其他重要的空白单据。

（3）财产物资核算。负责会同有关部门拟定财产物资管理与核算办法，并组织实施；负责审查财产物资供应计划和合同，编制采购用款计划；办理物资采购的结算业务，核算采购成本；审查存货的入库、出库凭证，编制收发结存报表；负责各项财产物资的明细核算；计提固定资产折旧；参与财产物资的清查盘点工作。

（4）工资核算。负责工资、奖金等的计算；负责工资的分配，并编制工资分配表；负责计提与工资总额相关的职工福利费、工会经费以及职工教育经费等；负责工资明细核算表。

（5）成本费用核算。负责拟定成本费用管理与核算办法，会同有关部门建立健全各种原始记录和定额资料；正确归集、分配和计算成本、费用，登记各种成本、费用明细账；编制有关成本、费用类的内部会计报表；负责成本、费用分析，进行成本、费用预测；会同有关部门编制成本、费用计划并监督执行。

（6）财务成果核算。负责拟订财务成果核算办法，办理销售款的结算和销售环节税费的缴纳（也可根据需要设置专管纳税实务的岗位），负责财务成果的明细核算；编制利润表；负责收入、利润的分析、预测及其计划的制订。

（7）资金核算。负责拟订货币资金收支管理和核算办法；按有关规定审核和批准货币资金收付业务；定期与不定期对现金出纳业务进行核对和检查；负责编制流动资金计划、外部筹资计划和内部资金划拨计划；会同有关部门核定流动资金定额；负责登记货币资金明细账，编制财务报表。

（8）往来结算。负责办理各项应收、应付、预收和预付款项的往来结算业务，负责内部备用金的管理和核算；负责债权债务和备用金明细核算。

（9）总账报表。负责登记总分类账簿，按期编制试算表和工作底稿；按期编制资产负债表、利润表等对外报送的会计报表。

（10）稽核。负责审查复核各项凭证、账簿和报表；在不设置内部审计机构的企业，代行内部审计的职权。

（11）档案管理。负责进行会计档案的保管工作；办理会计档案调阅手续；负责对保管期满会计档案进行销毁；办理关停并转企业会计档案的清理、移交工作。

开展会计电算化和管理会计的单位，可以根据需要设置相应工作岗位，也可以与其他工作岗位相结合。

（四）会计机构内部的稽核制度

会计机构内部的稽核制度是会计机构内部对于会计核算工作进行的一种自我检查、自我审核的制度。其主要包括：稽核工作的组织形式和具体分工；稽核工作的职责和权限；审核会计凭证和复核会计账簿、会计报表的方法。建立会计机构内部稽核制度的目的在于防止会计核算工作中的差错和有关人员的舞弊行为，提高会计核算工作的质量。会计稽核是会计工作的重要内容，加强会计稽核工作是做好会计核算工作的重要保证。

三、会计人员

（一）会计人员的配备

会计人员是指直接从事会计工作的人员。各单位应根据规模的大小及业务需要，配备适量的具有相当素质的会计人员。设置会计机构的单位，应当有一定数量的具备会计专业能力的会计人员。不需要设置会计机构的单位，应当在有关机构中配备若干办理会计事务的专职或兼职会计人员，单位领导人应当在这些会计人员中指定一人为会计主管人员，负责领导和办理本单位的会计工作。对国有以及国有资产占控股地位的或者主导地位的大、中型企业，还必须设置总会计师，来统筹整个单位的会计工作。

（二）会计人员的职责和权限

1. 会计人员的职责。会计人员的职责，概括起来就是：认真贯彻执行和维护国家财经制度和财经纪律，及时提供真实、可靠的会计信息，积极参与经营管理，提高经济效益。根据《会计法》的规定，会计人员的主要职责如下：

（1）进行会计核算。会计人员要以实际发生的经济业务为依据，记账、算账、报账，做到手续完备、内容真实、数字准确、账目清楚、日清月结、按期报账，如实反映财务状况、经济成果和财务收支情况。进行会计核算，及时提供真实可靠的、能满足各方需求的会计信息，是会计人员最基本的职责。

（2）实行会计监督。各单位的会计机构、会计人员对本单位实行会计监督。会计人员对不真实、不合法的原始凭证不予受理，并向单位负责人报告；对记载不准确、不完整的原始凭证予以退回，要求更正补充；发现账簿记录与实物、款项不符的时候，应当按照有关规定进行处理，无权自行处理的，应当向本单位行政领导人报告，并请求查明原因，作出处理；对于违反国家统一的财政制度、财务制度规定的收支不予办理。

（3）拟定本单位办理会计事务的具体办法。各单位要根据国家颁布的会计法规，结合本单位的特点和需要，建立健全本单位内部使用的会计事项处理办法。

（4）参与拟订经济计划、业务计划，考核分析预算和财务计划的执行情况。各单位编制的经济计划或业务计划是指导该单位经济活动或业务的主要依据，也是会计人员编制财务计划的重要依据，因此，会计人员应参与经济计划、业务计划的拟订，并利用专业知识考核和分析本单位预算和财务计划的执行情况。

（5）办理其他会计事务。随着社会经济的发展，会计事务日趋复杂化、多样化，会计人员需根据单位的发展需求办理各种会计事务，如实行责任会计、经营决策会计等。

2. 会计人员的权限。为保障会计人员顺利履行其职责，国家有关会计法规在明确会计人员职责的同时，也赋予会计人员相应的权限：

（1）有权要求本单位有关部门、人员认真遵守国家财经纪律和财务会计规章制度。

（2）有权参与本单位编制计划、制定定额、对外签订经济合同等工作，参加有关的生产经营管理会议。

（3）有权监督、检查本单位有关部门的财务收支、资金使用和财产保管、收支、计量、检查等情况，保证财产真实、收支合理合法。

（三）会计人员的任职资格

1. 会计人员的从业资格。在 2017 年 11 月 4 日之前，我国《会计法》规定，从事会计工作的人员，必须取得会计从业资格证书。但 2017 年 11 月 4 日颁布的新《会计法》取消了会计从业资格证书的相关要求，至此，我国实行的会计从业资格管理制度正式退出历史舞台。修订后的新《会计法》规定，会计人员应当具备从事会计工作所需要的专业能力。

一般来说，从事会计工作的人员所需的专业知识，有以下几个方面：

（1）财务会计知识。会计人员要熟练运用会计政策和管理方法对本单位的经济活动进行记录、计算、预测、分析、控制，使本单位的经济活动处于最佳的运行状态，投入尽可能少，产出尽可能多，实现经济效益的最大化。要学习企业会计准则、企业会计制度、会计基础工作规范等，掌握财务会计基本原理，如记账程序、记账规则、财务会计基础知识、财务会计分析及财务会计电算化应用知识等。

（2）相关的经济管理知识。会计人员应当掌握的经济管理知识包括：与会计工作密切相关的经济管理学知识，如财务管理学、财政学、金融学、审计学、统计学，还有一些相关的经济管理知识，如经济学、管理学、经济运筹学、系统工程学、预测学、管理决策学等。此外，还有一些现代经济管理方法，如目标管理法、量本利分析法、经济责任制、价值工程、ABC 管理法等。

（3）法律法规。会计人员要掌握诸如会计法、公司法、证券法、税法等相关法律法规。

（4）其他知识。如会计人员要正确反映自己的意见就必须具备一定的语言表达能力和写作能力；要想胜任外资企业的会计工作，还要具备一定的外语能力等。另外，会计工作需要单位其他各个部门的配合，因此良好的沟通能力也十分重要。

2. 会计机构负责人（会计主管人员）的任职资格。设置会计机构的单位，应当指定会计机构负责人；在有关机构中配备专职会计人员的，应当在专职会计人员中指定会计主管人员。会计机构负责人或会计主管人员，是在一个单位内具体负责会计工作的中层领导人员，在单位领导人的领导下，负有组织、管理包括会计基础工作在内的所有会计工作的责任。《会计法》对会计机构负责人的任职资格作了明确规定："担任单位会计机构负责人（会计主管人员）的，还应当具备会计师以上专业技术职务资格或者从事会计工作三年以上经历。"

3. 总会计师的任职资格。对国有以及国有资产占控股地位的或者主导地位的大、中型企业，必须设置总会计师，来统筹整个单位的会计工作。总会计师的任职资格、任免程序、职责权限，则由国务院规定。1990 年 12 月，国务院颁布了《总会计师条例》，对总会计师的地位、职责、权限、任免与奖惩作了完整、全面、系统、具体的规定，使我国总会计师制度进入了一个全新的发展时期。

总会计师的任职条件具体包括：①坚持社会主义方向，积极为社会主义市场经济建设和改革开放服务；②坚持原则、廉洁奉公；③取得会计师专业技术资格后，主管一个单位或者单位内部一个重要方面的财务会计工作的时间不少于3年；④要有较高的理论政策水平，熟悉国家财经纪律、法规、方针和政策，掌握现代化管理的有关知识；⑤具备本行业的基本业务知识，熟悉行业情况，有较强的组织领导能力；⑥身体健康、胜任本职工作（总会计师责任重大、工作繁忙，必须要有健康的体魄）。

4. 会计专业技术职务与会计专业技术资格。专业技术资格是对会计人员的政治表现、学识水平、业务能力等方面水准的认定。我国将会计人员的专业技术职称定为高级会计师、会计师、助理会计师和会计员。高级会计师为高级职称，会计师为中级职称，助理会计师为初级职称。目前，初级、中级两个级别的会计资格实行考试制度，高级会计专业技术资格实行考试与评审相结合的方式。初级会计专业技术资格考试科目为“初级会计实务”“经济法”两个科目。中级会计专业技术资格考试科目为“中级会计实务”“财务管理”“经济法”三个科目。高级会计专业技术资格考试的科目为“高级会计实务”。参加会计专业技术初级资格考试的人员，在一个考试年度内通过全部科目考试，可以获得会计专业技术初级资格证书；参加会计专业技术中级资格考试的人员，在连续两个考试年度内通过全部科目考试，可以获得会计专业技术中级资格证书；参加国家会计专业技术高级资格考试的人员，达到国家标准的可获得高级会计师资格考试成绩合格证，三年内成绩有效，可参加各主管单位的高级会计师评审。

（四）会计人员的继续教育

1. 会计人员继续教育的意义。会计人员继续教育，又称后续教育或在职教育，是指对正在从事会计工作和已取得或受聘会计专业技术资格（职称）的会计人员进行的以提高政治思想素质、业务能力和职业道德水平为目标，使之更好地适应社会、经济发展要求的再培训、再教育。这是会计队伍建设的重要内容，是培养、造就高素质的会计队伍，提高会计人员专业胜任能力的重要方式。

会计人员继续教育，在我国当前市场经济建设不断发展和完善、企业面临的竞争形势更加复杂和激烈的环境下具有重要意义。市场经济是竞争经济、法治经济，同时又是一个动态的发展过程，尤其是在知识经济时代，环境在发生变化，知识在不断更新，信息在加速传递，这些都要求现代会计必须与时代同行，由报账型向参与管理、决策型转变，由事后反映型向事前预测、事中控制、事后分析型转变，由被动型向能动型、自主型转变，由传统手工方法向现代高科技、网络化、规范化转变。为适应社会需要，会计人员必须具备较高的综合素质和能力，必须不断更新知识，拓宽视野，进行继续教育和培训学习。通过继续教育，进一步培养较高的政治素质、强烈的市场经济意识、合理的知识结构、较强的业务能力和较高的职业道德水准。

2. 会计人员继续教育的相关规定。《会计法》规定：会计人员应当遵守职业道德，提高业务素质。对会计人员的教育和培训工作应当加强。为了规范会计专业技术人员继续教育，保障会计专业技术人员合法权益，不断提高会计专业技术人员素质，根据《会计法》和《专业技术人员继续教育规定》，财政部和人力资源社会保障部于2018年5月19日发布《会计专业技术人员继续教育规定》，本规定自2018年7月1日起施行。财政部2013年8月27日印发的《会计人员继续教育规定》同时废止。主要内容如下：

（1）管理部门。会计人员继续教育实行“统一领导，分级管理”原则，财政部负责全国会计人员继续教育的管理，各省、自治区、直辖市、计划单列市财政厅（局）负责本地区的会计人员继续教育的组织管理工作。会计人员所在单位负责组织和督促本单位的会计人员参加继续教育。

（2）对象。会计人员继续教育的对象是国家机关、企业、事业单位以及社会团体等组织具有会计专业技术资格的人员，或不具有会计专业技术资格但从事会计工作的人员。

（3）内容与形式。会计专业技术人员继续教育内容包括公需科目和专业科目。其中，公需科目包括专业技术人员应当普遍掌握的法律法规、政策理论、职业道德、技术信息等基本知识。专业科目包括会计专业技术人员从事会计工作应当掌握的财务会计、管理会计、财务管理、内部控制与风险管理、会计信息化、会计职业道德、财税金融、会计法律法规等相关专业知识。财政部会同人力资源社会保障部根据会计专业技术人员能力框架，定期发布继续教育公需科目指南、专业科目指南，对会计专业技术人员继续教育内容进行指导。

会计专业技术人员可以自愿选择参加继续教育的形式。会计专业技术人员继续教育的形式有：①参加县级以上地方人民政府财政部门、人力资源社会保障部门，新疆生产建设兵团财政局、人力资源社会保障局，中共中央直属机关事务管理局，国家机关事务管理局（以下统称继续教育管理部门）组织的会计专业技术人员继续教育培训、高端会计人才培训、全国会计专业技术资格考试等会计相关考试、会计类专业会议等。②参加会计继续教育机构或用人单位组织的会计专业技术人员继续教育培训。③参加国家教育行政主管部门承认的中专以上（含中专，下同）会计类专业学历（学位）教育；承担继续教育管理部门或行业组织（团体）的会计类研究课题，或在有国内统一刊号（CN）的经济、管理类报刊上发表会计类论文；公开出版会计类书籍；参加注册会计师、资产评估师、税务师等继续教育培训。④继续教育管理部门认可的其他形式。总体而言，会计专业技术人员继续教育采用的课程、教学方法，应当适应会计工作要求和特点。同时，积极推广网络教育等方式，提高继续教育教学和管理的信息化水平。

（4）学分管理。会计专业技术人员参加继续教育实行学分制管理，每年参加继续教育取得的学分不少于90学分。其中，专业科目一般不少于总学分的三分之二。会计专业技术人员参加继续教育取得的学分，在全国范围内当年度有效，不得结转以后年度。参加规定的各种形式的继续教育按照一定标准计量学分。

（5）会计继续教育机构管理。会计继续教育机构必须同时符合下列条件：

①具备承担继续教育相适应的教学设施，面授教育机构还应有相应的教学场所。②拥有与承担继续教育相适应的师资队伍和管理力量。③制定完善的教学计划、管理制度和其他相关制度。④能够完成所承担的继续教育任务，保证教学质量。⑤符合有关法律法规的规定。应当充分发挥国家会计学院、会计行业组织（团体）、各类继续教育培训基地（中心）等在开展会计专业技术人员继续教育方面的主渠道作用，鼓励、引导高等院校、科研院所等单位参与会计专业技术人员继续教育工作。

会计继续教育机构应当认真实施继续教育教学计划，向社会公开继续教育的范围、内容、收费项目及标准等情况。会计继续教育机构应当按照专兼职结合的原则，聘请具有丰富实践经验、较高理论水平的业务骨干和专家学者，建立继续教育师资库。会计继续教育机构应当建立健全继续教育培训档案，根据考试或考核结果如实出具会计专业技术人员参加继续教育的证明，并在培训结束后及时按照要求将有关情况报送所在地县级以上地方人民政府财政部门、新疆生产建设兵团财政局或中央主管单位。

（6）考核与评价。用人单位应当建立本单位会计专业技术人员继续教育与使用、晋升相衔接的激励机制，将参加继续教育情况作为会计专业技术人员考核评价、岗位聘用的重要依据。会计专业技术人员参加继续教育情况，应当作为聘任会计专业技术职务或者申报评定上一级资格的重要条件。继续教育管理部门应当加强对会计专业技术人员参加继续教育情况的考核与评价，并将考核、评价结果作为参加会计专业技术资格考试或评审、先进会计工作者评选、高端会计人才选拔等的依据之一，并纳入其信用信息档案。对未按规定参加继续教育或者参加继续教育未取得规定学分的会计专业技术人员，继续教育管理部门应当责令其限期改正。

（五）会计人员调动或离职时的交接手续

会计人员调动工作或者离职时，与接管人员办清交接手续，是会计人员对工作应尽的职责，也是分清移交人员和接管人员责任的重大措施。办好会计交接工作，可以使会计工作连续进行，同时也可以防止账目不清，财务混乱，避免给不法分子可乘之机。

按《会计法》规定：“会计人员调动工作或离职，必须与接管人员办清交接手续。一般会计人员办理交接手续，由会计机构负责人（会计主管人员）监交；会计机构负责人（会计主管人员）办理交接手续，由单位负责人监交，必要时主管单位可以派人会同监交。”具体而言，会计交接工作中要注意以下事项。

（1）交接前的准备工作。①将已受理经济业务的会计凭证填制完毕；②将尚未登记的账目登记完毕，并在最后一笔余额后加盖印章；③整理好应该移交的各项资料，对未了事项写出书面材料；④编制移交的会计凭证、会计账簿、会计报表、公章、现金、支票簿、文件、资料和其他物品的清册。实行会计电算化的单位，从事该项工作的移交人员还应在移交清册中列明会计软件及密码、会计软件数据存储及有关资料、实物等。

（2）交接中的要求。移交人员要按照移交清册逐项核对点收。并且，在移交时需注意：①现金、有价证券要根据账簿余额进行点交；库存现金、有价证券必须与账簿余额一致，不一致时，移交人员要在规定期限内负责查清处理。②会计凭证、账簿、报表和其他会计资料必须完整无缺，不得遗漏。如有短缺，要查清原因，并要在移交清册中加以注明，由移交人员负责。③银行存款账户余额要与银行对账单核对相符；各种财产物资和债权债务的明细账户余额，要与总账有关账户的余额核对相符。④移交人经管的票据、公章和其他实物，必须交接清楚；移交人员从事会计电算化工作的，对有关电子数据要在实际操作状态下进行交接。会计机构负责人、会计主管人员移交时，还应将全部财务会计工作、重大财务收支的遗留问题写成书面材料。

（3）交接完毕后的要求。交接完毕后，交接双方和监交人要在移交清册上签名或盖章。并应在移交清册上注明单位名称，交接日期，交接双方和监交人的职务、姓名，移交清册页数以及需要说明的问题和意见等。移交人员对所移交的各种资料的合法性、真实性承担法律责任。移交清册一般应填制一式三份，交接双方各执一份，存档一份。接办的会计人员应继续使用移交的账簿，不得自行另立新账，以保持会计记录的连续性。

四、会计档案管理

会计档案，是指单位在进行会计核算等过程中接收或形成的，记录和反映单位经济业务事项的，具有保存价值的文字、图表等各种形式的会计资料，包括通过计算机等电子设备形成、传输和存储的电子会计档案。会计档案是国家经济档案的重要组成部分，是各企业单位日常经济活动的历史记录，是进行生产经营管理和决策的重要资料，也是检查经济问题、明确经济责任的重要依据。因此，各单位必须加强对会计档案的管理，建立健全会计档案管理制度，确保会计档案资料的安全和完整，并充分加以利用。

为了加强会计档案管理，统一会计档案管理制度，1998 年 8 月 21 日，财政部、国家档案局根据我国《会计法》和《档案法》等有关法律和行政法规，制定并发布了《会计档案管理办法》，对各企业单位会计档案管理作出明确具体的规定，自 1999 年 1 月 1 日起执行。此后，又于 2015 年 12 月 11 日进行了修订，修订后的《会计档案管理办法》自 2016 年 1 月 1 日起施行。根据修订后的《会计档案管理办法》第四条、第五条规定，财政部和国家档案局主管全国会计档案工作，共同制定全国统一的会计档案工作制度，对全国会计档案工作实行监督和指导。县级以上地方人民政府财政部门和档案行政管理部门管理本行政区域内的会计档案工作，并对本行政区域内会计档案工作实行监督和指导。单位应当加强会计档案管理工作，建立和完善会计档案的收集、整理、保管、利用和鉴定销毁等管理制度，采取可靠的安全防护技术和措施，保证会计档案的真实、完整、可用、安全。

（一）会计档案的种类

会计档案一般分为：①会计凭证，包括原始凭证、记账凭证；②会计账簿，包括总账、明细账、日记账、固定资产卡片账及其他辅助性账簿；③财务会计报告，包括月度、季度、半年度、年度财务会计报告；④其他会计资料，包括银行存款余额调节表、银行对账单、纳税申报表、会计档案移交清册、会计档案保管清册、会计档案销毁清册、会计档案鉴定意见书及其他具有保存价值的会计资料。

单位可以利用计算机、网络通信等信息技术手段管理会计档案。同时满足下列条件的，单位内部形成的属于归档范围的电子会计资料可仅以电子形式保存，形成电子会计档案：①形成的电子会计资料来源真实有效，由计算机等电子设备形成和传输；②使用的会计核算系统能够准确、完整、有效地接收和读取电子会计资料，能够输出符合国家标准归档格式的会计凭证、会计账簿、财务会计报表等会计资料，设定了经办、审核、审批等必要的审签程序；③使用的电子档案管理系统能够有效接收、管理、利用电子会计档案，符合电子档案的长期保管要求，并建立了电子会计档案与相关联的其他纸质会计档案的检索关系；④采取有效措施，防止电子会计档案被篡改；⑤建立电子会计档案备份制度，能够有效防范自然灾害、意外事故和人为破坏的影响；形成的电子会计资料不属于具有永久保存价值或者其他重要保存价值的会计档案。

（二）会计档案的归档管理

会计档案管理工作必须做到制度完备、资料完整、安全保密、入档及时、存放有序、专人保管，并能够查阅方便。各单位每年形成的会计档案，应当由会计机构按照归档要求，负责整理立卷、装订成册，编制会计档案保管清册。会计档案在会计年度终了后由财务部门保管一年，以备随时查阅，满一年后，有单独档案部门的，由财务部门编造清册移交档案部门保管。每年应当对会计档案进行一次清点和检查。各单位保存的会计档案不得借出。单位保存的会计档案一般不得对外借出。确因工作需要且根据国家有关规定必须借出的，应当严格按照规定办理相关手续。会计档案借用单位应当妥善保管和利用借入的会计档案，确保借入会计档案的安全完整，并在规定时间内归还。

（三）会计档案的保管期限

由于各种会计档案的重要程度和管理需要的不同，所以会计档案的保管期限也有所不同。会计档案的保管期限分为永久和定期两类。定期保管期限一般分为10年和30年。会计档案的保管期限，从会计年度终了后的第一天算起。企业会计档案具体保管期限详见表8－3。

表 8-3 企业会计档案保管期限表

序号	档案名称	保管期限	备注
一	会计凭证		
1	原始凭证	30 年	
2	记账凭证	30 年	
二	会计账簿		
3	总账	30 年	
4	明细账	30 年	
5	日记账	30 年	
6	固定资产卡片		固定资产报废清理后保管 5 年
7	其他辅助性账簿	30 年	
三	财务会计报告		
8	月度、季度、半年度财务会计报告	10 年	
9	年度财务会计报告	永久	
四	其他会计资料		
10	银行存款余额调节表	10 年	
11	银行对账单	10 年	
12	纳税申报表	10 年	
13	会计档案移交清册	30 年	
14	会计档案保管清册	永久	
15	会计档案销毁清册	永久	
16	会计档案鉴定意见书	永久	

（四）会计档案的移交

单位因撤销、解散、破产或者其他原因而终止的，在终止和办理注销登记手续之前形成的会计档案，应当由终止单位的业务主管部门或财产所有者代管或移交有关档案馆代管。单位分立后原单位存续的，其会计档案应当由分立后的存续方统一保管，其他方可查阅、复制与其业务相关的会计档案；单位分立后原单位解散的，会计档案应当经各方协商后由其中一方代管或移交档案馆代管，各方可查阅、复制与其业务相关的会计档案。

单位合并后原各单位解散或一方存续其他方解散的，原各单位的会计档案应当由合并后的单位统一保管；单位合并后原各单位仍存续的，其会计档案仍应由原各单位保管。建设单位在项目建设期间形成的会计档案，应当在办理竣工决算后移交给建设项目的接受单位，并按规定办理交接手续。

单位之间交接会计档案的，交接双方应当办理会计档案交接手续。交接会计档案时，交接双方应当按照会计档案移交清册所列内容逐项交接，并由交接双方的单位负责人负责监交。交接完毕后，交接双方经办人和监交人应当在会计档案移交清册上签名或者盖章。

电子会计档案应当与其元数据一并移交，特殊格式的电子会计档案应当与其读取平台一并移交。档案接受单位应当对保存电子会计档案的载体及其技术环境进行检验，确保所接收电子会计档案的准确、完整、可用和安全。

（五）会计档案的销毁

单位应当定期对已到保管期限的会计档案进行鉴定，并形成会计档案鉴定意见书。经鉴定，仍需继续保存的会计档案，应当重新划定保管期限；对保管期满，确无保存价值的会计档案，可以销毁。会计档案鉴定工作应当由单位档案管理机构牵头，组织单位会计、审计、纪检监察等机构或人员共同进行。

经鉴定可以销毁的会计档案，应当按照以下程序销毁：①单位档案管理机构编制会计档案销毁清册，列明拟销毁会计档案的名称、卷号、册数、起止年度、档案编号、应保管期限、已保管期限和销毁时间等内容。②单位负责人、档案管理机构负责人、会计管理机构负责人、档案管理机构经办人、会计管理机构经办人在会计档案销毁清册上签署意见。③单位档案管理机构负责组织会计档案销毁工作，并与会计管理机构共同派员监销。监销人在会计档案销毁前，应当按照会计档案销毁清册所列内容进行清点核对；在会计档案销毁后，应当在会计档案销毁清册上签名或盖章。

电子会计档案的销毁还应当符合国家有关电子档案的规定，并由单位档案管理机构、会计管理机构和信息系统管理机构共同派员监销。

保管期满但未结清的债权债务会计凭证和涉及其他未了事项的会计凭证不得销毁，纸质会计档案应当单独抽出立卷，电子会计档案单独转存，保管到未了事项完结时为止。单独抽出立卷或转存的会计档案，应当在会计档案鉴定意见书、会计档案销毁清册和会计档案保管清册中列明。

第三节　会计职业道德

会计人员是会计信息加工、生成和传递的直接参与者，也是单位财产物资的直接接触者，因此，要保证各单位会计信息真实、可靠以及财产物资安全、完整，除了政府有关部门的会计规范外，会计人员具备良好的会计职业道德也是十分必要的。

一、会计职业道德简述

（一）会计职业道德的概念和作用

会计职业道德，指在会计职业活动中应当遵循的、体现会计职业特征的、调整会计职业关系的各种经济关系的职业行为准则和规范。会计职业道德是随着会计职业的产生而逐渐形成的，并随着会计职业的发展和会计职业关系的复杂化而不断完善的，一种较为完整的现代会计职业道德体系，在规范对象、层次结构、内容要求、实施途径等方面都表现出广泛性、多样性的特征。

我国《会计法》明确规定会计人员应当遵守职业道德，提高业务素质。会计职业道德是社会道德的重要组成部分，是调整会计职业活动利益关系的重要手段。具体而言，会计职业道德的作用主要表现在以下几个方面：

（1）会计职业道德是会计法律制度的重要补充。会计法律是会计职业道德的最低要求，而会计职业道德的作用是法律制度所不能替代的，是会计法律制度正常运行的社会和思想基础。会计职业道德可以对法律不能或不宜规定的事项作出要求，如爱岗敬业、提高技能等，这对于提高会计信息真实性、发挥会计的职能作用有着非常重要的意义。

（2）会计职业道德能够规范会计行为。会计行为是由内心的动机和信念支配的，会计职业道德可以引导会计人员树立正确的职业动机和是非观念，从而自觉遵守会计法律法规，形成良好的会计行为。

（3）会计职业道德可以帮助实现会计目标。从会计职业角度讲，会计的目标就是为各个具有利益关系的服务对象提供有用的会计信息。在会计职业道德的约束下，会计人员能够严格遵循准则，正确运用职业判断，提供相关和可靠的会计信息，实现会计目标。

（4）会计职业道德可以促进会计人员提高职业素质。随着社会的进步和发展，人们对会计从业者的素质要求越来越高。会计职业道德建设可以促进会计职业人员不断加强学习，提高专业胜任能力，具备更高水准的职业素质，提供高质量的会计服务。

（二）会计职业道德的规范对象和主要内容

从所从事会计工作的内容和作用来看，会计职业人员可分为两大部分，一部分是在某一单位（如企业、事业单位、行政机关等）内部从事会计核算工作和有关会计工作的人员，其任务是核算本单位所发生的经济活动，报告该单位的财务状况与经营成果，并参与单位管理和决策。他们通常被称为会计人员。前面所介绍的会计核算（即财务会计）工作，就是由这些会计人员完成的。另一部分通过加入会计师事务所，以中立者的身份，接受企业单位及其以外的利益集团或组织的委托，对企业会计报表的合法性和公允性进行鉴证，以及开展验资评估等业务。这部分人所从事的活动通常被称为审计工作，他们则被称为审计人员或注册会计师。

会计职业道德的规范对象，主要分为在企事业单位从事会计核算工作的会计人员和在会计师事务所从事审计工作的注册会计师。两者遵循的职业道德有共同之处，如诚实守信、客观公正、坚持准则、廉洁自律等，都是会计职业活动的基本要求，同时，两者的职业道德又各具特点，如注册会计师从事的审计业务特别强调独立性，而对单位的会计人员则不能有此要求。因此，对单位会计人员和注册会计师的职业道德是分别进行规范的。《会计基础工作规范》中关于职业道德的规定主要是规范单位会计人员的，而《中国注册会计师职业道德基本准则》

主要是规范注册会计师的。

会计职业道德规范的层次结构包括会计职业道德基本规范、会计职业道德评价和惩戒规范等。会计职业道德基本规范是会计职业道德体系的基础和核心，会计职业道德评价和惩戒规范则是有效实施会计职业基本规范的重要保证。

（三）会计职业道德教育和监督检查

会计职业道德规范的实施途径，应当实行自我遵守与外部监督相结合、宣传教育与检查惩戒相结合、以德自律和依法监管相结合。职业道德更多地依靠社会舆论、内心信念、行业自律、传统习俗等维系，因而，通过引导、教育、评价等方式形成深刻的道德意识和职业信仰，进而转化为自觉的职业行为，在职业道德建设中显得尤为重要。会计职业道德教育是提高会计职业道德水平的重要途径，可以通过对在校会计专业学生开设会计职业道德课程，对即将从事会计职业的人员进行岗前会计职业道德教育，以及对现有会计人员进行会计职业道德继续教育来开展，还可以采取会计人员自我教育的形式。职业道德教育的最高成就是形成职业道德习惯，高度自觉地遵守职业道德，并成为职业本能。

在对会计人员进行教育和引导的基础上，还要强化对会计人员职业道德遵循情况的监督和检查，并根据结果进行相应的表彰和奖励，建立起会计职业道德的奖惩机制。政府部门行政监管和行业组织自律管理是职业道德监督检查的主要方式。《会计基础工作规范》规定："财政部门、业务主管部门和各单位应当定期检查会计人员遵守职业道德的情况，并作为会计人员晋升、晋级、聘任专业职务、表彰奖励的重要考核依据。"近年来，我国的会计行业组织强化自律管理和行业惩戒也取得了一定的进展，如中国注册会计师协会作为注册会计师行业自律组织，大力加强行业道德建设，先后发布了有关的职业道德规范，为提高我国注册会计师的职业道德水平作出了积极的贡献。

二、会计人员的职业道德

财政部于1996年6月17日颁发的《会计基础工作规范》（2019年3月14日修改），较为系统地提出了会计职业道德的具体要求，主要包括：

（1）爱岗敬业。会计人员应当热爱本职工作，努力钻研业务，使自己的知识和技能适应所从事工作的要求。

（2）熟悉法规。会计人员应当熟悉财经法律、法规、规章和国家统一会计制度，并结合会计工作进行广泛宣传。

（3）依法办事。会计人员应当按照会计法律、法规和国家统一会计制度规定的程序和要求进行会计工作，保证所提供的会计信息合法、真实、准确、及时、完整。

（4）客观公正。会计人员办理会计事务应当实事求是、客观公正。

（5）提高技能。会计人员应当熟悉本单位的生产经营和业务管理情况，运用所掌握的会计信息和会计方法，为改善单位内部管理、提高经济效益服务。

（6）保守机密。会计人员应当保守本单位的商业秘密，除法律规定和单位领导人同意外，不能私自向外界提供或者泄露单位的会计信息。

会计人员的职业道德可以概括为具备良好的业务素质、能力素质和道德品质三个方面。业务素质指会计人员应具备相应的知识基础，包括会计专业知识、企业管理知识、法律法规知识、信息技术知识等。能力素质是指知识的应用能力、人际关系处理能力，如运用会计准则对经济业务作出合理处理，洞察可能面临的财务风险，有效地与他人进行交流和沟通等。道德品质是指自身的道德修养和品德，特别是拥有诚实和正直的品质。

三、注册会计师的职业道德

注册会计师的职业道德，是指注册会计师职业品德、职业纪律、专业胜任能力及职业责任等的总称。1997 年 1 月 1 日，中国注册会计师协会根据《中国注册会计师法》制定并发布了《中国注册会计师职业道德基本准则》，对注册会计师的职业道德作出了原则性的规定。其主要内容包括：①独立、客观、公正原则；②专业胜任能力与技术规范；③对客户的责任；④对同行的责任；⑤业务承接等的责任。

2009 年 10 月 18 日，中国注册会计师协会发布《中国注册会计师职业道德守则》，提出了注册会计师职业道德基本原则、概念框架，提供专业服务的基本要求，审计和审阅及其他业务对独立性的要求。同时还发布了《中国注册会计师协会非执业会员执业道德守则》，在职业道德基本原则、职业道德概念框架、潜在冲突、信息的编制和报告等方面作出了规定。职业道德守则自 2010 年 7 月 1 日起施行。

2020 年，为了顺应经济社会发展对注册会计师诚信和职业道德水平提出的更高要求，规范中国注册会计师协会会员的职业行为，进一步提高职业道德水平，维护职业形象，保持与国际职业会计师道德守则的持续动态趋同，中国注册会计师协会对《中国注册会计师职业道德守则（2009）》和《中国注册会计师协会非执业会员职业道德守则（2009）》进行了全面修订，2020 年 12 月 17 日颁布，自 2021 年 7 月 1 日开始施行。

修订后的《中国注册会计师职业道德守则（2020）》具体包括 5 号守则。第 1 号基本原则，为注册会计师的行为确立道德标准；第 2 号概念框架，解决职业道德问题的思路和方法，用于指导注册会计师识别对职业道德基本原则的不利影响、评价不利影响的严重程度和必要时采取防范措施消除不利影响或将其降低至可接受的水平；第 3 号提供专业服务的具体要求，主要规范注册会计师职业活动，指导注册会计师运用职业道德概念框架，解决提供专业服务时遇到的具体职业道德问题；第 4 号审计和审阅业务对独立性的要求，主要用于规范注册会计师在提供专业服务的过程中可能遇到的除独立性以外的某些具体情形，并针对在这些情形下如何运用职业道德概念框架解决职业道德问题作出具体规定；第 5 号其他鉴证业务对独立性的要求，主要用于规范注册会计师在从事审计和审阅以外的其他鉴证业务时与独立性相关的要求。

对注册会计师的职业道德要求可以分为两个层次。一是基本原则，注册会计师履行相应的社会责任，维护公众利益，遵循诚信原则，在所有的职业活动中保持正直和诚实守信，遵循客观公正原则，公正处事，实事求是，不得由于偏见、利益冲突或他人的不当影响而损害自己的职业判断。二是具体要求，包括：保持实质上和形式上的独立性；通过教育、培训和执业实践获取和保持专业胜任能力，确保为客户提供具有专业水准的服务，做到勤勉尽责；对职业活动中获知的涉密信息保密；应当遵循良好的职业行为原则，爱岗敬业，遵守相关法律法规，避免发生任何可能损害职业声誉的行为，在计划和执行审计和审阅业务、其他鉴证业务时应保持职业怀疑；在提供良好专业服务基础上科学收费，不得为招揽客户而支付或收取佣金，如果会计师事务所从某一审计客户收取的全部费用占其收费总额的比重很大，则对该客户的依赖及对可能失去该客户的担心将因自身利益或外在压力对独立性产生不利影响；谨慎承接与鉴证业务不相容的工作，会计师事务所应当评价提供的非鉴证服务对独立性产生的不利影响，如果不利影响超出可接受的水平，会计师事务所只有在采取防范措施将其降低至可接受的水平的情况下，才能接受审计业务；后任注册会计师在接任前任注册会计师的审计业务时应与前任注册会计师进行沟通；在向公众传递信息以及推介自己和工作时，应当客观、真实、得体，不得损害职业形象等。

对于违反职业道德规范的会计师事务所、注册会计师，注册会计师协会可以视情节轻重给予强制培训、谈话提醒、公开谴责、通报批评、限期整改等行业自律性惩戒。

本章小结

我国目前已建立以《会计法》为指导的、以会计准则和会计制度为主体的完整的会计规范体系。《会计法》是我国会计工作的基本法规。会计准则是会计核算和会计工作的基本规范，包括企业会计准则、小企业会计准则和非企业会计准则。企业会计准则分基本准则和具体会计准则。基本准则主要是对会计核算的有关方面作出原则性规定，具体会计准则则是企业会计核算的具体要求。会计制度是具体会计核算方法和程序的总称。

会计机构、会计人员是承担会计工作的重要主体。建立健全会计机构，配备一定数量素质相当、具备从事会计工作所需要的专业能力的会计人员，是各单位做好会计工作，充分发挥会计职能作用的重要保证。会计档案是指会计凭证、会计账簿、财务会计报告以及其他会计资料等会计核算的专业材料。各单位必须加强对会计档案的管理，确保会计档案资料的安全和完整，并充分加以利用。

会计职业道德对于会计工作有着特别重要的意义。从事不同工作的会计职业人员应具备相应的职业道德。企业会计人员和注册会计师应具备相当水准的职业道德，维护会计信息的真实性和公允表达，使高质量的会计信息具有更高的可利用价值。

重要名词概念

会计规范	会计准则	会计机构
会计人员	会计档案	会计职业道德

思 考 题

1. 我国的会计规范体系主要包括哪些内容？它们之间存在什么样的关系？
2. 我国现行企业会计准则包括哪些内容？
3. 企业应怎样根据具体情况设置会计机构？
4. 会计人员应具备怎样的专业知识结构？
5. 为什么会计人员要进行继续教育？
6. 会计人员调动或离职时办理交接工作应注意的事项有哪些？
7. 会计档案有哪些？应当如何管理？
8. 会计职业道德有何重要性？其与会计法律制度的关系如何？

自 测 题

一、单项选择题

1. (　　)在会计法规体系中居于最高层次，是制定其他会计法规的依据，也是指导会计工作的基本规范。

A. 《会计法》　　B. 《企业会计准则——基本准则》
C. 《企业会计制度》　　D. 《会计基础工作规范》

2. 根据《会计法》的规定，(　　)对本单位会计工作和会计资料的真实性、完整性负责。

A. 单位负责人　　B. 会计人员
C. 会计主管　　D. 会计机构

3. 我国会计准则的制定和发布机构是(　　)。

A. 中国会计学会　　B. 中华人民共和国财政部
C. 中国注册会计师协会　　D. 中华人民共和国国务院

4. (　　)是对具体交易或事项进行会计处理的规范。

A. 《企业会计准则——基本准则》　B. 《企业会计准则——具体准则》
C. 会计准则应用指南　　D. 会计准则解释公告

5. 我国会计工作的主管部门是(　　)。

A. 财政部门　　B. 税务部门
C. 审计机关　　D. 工商管理部门

6. 我国《会计法》规定：从事会计工作的人员，必须具备(　　)。

A. 会计师资格　　B. 注册会计师资格
C. 会计从业资格证书　　D. 从事会计工作所需要的专业能力

7. 年度财务报表的保管期限为(　　)。
A. 15年　　B. 30年
C. 10年　　D. 永久

8. 会计凭证类、会计账簿类保管期限为(　　)。
A. 15年　　B. 10年
C. 30年　　D. 永久

9. 会计人员调动工作或离职，必须与(　　)办清交接手续。
A. 会计主管　　B. 单位负责人
C. 总会计师　　D. 接管人员

10. 会计机构负责人办理交接手续时，由(　　)监交。
A. 会计主管　　B. 单位负责人
C. 总会计师　　D. 接管人员

二、多项选择题

1. 我国现行会计规范体系包括(　　)。
A.《会计法》　　B.《会计准则》
C.《会计制度》　　D.《企业财务会计报告条例》
E.《会计基础工作规范》

2. 我国具体会计准则按其规范对象的不同，大体可以分为(　　)三类。
A. 共性业务准则　　B. 基本会计准则
C. 特殊业务准则　　D. 报告准则
E. 具体会计准则

3. 下列（　　）具体会计准则是报告准则。
A.《财务报表列报》　　B.《企业合并》
C.《关联方披露》　　D.《外币折算》
E.《合营安排》

4. 出纳人员不得兼管的工作有(　　)。
A. 稽核　　B. 会计档案保管
C. 支出账目的登记工作　　D. 费用账目的登记工作
E. 固定资产明细账

5. 下列关于会计专业技术人员继续教育的规定中正确的有(　　)。
A. 继续教育内容包括公需科目和专业科目。
B. 每年参加继续教育取得的学分不少于90学分
C. 每年参加继续教育中专业科目一般不少于总学分的1/3
D. 每年参加继续教育的学分可以结转以后年度
E. 继续教育规定的使用范围包括具有会计专业技术资格的人员，或不具

有会计专业技术资格但从事会计工作的人员

6. 我国将会计人员的专业技术职称定为(　　)。

A. 高级会计师　　B. 会计师

C. 助理会计师　　D. 会计员

E. 注册会计师

7. 企业会计人员的主要权限有(　　)。

A. 有权要求本单位有关部门、人员认真执行国家批准的计划、预算

B. 有权参与本单位编制计划、制定定额、对外签订经济合同等工作

C. 有权参加有关的生产、经营管理会议和业务会议

D. 有权对本单位各部门进行会计监督

E. 有权制定会计人员财会知识的培训规划

8. 会计人员继续教育的形式可以有(　　)。

A. 参加会计培训　　B. 参加会计专业技术资格考试

C. 参加注册会计师考试　　D. 参加会计电算化学历教育

E. 在省级以上经济类报刊上发表会计类论文

9. 会计档案一般分为(　　)。

A. 会计凭证　　B. 会计账簿

C. 财务会计报告　　D. 预算文件

E. 产品生产计划

10. 会计职业道德的主要内容包括(　　)。

A. 爱岗敬业　　B. 诚实守信

C. 提高技能　　D. 坚持准则

E. 廉洁自律

案　例

朱镕基三题“不做假账”

2001 年 4 月 16 日，时任国务院总理朱镕基在视察上海国家会计学院时，亲笔为该校题写了校训——“不做假账”。

2001 年 10 月 29 日，朱镕基视察北京国家会计学院。他在会议中心发表了重要讲话，并为国家会计学院题词：“诚信为本，操守为重，坚持准则，不做假账”。

2002 年 11 月 19 日，朱镕基在第十六届世界会计师大会上，亲口讲述了他三题“不做假账”的故事。他说：“最近几年，中国建立了三个国家会计学院，一个在北京，一个在上海，这两个都已建成。还有一个在福建的厦门，正在建设。我亲笔为这三个国家会计学院制定了校训。我很少题词，因为我的字写得不好，但是我为三个国家会计学院亲自写下了四个大字——‘不做假账’。”

要求：请结合多年来国内外会计造假事件和会计职业道德的内容，谈谈你对“诚信为本，操守为重，坚持准则，不做假账”的理解。

本章所涉及的主要会计规范

名称	颁布机构	颁布日期	实施日期	备注
《会计法》	全国人民代表大会常务委员会	1999.10.31	2000.07.01	1985年1月21日，首次颁布，自同年5月1日起施行。此后，分别于1993年12月29日和1999年10月31日进行修订。2017年11月4日进行修正
《注册会计师法》	全国人民代表大会常务委员会	1993.10.31	1994.01.01	2014年8月31日修订
《企业财务报告条例》	国务院	2000.06.21	2001.01.01	
《总会计师条例》	国务院	1990.12.31	1990.12.31	2011年1月8日修订
《会计基础工作规范》	财政部	1996.06.17	1996.06.17	1984年财政部发布的《会计人员规则》同时废止。由于2017年《会计法》修正，取消了会计从业资格行政审批，修改了涉及会计从业资格的相关条款，为贯彻落实新《会计法》，财政部于2019年3月14日对《会计基础工作规范》和《代理记账办法》中涉及会计从业资格的相关条款进行修改
《会计档案管理办法》	财政部、国家档案局	2015.12.11	2016.01.01	1998年发布的《会计档案管理办法》同时废止
《企业会计信息化工作规范》	财政部	2013.12.06	2014.01.06	1994年6月30日财政部发布的《商品化会计核算软件评审规则》《会计电算化管理办法》同时废止
《代理记账管理办法》	财政部	2005.01.22	2005.03.01	1994年6月23日财政部发布的《代理记账管理暂行办法》同时废止。2019年3月14日财政部对《代理记账管理办法》中涉及会计从业资格的相关条款进行修改
《会计人员继续教育规定》	财政部	2018.05.19	2018.05.19	2013年8月27日财政部发布的《会计人员继续教育规定》同时废止
《中国注册会计师职业道德守则》	中国注册会计师协会	2009.10.14	2010.07.01	中国注册会计师协会于2020年12月17日修订，自2021年7月1日起施行
《中国注册会计师非执业会员职业道德守则》	中国注册会计师协会	2009.10.14	2010.07.01	中国注册会计师协会于2020年12月17日修订，自2021年7月1日起施行
《中国注册会计师职业道德基本准则》	中国注册会计师协会	1997.01.01	1997.01.01	

附录一　中华人民共和国会计法

（1985 年 1 月 21 日第六届全国人民代表大会常务委员会第九次会议通过，1993 年 12 月 29 日第八届全国人民代表大会常务委员会第五次会议修正，1999 年 10 月 31 日第九届全国人民代表大会常务委员会第十二次会议修订，2017 年 11 月 4 日第十二届全国人民代表大会常务委员会第三十次会议修正）

第一章　总　则

第一条　为了规范会计行为，保证会计资料真实、完整，加强经济管理和财务管理，提高经济效益，维护社会主义市场经济秩序，制定本法。

第二条　国家机关、社会团体、公司、企业、事业单位和其他组织（以下统称单位）必须依照本法办理会计事务。

第三条　各单位必须依法设置会计账簿，并保证其真实、完整。

第四条　单位负责人对本单位的会计工作和会计资料的真实性、完整性负责。

第五条　会计机构、会计人员依照本法规定进行会计核算，实行会计监督。

任何单位或者个人不得以任何方式授意、指使、强令会计机构、会计人员伪造、变造会计凭证、会计账簿和其他会计资料，提供虚假财务会计报告。

任何单位或者个人不得对依法履行职责、抵制违反本法规定行为的会计人员实行打击报复。

第六条　对认真执行本法，忠于职守，坚持原则，做出显著成绩的会计人员，给予精神的或者物质的奖励。

第七条　国务院财政部门主管全国的会计工作。

县级以上地方各级人民政府财政部门管理本行政区域内的会计工作。

第八条　国家实行统一的会计制度。国家统一的会计制度由国务院财政部门根据本法制定并公布。

国务院有关部门可以依照本法和国家统一的会计制度制定对会计核算和会计监督有特殊要求的行业实施国家统一的会计制度的具体办法或者补充规定，报国务院财政部门审核批准。

中国人民解放军总后勤部可以依照本法和国家统一的会计制度制定军队实施国家统一的会计制度的具体办法，报国务院财政部门备案。

第二章　会计核算

第九条　各单位必须根据实际发生的经济业务事项进行会计核算，填制会计凭证，登记会计账簿，编制财务会计报告。

任何单位不得以虚假的经济业务事项或者资料进行会计核算。

第十条　下列经济业务事项，应当办理会计手续，进行会计核算：

（一）款项和有价证券的收付；

（二）财物的收发、增减和使用；

（三）债权债务的发生和结算；

（四）资本、基金的增减；

（五）收入、支出、费用、成本的计算；

（六）财务成果的计算和处理；

（七）需要办理会计手续、进行会计核算的其他事项。

第十一条　会计年度自公历1月1日起至12月31日止。

第十二条　会计核算以人民币为记账本位币。

业务收支以人民币以外的货币为主的单位，可以选定其中一种货币作为记账本位币，但是编报的财务会计报告应当折算为人民币。

第十三条　会计凭证、会计账簿、财务会计报告和其他会计资料，必须符合国家统一的会计制度的规定。

使用电子计算机进行会计核算的，其软件及其生成的会计凭证、会计账簿、财务会计报告和其他会计资料，也必须符合国家统一的会计制度的规定。

任何单位和个人不得伪造、变造会计凭证、会计账簿及其他会计资料，不得提供虚假的财务会计报告。

第十四条　会计凭证包括原始凭证和记账凭证。

办理本法第十条所列的经济业务事项，必须填制或者取得原始凭证并及时送交会计机构。

会计机构、会计人员必须按照国家统一的会计制度的规定对原始凭证进行审核，对不真实、不合法的原始凭证有权不予接受，并向单位负责人报告；对记载不准确、不完整的原始凭证予以退回，并要求按照国家统一的会计制度的规定更正、补充。

原始凭证记载的各项内容均不得涂改；原始凭证有错误的，应当由出具单位重开或者更正，更正处应当加盖出具单位印章。原始凭证金额有错误的，应当由出具单位重开，不得在原始凭证上更正。

记账凭证应当根据经过审核的原始凭证及有关资料编制。

第十五条　会计账簿登记，必须以经过审核的会计凭证为依据，并符合有关法律、行政法规和国家统一的会计制度的规定。会计账簿包括总账、明细账、日记账和其他辅助性账簿。

会计账簿应当按照连续编号的页码顺序登记。会计账簿记录发生错误或者隔页、缺号、跳行的，应当按照国家统一的会计制度规定的方法更正，并由会计人员和会计机构负责人（会计主管人员）在更正处盖章。

使用电子计算机进行会计核算的，其会计账簿的登记、更正，应当符合国家统一的会计制度的规定。

第十六条　各单位发生的各项经济业务事项应当在依法设置的会计账簿上统一登记、核算，不得违反本法和国家统一的会计制度的规定私设会计账簿登记、核算。

第十七条　各单位应当定期将会计账簿记录与实物、款项及有关资料相互核对，保证会计账簿记录与实物及款项的实有数额相符、会计账簿记录与会计凭证的有关内容相符、会计账簿之间相对应的记录相符、会计账簿记录与会计报表的有关内容相符。

第十八条　各单位采用的会计处理方法，前后各期应当一致，不得随意变更；确有必要变更的，应当按照国家统一的会计制度的规定变更，并将变更的原因、情况及影响在财务会计报告中说明。

第十九条　单位提供的担保、未决诉讼等或有事项，应当按照国家统一的会计制度的规定，在财务会计报告中予以说明。

第二十条　财务会计报告应当根据经过审核的会计账簿记录和有关资料编制，并符合本法和国家统一的会计制度关于财务会计报告的编制要求、提供对象和提供期限的规定；其他法律、行政法规另有规定的，从其规定。

财务会计报告由会计报表、会计报表附注和财务情况说明书组成。向不同的会计资料使用者提供的财务会计报告，其编制依据应当一致。有关法律、行政法规规定会计报表、会计报表附注和财务情况说明书须经注册会计师审计的，注册会计师及其所在的会计师事务所出具的审计报告应当随同财务会计报告一并提供。

第二十一条　财务会计报告应当由单位负责人和主管会计工作的负责人、会计机构负责人（会计主管人员）签名并盖章；设置总会计师的单位，还须由总会计师签名并盖章。

单位负责人应当保证财务会计报告真实、完整。

第二十二条　会计记录的文字应当使用中文。在民族自治地方，会计记录可以同时使用当地通用的一种民族文字。在中华人民共和国境内的外商投资企业、外国企业和其他外国组织的会计记录可以同时使用一种外国文字。

第二十三条　各单位对会计凭证、会计账簿、财务会计报告和其他会计资料应当建立档案，妥善保管。会计档案的保管期限和销毁办法，由国务院财政部门会同有关部门制定。

第三章　公司、企业会计核算的特别规定

第二十四条　公司、企业进行会计核算，除应当遵守本法第二章的规定外，还应当遵守本章规定。

第二十五条　公司、企业必须根据实际发生的经济业务事项，按照国家统一的会计制度的规定确认、计量和记录资产、负债、所有者权益、收入、费用、成本和利润。

第二十六条　公司、企业进行会计核算不得有下列行为：

（一）随意改变资产、负债、所有者权益的确认标准或者计量方法，虚列、多列、不列或者少列资产、负债、所有者权益；

（二）虚列或者隐瞒收入，推迟或者提前确认收入；

（三）随意改变费用、成本的确认标准或者计量方法，虚列、多列、不列或者少列费用、成本；

（四）随意调整利润的计算、分配方法，编造虚假利润或者隐瞒利润；

（五）违反国家统一的会计制度规定的其他行为。

第四章　会计监督

第二十七条　各单位应当建立、健全本单位内部会计监督制度。单位内部会计监督制度应当符合下列要求：

（1）记账人员与经济业务事项和会计事项的审批人员、经办人员、财物保管人员的职责权限应当明确，并相互分离、相互制约；

（2）重大对外投资、资产处置、资金调度和其他重要经济业务事项的决策和执行的相互监督、相互制约程序应当明确；

（3）财产清查的范围、期限和组织程序应当明确；

（4）对会计资料定期进行内部审计的办法和程序应当明确。

第二十八条　单位负责人应当保证会计机构、会计人员依法履行职责，不得授意、指使、强令会计机构、会计人员违法办理会计事项。

会计机构、会计人员对违反本法和国家统一的会计制度规定的会计事项，有权拒绝办理或者按照职权予以纠正。

第二十九条　会计机构、会计人员发现会计账簿记录与实物、款项及有关资料不相符的，按照国家统一的会计制度的规定有权自行处理的，应当及时处理；无权处理的，应当立即向单位负责人报告，请求查明原因，作出处理。

第三十条　任何单位和个人对违反本法和国家统一的会计制度规定的行为，有权检举。收到检举的部门有权处理的，应当依法按照职责分工及时处理；无权处理的，应当及时移送有权处理的部门处理。收到检举的部门、负责处理的部门应当为检举人保密，不得将检举人姓名和检举材料转给被检举单位和被检举人个人。

第三十一条　有关法律、行政法规规定，须经注册会计师进行审计的单位，应当向受委托的会计师事务所如实提供会计凭证、会计账簿、财务会计报告和其他会计资料以及有关情况。

任何单位或者个人不得以任何方式要求或者示意注册会计师及其所在的会计师事务所出具不实或者不当的审计报告。

财政部门有权对会计师事务所出具审计报告的程序和内容进行监督。

第三十二条　财政部门对各单位的下列情况实施监督：

（一）是否依法设置会计账簿；

（二）会计凭证、会计账簿、财务会计报告和其他会计资料是否真实、完整；

（三）会计核算是否符合本法和国家统一的会计制度的规定；

（四）从事会计工作的人员是否具备专业能力、遵守职业道德。

在对前款第（二）项所列事项实施监督，发现重大违法嫌疑时，国务院财政部门及其派出机构可以向与被监督单位有经济业务往来的单位和被监督单位开立账户的金融机构查询有关情况，有关单位和金融机构应当给予支持。

第三十三条　财政、审计、税务、人民银行、证券监管、保险监管等部门应当依照有关法律、行政法规规定的职责，对有关单位的会计资料实施监督检查。

前款所列监督检查部门对有关单位的会计资料依法实施监督检查后，应当出具检查结论。有关监督检查部门已经作出的检查结论能够满足其他监督检查部门履行本部门职责需要的，其他监督检查部门应当加以利用，避免重复查账。

第三十四条　依法对有关单位的会计资料实施监督检查的部门及其工作人员对在监督检查中知悉的国家秘密和商业秘密负有保密义务。

第三十五条　各单位必须依照有关法律、行政法规的规定，接受有关监督检查部门依法实施的监督检查，如实提供会计凭证、会计账簿、财务会计报告和其他会计资料以及有关情况，不得拒绝、隐匿、谎报。

第五章　会计机构和会计人员

第三十六条　各单位应当根据会计业务的需要，设置会计机构，或者在有关机构中设置会计人员并指定会计主管人员；不具备设置条件的，应当委托经批准设立从事会计代理记账业务的中介机构代理记账。

国有的和国有资产占控股地位或者主导地位的大、中型企业必须设置总会计师。总会计师的任职资格、任免程序、职责权限由国务院规定。

第三十七条　会计机构内部应当建立稽核制度。

出纳人员不得兼任稽核、会计档案保管和收入、支出、费用、债权债务账目的登记工作。

第三十八条　会计人员应当具备从事会计工作所需要的专业能力。

担任单位会计机构负责人（会计主管人员）的，应当具备会计师以上专业技术职务资格或者从事会计工作三年以上经历。

本法所称会计人员的范围由国务院财政部门规定。

第三十九条　会计人员应当遵守职业道德，提高业务素质。对会计人员的教育和培训工作应当加强。

第四十条　因有提供虚假财务会计报告，做假账，隐匿或者故意销毁会计凭证、会计账簿、财务会计报告，贪污，挪用公款，职务侵占等与会计职务的有关违法行为被依法追究刑事责任的人员，不得再从事会计工作。

第四十一条　会计人员调动工作或者离职，必须与接管人员办清交接手续。

一般会计人员办理交接手续，由会计机构负责人（会计主管人员）监交；会计机构负责人（会计主管人员）办理交接手续，由单位负责人监交，必要时主管单位可以派人会同监交。

第六章　法律责任

第四十二条　违反本法规定，有下列行为之一的，由县级以上人民政府财政部门责令限期改正，可以对单位并处三千元以上五万元以下的罚款；对其直接负责的主管人员和其他直接责任人员，可以处二千元以上二万元以下的罚款；属于国家工作人员的，还应当由其所在单位或者有关单位依法给予行政处分：

（一）不依法设置会计账簿的；

（二）私设会计账簿的；

（三）未按照规定填制、取得原始凭证或者填制、取得的原始凭证不符合规定的；

（四）以未经审核的会计凭证为依据登记会计账簿或者登记会计账簿不符合规定的；

（五）随意变更会计处理方法的；

（六）向不同的会计资料使用者提供的财务会计报告编制依据不一致的；

（七）未按照规定使用会计记录文字或者记账本位币的；

（八）未按照规定保管会计资料，致使会计资料毁损、灭失的；

（九）未按照规定建立并实施单位内部会计监督制度或者拒绝依法实施的监督或者不如实提供有关会计资料及有关情况的；

（十）任用会计人员不符合本法规定的。

有前款所列行为之一，构成犯罪的，依法追究刑事责任。

会计人员有第一款所列行为之一，情节严重的，五年内不得从事会计工作。

有关法律对第一款所列行为的处罚另有规定的，依照有关法律的规定办理。

第四十三条　伪造、变造会计凭证、会计账簿，编制虚假财务会计报告，构成犯罪的，依法追究刑事责任。

有前款行为，尚不构成犯罪的，由县级以上人民政府财政部门予以通报，可以对单位并处五千元以上十万元以下的罚款；对其直接负责的主管人员和其他直接责任人员，可以处三千元以上五万元以下的罚款；属于国家工作人员的，还应当由其所在单位或者有关单位依法给予撤职直至开除的行政处分；对其中的会计人员，五年内不得从事会计工作。

第四十四条　隐匿或者故意销毁依法应当保存的会计凭证、会计账簿、财务会计报告，构成犯罪的，依法追究刑事责任。

有前款行为，尚不构成犯罪的，由县级以上人民政府财政部门予以通报，可以对单位并处五千元以上十万元以下的罚款；对其直接负责的主管人员和其他直接责任人员，可以处三千元以上五万元以下的罚款；属于国家工作人员的，还应当由其所在单位或者有关单位依法给予撤职直至开除的行政处分；其中的会计人员，五年内不得从事会计工作。

第四十五条　授意、指使、强令会计机构、会计人员及其他人员伪造、变造会计凭证、会计账簿，编制虚假财务会计报告或者隐匿、故意销毁依法应当保存的会计凭证、会计账簿、财务会计报告，构成犯罪的，依法追究刑事责任；尚不构成犯罪的，可以处五千元以上五万元以下的罚款；属于国家工作人员的，还应当由其所在单位或者有关单位依法给予降级、撤职、开除的行政处分。

第四十六条　单位负责人对依法履行职责、抵制违反本法规定行为的会计人员以降级、撤职、调离工作岗位、解聘或者开除等方式实行打击报复，构成犯罪的，依法追究刑事责任；尚不构成犯罪的，由其所在单位或者有关单位依法给予行政处分。对受打击报复的会计人员，应当恢复其名誉和原有职务、级别。

第四十七条　财政部门及有关行政部门的工作人员在实施监督管理中滥用职权、玩忽职守、徇私舞弊或者泄露国家秘密、商业秘密，构成犯罪的，依法追究刑事责任；尚不构成犯罪的，依法给予行政处分。

第四十八条　违反本法第三十条规定，将检举人姓名和检举材料转给被检举单位和被检举人个人的，由所在单位或者有关单位依法给予行政处分。

第四十九条　违反本法规定，同时违反其他法律规定的，由有关部门在各自职权范围内依法进行处罚。

第七章　附　则

第五十条　本法下列用语的含义：

单位负责人，是指单位法定代表人或者法律、行政法规规定代表单位行使职权的主要负责人。

国家统一的会计制度，是指国务院财政部门根据本法制定的关于会计核算、会计监督、会计机构和会计人员以及会计工作管理的制度。

第五十一条　个体工商户会计管理的具体办法，由国务院财政部门根据本法的原则另行规定。

第五十二条　本法自2000年7月1日起施行。

附录二　企业会计准则——基本准则

（2006年2月15日财政部令第33号公布，自2007年1月1日起施行。2014年7月23日根据《财政部关于修改〈企业会计准则——基本准则〉的决定》修改）

第一章　总　则

第一条　为了规范企业会计确认、计量和报告行为，保证会计信息质量，根据《中华人民共和国会计法》和其他有关法律、行政法规，制定本准则。

第二条　本准则适用于在中华人民共和国境内设立的企业（包括公司，下同）。

第三条　企业会计准则包括基本准则和具体准则，具体准则的制定应当遵循本准则。

第四条　企业应当编制财务会计报告（又称财务报告，下同）。财务会计报告的目标是向财务会计报告使用者提供与企业财务状况、经营成果和现金流量等有关的会计信息，反映企业管理层受托责任履行情况，有助于财务会计报告使用者作出经济决策。

财务会计报告使用者包括投资者、债权人、政府及其有关部门和社会公众等。

第五条　企业应当对其本身发生的交易或者事项进行会计确认、计量和报告。

第六条　企业会计确认、计量和报告应当以持续经营为前提。

第七条　企业应当划分会计期间，分期结算账目和编制财务会计报告。

会计期间分为年度和中期。中期是指短于一个完整的会计年度的报告期间。

第八条　企业会计应当以货币计量。

第九条　企业应当以权责发生制为基础进行会计确认、计量和报告。

第十条　企业应当按照交易或者事项的经济特征确定会计要素。会计要素包括资产、负债、所有者权益、收入、费用和利润。

第十一条　企业应当采用借贷记账法记账。

第二章　会计信息质量要求

第十二条　企业应当以实际发生的交易或者事项为依据进行会计确认、计量和报告，如实反映符合确认和计量要求的各项会计要素及其他相关信息，保证会计信息真实可靠、内容完整。

第十三条　企业提供的会计信息应当与财务会计报告使用者的经济决策需要相关，有助于财务会计报告使用者对企业过去、现在或者未来的情况作出评价或者预测。

第十四条　企业提供的会计信息应当清晰明了，便于财务会计报告使用者理解和使用。

第十五条　企业提供的会计信息应当具有可比性。

同一企业不同时期发生的相同或者相似的交易或者事项，应当采用一致的会计政策，不得随意变更。确需变更的，应当在附注中说明。

不同企业发生的相同或者相似的交易或者事项，应当采用规定的会计政策，确保会计信息口径一致、相互可比。

第十六条　企业应当按照交易或者事项的经济实质进行会计确认、计量和报告，不应仅以交易或者事项的法律形式为依据。

第十七条　企业提供的会计信息应当反映与企业财务状况、经营成果和现金流量等有关的所有重要交易或者事项。

第十八条　企业对交易或者事项进行会计确认、计量和报告应当保持应有的谨慎，不应高估资产或者收益、低估负债或者费用。

第十九条　企业对于已经发生的交易或者事项，应当及时进行会计确认、计量和报告，不得提前或者延后。

第三章　资　产

第二十条　资产是指企业过去的交易或者事项形成的、由企业拥有或者控制的、预期会给企业带来经济利益的资源。

前款所指的企业过去的交易或者事项包括购买、生产、建造行为或其他交易或者事项。预期在未来发生的交易或者事项不形成资产。

由企业拥有或者控制，是指企业享有某项资源的所有权，或者虽然不享有某项资源的所有权，但该资源能被企业所控制。

预期会给企业带来经济利益，是指直接或者间接导致现金和现金等价物流入企业的潜力。

第二十一条　符合本准则第二十条规定的资产定义的资源，在同时满足以下条件时，确认为资产：

（一）与该资源有关的经济利益很可能流入企业；

（二）该资源的成本或者价值能够可靠地计量。

第二十二条　符合资产定义和资产确认条件的项目，应当列入资产负债表；符合资产定义但不符合资产确认条件的项目，不应当列入资产负债表。

第四章　负　债

第二十三条　负债是指企业过去的交易或者事项形成的、预期会导致经济利益流出企业的现时义务。

现时义务是指企业在现行条件下已承担的义务。未来发生的交易或者事项形成的义务，不属于现时义务，不应当确认为负债。

第二十四条　符合本准则第二十三条规定的负债定义的义务，在同时满足以下条件时，确认为负债：

（一）与该义务有关的经济利益很可能流出企业；

（二）未来流出的经济利益的金额能够可靠地计量。

第二十五条　符合负债定义和负债确认条件的项目，应当列入资产负债表；符合负债定义但不符合负债确认条件的项目，不应当列入资产负债表。

第五章　所有者权益

第二十六条　所有者权益是指企业资产扣除负债后由所有者享有的剩余权益。

公司的所有者权益又称为股东权益。

第二十七条　所有者权益的来源包括所有者投入的资本、直接计入所有者权益的利得和损失、留存收益等。

直接计入所有者权益的利得和损失，是指不应计入当期损益、会导致所有者权益发生增减变动的、与所有者投入资本或者向所有者分配利润无关的利得或者损失。

利得是指由企业非日常活动所形成的、会导致所有者权益增加的、与所有者投入资本无关的经济利益的流入。

损失是指由企业非日常活动所发生的、会导致所有者权益减少的、与向所有者分配利润无关的经济利益的流出。

第二十八条　所有者权益金额取决于资产和负债的计量。

第二十九条　所有者权益项目应当列入资产负债表。

第六章　收　入

第三十条　收入是指企业在日常活动中形成的、会导致所有者权益增加的、与所有者投入资本无关的经济利益的总流入。

第三十一条　收入只有在经济利益很可能流入从而导致企业资产增加或者负债减少且经济利益的流入额能够可靠计量时才能予以确认。

第三十二条　符合收入定义和收入确认条件的项目，应当列入利润表。

第七章　费　用

第三十三条　费用是指企业在日常活动中发生的、会导致所有者权益减少的、与向所有者分配利润无关的经济利益的总流出。

第三十四条　费用只有在经济利益很可能流出从而导致企业资产减少或者负债增加且经济利益的流出额能够可靠计量时才能予以确认。

第三十五条　企业为生产产品、提供劳务等发生的可归属于产品成本、劳务成本等的费用，应当在确认产品销售收入、劳务收入等时，将已销售产品、已提供劳务的成本等计入当期损益。

企业发生的支出不产生经济利益的，或者即使能够产生经济利益但不符合或者不再符合资产确认条件的，应当在发生时确认为费用，计入当期损益。

企业发生的交易或者事项导致其承担一项负债而又不确认为一项资产的，应当在发生时确认为费用，计入当期损益。

第三十六条　符合费用定义和费用确认条件的项目，应当列入利润表。

第八章　利　润

第三十七条　利润是指企业在一定会计期间的经营成果。利润包括收入减去费用后的净额、直接计入当期利润的利得和损失等。

第三十八条　直接计入当期利润的利得和损失，是指应当计入当期损益、会导致所有者权益发生增减变动的、与所有者投入资本或者向所有者分配利润无关的利得或者损失。

第三十九条　利润金额取决于收入和费用、直接计入当期利润的利得和损失金额的计量。

第四十条　利润项目应当列入利润表。

第九章　会计计量

第四十一条　企业在将符合确认条件的会计要素登记入账并列报于会计报表及其附注（又称财务报表，下同）时，应当按照规定的会计计量属性进行计量，确定其金额。

第四十二条　会计计量属性主要包括：

（一）历史成本。在历史成本计量下，资产按照购置时支付的现金或者现金等价物的金额，或者按照购置资产时所付出的对价的公允价值计量。负债按照因承担现时义务而实际收到的款项或者资产的金额，或者承担现时义务的合同金额，或者按照日常活动中为偿还负债预期需要支付的现金或者现金等价物的金额计量。

（二）重置成本。在重置成本计量下，资产按照现在购买相同或者相似资产所需支付的现金或者现金等价物的金额计量。负债按照现在偿付该项债务所需支付的现金或者现金等价物的金额计量。

（三）可变现净值。在可变现净值计量下，资产按照其正常对外销售所能收到现金或者现金等价物的金额扣减该资产至完工时估计将要发生的成本、估计的销售费用以及相关税费后的金额计量。

（四）现值。在现值计量下，资产按照预计从其持续使用和最终处置中所产生的未来净现金流入量的折现金额计量。负债按照预计期限内需要偿还的未来净现金流出量的折现金额计量。

（五）公允价值。在公允价值计量下，资产和负债按照市场参与者在计量日发生的有序交易中，出售资产所能收到或者转移负债所需支付的价格计量。

第四十三条　企业在对会计要素进行计量时，一般应当采用历史成本，采用重置成本、可变现净值、现值、公允价值计量的，应当保证所确定的会计要素金额能够取得并可靠计量。

第十章　财务会计报告

第四十四条　财务会计报告是指企业对外提供的反映企业某一特定日期的财务状况和某一会计期间的经营成果、现金流量等会计信息的文件。

财务会计报告包括会计报表及其附注和其他应当在财务会计报告中披露的相关信息和资料。会计报表至少应当包括资产负债表、利润表、现金流量表等报表。

小企业编制的会计报表可以不包括现金流量表。

第四十五条　资产负债表是指反映企业在某一特定日期的财务状况的会计报表。

第四十六条　利润表是指反映企业在一定会计期间的经营成果的会计报表。

第四十七条　现金流量表是指反映企业在一定会计期间的现金和现金等价物流入和流出的会计报表。

第四十八条　附注是指对在会计报表中列示项目所作的进一步说明，以及对未能在这些报表中列示项目的说明等。

第十一章　附　则

第四十九条　本准则由财政部负责解释。

第五十条　本准则自 2007 年 1 月 1 日起施行。

参考文献

1. 中华人民共和国财政部. 企业会计准则（2021 年版）. 上海：立信会计出版社，2021.
2. 中华人民共和国增值税暂行条例（2017 年修订）. 中华人民共和国国务院令第 691 号.
3. 财政部税务总局海关总署关于深化增值税改革有关政策的公告. 财政部税务总局海关总署公告 2019 年第 39 号.
4. 财政部关于修订印发 2019 年度一般企业财务报表格式的通知. 财会〔2019〕6 号.
5. 财政部会计资格评价中心. 中级会计实务［M］. 北京：经济科学出版社，2021.
6. 中国注册会计师协会. 会计［M］. 北京：中国财政经济出版社，2021.
7. 中国注册会计师协会. 公司战略与风险管理［M］. 北京：中国财政经济出版社，2021.
8. 陈少华. 会计学原理（第五版）［M］. 厦门：厦门大学出版社，2017.
9. 刘峰. 会计学基础（第三版）［M］. 北京：高等教育出版社，2009.
10. 刘峰，潘琰，林斌. 会计学基础（第三版）［M］. 北京：高等教育出版社，2009.
11. 徐晔，张文贤，祁新娥. 会计学原理（第七版）［M］. 上海：复旦大学出版社，2021.
12. 刘玉廷. 中国企业会计准则体系：架构、趋同与等效［J］. 会计研究，2007（3）.
13. 葛家澍，刘峰. 会计学导论［M］. 上海：立信会计出版社，1999.
14. 项怀诚. 会计职业道德［M］. 北京：人民出版社，2003.
15. 葛家澍，杜兴强. 会计理论［M］. 上海：复旦大学出版社，2005.
16. 企业内部控制规范. 财会〔2008〕7 号.
17. 企业内部控制配套指引. 财会〔2010〕11 号.
18. 中国注册会计师协会. 关于印发《中国注册会计师职业道德守则（2020）》和《中国注册会计师协会非执业会员职业道德守则（2020）》的通知.

敬告读者

为了帮助广大师生和其他学习者更好地使用、理解、巩固教材的内容，本教材配课件和部分习题答案，读者可关注微信公众号“会计与财税”，浏览相关信息。

如有任何疑问，请与我们联系。

QQ：16678727

邮箱：esp_bj@163.com

教师服务 QQ 群：606331294

读者交流 QQ 群：391238470

经济科学出版社

2021 年 9 月

会计与财税　　教师服务 QQ 群　　读者交流 QQ 群　　经科在线学堂